W0291733

OVNIS

1999
LE CONTACT ?

Jean-Claude BOURRET

OVNIS

1999
LE CONTACT ?

Michel LAFON

DU MÊME AUTEUR

La Nouvelle Vague des soucoupes volantes, FRANCE-EMPIRE, 1974.

Le Nouveau Défi des OVNIS, FRANCE-EMPIRE, 1976.

OVNI : l'armée parle, FRANCE-EMPIRE, 1977.

Le Défi de la médecine par les plantes, FRANCE-EMPIRE, 1978.

La Science face aux extra-terrestres, FRANCE-EMPIRE, 1979.

Les Nouveaux Succès de la médecine par les plantes, HACHETTE, 1980.

Naussac, souvenirs du village englouti, FRANCE-EMPIRE, 1981.

Témoignages OVNI (bande dessinée par Patrick Claeys), Éditions Atelier 786, 1981.

Nos aventures extraordinaires, éditions IGE, 1982.

Guérir par l'acupuncture, FRANCE-EMPIRE, 1983.

Les Maladies sexuellement transmissibles, FRANCE-EMPIRE, 1984.

GIGN : Les exploits des gendarmes anti-terroristes, FRANCE-EMPIRE, 1984.

Le SIDA et les MST, CARRÈRE - LAFON, 1985.

Le Guide de votre sécurité, ROBERT LAFFONT, 1986.

Auto 100, ROBERT LAFFONT - AUTO JOURNAL, 1986.

Le Guide des professionnels de la sécurité, GALAGO ÉDITIONS, 1988.

OVNI, la science avance, ROBERT LAFFONT, 1993.

Protégez-vous des cambriolages, PRESSES DU MANAGEMENT, 1993.

GIGN, Vingt ans d'actions, MICHEL LAFON, 1995.

À Caroline, Hervé et Nicolas,
avec toute mon affection.

MERCI À MICHEL LAFON !

Je tiens à remercier Michel Lafon, avec lequel j'ai eu de nombreuses discussions passionnées sur les ovnis, pour son idée de rassembler dans cet ouvrage tous les témoignages exceptionnels, tous les temps forts de mes vingt-cinq ans d'enquêtes publiées depuis 1974. Merci également aux éditions France-Empire, Robert Laffont et Fixot d'avoir permis la réalisation de ce livre.

JEAN-CLAUDE BOURRET
Février 1997

AVANT-PROPOS

Jamais dans l'histoire des hommes, les signes annonciateurs de la fin du monde n'ont été pour beaucoup d'entre nous si évidents qu'aujourd'hui.

Mais en même temps rarement cette peur aura été autant habitée par l'attente d'un signe venu d'au-delà des étoiles.

À quel messie, à quelle annonciation, l'humanité désemparée se croit-elle condamnée à se vouer ? De quel miracle venu d'ailleurs attend-elle à la fois la fin définitive de ses tourments et la renaissance de ses solidarités élémentaires ?

La fin des temps approche. Le monde se désagrège. Les bandes et les tribus resurgissent. Des lambeaux de civilisations aux cultures différentes coexistent sur des territoires qu'aucune autorité ne parvient plus à contrôler. Les États et les institutions internationales ne sont plus que des théâtres d'ombres, des jeux d'apparences.

La mondialisation détruit l'individu et les structures de la vie sociale et politique. Une poignée de décideurs bâtit un monde où l'homme est broyé méthodiquement par les profits. Sur 5,7 milliards d'êtres humains, 4,3 gagnent moins de dix francs par jour. Mais 350 familles possèdent 50 % des richesses mondiales !

La nécessité économique justifie tout, y compris l'augmentation du chômage et la désespérance collective. La preuve : la bourse de New York baisse lorsque les chiffres de l'emploi s'améliorent.

Pour assurer les profits, les multinationales ont besoin d'un volant d'hommes-esclaves, d'hommes-déchets d'au moins 6 %. Au-dessous de ce seuil, l'individu prend trop de valeur ; il est moins interchangeable, moins jetable. Il faut composer avec lui. Peut-être même le respecter. Impensable. Le chômage doit donc être maintenu à un taux satisfaisant.

Pour que dure ce monstrueux Monopoly mondial où les entreprises jouent à se dévorer entre elles sans se soucier de l'humanité. Le nouveau dieu, c'est le profit.

Les OPA féroces, les concentrations, les fusions, les alliances, la lutte sans fin pour la conquête des parts de marché, les gains de productivité, la rentabilité, les privatisations, les dégraissages... ; en cette fin de siècle autant de signes avant-coureurs de la fin des temps.

Où est l'homme ? Où est le temps de vivre, le temps d'aimer, le temps d'être heureux en famille, le temps de regarder grandir ses enfants, le temps de leur parler, de leur apprendre la vraie vie ? Tout va vite. De plus en plus vite. Pour être rentable, l'homme doit donner toujours plus de son travail pour moins d'argent.

Où est l'homme, quel est ce monde ? Arrêtez tout ! SOS APOCALYPSE !

Voilà les idées et les interrogations que j'entends aujourd'hui dans les dîners en ville. Face aux difficultés et aux drames de notre civilisation, beaucoup attendent la fin du monde comme un soulagement rédempteur. Vieux réflexe. Déjà, à l'approche de l'an 1000, des prophètes annonçaient la fin des temps. Selon eux, le temps total de l'humanité étant de 7000 ans et l'origine de la civilisation humaine remontant à 6000 ans avant Jésus-Christ, la Fin aurait dû se produire à l'avènement du premier millénaire.

Il ne s'est rien passé ; on n'a même pas de témoignages directs sur l'existence de la grande peur de l'An Mil. Cela n'empêche pas des dizaines d'auteurs de prévoir la catastrophe pour l'an deux mille. Confortés par les désordres de l'économie, la faillite des idées de progrès et les régressions constatées, ils annoncent la fin des temps pour la fin de ce siècle et apocalypsent à tout-va.

D'où vient qu'à l'aube du XXIe siècle l'Apocalypse renaisse de ses cendres ? Pour les initiés, la réponse est lumineusement claire ; tous les indices concordent. D'abord, dans le livre de l'Apocalypse, saint Jean donne un nombre, 666, à quoi se reconnaît la Bête annonciatrice du malheur et de la fin des temps. Un nombre d'homme, précise la Bible. Les ésotéristes de tous les temps ont désespérément cherché une concordance, une clé pour comprendre.

La Bête de l'Apocalypse aura le pouvoir d'« animer les images et de les faire parler », dit la Bible. D'aucuns ont cru pouvoir reconnaître dans cette parole l'arrivée de l'audiovisuel, de ses manipulations et de ses mensonges. 666 kilohertz, n'est-ce pas en effet la première longueur d'ondes utilisée par la radio aux USA ? 666, c'est le nombre de la traduction en hébreu. Il peut aussi se lire 616 en traduction grecque. Ne serait-ce pas – ce nombre d'hommes – l'arrivée du numérique, constitué d'une série de O et de 1 ?

D'autres avaient cru identifier en Hitler ou Staline la Bête annonciatrice de la fin des temps.

Aujourd'hui, d'autres encore nous demandent d'accepter cette évidence : 666, ce fameux nombre d'homme, doit se lire à l'envers, comme un nombre réfléchi par un miroir et qui indiquerait le commencement et la fin. 999 donc. Or le commencement et la fin sont contenus dans l'unité. Le 1, c'est Dieu, c'est la totalité. Et 1 posé devant 999, cela donne... 1999. Premier indice.

N'est-ce pas d'autant plus évident que l'un des grands initiés, Michel de Notre-Dame, plus connu sous le nom de Nostradamus, célèbre pour ses prophéties indéchiffrables, a écrit en clair pour une fois : « En 1999, le septième mois, viendra du ciel un grand roi d'effrayeur. » Vous avez bien lu : juillet 1999 ! Deuxième indice.

Enfin, des rabbins que j'ai rencontrés lors d'un récent voyage en Israël m'ont longuement parlé du Livre. Les juifs attendent le Machiar, le Messie. Il ne reconnaissent pas le Christ des catholiques dans cette mission divine. Et le Machiar viendra le jour où les douze tribus seront rassemblées sur la Terre promise. C'est historiquement ce qui s'accomplit sous nos yeux. Troisième indice.

Cette résurgence des prophéties apocalyptiques n'a rien d'étonnant dans notre monde en déroute.

Et la grande peur est aujourd'hui l'attente d'un signe venu des confins de l'espace mais aussi l'espoir d'un contact salvateur avec des civilisations extra-terrestres.

Le 5 janvier 1997, des centaines de personnes dispersées dans tout Israël ont attendu en vain l'arrivée des ovnis. Il est vrai qu'en décembre 1996, un congrès international s'était réuni à Tel-Aviv pour débattre de cette question iconoclaste et sacrilège : « Le Messie serait-il un extra-terrestre ? »

Alors, en juillet 1999, les extra-terrestres vont-ils prendre contact avec nous et sous quelle forme ? Seront-ils le Christ ressuscité des catholiques, le Machiar des juifs, seront-ils montés sur la jument Buraq des musulmans, celle qui permit au prophète de s'élever dans les airs ?

Viendront-ils pour nous sauver ou pour tenter d'en finir une fois pour toutes avec l'expérience décevante de l'espèce humaine ?

Dans la quinzaine de films qu'Hollywood a programmée sur ce thème pour 1997 et 1998, à la suite d'*Independence Day,* la plupart des scénarios n'excluent pas la seconde solution.

Quoi qu'il en soit, jamais l'hypothèse d'un contact entre eux et nous n'a été si présente. Et n'est-ce pas finalement ce qui compte ?

Car si rien ne se passe en juillet 1999, pas plus qu'il ne s'est produit quelque chose en l'An Mil, restera le dossier des ovnis qui lui ne relève pas de la prophétie.

Oui, il y a eu et il y aura encore des observations d'objets volants non identifiés. Oui, plus l'homme évolue, en dépit des drames et des peurs qui secouent la planète Terre, plus il est en mesure d'admettre qu'une ou plusieurs civilisations extra-terrestres existent, qu'elles nous ont rendu et nous rendent encore visite. Que cette réalité et la probabilité d'un contact avec les E.T. se retrouvent dans l'expression des angoisses et des espoirs de cette fin de deuxième millénaire, quoi d'étonnant alors ?

Les faits sont là : vingt-cinq ans de témoignages, d'enquêtes, de rapports officiels et militaires, d'analyses scientifiques. Dossier passionnant et incontestable que nous avons voulu mettre entre vos mains.

Dans une première partie vous lirez les témoignages de ceux pour qui la rencontre s'est déjà produite sous une forme ou une autre au cours de ces cinquante dernières années. Un jour, un soir, une nuit, en France, au Chili, à la Réunion, au Brésil, dans le ciel des USA ou de l'Italie, des civils, des gens comme vous et moi, des militaires, des pilotes, se sont trouvés confrontés à des phénomènes aussi irréfutables qu'inexplicables. Ils racontent. À des journalistes, aux gendarmes, aux enquêteurs du GEPAN (Groupement d'études des phénomes aérospatiaux non identifiés créé en 1977 au sein du CNES). Certains de ces cas ont débouché sur des analyses probantes. Celles-ci, vous le verrez, ne laissent plus de doute sur la matérialité des phénomènes observés même si elles ne permettent pas d'en élucider la nature. Les témoins n'ont pas rêvé : quelque chose s'est bien posé devant eux et a modifié la structure du sol ou celle des végétaux.

Quelque chose, mais quoi et dans quel but ?

Les trois cas plus anciens sur lesquels s'achève ce premier volet relancent la question. Si les apparitions de Lyon (1621), de Cherbourg (1905) et de Fatima (1917) sont des signes, alors qui sont ceux qui nous les envoient et que veulent-ils nous dire ?

Dans une seconde partie, des scientifiques ont relevé le défi lancé à la science moderne par le phénomène ovni. Tout ce que nous savons ou croyons savoir à propos des ovnis les oblige à supposer l'existence d'une physique différente de la nôtre. Impossible ? Ces esprits dénués de préjugés ouvrent des voies passionnantes pour l'exploration rationnelle des manifestations de cette présence furtive mais continue, de ce « quelque chose » qui vient on ne sait d'où.

D'un ou de plusieurs autres mondes dont nous n'avons eu jusqu'ici que des aperçus rapides ?

D'autres mondes qui ne cessent à la fois de nous signifier leur existence et de se dérober à notre approche ?

Qui sont-ils ?

Se décideront-ils à prendre contact, et quand ?

Dès 1999 comme l'annoncent les nouveaux prophètes du millénarisme et les producteurs d'Hollywood ? Un jour peut-être ?

Le dossier des ovnis ne prétend pas répondre à ces questions. Il se contente de dresser le bilan déjà impressionnant de ce que nous savons. Vous l'avez entre les mains. À vous de juger !

JEAN-CLAUDE BOURRET
Monaco - Février 1997

PREMIÈRE PARTIE

RÉCITS, TÉMOIGNAGES ET ENQUÊTES

I

DES GENS COMME VOUS ET MOI

DEUX OVNIS SUR TANANARIVE

Témoignage d'Edmond Campagnac, polytechnicien et futur président du G.E.P.A., le Groupement d'études des phénomènes aériens. Monsieur Campagnac a vu en 1954 comme des milliers d'autres témoins deux ovnis traverser le ciel de Tananarive. Il répond en 1974 aux questions d'Euloge Boissonnade. (France-Inter)

– C'était un lundi d'août 1954. Il était 17 h 45. On sortait des bureaux. Nous étions rassemblés devant l'agence Air France, en attendant la distribution du courrier du soir, avenue de la Libération, au cœur de Tananarive. À un moment donné, un ami a désigné dans le ciel une espèce de grosse boule verte lumineuse, couleur éclat électrique, qui tombait presque à la verticale, exactement comme un aérolithe. Cette lueur disparut derrière les montagnes. Chacun pensa que c'était vraiment un aérolithe qui venait de choir. Quelques minutes plus tard, des personnes nous montrèrent une lueur, verte également. Cette fois, au lieu de chuter, elle venait à l'horizontale et survolait les collines, près du palais de la reine. Le diamètre apparent avait diminué et la vitesse était moins grande évidemment que lors de la descente verticale.

– *Vous avez pu la détailler à ce moment-là ?*

– On a d'abord vu une espèce de boule verte et c'était assez surprenant. Elle est parvenue à la hauteur des toits et a emprunté l'avenue de la Libération, de l'autre côté de la rue par rapport à notre position. Lorsque cette lueur verte est arrivée à notre hauteur, nous nous sommes aperçus qu'il s'agissait d'un effet d'optique. Il y avait en réalité une sorte de lentille verte, toujours « gaz luminescent vert électrique » qui se déplaçait et, derrière, à une trentaine de mètres, suivait un cigare allongé, métallique. Le soleil se reflétait sur la surface et l'on voyait que c'était bien quelque chose de métallique. Derrière, des espèces de flammèches rouge-orange s'en échappaient. Ce cigare devait mesurer entre 40 et 50 m de long ; sa vitesse de déplacement pouvait être de l'ordre de 300 à 400 km/h, c'est-à-dire celle d'un avion du type « Constellation » qui survolait Tananarive à l'époque.

Chose curieuse, le silence s'était établi dans la ville. Tous ceux qui étaient dehors, et il y en avait pas mal, restaient stupéfaits devant ce phénomène qui se déplaçait dans un silence total. Phénomène curieux, que les spectateurs avaient observé également, quand l'engin survolait un appartement ou un magasin, les lumières électriques s'éteignaient ; quand l'engin était passé, elles se rallumaient.

L'engin a survolé la ville, est allé vers le terrain d'aviation ; il est reparti vers l'ouest en survolant en particulier un parc à zébus, où se trouvaient une centaine d'animaux. Ceux-ci, pourtant habitués sans s'effrayer à voir survoler leur parc à basse altitude par les avions arrivant à Tananarive ont été ce jour-là affolés par les deux ovnis au point qu'ils ont brisé les barrières et qu'on a dû faire appel à l'armée et à la police pour essayer de les récupérer.

– *Vous, polytechnicien pouvez-vous expliquer ce phénomène ?*

– On a constaté que ces apparitions étaient souvent liées à des phénomènes électro-magnétiques susceptibles d'agir aussi bien sur des courants électriques que sur des moteurs à explosion. Souvent, on a vu des voitures s'arrêter ou bien constaté des perturbations de comportement chez les hommes et les animaux. Ainsi ai-je eu l'occasion de lire des rapports provenant de la gendarmerie nationale : il s'est trouvé des cas où des engins posés à terre ont paralysé des personnes lorsque celles-ci essayaient de s'en approcher. J'ai étudié pendant plusieurs années ce genre de phénomènes, pour lesquels je me suis toujours passionné : je ne pense pas – à moins qu'il existe sur notre globe une civilisation tenue dans un lieu merveilleusement secret – que cela soit d'origine terrestre.

– *Il s'agirait donc d'êtres venus d'ailleurs.*

– Oui. Je pense à ce propos que si, dans l'univers, il n'y avait que la Terre à être habitée, je me poserais d'autres problèmes.

L'E.T. BIBENDUM

Le témoignage de M. et Mme Mozin a été recueilli pour France Inter par André Darcheville en 1974.

– *Monsieur Mozin pouvez-vous nous raconter ce que vous avez vu cette nuit de novembre 1954 ?*

– Je revenais de Montournère. Arrivé à la « Belle Hôtesse », en haut de la côte, j'ai vu des lumières très vives sur le bord de la route. Pour moi, c'était un accident. J'étais à deux kilomètres environ de ces immenses lumières : j'ai donc accéléré. J'ai descendu la côte très vite, pour voir l'accident. À une centaine de mètres, soudain, mes phares s'éteignent ! Je roulais à 120 km/h. C'est alors que j'ai vu le bonhomme.

– Comment était-il ?

– Il ressemblait au Bibendum de la publicité Michelin. Un grand casque, de grands gants, des bottes, un homme moyen de taille. Sa silhouette se découpait dans une porte qui faisait à peu près un mètre quatre-vingts de haut. Derrière le bonhomme j'ai vu comme des commandes, des sortes de tiges et des fils électriques. Il faut dire que tout était parfaitement éclairé, très blanc. On y voyait comme en plein jour. Je suis donc passé devant l'engin. Cinquante mètres plus loin, la lumière est revenue dans la voiture. Les phares ont à nouveau fonctionné normalement. Un peu plus loin, je me suis arrêté car je voulais faire demi-tour. À cette époque, j'avais un revolver à bord. Je me suis dit : « On verra bien. » Ma femme a commencé à crier : « Non, je ne veux pas y aller ! » Alors, j'ai continué. Le lendemain, je devais aller assister à une rencontre de football, à Reims. J'étais président de l'U.S.M., ici à Maubeuge. Je devais m'y rendre avec un ami buraliste. Il est mort depuis, sinon il témoignerait. Avant de partir je lui dis : « Hier soir, j'ai vu une soucoupe ! » Il répond : « C'est pas vrai ! » « Bon, puisque tu ne me crois pas, je vais te montrer en allant à Reims. On prend la route, et arrivé à l'endroit dans la cuvette, nous descendons. Je lui montre le sol. Effectivement, il y avait des traces. « Regarde : il y a trois pieds nus, un là et un autre là et au milieu c'est brûlé ! » Mon ami n'en revenait pas. « C'est vrai, c'est moi qui ai perdu » m'a-t-il répondu.

– Vous aviez fait un pari avec lui ?

– J'avais parié une bouteille de champagne et un dîner. Et j'ai gagné.

– Revenons à cette fameuse nuit. L'engin que vous avez vu avait quelle forme ?

– Cela avait la forme d'un cigare de trois mètres de diamètre. La porte dans laquelle se découpait le bonhomme faisait à peu près un mètre quatre-vingts de hauteur. Il restait un espace d'environ cinquante centimètres entre le sommet de la porte et la tête du bonhomme. Ce bonhomme, je l'ai vu marcher. Il allait sortir au moment où j'arrivais. Il marchait comme ça (M. Mozin imite la marche d'un scaphandrier). Il éprouvait de la peine à se déplacer. Pour moi, les objets qu'il avait sur lui étaient très lourds.

– L'intérieur était fortement éclairé je crois, et vous l'avez bien vu ?

– L'intérieur était éclairé avec une force exceptionnelle. Blanc, très blanc, comme les chaises là-bas (M. Mozin montre deux chaises de cuisine en blanc laqué).

– Pendant combien de temps l'avez-vous vu ?

– Ça s'est passé très vite : environ cinquante secondes.

– Mme Mozin, quelle impression avez-vous retirée ?

– J'ai eu peur ! Tout ce que je puis dire, c'est que j'ai eu peur ! Au début, j'ai cru à un accident, un terrible accident tellement les lumières étaient fortes. Mais quand j'ai vu le bonhomme, j'ai eu peur ! Je n'en ai pas dormi !

– Et c'est vous qui avez vu le bonhomme avec le maximum de détails puisque vous étiez du côté droit de la voiture, c'est-à-dire de l'ovni ?

– Oh ! oui je l'ai bien vu. Je le vois encore en fermant les yeux !

– Mais, au début de votre vision, lorsque vous vouz êtes rendu compte qu'il ne s'agissait pas d'un accident, à quoi avez-vous pensé ?

– J'ai pensé à une soucoupe volante ! On en parlait à l'époque. Un garde-barrière de la S.N.C.F. avait vu atterrir une soucoupe sur une voie de chemin de fer. J'ai donc pensé à une soucoupe.

– Pourquoi n'avez-vous pas voulu que votre mari fasse demi-tour ?

– Oh ! non, je n'ai pas voulu ! Je ne savais pas ce qui allait se passer. Surtout que les lumières de la voiture s'étaient brusquement éteintes ! Après, quand les lumières de la voiture sont revenues, j'ai dit : « Non, non ! pas question de faire demi-tour ! »

– M. Mozin, votre moteur s'est remis à tourner à quel moment ?

– Il ne s'est jamais arrêté de tourner, seuls les phares se sont éteints.

– Pendant combien de temps ?

– C'est difficile à dire. Pendant soixante-dix à quatre-vingts mètres. J'avais une nouvelle Aronde. Elle roulait vite !

– Sans vos phares, l'éclairage était suffisant ?

– Oh ! là là ! Plus fort que si j'avais eu mes phares !

– Étiez-vous seuls sur la route ? Pas d'autres voitures ?

– Non. J'étais seul à ce moment-là. À minuit, il n'y avait pas beaucoup de voitures qui roulaient, surtout à cette époque, où il y avait beaucoup moins d'autos que maintenant. C'était il y a vingt ans ! Mais on aurait aimé rencontrer un autre véhicule, croyez-moi !

– Que faisiez-vous, à l'époque, M. Mozin ?

– J'étais boucher.

– Que faisiez-vous si tard sur une route déserte ?

– J'étais allé rendre visite à une parente qui venait d'accoucher. Nous étions partis de Maubeuge après mon travail, vers 10 heures du soir. Nous sommes revenus vers 11 heures et demie-minuit. C'est au retour que nous avons vu la « chose ».

LE MAIRE ET L'OVNI LUMINEUX

Rapport du maréchal des logis chef B... :

Le 30 janvier 1955 à 17 heures nous, maréchal des logis chef B... apprenons par M. G..., maire de la commune, que le 19 janvier 1955 vers 22 heures il a vu, au-dessus du village, un engin lumineux, genre soucoupe volante, se dirigeant nord-est-sud-ouest. Il ajoute que son épouse ainsi que son petit-fils et Mme H... ont été témoins de cette apparition. Le même jour à 18 heures, par message téléphoné n° 19, nous avisons des faits notre commandant de section.

Le 31 janvier 1955 à 10 h 30, nous procédons à une enquête et recevons le témoignage de M. G... (cinquante-huit ans), maire de la commune de Saint-Simon, dans l'Aisne, qui déclare :

« Le 19 janvier 1955, vers 22 h 10, je revenais de passer une veillée chez un parent, route d'Artemps, j'étais accompagné de mon épouse et de mon petit-fils C... Jean-Pierre, âgé de neuf ans. Alors que nous arrivions à la hauteur de l'habitation H..., nous avons eu soudain notre attention attirée par un engin lumineux dans le ciel, venant de la direction de Saint-Quentin et se dirigeant vers Cugny. Cet engin avait la forme d'un disque lumineux, blanc, d'un diamètre apparent de vingt à trente centimètres environ. Un faisceau lumineux de couleur orange prenait naissance à l'arrière du disque. Ce faisceau avait une longueur d'une vingtaine de mètres et se terminait en queue de poisson large de deux mètres environ. L'appareil se déplaçait à très grande vitesse. Je l'ai suivi des yeux pendant cent cinquante mètres, c'est-à-dire pendant cinq secondes environ. Puis il a disparu. J'estime que l'engin en cause pouvait se trouver à trois cents mètres de hauteur. Sa marche n'allait pas vers la terre mais, au contraire, il s'élevait vers le ciel avec un angle d'ascension de 10 degrés environ. Je n'ai perçu aucun bruit, seule la luminosité a frappé mon attention. Après le passage, je n'ai remarqué aucune traînée ou étincelle. Aucun doute n'est possible, il ne s'agit pas à d'un aérolithe, ni d'une étoile filante, comme tout le monde a pu en apercevoir. Il s'agit d'un engin conduit de main d'homme ou télécommandé puisqu'il suivait une direction bien définie.

J'insiste sur la hauteur que je vous ai donnée et qui n'était pas excessive, ainsi que sur l'ascension. Quelques jours plus tard je travaillais chez Mme H... à Cugny lorsque j'ai parlé de mon observation. Mme H... m'a fait connaître que le même jour et à la même heure que moi, étant dans sa cuisine à travers la fenêtre elle a aperçu, venant de la direction de Saint-Simon, un engin dans le ciel. Elle n'a pu m'en donner la description n'ayant vu qu'un faisceau violet. Je ne connais aucune autre personne ayant été témoin de cette apparition. »

Lecture faite persiste et signe.

Témoignage de Mme G... Marcelle, âgée de soixante-deux ans, sans profession, demeurant à Saint-Simon dans l'Aisne.

« Le 19 janvier 1955, vers 22 h 10, je revenais de chez une parente, route d'Artemps. J'étais avec mon mari et mon petit-fils C... Jean-Pierre. Nous nous trouvions à hauteur de l'habitation H... lorsque tous trois, nous avons eu notre attention attirée par un engin lumineux de couleur blanche, suivi d'un long faisceau de couleur orange. Cet engin se déplaçait de la direction de Saint-Quentin vers Cugny, c'est-à-dire nord-est-sud-ouest, à une très grande vitesse. Cette apparition n'a été visible que pendant cinq secondes. Le disque pouvait avoir un diamètre de vingt centimètres environ, le faisceau prenant naissance à l'arrière du disque s'amplifiait sur une longueur de vingt mètres environ. Il se terminait en queue de poisson d'une largeur de deux mètres. L'engin paraissait se trouver à faible hauteur, approximativement trois cents mètres et il s'élevait progressivement à la façon d'un engin qui décolle. Je n'ai perçu aucun bruit, ni vu aucune traînée ou étincelle après le passage de cet engin. Aucun doute n'est permis, il ne s'agit pas là d'un phénomène naturel. »

Lecture faite persiste et signe.

Entendu également en présence de son grand-père, C... Jean-Pierre, âgé de neuf ans, écolier demeurant chez ses parents à Saint-Simon dans l'Aisne.

« Le 19 janvier 1955 vers 22 heures, je revenais de passer une veillée lorsqu'à la hauteur de l'habitation H... nous avons eu subitement notre regard attiré par un petit disque blanc dans le ciel, à l'arrière duquel se trouvait un long faisceau lumineux orange. Cet ensemble lumineux venait de la direction de Saint-Quentin et se dirigeait vers Cugny. Il se déplaçait à très grande vitesse et n'est resté visible que quelques secondes. Le faisceau orange prenant naissance à l'arrière du disque allait en s'élargissant et se terminait en queue de poisson. J'ignore à quelle hauteur se situait cette apparition, toutefois, je dois dire qu'elle était nettement visible. Le disque se déplaçait à plat, comme une assiette renversée. Il poursuivait un mouvement ascendant comme un avion qui vient de décoller. Au cours du passage de ce disque je n'ai perçu aucun bruit. »

Lecture faite persiste et signe.

Poursuivant notre enquête à Cugny dans l'Aisne, nous entendons Mme H... Jeanne, âgée de quarante-trois ans, sans profession, demeurant à Cugny dans l'Aisne. Mme H... déclare :

« Il est exact qu'il y a environ deux semaines, sans pouvoir préciser le jour, alors que je me trouvais dans la cuisine vers 22 heures, j'ai eu mon attention attirée par une lueur bleu-vert dans le ciel. J'ai ouvert la fenêtre mais je n'ai plus rien vu. Il m'a semblé que la lueur signalée se déplaçait d'est en ouest à grande vitesse et à assez haute altitude. Je ne peux être plus précise à ce sujet, cette apparition n'ayant duré que quelques secondes. Je n'ai perçu aucun bruit lors du passage de cette lueur, ni vu aucune gerbe d'étincelles ou de flammes. J'ignore si la lueur que j'ai aperçue a un rapport avec l'engin vu par la famille G... »

Lecture faite persiste et signe.

M. G... Alfred, électricien et maire de la commune de Saint-Simon est honorablement connu. Sa déclaration nous a paru sincère, de bonne foi et exempte de toute idée fantaisiste. Il n'a pas été effrayé par ce qu'il voyait. Il a mis sur le compte de son métier d'artisan de ne pas avoir eu le temps matériel de nous en aviser plus tôt. Mme G... est comme son mari, très bien considérée. Sa bonne foi est évidente ainsi d'ailleurs que celle de son petit-fils. Mme H..., cultivatrice est moins affirmative, car elle a vu le phénomène de l'intérieur de sa maison.

L'OVNI GRAND COMME UNE MAISON

Témoignage de Mme C... recueilli par André Darcheville en 1974. (France-Inter)

– Cela s'est passé en septembre 1956. J'étais étudiante et je jouissais donc de longues vacances. J'étais dans ma famille depuis trois mois. Nous étions à la nouvelle lune – si nouvelle qu'on ne la voit pas du tout et que le ciel reste tout noir. Je dirai après pourquoi ce détail m'a frappée et m'est resté.

– C'était à quel endroit précisément ?

– C'était au lieu dit la ferme de Plaisance, à l'entrée du village de Serdon, dans le Loiret, sur la route qui va de la localité d'Argent-sur-Sauldre à Serdon. Je revenais avec l'un de mes amis. À l'époque, il était dans l'Aéronavale et venait de terminer le tour du monde sur la *Jeanne-d'Arc* par un stage d'appontement sur porte-avions, en Amérique. Il passait ses vacances avec moi, dans la petite commune en question. Nous avions dîné chez d'autres amis et promis de rentrer tôt. Nous sommes cependant repartis vers minuit. Dix minutes de trajet nous séparaient de Serdon. En arrivant au gros châtaignier qui se trouve face à la ferme de

Plaisance, le moteur a toussé et nous nous sommes arrêtés. Il y avait un petit bois derrière le châtaignier et un champ de maïs. Mon ami, qui tenait le volant, est descendu. Il a constaté que tout était normal dans le moteur.

Soudain, il a levé la tête et s'est écrié : « Dépêchons-nous, il y a quelque chose autour de nous ! » Nous avons dégringolé dans le fossé, près du champ de maïs et nous nous sommes cachés. Il m'a forcée à me dissimuler, mais je n'avais encore rien vu à ce moment-là. J'ai alors relevé la tête. Je dois convenir que je suis fort myope et que mon témoignage ne peut être aussi précis que si je possédais une vue perçante. Par contre, en tant que marin et aviateur mon ami avait une vue excellente. Il a dit des choses dont je me souviens parfaitement en dépit de l'éloignement de la date – car cela m'a frappée. Une énorme masse silencieuse, selon l'estimation de mon compagnon, se trouvait à environ deux cents mètres au-dessus de nous, immobile. Lorsqu'il en a parlé, après, il a dit que cela représentait le volume d'une maison d'environ quatre à cinq étages. C'était donc quelque chose d'immense, qui se détachait, sur ce ciel noir. Pour moi cela reste une chose nébuleuse, certainement ronde, qui ne bougeait pas et n'émettait aucun bruit. Après cinq minutes environ, une lumière a jailli du bord de l'engin. Cette lumière n'est pas tombée tout droit comme le faisceau d'un projecteur, mais elle s'est déroulée comme une échelle de corde ! Elle est tombée assez lentement ; oui, comme une corde que l'on déroule. Une fois au sol, on aurait dit un faisceau de projecteur normal. Nous avons eu l'impression qu'il nous cherchait. C'est-à-dire que, chaque fois que quelque chose remuait, le faisceau se dirigeait vers cet endroit. Ce qui m'a fait le plus peur et a certainement impressionné également mon compagnon, c'est que tout ce qui était éclairé par ce faisceau était dénaturé quant aux couleurs. Cela produisait en gros le même effet que vous ressentez lorsque vous passez sous l'éclairage des phares à iode. Je n'ai jamais plus rencontré la même variation de couleurs. Le bois se détachait à côté de nous sur le maïs qui a des feuilles vert clair et le corps jaune. Chaque fois que le faisceau du projecteur éclairait le maïs, sa couleur devenait d'un bleu très dur. À un moment donné, ma main, hors du champ de maïs, sous les feuilles, fut prise dans le faisceau du projecteur : elle était devenue jaune citron ! Et cela, ce sont deux couleurs qui me sont restées, que je n'oublierai pas et que je connaissais bien, car à ce moment-là j'étais à l'Ecole des Beaux-Arts et je faisais de la peinture. C'était « inhumain » comme sensation. J'ai ressenti comme un léger picotement sur ma main. Mon camarade m'a dit : « Rentre ta main ; ce n'est rien, c'est de l'ozone. » Je ne fais que répéter ce qu'il m'a dit. Nous sommes restés là une bonne heure et demie. L'engin est resté immobile au-dessus de nous tout ce temps-là.

– *Vous n'avez pas quitté le champ de maïs ?*

– Non. Nous avions trop peur tous les deux. Ma peur s'accentuait du fait que mon ami, que je tenais pour courageux et pour instruit de la connaissance du monde, ne s'épouvantait pas de n'importe quoi – d'un ballon-sonde, par exemple !

– *L'objet était très lumineux ?*

– Non, il était sombre, la luminosité provenait de cet espèce de faisceau lumineux qui nous cherchait.

– *Toujours sans bruit ?*

– Sans aucun bruit. Lorsque nous en avons reparlé, un détail est revenu. Mon père, furieux lorsque nous sommes rentrés, avec une heure et demie de retard, nous a posé une kyrielle de questions. « Vous dites : lorsque quelque chose bougeait, le pinceau se déplaçait ; donc, vous n'êtes pas restés sans bouger ? » Or, autour de nous il y avait beaucoup de lapins et d'oiseaux qui ne semblaient pas impressionnés par ce qui se passait et qui continuaient à gambader et à siffler. Nous avons donc, en y repensant, éprouvé l'impression que les animaux ne percevaient pas ce phénomène-là.

– *Comment cet engin est-il parti ?*

– Vous savez, nous regardions cet engin – car c'était vraiment terrifiant. Nous avions l'impression d'une chose en marge des expériences que l'on peut connaître. Quelques années avant, j'avais subi les bombardements d'Orléans. On a peur d'une bombe, on a peur des avions ; cela n'avait rien de commun. Un bombardement, c'est quelque chose d'humain, hélas ! Or, ce phénomène était complètement « inhumain ». Qu'est-ce que c'était ? On ne savait pas... À un moment donné, j'ai eu l'impression que la « chose » bougeait. L'engin s'est élevé verticalement ; il a tourné à angle droit d'une façon parfaite ; il a disparu dans la direction de la Loire, vers Les Bordes, un petit village qui se trouve au sud du fleuve.

– *Toujours sans bruit*

– Sans bruit. Nous sommes rentrés. Nous avons parlé de cette « chose » à mes parents. Ils ont observé avec humeur que nos « histoires de brigands » ne justifiaient pas notre retard : ils ne nous ont pas crus. Le lendemain matin, mon père est arrivé assez impressionné, au petit déjeuner. Il a dit à ma mère : « Ne les réprimande pas ; cela est certainement vrai, le laitier (mort depuis) a subi la même expérience. Il a vu l'engin aux Bordes en faisant son ramassage. »

– *Le laitier a également été immobilisé ?*

– Oui. Il a été retenu vingt-cinq minutes. Il a plongé sous son camion et a avoué qu'il n'avait jamais eu aussi peur de sa vie.

– *En avez-vous parlé à quelqu'un ou aux gendarmes ?*

– Pas du tout. À personne. Lorsqu'on en parle, vous connaissez la réaction des auditeurs : « Elle est complètement folle ! Vous avez trop bu ! » Enfin, n'importe quoi...

– *Qui vous a donné l'idée d'en parler ?*

– Parce que depuis quelque temps, certaines personnes semblent prendre cela au sérieux.

LA TERREUR DES CHIENS

Témoignage de M. et Mme B... recueilli par Michel Sorbier journaliste à la station ORTF de Poitiers.

Au moment des faits, en 1957, le couple fait du camping itinérant à bord d'une caravane à une trentaine de kilomètres de Saint-Étienne. Arrivé dans un endroit isolé, il s'apprête à s'installer pour la nuit quand soudain :

– Mon mari renversait une grosse pierre. J'étais à côté de lui pour le guider.

– Vous étiez donc occupés à quelque chose, et non pas endormis ?

– Nous n'étions pas endormis et nous pensions bien à ce que nous faisions !

Soudain, nous avons été aveuglés par une sorte de projecteur, d'une puissance impossible à définir. Comme des phares d'auto multipliés par un nombre incalculable de fois. Nous nous sommes retrouvés nimbés de lumière, avec la sensation d'être radiographiés, comme fouillés, par transparence, oui, c'était comme si cette lumière nous avait transpercés !

– Vous êtes tous les deux chasseurs chevronnés, et vous étiez armés ?

– Oui. Nos armes étaient dans la caravane. Mon mari aime en effet beaucoup les armes, et nous ne partons jamais sans avoir une carabine ou un fusil de chasse. Ce jour-là, nous avions effectivement deux armes avec nous.

– Vous auriez été capables de vous en servir ?

– On s'en est servi bien des fois, mais jamais contre une soucoupe ! Je vous le répète, je n'avais pas d'arme dans les mains. Mon mari, qui a énormément de promptitude, et de lucidité s'est écrié, tout de suite « une soucoupe volante ! ». Mais je ne sais pas à quel mobile il a obéi.

À ce moment-là, le moteur de la voiture s'est arrêté. Je suis descendue du marche-pied et mon mari du camion. Le projecteur s'est alors éteint pour révéler une sorte de grande ellipse. J'avais l'impression qu'il s'agissait d'une grosse rampe de néon, ronde ou elliptique, orange, puis, par la suite, verte. Ce sont deux teintes que je n'avais pas eu l'habitude de voir ; elles ne me semblaient pas des teintes « terrestres ». L'orange était très brillant et en même temps, on a entendu un petit chuintement, mêlé d'un tout petit bruit tel celui d'une machine à coudre. Ce bruit était très faible, beaucoup moins fort que le bruit d'une voiture qui démarre. Puis la lueur s'est éloignée en biais, très vite. Au fur et à mesure que cette lueur elliptique prenait de l'écart, l'orange est passé au vert extrêmement brillant. C'étaient un vert et une brillance que je n'avais jamais vus. En s'éloignant de plus en plus, le vert s'est estompé par les côtés. Je ne sais si c'est à cause de l'altitude que j'ai éprouvé cette sensation, mais j'ai imaginé que cela s'éteignait et non pas que ça s'éloignait. Cela s'éteignait par les bords pour ne laisser passer qu'un gros point lumineux. Lui aussi s'est éteint. Mais tout s'est passé si rapidement...

– *À combien de temps évaluez-vous la durée de l'événement ?*

– Entre cette grosse lumière qui nous a surpris et ce point lumineux qui a disparu, environ une minute et demie.

– *Comment vos chiens de chasse ont-ils réagi ?*

– Lorsque le point eut disparu, nous sommes restés médusés tous les deux. Puis mon mari m'a demandé si je voulais partir ou rester. Nous tremblions tous les deux. On ne savait trop que faire. D'abord parce que nous avons eu la sensation (nous étions sûrs que c'était une soucoupe volante) de « les » avoir empêchés de se poser. Ensuite, après réflexion, parce que nous avons pensé au contraire qu'ils devaient déjà être posés et que nous les avions dérangés. De la manière dont cela s'est fait, ils devaient repartir et non descendre. Finalement, nous avons décidé de rester et de placer la caravane. Les chiens furent lâchés par mon mari. Aussitôt, ils coururent, dévalèrent la pente et remontèrent de l'autre côté, vers un plateau identique au nôtre, à cinq cents mètres environ. Nous avions décidé de passer la nuit, sans dételer la caravane et sans mettre les cales. Nous n'avions pas encore dîné, mais nous n'avions guère faim. Nous gardions l'estomac noué. Mon mari prépara son fusil et dit « On ne sait jamais... ». Nous étions sur le point de dîner lorsque les chiens reviennent en trombe, tous les cinq, les yeux hagards, la queue entre les jambes, et le poil hirsute, bavant et l'air complètement épouvantés. Nous ne les avions jamais vus ainsi. Nous connaissions bien nos chiens : ils n'ont peur de rien. Nous nous sommes rendu compte qu'ils avaient subi un choc que nous supposions du même ordre que le nôtre. Nous en avons déduit qu'au cours de leur promenade ils avaient certainement fait la même rencontre que nous. Peut-être la soucoupe que nous avions vue près de nous s'était-elle posée sur l'autre plateau ? Ou y avait-il d'autres soucoupes de l'autre côté ? Les chiens, c'est sûr, avaient aperçu quelque chose qui les avait traumatisés. Nous n'avons pu réussir à les faire sortir de la caravane au cours de la nuit. Dès que nous voulions les conduire dehors, ils devenaient méchants. Ils nous auraient mordus. Ils n'étaient plus eux-mêmes. Le lendemain matin ils sont redevenus normaux.

– Lorsque vous avez vu l'engin pour la première fois, les chiens étaient enfermés. Ils n'avaient pas réagi cette première fois ?

– Ils étaient dans la caravane. D'ailleurs lorsqu'ils sont partis, ils sont partis d'une manière tout à fait normale. Lorsqu'on leur a ouvert la porte, ils se sont précipités, indiscutablement sur un lièvre. À leur manière de « chanter », on se rendait compte qu'ils étaient partis sur une piste. Ils ont suivi leur chemin normalement, en montant et en redescendant. Puis tout d'un coup, on ne les a plus entendus. Nous pensions qu'ils avaient perdu leur piste. Nous avons déduit qu'un choc avait interrompu leur course, mais lequel ? Depuis, ils sont normaux, sauf le vieux « Miro », qui ne supporte plus du tout l'orage. Longtemps, on a cherché pourquoi. Nous supposons que, ce jour-là, il a subi un traumatisme et que, depuis, il ne peut plus supporter les éclairs. Nous sommes obligés de l'enfermer dans un placard chaque fois qu'il y a de l'orage, car il devient comme fou. Auparavant, jamais il n'avait fait cela. C'était au contraire un chien qui n'avait peur de rien.

L'ASTRONOME ET LES CIGARES OBLONGS

Témoignage accordé en 1974 à l'auteur sous le sceau de l'anonymat par l'astronome Maurice Vitton.

– Il n'existe pas à ma connaissance d'astronomes qui déclarent avoir vu des ovnis. Curieux pour des gens qui passent leur vie dans des observatoires, et pour un peu on en déduirait que s'ils n'en on pas vus...

– J'en ai vu, mais pas dans les observatoires, ça m'a toujours surpris d'ailleurs !

– Pouvez-vous raconter ce que vous avez vu et quand vous l'avez vu ?

– La première observation remonte au mois de juin 1960. J'ai d'ailleurs apporté le document sur lequel j'ai consigné mes observations successives. C'est donc un texte vieux de treize ans. Dans la première observation, j'ai oublié, dans la panique éprouvée ce jour-là, de noter le jour précis, mais je sais que c'était en juin 1960. Ce jour-là, vers 21 h 30, je m'apprêtais à effectuer des observations sur les satellites de Jupiter. Lesdits phénomènes m'ont toujours passionné. Et j'ai vu apparaître brusquement dans le ciel, quatre objets de forme oblongue, avec une condensation centrale de magnitude de 2,5 à 3 et entourés d'une auréole d'aspect diffus. Les objets ont eu deux directions dans leur mouvement ; d'abord ils sont apparus dans la région d'Altaïr qui, à ce moment-là, était assez bas à l'horizon, vu l'heure. Les quatre objets se sont dirigés de l'est vers l'ouest ; ils sont donc venus vers le zénith et sont arrivés à la hauteur de l'étoile Véga qui était à peu près au zénith. Ils se sont brusquement dirigés en direction du sud-ouest.

– *Vous voulez dire que les objets que vous avez vus n'ont pas suivi une courbe pour prendre leur virage ? Ils ont dessiné carrément un angle ?*

– C'est cela. C'était absolument anguleux et, qui plus est, leur formation était variable. C'est-à-dire qu'ils volaient en formation un peu décalée les uns par rapport aux autres ; leur distance relative variait sans arrêt et de façon tout à fait aléatoire, et avec une absence d'inertie tout à fait étonnante.

– *Vous qui avez l'habitude de voir des étoiles filantes, des satellites, des boules de plasma, des boules de foudre, êtes-vous formel : s'agissait-il d'objets dont on ne peut affirmer qu'ils relèvent d'une explication naturelle ?*

– Oui, je suis absolument formel. Comme vous le dites, j'ai l'habitude de voir des phénomènes astronomiques : or, ce que j'ai vu ne ressemble à rien, strictement à rien, de ce que l'on connaît sur terre. Notre physique ne peut pas expliquer ce que j'ai vu ; c'était vraiment bizarre. Les objets avaient une forme elliptique et l'angle que faisait le grand axe de cette ellipse, avec la direction de propagation, était d'environ 45°. Un détail m'a fortement frappé : lorsqu'ils ont changé brusquement de direction vers le sud-ouest, l'angle avec la trajectoire est resté constant, c'est-à-dire que l'axe de l'objet s'est modifié de la même valeur ; l'angle est resté constant malgré le changement de cap. C'est un phénomène remarquable. Il m'a permis d'éliminer une interprétation que l'on donnait à l'époque de ce genre de phénomène, car alors je ne croyais pas du tout à l'existence de ces objets. On parlait beaucoup de faisceaux de phares qui se seraient promenés un peu comme un phare de D.C.A. sur une mince couche de nébulosité à haute altitude. Or, ce soir-là, il faisait très clair, mais on aurait pu admettre qu'il y avait une mince couche de nébuleuses sur laquelle des faisceaux de phares eussent pu produire une tache diffuse. Or, le seul fait que le grand axe de l'ellipse ait tourné lorsqu'il y a eu changement de cap, exclut formellement une telle explication. Ce que j'ai vu est inexplicable.

– La deuxième observation ?

– La deuxième observation a eu lieu le 10 septembre 1960 vers la même heure : 21 h 30. Cette fois, j'ai vu cinq objets identiques aux précédents, mais qui se déplaçaient du sud vers le nord. J'ai noté que leur mouvement était beaucoup plus rapide. Le temps d'observation fut très court : environ quatre secondes. La formation était semblable – et variable également. Il n'y a aucun doute : ces objets étaient identiques aux précédents. C'est donc cette fois-là que j'ai pu enregistrer des données plus précises. En effet, le lendemain, dans le journal, j'ai noté le rapport d'un observateur de Lyon. Il avait observé les mêmes cinq objets, toujours se déplaçant à très grande vitesse du sud vers le nord ; il les avait vus, d'après son chronomètre, une minute plus tard. Il garantissait l'exactitude de l'heure. J'ai fait un calcul simple : j'ai conclu que les objets avaient parcouru 100 km en une minute. Cela me donne 6 000 km/h. Connaissant leur vitesse apparente, que j'avais estimée, j'ai pu en déduire leur diamètre et leur altitude. J'ai trouvé qu'il s'agissait d'objets d'environ 100 à 150 m de diamètre, se déplacant à 1 ou 2 km/seconde, à une altitude de 20 à 30 km ! Ensuite est venue la troisième observation. Là, j'ai noté simplement que j'avais aperçu une trajectoire sensiblement nord-sud sur le bord de mon champ de vision, car je ne regardais pas du tout dans cette direction-là, et j'ai retenu qu'il y avait sans doute un objet de même nature que les précédents, mais je n'en suis pas certain.

– À la lumière de ces trois observations, pouvez-vous essayer de décrire ces disques lumineux ?

– Oui. Cela ressemble étonamment à ce que l'on appelle une galaxie elliptique. C'est-à-dire un objet dont les bords sont diffus sans être vraiment tout à fait flous, avec un dégradé progressif dans l'intensité. C'est elliptique avec un rapport entre le petit côté et le grand côté de l'ordre de 1,5 à 2. L'aspect est vraiment celui d'un objet un peu flou avec une condensation centrale qui occupe à peu près le tiers de la dimension extérieure. La condensation centrale est plus marquée en intensité. La brillance, la luminosité de l'objet n'ont rien de spectaculaire. C'est loin d'être lumineux, pas du tout éblouissant et c'est finalement quelque chose de pas très facile à repérer, surtout dans une ville.

– *Et aucun bruit ?*

– Non, strictement aucun bruit, aucune traînée, rien du tout.

– *Qui prouve que vous n'avez pas été victime d'une illusion ?*

– Eh bien, tout simplement, mon père a assisté en même temps que moi à la première observation. Il a vu les quatre objets venant de l'est. Il voulait en effet regarder avec moi la planète Jupiter et ses satellites. Il s'apprêtait donc à observer avec moi. Il a vu surgir les objets en même temps que moi, venant de l'est. Il a été aussi ébahi que moi et je me souviendrai toujours qu'il s'est écrié : « Mais qu'est-ce que c'est que ça ? »

LE JOURNALISTE D'EUROPE N° 1 ET L'ENGIN MÉTALLISÉ

Jean-Pierre Chapel, tous les Français le connaissent. Il fut longtemps spécialiste des questions spatiales à la télévision.

À la fin de l'année 1975, par hasard, je lui demandai s'il avait étudié le dossier ovnis. Voici ce qu'il me répondit :

– Mais tu sais que j'ai été témoin !

– *Tu plaisantes ?*

– Pas du tout, j'ai vu un ovni, et dans des conditions exceptionnelles. Cela s'est passé en avril 1963 au Sahara, près de la base d'Hammagir. J'étais journaliste à *Europe N° 1* à l'époque et je m'occupais déjà des questions spatiales. Je participais avec une équipe de techniciens et de militaires à un exercice de récupération de têtes de fusées. Nous étions partis en petit convoi, en tout une trentaine de personnes. Un avion devait nous ravitailler en vol, un Junker 52 si mes souvenirs sont exacts. Vers 14 heures, un technicien désigne un point noir dans le ciel en criant « Voilà l'avion. » Bon, nous avons tous continué à discuter sans prêter autrement attention à la tache. Mais au bout de dix minutes, la tache était toujours à la même place.

– *À quelle altitude ?*

– 3 000 mètres et à 4 kilomètres de notre position.

– *Et alors ?*

– Le capitaine qui dirigeait le convoi a fait brancher un cinéthéodolite, une caméra avec un très puissant téléobjectif de 2000 mm (grossissement cent fois environ) et un chronomètre au dixième de seconde.

– *Vous avez filmé la tache ?*

– Oui, et je l'ai vue dans le viseur. Cela avait la forme d'un engin métallique usiné, parfaitement symétrique.

– *Forme de soucoupe classique ?*

– Si tu veux.

– *Et le film ?*

– Eh bien nous avons filmé pendant cinq minutes cet objet immobile et soudain il a disparu à une vitesse fantastique que nous avons pu mesurer, l'accélération atteignait 62 G par seconde.

– *Ce qui veut dire ?*

– Tout simplement que n'importe quel insecte aurait été tué instantanément sans parler d'êtres humains. Les mouches sont tuées avec une accélération de 32 G et les mouches sont les insectes qui ont l'une des plus grandes résistances aux accélérations brutales. J'ajoute que sur le plan technique, en 1976, les engins les plus rapides, les missiles antimissiles américains Spartan ou Nikex atteignent Mach 4 en cinq secondes. Des véritables tortues par rapport à l'accélération de cet engin.

– En kilomètres/heure qu'est-ce que ça donne ?

– Environ de 0 à 6 000 km/h en moins de trois secondes !

– Bon Jean-Pierre, tu étais dans le désert, donc le lieu idéal pour les mirages...

– Nous y avons pensé, mais l'accélération de cet engin était et est toujours infiniment supérieure à nos possibilités techniques. Donc mirage ou pas, cet engin n'avait pas été fabriqué par l'homme.

– Tu es sûr que ce ne pouvait être un engin terrestre, une fusée par exemple puisque tu étais près de la base d'Hammagir.

– Je suis formel car nous avons envisagé toutes les hypothèses. D'abord une fusée ça ne reste pas en sustentation silencieuse et immobile à 3 000 mètres. Ensuite, je te répète que l'accélération de l'engin est impossible à réaliser même en 1976.

– Un phénomène naturel alors ?

– Non, j'ai présente à la mémoire cette image, c'était manifestement une construction.

– Son diamètre ?

– Vingt mètres environ.

– Tu penses que c'était un engin piloté ?

– Je n'en sais rien évidemment. Mais c'était la manifestation d'une intelligence, que cette intelligence ait été à l'intérieur de l'engin ou qu'il ait été téléguidé.

– Et le film tourné pour les militaires ?

– Quand j'ai voulu visionner le film personne ne savait où il était. Ça ne veut pas dire qu'on l'ait caché et que la sécurité militaire ait mis la main dessus. Mais enfin, je n'ai pu le voir, c'est tout.

(Ce fameux film n'a pas été perdu. Il est quelque part dans les archives de l'armée. Fait curieux, J'avais appris son existence par un technicien militaire en retraite et j'avais cherché à le localiser. En vain, malgré quelques indications. NDA.)

L'AGRICULTEUR PARALYSÉ PAR UN MYSTÉRIEUX RAYON

Des petits hommes noirs qui ramassent de la lavande et paralysent le propriétaire du champ, c'est l'affaire de Valensole. Entretien de l'auteur avec le lieutenant-colonel de gendarmerie Valnet qui a mené l'enquête avec ses hommes au moment des faits survenus le 1er juillet 1965 au matin.

– *Mon colonel pouvez-vous situer les faits ?*

– L'événement est survenu à deux kilomètres à vol d'oiseau au nord-ouest de Valensole, centre de la culture de la lavande, chef-lieu de canton de deux mille habitants environ, dans le département des Alpes-de-Haute-Provence. Le témoin ? Un agriculteur. Marié, deux enfants. Il avait une quarantaine d'années au moment des faits. C'est un homme qui a les pieds sur terre, parfaitement sain de corps et d'esprit. À l'époque, j'étais capitaine et commandais la compagnie de gendarmerie de Digne. Le témoin a bien voulu se laisser interroger et me conter ce qui s'était passé.

Le 1er juillet 1965, tôt le matin, le témoin se trouvait dans son champ de lavande. Il était occupé à biner. Vers 6 heures, il faisait une pause à l'abri d'un monticule de pierres et de terre lorsqu'il entendit non loin un sifflement de courte durée. Il ne pouvait rien voir de l'endroit où il se trouvait. Il pensa qu'il s'agissait d'un hélicoptère. Voulant vérifier s'il s'était posé ou non dans son champ de lavande, il s'est porté dans la direction d'où était parvenu ce bruit Dès qu'il eut dépassé ce tas de pierres, il s'aperçut qu'un engin de forme bizarre s'était effectivement posé dans son champ, à une centaine de mètres. Il s'en est approché en longeant une vigne située le long de son terrain et observant constamment ce qui se passait. Il s'est vite rendu compre que l'engin posé sur ses pieds, avait la forme d'un ballon de rugby et le volume d'une voiture Renault Dauphine. Deux êtres qui n'étaient pas des hommes se trouvaient au pied de l'appareil. Il s'en est approché jusqu'à une dizaine de mètres Ces êtres étaient accroupis. L'un lui tournait le dos. l'autre lui faisait face. Ils regardaient, lui semble-t-il, un plant de lavande. Lorsqu'il fut à dix mètres d'eux, celui qui lui faisait face l'aperçut. Tous deux se sont alors levés. Celui qui tournait le dos a fait face au témoin et a exécuté un geste de la main droite. Dans celle-ci, il tenait un objet, qu'il remit ensuite dans un étui porté au côté gauche. À ce moment, le témoin a été immobilisé. Il ne ressentait rien. Il n'était ni engourdi, ni contracté. Il ne pouvait ni remuer la tête ni faire aucun geste.

– Mon colonel, comment vous a-t-il décrit ces êtres ?

– Taille environ un mètre. Ils avaient une très grosse tête, plus grosse que celle d'un homme. Ils étaient complètement chauves. Pas de menton. Un trou rond à la place de notre bouche. Des yeux ressemblant aux nôtres, sans sourcils. Leur peau était lisse et d'un teint identique à celui des Européens. Carrure à peine plus large que la tête : celle-ci rentrait dans les épaules. Ils n'avaient presque pas de cou. Ils avaient des bras et des jambes, mais le témoin n'a pu décrire les pieds et les mains.

– Comment étaient-ils vêtus ?

– Les deux êtres portaient une combinaison foncée. Ils avaient au coté une sorte d'étui, assez petit, au côté gauche et un autre plus volumineux, au côté droit.

– Quelle a été l'attitude des deux êtres après la paralysie du témoin ?

– Ils ont discuté pendant un certain temps en regardant le témoin. Leurs yeux bougeaient et une sorte de gargouillis provenait de leur gorge.

– Le témoin n'était-il pas effrayé ?

– Non. Il ne ressentait aucune peur. Il émanait de ces êtres une grande bienveillance.

– Comment vous a-t-il expliqué cela ?

– Il éprouvait une grande paix. Il ne craignait rien.

– Avait-il l'impression que ce sentiment de paix lui était suggéré par les deux êtres ?

– Il pense que c'était effectivement suggéré par les deux êtres. J'en ai retiré personnellement l'impression qu'il pouvait s'agir d'ondes tranquillisantes émises par ces deux êtres pour rassurer le témoin en lui expliquant qu'ils ne lui voulaient aucun mal.

– Et l'appareil, comment vous l'a-t-il décrit ?

– Le fond de l'appareil était à cinquante centimètres du sol. Au-dessus, il y avait un dome transparent comme du Plexiglas. La hauteur de l'engin était d'environ deux mètres cinquante. Après quatre minutes environ, les deux personnages ont grimpé avec agilité, en s'aidant de la main droite, puis de la main gauche. Une fois à bord, une porte à glissière s'est refermée de bas en haut, à la manière d'une porte de meuble classeur, automatiquement semble-t-il.

– Le témoin voyait-il toujours les êtres ?

– Oui, à travers le dôme. Puis il y eut soudain un bruit sourd tandis que l'appareil se soulevait d'environ un mètre. Le témoin a alors aperçu sous l'appareil, un tube ayant l'éclat de l'acier, qui sortait de terre. Les six pieds de l'appareil se sont mis à tourner sans soulever de poussière, sans produire de fumée. Tandis que les deux êtres faisaient face au témoin, dans leur cabine, l'appareil est parti en arrière dans la direction de leur dos, s'élevant en oblique vers l'ouest.

– Le témoin a-t-il pu suivre la trajectoire de l'appareil ?

– Oui, pendant une trentaine de mètres. Puis l'appareil a disparu comme un éclair.

– Que s'est-il passé ensuite ?

– Le témoin ne pouvait toujours pas bouger, mais sa vue portait jusqu'à des collines situées à une dizaine de kilomètres dans la direction de départ de l'appareil. Au bout d'une quinzaine de minutes, l'immobilisation du témoin a cessé. Il s'est retrouvé comme avant.

– Qu'a-t-il fait alors ?

– Il est resté quelques minutes sur place, car il était un peu choqué. Puis il est allé voir l'emplacement de l'engin. Il a constaté que la terre était détrempée à l'endroit de l'atterrissage.

– Quelles constatations la gendarmerie a-t-elle faites sur le sol ?

– Nous avons remarqué une cuvette peu accentuée d'un mètre vingt de diamètre. Au centre, un trou cylindrique de dix-huit centimètres de diamètre et de quarante centimètres de profondeur. Quatre sillons peu profonds, larges de huit centimètres et longs de deux mètres. Ces deux sillons formaient une croix dont le centre géométrigue passait par le trou.

– Vous êtes arrivés sur place combien de temps après l'atterrissage ?

– Vingt-quatre heures. C'est-à-dire le lendemain.

– Vous dites que la terre était détrempée. Avait-il plu ce jour-là ?

– Pas du tout, la terre était détrempée par l'appareil.

– Votre enquête a duré combien de temps ?

– Elle a duré plusieurs heures, en deux phases. Le témoin ne nous a pas tout dit d'un trait. Il a fallu le mettre en confiance. Nous lui avons expliqué qu'il s'agissait de quelque chose d'important qui permettrait de mieux comprendre ces phénomènes qui se sont produits en France et dans le monde.

– À l'issue de votre enquête, quelle a été votre conclusion ?

– Je crois ce que le témoin m'a confié.

L'OVNI CARRÉ DE BOLAZEC

Le 16 janvier 1966, M. Eugène Coquil, menuisier honorablement connu, rentre de Callac à Bolazec en voiture. Nuit belle. Il est 4 heures du matin. Le témoin a confié son aventure à René Pleïbert, journaliste à la station ORTF de Brest.

– Cela s'est passé dans la nuit du 15 au 16 janvier 1966.

– Vous habitez près de Morlaix actuellement ?

– Oui, à cinq kilomètres de Morlaix.

– Il y a huit ans. Quel âge aviez-vous ?

– Vingt-trois ans.

– Vous n'étiez pas marié ?

– Pas encore.

– Maintenant vous êtes marié, et père de famille ?

– Oui, j'ai deux enfants.

– Quel est votre métier ?

– Artisan menuisier.

– Ce souvenir, qui remonte à huit ans, reste vivant dans votre mémoire?

– Oh ! je m'en souviens comme si c'était hier !

– Vous étiez en voiture ?

– Oui, en « Dauphine ».

– Où alliez-vous ?

– Je rentrais chez moi. Il était environ 4 heures du matin C'était dans les petites montagnes, à la limite des Côtes-du-Nord et du Finistère. Je m'engageais sur la route de Callac pour rcjoindre celle de Bolazec. J'arrivais à un kilomètre du bourg. Je roulais tranquillement. Soudain, j'ai aperçu une lumière dans un champ.

– Vous avez d'abord pensé à quoi ?

– À un tracteur en panne. C'était à un kilomètre de ma voiture et je ne voyais donc que des lumières...

– Ensuite ?

– J'arrive au carrefour. Je prends la route de Bolazec pour rentrer chez moi. Parvenu à quatre cents mètres environ, je dis : « tu vas t'arrêter pour voir qui c'est ». Je sors de la voiture. Il faisait clair de lune comme en plein jour. Je m'avance de quelques mètres dans le petit champ. Brusquement, je vois une lumière venant d'un engin qui montait sur le talus.

– De quelle couleur était la lumière ?

– Je ne pourrais pas tellement définir la couleur mais une lumière sortait des quatre coins, une lumière qu'on distinguait fort bien. C'était comme les feux arrière d'une 404.

– Vous ne vous souvenez plus de la couleur de cette lumière ?

– Non. C'était comme une lumière de tube au néon. À mon avis, « ils » s'en servaient sans doute pour se guider

– Avez-vous vu autre chose que ces lumières ?

– Oui, il m'a semblé qu'il y avait des hublots et qu'ils changeaient de couleur.

– Où ?

– À peu près au milieu de la hauteur de l'engin.

– Évidemment vous avez vu tout de suite que ce n'était pas un tracteur ?

(Rire de M. Coquil.)

– Ça sûrement !

– À quoi ressemblait cet engin ?

– C'était grand comme deux voitures au moins.

– L'appareil s'est dirigé vers vous ?

– Non, vers ma voiture. Je l'avais laissée sur le bord de la route, tous phares allumés. On aurait dit que l'engin se dirigeait vers ma voiture pour voir de quoi il s'agissait. Moi, j'étais au moins à cent mètres de la voiture.

– Qu'avez-vous fait ?

– Moi aussi, je me suis dirigé vers ma voiture ! Je me retournais sans arrêt vers cet engin en me demandant : mais qu'est-ce que c'est ? Il allait tout doucement, peut-être à cinq ou six kilomètres à l'heure, mettons dix, mais pas plus.

– Cela faisait du bruit ?

– Non, pas du tout.

– Quelle était la forme de l'engin ?

– C'était carré. Il faisait trois mètres cinquante sur trois mètres cinquante environ. Et un mètre trente de hauteur.

– Vous êtes allé aussitôt vers votre voiture ?

– Ah ça oui ! Car je ne voulais pas rester là !

– Vous étiez inquiet ?

– Oh ! Certes...

– Arrivé à votre automobile, que s'est-il passé ?

– Je revenais donc vers ma voiture en me retournant sans arrêt pour observer l'engin. Et nous sommes arrivés à la voiture à peu près en même temps. Je suis rentré dans la voiture. J'ai fermé la porte. J'ai regardé à travers le pare-brise, et j'ai vu l'objet juste au-dessus de moi.

– *À quelle hauteur ?*

– Même pas trois mètres !

– *Vous auriez pu le toucher ?*

– Presque. Il était à la hauteur d'un plafond, à deux mètres cinquante ou trois mètres environ.

– *Vous n'aviez pas eu envie de le toucher ?*

(Rire de M. Coquil.)

– Oh non, non, non ! N'importe comment j'étais dans ma voiture et, même si j'avais voulu, je n'aurais pu !

– *Qu'aviez-vous envie de faire en réalité ?*

– Partir !

– *Et c'est ce que vous avez fait ?*

– Pas au début, car je ne pouvais pas partir.

– *Pourquoi ?*

– Parce que j'ai calé quatre ou cinq fois.

– *L'émotion ?*

– Oui, je suppose.

– *Ce n'était pas la voiture ?*

– Non, non, c'était moi !

– *Vous aviez peur ?*

– Ah ça oui !

– *Et l'engin pendant ce temps ?*

– Je l'ai vu se poser à quatre ou cinq mètres de moi. Juste la largeur de la route. Il a atterri tout doucement. En fait, pas vraiment. Il demeurait à moins de cinquante centimètres du sol, à hauteur des herbes.

– *Et alors ?*

– J'essayais toujours de démarrer, mais j'étais trop affolé pour le faire. Une fois l'engin posé, je suis resté encore trente secondes avant de pouvoir démarrer. Puis je suis parti. J'ai regardé dans mon rétroviseur et je voyais toujours l'objet.

Il y avait une ligne droite d'une cinquantaine de mètres avant le virage...

– *Vous êtes donc rentré chez vous. Et vous en avez parlé aussitôt ?*

– Non. Je craignais d'être pris pour un fou. Je n'y ai même pas fait allusion le lendemain. Le lundi matin seulement, j'en ai parlé à un boulanger de Carré. Il a alerté la mairie. C'est de là que l'affaire s'est sue. Mais je n'avais pas l'intention d'en parler.

– *Êtes-vous retourné sur les lieux le lendemain quand il faisait jour ?*

– Non. Je n'avais pas envie d'aller voir. J'étais toujours inquiet.

– *Une enquête a été ouverte ?*

– Oui, les gendarmes, la presse. De Quimper, une brigade s'est déplacée.

– *On ne vous a pas communiqué les conclusions de cette enquête ?*

– Non, jamais

– *Mais cette fameuse nuit, lorsque vous êtes rentré chez vous après avoir vu l'engin, à quoi pensiez-vous ?*

– Je ne savais pas du tout. J'étais tellement bouleversé...

– *Mais vous imaginiez quand même quelque chose extraordinaire.*

– Ah ça oui ! ce n'était ni un hélicoptère, ni un avion, ça ne faisait pas de bruit...

– *Avez-vous pensé à un engin venu d'un autre monde ?*

– À ce moment-là, je ne lisais pas de roman et je n'ai pas eu l'idée de cette chose-là.

– *Vous n'aviez jamais entendu parler des soucoupes volantes ?*

– Vaguement, à la télévision. Mais cela ne m'intéressait pas.

– *Cette nuit-là, brusquement, vous avez été face au phénomène : vous auriez même pu le toucher ?*

– Oui, certainement.

– *Par conséquent, vous n'avez pas rêvé ?*

– Oh ! non, pas du tout !

– *Vous ne sortiez pas d'une fête ?*

– Non. J'ai un témoin d'ailleurs, c'est ma femme. À l'époque, nous étions fiancés. Nous avons passé la journée et une partie de la nuit ensemble. Je suis parti vers 3 heures et demie du matin. J'étais chez elle, avec mes beaux-parents Nous avons passé quatre heures à bavarder au coin du feu et l'on n'a même pas bu un verre !

Tous ceux qui m'ont vu à Bolazec ce jour-là ont confirmé que j'étais dans un état parfaitement normal.

UNE ACCÉLÉRATION INCROYABLE !

Le 23 juin 1967, M. H..., greffier au Tribunal d'instance de Roubaix, écrit au ministre des Armées. Avec sa fille et sa femme ils ont été témoins d'un phénomène inexplicable. Voici d'abord sa lettre puis le procès-verbal de l'enquête de gendarmerie déclenchée par elle.

« Monsieur le ministre,

J'ai l'honneur de porter à votre connaissance l'observation faite par moi, mon épouse et ma fille le dimanche 11 courant vers 9 h 30 sur le territoire de Gavrelle, entre Douai et Arras dans les circonstances suivantes :

Il était environ 9 h 30 et nous roulions en voiture en direction d'Arras, nous venions de dépasser Gavrelle et nous nous trouvions à peu près à 1,5 kilomètre de cette agglomération quand mon attention fut attirée par un objet de couleur sombre, immobile au-dessus d'un champ bordant la route. Cet objet se trouvait à environ 30 mètres de hauteur et à une distance d'environ 40 mètres par rapport à la ligne d'arbres bordant la route. Ce que j'avais pris au départ pour un cerf-volant, s'avéra être, quand j'arrivais à sa hauteur, un engin d'apparence cylindrique et d'une taille égale à celle d'une voiture moyenne.

Cet objet paraissait avoir deux stabilisateurs de forme également cylindrique de plus petite taille que la partie centrale et se terminant en pointe aux extrémités. Le nez de la partie centrale paraissait enflé par rapport à la queue qui ne possédait aucun gouvernail de direction. L'engin était de teinte grise très foncée ; aucun bruit n'était perceptible et aucune hélice ni engin de propulsion quelconque n'était visible. Pris dans la circulation assez intense sur cette route, je ne pus m'arrêter mais ma fille qui s'était retournée et continuait à regarder l'objet par la vitre arrière de mon véhicule, me dit tout à coup que l'objet après avoir pivoté sur lui-même, avait grimpé à la verticale à une vitesse incroyable. Ce démarrage brutal se fit sans aucun bruit audible. Je ne tire personnellement aucune conclusion de cette observation mais vous la livre, à toutes fins utiles.

Veuillez agréer, Monsieur le Ministre, l'expression de ma très haute considération. »

*
* *

Procès-verbal d'enquête préliminaire, le 14 août 1967, par le gendarme W... et le gendarme I... de la résidence de Vigny dans le Pas-de-Calais.

Rapportons les opérations suivantes que nous avons effectuées, agissant en uniforme et conformément aux ordres de nos chefs.

Le 8 août 1967, à 14 h 45, en visite de commune, nous nous trouvons à Gavrelle, dans le Pas-de-Calais, nous agissons en vertu d'une demande d'enquête n° 29 424 MA, gendarmerie territoriale, en date du 27 juillet 1967 émanant de M. le Directeur de la gendarmerie et de la justice militaire, sous-direction de la gendarmerie du bureau technique d'organisation et d'emploi ; 19, boulevard de Latour-Maubourg, 75007 Paris.

Transmission n° 50 77 - 2, du 29 juillet 1967 du général commandant régional de la gendarmerie nationale à Lille.

Mission : recueillir tous renseignements susceptibles d'apporter une explication au phénomène constaté par M. H..., greffier du Tribunal d'instance de Roubaix, dans le Nord le dimanche 11 juin 1967 à 9 h 30 sur le territoire de Gavrelle dans le Pas-de-Calais.

Enquête

Conformément à la mission confiée, nous nous sommes transportés sur la route nationale 50 entrée d'autoroute de Lille, direction d'Arras à 1 km 500 de la direction de Gavrelle. En examinant le terrain de part et d'autre de cette voie de circulation, classée à grande circulation, nous n'avons décelé aucune modification d'infrastructure qui soit de nature à prêter à confusion dans l'esprit d'un observateur et ce en tenant compte de l'engin non identifié signalé par M. H... Nous nous sommes informés de l'existence éventuelle d'un chantier mobile auprès des notables de la localité de Gavrelle. À cet effet, entendons le 8 août 1967 à 15 h 10 M. B... cinquante-huit ans, agriculteur, demeurant à Gavrelle, qui déclare :

« Je n'ai jamais entendu parler d'un quelconque phénomène comparable au type d'évolution et à la description technique faites par votre correspondant. À l'époque signalée, soit en juin 1967, une entreprise d'électrification installait des pylônes en alliage d'aluminium, il s'agissait de pylônes de 25 à 30 mètres de hauteur, pour la haute tension. Il n'y a pas eu d'autres modifications sur le terrain depuis ces derniers mois. »

Le 8 août 1967 à 15 h 25, lecture faite par moi, persiste et signe.

Ce même jour, à 16 heures, nous entendons M. V..., soixante-huit ans, garde champêtre, demeurant à Gavrelle, qui déclare :

« Au cours de mes diverses activités je n'ai jamais reçu de la part de tiers de confidences relatives aux évolutions d'engins non identifiés dans le ciel de ce secteur. Personnellement, je n'ai pas observé de phénomènes de ce genre. À part la construction en juin dernier d'une ligne électrifiée traversant le territoire, il n'existe pas d'autre transformation récente en ouvrage métallique s'identifiant avec les caractéristiques de l'engin observé. À ma connaissance je ne vois pas parmi la jeunesse de Gavrelle des gens, qui, dans le cadre de leurs études, soient des amateurs de constructions ou de mises en œuvre de fusées. À mon sens, toute observation similaire à celle de M. H... par des habitants de Gavrelle aurait alimenté la chronique locale en quelques jours. »

Lecture faite, persiste et signe.

Toutes les autres personnes contactées à ce sujet dans Gavrelle se sont révélées incapables de fournir la moindre explication concernant l'observation faite le 11 juin 1967 par M. H... À noter qu'à part la station météo de Lille-Lesquin, il n'existe pas dans la région concernée, de station utilisatrice de ballons sondes.

Nous nous transportons ensuite au domicile de l'auteur de la lettre et M. H..., greffier du Tribunal d'instance de Roubaix déclare :

« Je confirme en tous points les termes de ma lettre à M. le ministre des Armées en date du 23 juin 1967 jointe à votre dossier. Je connais très bien la région de Gavrelle puisque je circule sur cette route tous les dimanches et je puis affirmer qu'il ne peut s'agir d'un phénomène atmosphérique, ni d'une fusée, ni d'un avion, ni d'un hélicoptère. L'engin en cause avait une forme bien délimitée. Je l'ai aperçu immobile au-dessus d'un champ depuis la sortie de Gavrelle jusqu'au moment où je suis arrivé à sa hauteur, c'est-à-dire sur un kilomètre de distance environ. Ma fille, âgée de dix-neuf ans, a également vu cet objet. Après qu'il nous eut dépassés, ma fille l'a aperçu alors qu'il s'élevait dans le ciel à une vitesse incroyable. Compte tenu de la circulation, je n'ai pas eu la possibilité de m'arrêter et j'ignore si les autres automobilistes qui me précédaient et me suivaient l'ont aperçu. »

Nous avons entendu ensuite Mlle H..., vingt ans, secrétaire, demeurant à Flair-les-Lille qui nous déclare à 15 heures :

« Le 11 juin 1967, vers 9 h 30, circulant dans la voiture de mes parents sur la route, dans le sens Douai-Arras, arrivée à la hauteur de la commune de Gavrelle, j'ai aperçu un objet immobile, à ma gauche par rapport à ma direction de marche. J'ai eu mon attention attirée par cet objet que j'avais pris, de prime abord, pour un cerf-volant. J'ai continué à l'observer alors que le véhicule allait dans sa direction. J'ai noté qu'il ne s'agissait pas d'un cerf-volant mais d'un engin ayant la forme d'un cigare et la taille d'une voiture moyenne. Lorsque nous avons dépassé l'engin, je me suis retournée et j'ai vu qu'il pivotait, puis s'élevait rapidement à une vitesse inimaginable, enfin je l'ai perdu de vue. Je pense que cet engin ne possédait pas de hublots visibles et qu'il était de couleur très foncée. »

Lecture faite, persiste et signe.

Nous entendons ensuite Mme H..., quarante-sept ans, sans profession :

« Le 11 juin 1967, je me trouvais dans la voiture à droite de mon mari à l'avant, alors que nous nous dirigions vers Arras ; personnellement, je n'ai rien vu, car je regardais vers la droite par rapport à notre direction de marche. Ma fille m'a signalé qu'elle voyait un objet sur sa gauche à proximité de Gavrelle. Puis quelques instants plus tard elle a dit, “ça part”, mais étant donné ma position, je n'ai rien vu. Par contre mon mari, de sa place de chauffeur, a vu également cet engin. »

Lecture faite, persiste et signe.

RENCONTRE RAPPROCHÉE À CUSSAC

Cette affaire est l'une des plus passionnantes qu'il m'ait été donné de connaître. D'abord par le caractère exceptionnel des faits observés. Ensuite parce qu'elle est un des cas contre-enquêtés à partir de 1978 par le GEPAN, organisme scientifique placé sous la tutelle du CNES, le Centre national d'étude spatiales.

Voici d'abord le résumé de l'aventure vécue en 1967 par deux petits pâtres de Cussac.

Le 29 août 1967 à 10 h 30 du matin, à Cussac, dans le Cantal, à une vingtaine de kilomètres de Saint-Flour, deux enfants s'apprêtent à passer une journée comme les autres. Pendant leurs vacances d'été, ils aident leurs parents, exploitants agricoles. Ce jour-là, François, treize ans, et sa sœur presque dix, gardent le troupeau familial dans un champ que longe une petite route.

Soudain, François s'aperçoit que le troupeau de vaches, au lieu de brouter paisiblement comme d'habitude, commence à s'éloigner de la route assez nerveusement et même à envahir les champs voisins. Il court pour faire face aux bêtes afin de les forcer à rebrousser chemin.

C'est à ce moment qu'il aperçoit, derrière un rideau d'arbres, à une quarantaine de mètres, une sorte de grosse boule brillante, d'environ trois mètres de diamètre.

Devant cette boule, il y a quatre petites silhouettes sombres. Avec sa sœur, il s'en approche. Tous deux sont d'abord restés environ une minute de l'autre côté de la route pour essayer de comprendre ce qu'ils voyaient. Puis comme les silhouettes étaient petites – environ un mètre de haut – il a pensé qu'il s'agissait d'enfants. Il crie : « Ohé ! Vous venez jouer avec nous ? »

Les petits êtres, qui semblaient chercher quelque chose à terre, lèvent la tête. Et il se passe alors quelque chose d'incroyable : l'un après l'autre, ils s'envolent. Sans bruit. Ils montent dans les airs et pénètrent dans la boule lumineuse, la tête la première. Comme le quatrième petit bonhomme va plonger dans la boule, il redescend ramasser quelque chose à terre qu'il semble avoir oublié. Alors, la boule devient plus brillante. « Cela faisait mal aux yeux » dira François aux gendarmes. Elle commence à s'élever lentement, en spirale, jusqu'à une quinzaine de mètres d'altitude. Le quatrième petit personnage qui, entre-temps, a ramassé quelque chose à terre, la rattrape en vol. Elle s'irradie davantage. Elle se met à siffler. Puis disparaît en quelques secondes en direction du Plomb du Cantal.

Pris de panique, les deux enfants rentrent chez eux en hâte et racontent tant bien que mal à leurs parents ce qu'ils viennent de voir. Leur père se rend immédiatement sur les lieux avec eux mais les deux enfants refusent de l'accompagner à l'endroit même de l'atterrissage. Ils restent sur la route.

M. D... ne constate aucune trace au sol. En revanche, il remarque une forte et âcre odeur, une odeur qu'il n'a jamais sentie. Il décide alors de prévenir les gendarmes de la brigade de Neuvéglise. Ceux-ci arrivent sur les lieux un peu avant 16 heures, c'est-à-dire cinq heures après l'observation des enfants. Ils ne relèvent aucune trace au sol. Mais l'odeur persiste. Une odeur inexplicable, qu'ils comparent dans leur rapport à une odeur de soufre.

Autre rapport important : celui du médecin. Après cette observation très lumineuse, François, un enfant en parfaite santé, robuste, a été atteint d'une inflammation des yeux. Le médecin constatera leur rougeur et leur larmoiement, comparables à ceux des yeux d'un skieur qui a regardé la neige au soleil sans se munir de lunettes de protection !

Le garde champêtre du village, occupé dans une grange, n'a rien vu. Mais il se souvient avoir entendu un sifflement étrange exactement à la même heure où les enfants disent avoir vu la boule s'envoler.

Tels étaient donc en 1967 les faits collectés par les gendarmes au cours d'une enquête sommaire et qui n'avait d'ailleurs pas donné lieu à procès-verbal. Onze ans plus tard, en 1978, le conseil scientifique du GEPAN décide de conduire une nouvelle enquête et désigne pour ce faire quatre personnes. Parmi elles un ancien magistrat dont la participation va se révéler décisive. En effet, une fois retrouvés, les témoins refusent d'abord de reparler des événements qu'ils ont vécus onze ans auparavant. Ils craignent de se discréditer socialement si l'affaire vient à s'ébruiter. F..., notamment qui s'apprête à devenir avocat. Finalement, il se rend aux arguments de l'ancien magistrat. Sa sœur et lui acceptent de se prêter à une reconstitution conduite dans les règles de l'art. L'enquête peut démarrer.

Celle-ci permettra de s'assurer de l'absolue fidélité de leurs souvenirs aux déclarations faites alors qu'ils étaient enfants. Elle permettra encore de confronter tous les témoins de l'époque et même de découvrir un témoin – un agriculteur – qui ne s'était jamais fait connaître.

Les témoins, le gendarme S..., le père des deux enfants et maire de la commune, le garde champêtre et un agriculteur travaillant à l'époque dans un champ voisin sont unanimes : oui, ils se souviennent de l'extrême émotion des deux enfants, oui, les deux petits pâtres ont souffert d'une irritation persistante de yeux. Qui plus est, tous confirment avoir senti sur les lieux une forte odeur assimilée par eux, après contrôle à l'aveugle, à une odeur proche, sans être tout à fait la même, de celle du gaz sulfureux.

Le garde champêtre répète avoir bien entendu un sifflement alors qu'il était à travailler dans son grenier.

Le gendarme S... se souvient quant à lui non seulement de l'odeur de soufre mais aussi – il est le seul – d'une trace circulaire d'herbe jaunie d'un diamètre de quatre à cinq mètres à l'endroit où selon les enfants la boule était posée.

Pour conclure, laissons la parole à cet ancien magistrat chargé en fonction de ses compétences d'évaluer la fiabilité des témoignages :

« Les divers éléments et indices relevés vont tous dans le sens de la réalité des dires des enfants : leur frayeur effectivement constatée, alors que les faits venaient de se produire, la simultanéité et la concordance des dires du frère et de la sœur, la constatation par d'autres témoins adultes et digne de foi, de l'odeur, du bruit et de l'agitation des animaux qu'ils ont signalés, le fait que, malgré plus de dix années écoulées et l'évolution naturelle des témoins, leurs dire soient restés inchangés, l'impression de sérieux et de sincérité des intéressés, fondée non seulement sur mon expérience des témoignages mais sur diverses circonstances objectives, impression renforcée en ce qui concerne les deux témoins principaux par le fait qu'elle concorde exactement avec celle que donne le milieu familial.

« Il n'existe dans ces divers éléments aucune faille, aucune discordance qui permette de douter de la sincérité des témoignages, ni d'envisager raisonnablement une invention, une supercherie ou une hallucination.

« Dans ces conditions, malgré le jeune âge à l'époque des témoins principaux, et aussi extraordinaires que paraissent être les faits qu'ils ont relatés, je pense qu'ils les ont réellement observés. »

OBJET LUMINEUX SUR L'AÉROPORT DE GENÈVE

Entretien de l'auteur avec M. de Sarzens, observateur météo de l'aéroport international de Genève à propos du phénomène observé le 14 mai 1969.

– J'accomplissais mon service de nuit. Il était 0 h 34 exactement. Je suis sorti pour établir mes relevés de température. J'ai été surpris d'observer, à huit cents mètres de moi et à sept cents mètres d'altitude en direction nord-est, un objet lumineux.

– *Comment pouvez-vous être si précis ?*

– Je connais bien les lieux. Nous avions encore un appareil en approche, peu avant que je ne fasse l'observation. La piste était encore illuminée, l'approche également, et je disposais de points de repère assez précis pour estimer à quelle distance se trouvait l'objet. Pour l'altitude, je me suis référé au « plafond », c'est-à-dire aux nuages. C'était un « plafond » compact de strato-cumulus à neuf cents mètres et cet objet lumineux, de forme elliptique parfaite, se trouvait à deux cents mètres sous la couche. Cet objet lumineux, de couleur orange. avec au centre un éclairage plus brillant, était là en stationnement, parfaitement immobile sous la couche de nuages. J'ai eu le temps de prendre d'excellentes jumelles (je n'avais malheureusement ni télescope, ni appareil photographique), et je l'ai observé grâce à elles, pendant vingt-cinq minutes. Il a été visible dans le ciel pendant trente-quatre minutes. Ce qui m'intriguait, c'était de savoir si je pouvais distinguer quelque chose de solide dans cet objet lumineux. Mais je n'ai rien pu déceler.

– Même à la jumelle ?

– Non. À la jumelle je voyais une lueur de forme elliptique parfaite. Le pourtour n'était pas diffus du tout. C'était exactement comme si cet objet représentait du métal chauffé à blanc.

– Cet objet était absolument statique ?

– Absolument. J'ai estimé la dimension de l'objet à un diamètre de 10 m au minimum et 3 m 50 de hauteur. Un phénomène m'intriguait : par moments, il y avait des ruptures de luminosité qui pouvaient durer environ 1/500e de seconde. Une rupture brusque.

– Comme un clignotant ?

– Oui, comme un clignotant, c'est-à-dire le temps d'un clignement d'œil. Cet objet me donnait l'impression d'être là pour observer, par jeu, les allées et venues des avions, je ne pouvais pas dire depuis quand il était là. Tout d'un coup, l'intensité lumineuse a augmenté. L'objet s'est déplacé en direction du sud-est et très lentement sur trois cents mètres, toujours sous la couche de nuages. Il s'est incliné de quelques degrés pour accélérer et monter dans la couche. C'est ce moment que j'attendais, car j'ai bien pu voir autour de cet objet les fragments de strato-cumulus partir sur cette espèce de coque lumineuse, mais je n'ai pas observé de structure métallique.

– *Cela prouvait quoi d'après vous ?*

– Pour moi, cet objet était « intelligent ». Il n'était pas là pour rien. Il était sous la couche, bien visible ; il ne gênait pas les approches des avions. Il m'a donné aussi l'impression que sa position sous la couche de nuages était stratégique et qu'au cas où il serait dérangé il pourrait se mettre à couvert.

– *Tout cela vous fait supposer qu'il était en observation et qu'il était dirigé par des êtres intelligents ?*

– Je n'irai pas jusqu'à dire par des êtres intelligents, mais disons par « quelque chose » d'intelligent. Étant du métier depuis plusieurs années, je tiens à dire tout de suite qu'il ne s'agissait pas d'un fragment de nuage éclairé par une source lumineuse du sol ou des choses de ce genre.

– *Évidemment, vous avez l'habitude de l'observation...*

– Oui, bien sûr.

– *Lorsqu'il est parti, se déplaçait-il vite ?*

– Lorsqu'il a commencé à se déplacer horizontalement, non. J'ai eu tout le temps de l'observer. C'était très joli à voir. Il y a simplement eu l'intensité qui a augmenté. Mais, après, lorsqu'il s'est incliné pour entrer dans la couche de nuages, il a alors accéléré, mais sa vitesse n'était pas très importante.

– *Il y a eu d'autres témoins de ce phénomène ?*

– Non, il n'y a pas eu d'autres témoins. J'étais seul.

ACCÉLÉRATION FOUDROYANTE, DÉCLARE UN CONSEILLER GÉNÉRAL

Procès-verbal d'enquête préliminaire, le 28 novembre 1969, brigade de gendarmerie de Songeons, département de l'Oise.

Le 18 novembre 1969 à 1 h 45, nous, gendarme L..., avons reçu au bureau de notre brigade, M. T..., docteur vétérinaire, conseiller général de ..., maire de la commune de ... Cet homme portait à notre connaissance qu'il venait d'être témoin d'une apparition bizarre dans le ciel au-dessus du territoire de la commune de Wambez dans l'Oise. Il précisait qu'il avait vu monter dans le ciel une sorte d'engin circulaire de couleur orange. Cet engin qui lui semblait téléguidé, avait décrit un ou deux cercles dans le ciel avant de repartir à une vitesse très impressionnante en direction de Gournay-en-Bray (Seine-Maritime). Immédiatement nous avons informé notre commandant de brigade de ces faits. M. T... semblait très calme et maître de lui. Par ailleurs, dans le courant de la journée du 18 novembre 1969, il nous a confirmé ses dires par déclaration écrite, précisant qu'il se refusait à toute déclaration à la presse.

Le même jour à 10 heures, par voie téléphonique, le commandant de brigade a rendu compte des faits à notre commandant de compagnie Beauvais.

Procédant à l'enquête, nous gendarmes P... et F... nous sommes rendus sur les lieux à 11 heures.

État des lieux :

D'après les dires de M. T..., l'objet volant avait décollé de l'herbage situé à l'angle ouest du carrefour de la route nationale 30 et de la départementale 95, cet herbage, d'une grande superficie, appartient à M. M..., maire de ... Il est bordé au nord par le chemin vicinal reliant la Nationale 30 à la commune de Buicourt, à l'ouest par des haies ainsi qu'au sud et à l'est par la Nationale 30 Rouen-La-Capelle, au point kilométrique 5 de cet axe. L'engin serait reparti direction sud-ouest vers Gournay-en-Bray.

Sur les lieux, nous n'avons remarqué aucune trace ou herbe brûlée laissant présumer de l'atterrissage d'un objet quelconque. Il est à noter que quelques pommiers sont disséminés à l'intérieur de l'herbage, assez espacés cependant pour permettre l'atterrissage d'un hélicoptère ou autre engin volant.

Enquête :

Nous nous sommes rendus ensuite dans les communes proches, c'est-à-dire Gerberoy, Wambez, Hanvoile, La Chapelle-sous-Gerberoy et Hannaches. Aucune autre personne n'a vu cet engin volant au cours de la nuit du 17 au 18 novembre. Il a été porté à notre connaissance qu'un habitant de La Chapelle-sous-Gerberoy avait vu, lui aussi, une lueur suspecte dans le ciel au cours de ladite nuit. Le 27 novembre 1969 à 10 heures, nous nous sommes rendus au domicile de M. W..., forgeron, qui nous a déclaré avoir aperçu une lueur vers 0 h 30, mais toutefois le fait ne lui avait pas semblé anormal. À ce jour, date de clôture du procès-verbal, aucun autre témoignage n'a été porté à notre connaissance. Mentionnons que M. T..., conseiller général de ... depuis plus de quinze ans est parfaitement connu tant des habitants que de nos services. Ses dires ne peuvent être mis en doute Il est à noter que le fait signalé s'est produit à environ 800 mètres à vol d'oiseau du lieu où M. L... Amédé, habitant de Wambez, avait aperçu lui aussi un engin suspect le matin du 10 octobre 1969, comme relaté par procès-verbal n° 748 du 17 octobre 1969.

Procès-verbal d'audition, déclarant M. T..., cinquante-deux ans, docteur vétérinaire, conseiller général de ... :

« Je soussigné T..., estime avoir vu ce jour, mardi 18 novembre 1969 à 1 h 5 un engin téléguidé. Je circulais sur la route nationale La Chapelle-Rouen, j'allais faire une visite chez M. D... Au carrefour de Gerberoy-Wambez-La-Chapelle-Montevaux, j'ai vu monter dans l'atmosphère, un engin de 3 mètres de diamètre, de couleur orange. Il a décrit une orbite à 100 ou 200 mètres de hauteur. Je me suis arrêté. L'engin a décrit une seconde orbite à 5 ou 600 mètres de hauteur, puis est reparti en direction de Gournay-en-Bray à une vitesse impressionnante. Je refuse toute déclaration aux journalistes. »

18 novembre 1969, 19 heures, lecture faite, persiste et signe.

Procès-verbal d'audition de M. W... Marcel, quarante sept ans, charron-forgeron, demeurant dans l'Oise qui déclare :

« Au cours de la nuit du 16 au 17 novembre, vers 0 h 30, je crois, par l'intermédiaire de M. C..., M. T... m'a fait prévenir que son véhicule était tombé en panne sur la route nationale 30 à la sortie de la commune. Il me demandait de prévenir un garagiste de Songeons. Avant de prévenir le garagiste, je suis allé sur les lieux. Je ne me souviens plus si c'est à ce moment-là, ou en revenant avec le garagiste que j'ai aperçu une lueur rouge au-dessus de la route nationale en direction de Wambez. Sur le moment je n'ai fait part à personne de ce que je voyais, pensant qu'il s'agissait d'un véhicule en circulation sur la Nationale 30 venant dans notre direction. Toutefois, aucun véhicule n'est passé. Pendant ce temps M. T... avait pris un autre véhicule pour se rendre à la ferme Derick où il était appelé. Le lendemain, M. T... m'a fait part de ce qu'il avait vu dans l'herbage de M. M... et au-dessus. C'est alors que je lui ai dit ce que j'avais vu moi-même, c'est-à-dire cette lueur. Personnellement je n'ai vu aucun engin volant. »

27 novembre 1969, lecture faite, persiste et signe.

OVNI SUR UNE BASE MILITAIRE BRÉSILIENNE

Nouveau cas de rencontre rapprochée comme à Cussac, mais cette fois au Brésil. Le 20 décembre 1971, à 21 h 30, Manuel Silva e Souza quitte la base militaire aérienne d'Itapetuna. C'est une petite ville de l'État de Rio, qui vit de l'élevage, d'une fabrique de lait concentré et de quatre sources thermales. Manuel est surveillant de l'aéroport militaire. Il a soixante ans. Il est père d'une famille composée de treize enfants.

Carlos Marquès, journaliste brésilien spécialisé dans les affaires d'ovnis, a interrogé le témoin :

– Soudain, j'ai eu mon attention attirée par une lueur qui s'approchait de l'aéroport. Une lueur tout à fait inhabituelle. J'ai cru que c'était un avion en feu qui tentait d'atterrir. Soudain, la lueur disparaît. Je n'en crois pas mes yeux. Je cherche pour voir si je n'ai pas rêvé. Et je retrouve la lueur derrière moi, posée dans un champ, près de la piste d'atterrissage. Je pense alors : c'est bien un avion en feu qui s'est écrasé et je cours. Pourtant, au fur et à mesure que je m'approche, je me rends compte que la lueur insolite n'a rien à voir avec celle d'une flamme. C'est une lumière bleu clair, intense. Lorsque je suis arrivé à vingt mètres, je me rends compte que cette lueur est mise par une forme ovale. C'était très joli, mais faisait mal aux yeux. Alors, j'ai apercu l'être...

– *Comment était-il ?*

– Il marchait près de la forme éblouissante. Il était petit. Environ quatre-vingt-dix centimètres. Peut-être un mètre.

– *Il vous a vu ?*

– Oui, il m'a regardé. Très fixement. J'avais très peur mais je l'ai observé aussi, très fixement. Je n'en croyais pas mes yeux.

– *Qu'a-t-il fait ?*

– Au bout de quelques secondes, il m'a tourné le dos. Il a élevé les bras à l'horizontale, comme ça. (Manuel fait le geste.) Et alors là, je n'en croyais pas mes yeux, il s'est soulevé de terre, sans un bruit. Sans bouger, il a regagné son appareil, comme si une force invisible l'attirait, et il est entré par le haut, la tête la première !

– *Vous voulez dire qu'il s'est soulevé sans bouger ?*

– Oui.

– *Vous n'avez vu qu'un seul occupant ?*

– Non, à l'intérieur il y en avait deux autres. Au moins deux. Ils me regardaient sans bouger. J'ai eu peur. Puis, une porte à glissière s'est fermée avec un petit bruit. Et l'objet s'est éloigné.

– *Rapidement ?*

– Très lentement au début. Mais à cinquante mètres de moi, il a pris une accélération incroyable et a disparu en une seconde.

– *Revenons aux créatures que vous avez vues. Comment étaient-elles habillées ?*

– Elles portaient un uniforme, de couleur kaki. Le tissu semblait très souple, mais ne rappelait rien de connu. Ces êtres portaient une ceinture plus claire, vert avocat, par-dessus l'uniforme. Il y avait aussi une grosse boucle très jolie. Aux pieds, ils portaient des petites bottes montantes et collantes. Un peu comme celles que chaussent les boxeurs.

– *Et le visage ?*

– C'étaient des visages qui ressemblaient au nôtre. Mais le cou était plus court. Je les ai bien vus car ils ne portaient pas de masque. J'en suis sûr.

LE ROBOT NOIR

Témoignage de Mme X..., professeur de lycée, diffusé à 20 h 30 dans l'émission « Pas de Panique », de Claude Villers, Olivier Nanteau et Monique Desbarbat, le mercredi 27 février 1974, sur France Inter.

« Ce que j'ai vu s'est passé à Saint-Jean-du-Gard, le mercredi 9 août 1972, vers 2 heures et demie du matin. Nous étions rentrés assez tard cette nuit-là et campions chez des amis ayant un jardin en terrasse. Ce jardin se trouve sur la route de Nîmes, à la sortie de Saint-Jean-du-Gard. Nous étions sur l'une des collines bordant la vallée. Je suis sortie vers 2 h 30 du matin parce que j'entendais les flonflons de la fête à Saint-Jean-du-Gard. Au-dessus de la ville se distinguait une lueur assez vive, produite par les lumières de la fête. Mais, de notre côté, le ciel restait sombre. Il y avait de gros nuages et absolument aucune lumière. Tout était éteint dans les maisons qui dominaient sur la colline.

« Donc, je prenais le frais lorsque mon regard fut attiré par une sorte de boule blanche, de la grosseur d'une Isetta Fiat. Elle m'a intriguée : elle était très brillante. Je ne comprenais pas pourquoi cette voiture pouvait être aussi brillante alors que tout était sombre autour de moi et qu'il n'y avait pas une seule lumière. Cette voiture était garée dans un petit parc-autos réservé aux habitants des trois ou quatre villas construites sur la colline. J'observais cette voiture phosphorescente en essayant de comprendre pourquoi elle était si lumineuse, lorsque j'entendis marcher derrière moi. Des pas bizarres, pas tellement rapprochés, pas tellement lourds non plus, comme si un enfant avait foulé des herbes sèches en progressant assez régulièrement et lentement. Ayant entendu ces pas, je me suis retournée vers la gauche : à trois ou quatre mètres, une forme était tournée vers moi. Je ne veux pas dire "un être me regardait", parce que, sur le moment, je n'ai pas ressenti cette impression. Cette forme mesurait environ un mètre vingt de haut. Elle était absolument noire. Fait curieux, ce corps tenait du parallélépipède. Il me semblait que cette forme était en bois de trente à quarante centimètres d'épaisseur. Ce parallélépipède était surmonté d'une forme ovoïde à la place de la tête. Deux ronds blancs posés à la hauteur des yeux, deux ronds blancs de cinq centimètres de diamètre se détachaient seuls de cette masse noire, tournée vers moi, immobile. Je ne voyais ni les pieds ni les jambes (disons : ce qui devait lui servir à marcher) puisque les grandes herbes les cachaient.

« Je n'oublierai jamais l'impression éprouvée : une peur morbide, incroyable, pas naturelle. Elle ne venait pas de moi ; elle semblait émise par la forme entrevue, comme si elle voulait me neutraliser. Je n'avais jamais ressenti cela auparavant. J'ai eu cette sensation durant trois secondes environ – le temps qu'a duré ma vision. La nature paraissait morte, comme figée, autour de cette « chose ». On avait l'impression que cet être exerçait un pouvoir extraordinaire sur tout ce qui l'entourait, que ce soit un être animé ou des plantes. Tout était réduit au même niveau, c'est-à-dire figé, je le répète. Ensuite, je suis rentrée d'un seul coup dans la tente pour rejoindre Michel, mon mari. Sur le moment, je n'avais pas fait de liaison entre cet être et la forme ronde phosphorescente entrevue sur le parc-autos. Le lendemain, j'ai commencé à comprendre qu'il y avait un rapport entre les deux. Après cette courte, mais saisissante vision, nous avons dormi. Le lendemain matin, nous ne voulions pas en parler mais finalement nous avons demandé aux habitants des villas voisines s'ils n'avaient rien vu d'anormal. Nous nous sommes heurtés à une incompréhension totale. Tous restaient enfermés dans leurs préjugés. Ils essayaient de rationaliser en nous affirmant : “Ce que vous avez vu, ce sont des petits graviers qui brillaient dans la nuit ou des lumières de vélomoteurs qui passaient.” J'étais sûre que cela n'avait rien à voir ! Cependant, une dame a réfléchi. Elle nous a dit : “Tiens, c'est vrai, sur le coup de 2 heures et demie du matin, j'ai entendu marcher sur ma terrasse.” Sa maison était située à trente mètres de notre tente, un peu plus bas. Mais cette personne n'est pas sortie pour aller voir ce fameux rôdeur. Elle s'est rendormie. Les autres sont restés sceptiques. Nous nous sommes heurtés à des murs. »

OVNIS DANS LA NIÈVRE

10 et 12 février 1974, à deux jours de distance, deux témoins, un ingénieur et un brigadier de gendarmerie observent dans le ciel de Decize, dans la Nièvre, les évolutions de mystérieux cigares lumineux. Récit de M. C..., ingénieur :

« En sortant de chez moi de bonne heure le matin – il était à peu près 6 heures – mon attention a été rapidement attirée par un objet qui brillait et qui, par ses dimensions et sa luminosité, tranchait nettement sur ce que l'on peut observer des astres ordinaires. La couleur était comparable à celle de Vénus et la surface visible de l'engin représentait à peu près de dix à quinze fois celle qu'offre cette planète. L'objet était tout d'abord immobile. Il avait primitivement la forme d'un cigare. Puis il a fait un certain nombre d'évolutions, montant à peu près à 45° et prenant alors la forme d'un ballon de rugby. Le phénomène le plus remarquable que j'ai pu voir facilement, c'est un point lumineux tournant autour de l'objet à une assez grande vitesse. À d'autres moments, ce phénomène n'étant plus visible, l'intensité lumineuse de l'objet variait. Cet objet a exécuté différentes manœuvres : il oscillait, il s'élevait un peu à la verticale, toujours très lentement. La visibilité n'était pas idéale : l'objet se trouvait derrière un arbre et, à un moment donné, il a disparu derrière le tronc de cet arbre – mais pas très longtemps. Au terme d'une heure d'observation, il est sorti de derrière l'arbre et a fini par être pleinement visible. À ce moment-là il est monté vers le sud à 45°. Il a été observé pendant un quart d'heure par un de mes voisins, que j'avais alerté. Il a été également vu par ma femme et ma fille, à qui je venais de signaler le fait. Les nuages ont finalement masqué l'engin, vers 7 h 15 à peu près. »

Entretien avec le brigadier de gendarmerie sur les ondes de France Inter :

– Cet objet était d'une grosseur apparente de dix à vingt fois celle des plus grosses étoiles.
– *À quelle distance ?*
– Assez grande, mais je ne puis la chiffrer.
– *Était-ce vraiment très lumineux ?*
– Oui, d'une luminosité très intense.
– *Une lumière colorée ?*

– C'était jaune verdâtre très pâle. La brillance variait énormément. C'était tellement lumineux qu'on distinguait un halo autour de l'engin.

– Est-ce que cet objet évoluait ?

– Son vol était sensiblement stationnaire. Du moins en apparence. Le regardant à la jumelle, j'ai remarqué de toutes petites évolutions. Il montait puis descendait lentement, mais sur place. Il passait de la position horizontale à la position verticale après être resté un certain moment en oblique.

– Quelle forme ?

– J'ai pu distinguer la forme à la jumelle uniquement. À l'œil nu, on voyait simplement une lueur. Il était d'une forme variable que j'ai déterminée de la façon suivante : un gros cigare très renflé au milieu. Finalement la luminosité est allée en déclinant. Cet engin a paru s'élever en s'éloignant de nous.

LA 2 CV AVAIT DES RATÉS

Gendarmerie nationale, brigade de Bagnères-de-Bigorre. Procès-verbal d'enquête préliminaire.

En 1974, le 8 mars à 24 heures, nous entendons M. D..., vingt-sept ans, coiffeur, demeurant à Rabastens-de-Bigorre dans les Hautes-Pyrénées, qui nous déclare :

« Mercredi matin, 27 février 1974 entre 0 h 30 et 1 heure, je rentrais de Tarbes, seul à bord de ma voiture, une 2 CV. Je circulais sur la route nationale 21 en direction de Rabastens, lorsque j'ai aperçu sur ma droite en direction d'Orleix, à environ quatre ou cinq cents mètres, une boule de couleur rouge orange de la grosseur du soleil. Je pense que cette boule était assez haut au-dessus du sol, sans pouvoir préciser. Elle se déplaçait en direction de Rabastens vers le nord tout en se rapprochant de ma voiture. Entre Orleix et Chis cette boule s'est trouvée un moment face à mon véhicule, un peu en avant dans la ligne Tarbes-Rabastens. À ce moment-là elle a pris une forme plus ovale comme un ballon de rugby. Cette boule éclairait tellement, devant et autour de moi, que je voyais comme en plein jour. Pendant qu'elle se trouvait à la hauteur de ma voiture, celle-ci ne tirait plus, elle avait des ratés, elle n'avançait pas malgré mon accélération – et ceci sur une cinquantaine de mètres au moins. Je pense que si j'avais poursuivi ma route, le moteur se serait arrêté. Lorsque cette boule a pour ainsi dire tourné devant moi sur la Nationale 21, elle avait perdu un peu d'altitude tout en gardant toujours la même couleur, mais cette boule devenait de plus en plus grande, c'est-à-dire qu'elle devait atteindre deux mètres de diamètre. Je n'ai perçu aucun bruit pendant cette observation. J'ai eu très peur et seul sur la route, je me suis rendu à la première maison sur ma droite chez la famille L... à Chis. Avant de descendre de voiture, j'ai pu observer que le sol, dans la cour de chez L... était éclairé comme en plein jour par le soleil. J'ai même remarqué que la maison L... faisait de l'ombre dans la cour. J'en ai déduit que ce phénomène devait se trouver au nord-ouest de l'habitation L... J'ai attendu un court instant et j'ai remarqué que la clarté faite par cet ovni disparaissait et que la nuit redevenait normale. J'ai klaxonné pour réveiller la famille L... Pendant que je descendais de voiture, en posant les pieds à terre, j'ai eu l'impression que mes jambes ne me tenaient plus. Les époux L... sont sortis sur la route et n'ont aperçu qu'une lueur rouge en direction de Rabastens, pensant même que c'était les phares d'une voiture. J'ajoute que lorsque la boule observée au début vers Orleix a été à peu près à ma hauteur, j'en ai aperçu une deuxième, plus petite, d'un rouge vif. Elle se tenait à peu près à la même hauteur que la première. De ces boules me venaient une très puissante lumière et des rayons qui m'éblouissaient. Le lendemain, j'ai eu mal aux yeux, que j'avais larmoyants et rouges. La nuit où j'ai observé cet ovni je n'ai presque pas pu dormir, sauf un peu le matin. J'ai souffert des yeux pendant deux jours, principalement le mercredi. Vers la fin de la journée je me suis senti mieux, et dans la soirée je ne ressentais plus rien. »

Le 8 mars 1974 à 10 h 15, lecture faite persiste et signe.

Témoignage de M. A..., cinquante-cinq ans, agriculteur demeurant à Escondeaux, Hautes-Pyrénées, qui nous déclare :

« Mercredi matin, 27 février 1964 vers 1 heure, j'ai quitté Tarbes avec ma voiture où mon épouse avait pris place à ma droite. À la hauteur de Chis, alors que je roulais à environ 80 km à l'heure, j'ai été ébloui un assez long moment par les phares d'une voiture qui avait ses feux de route allumés. Après avoir fait plusieurs appels phare-code et même circulé un moment en position phare, le conducteur de ce véhicule qui se trouvait à plusieurs kilomètres a finalement roulé en code. J'en ai déduit par la suite que le ou les occupants de cette voiture avaient dû descendre pendant qu'elle était restée pleins phares. Nous avons continué à rouler normalement et cette voiture, une DS je crois, nous a croisés en se dirigeant vers Tarbes. Peu après avoir dépassé la ferme Lay-de-Tostat, mais qui se trouve tout près de la Nationale 21, arrivés à hauteur du carrefour de cette route et des routes de Tostat et Castera-Lou, j'ai aperçu sur le fond d'un champ, à ma gauche, entre quatre-vingts et cent mètres de distance, une grosse boule foncée à deux ou trois mètres du sol environ. Cette boule, de la grosseur du soleil, se déplaçait lentement en direction du nord-nord-ouest en ondulant. J'ai poursuivi ma route et j'ai perdu de vue cette boule qui était cachée par une haie de peupliers. Tout de suite après, toujours dans la même direction, j'ai alors aperçu comme un grand panneau blanc de sept à huit mètres de long environ sur deux ou trois mètres de large, avec plusieurs croisillons ressemblant au côté d'un car éclairé. Ce panneau se trouvait au moins à trois mètres du sol. Il émettait une lueur blanche très puissante. Ce panneau était immobile. En regardant ensuite devant moi sur la route, j'ai vu un nuage bleu pâle qui me gênait pour rouler. Pendant que je regardais ce grand panneau blanc, j'ai ressenti comme une angoisse, et une certaine fatigue qui n'a pas duré longtemps car j'ai continué à rouler en direction d'Escondeaux. Je ne me suis pas rendu sur les lieux par la suite. »

5 mars 1974, 18 h 50, lecture faite, persiste et signe.

7 mars 1974 à 19 heures, en visite dans la commune de Gensac, nous entendons M. J..., soixante-dix-huit ans, sans profession, qui nous déclare :

« Mercredi soir, 27 février 1974 vers 22 h 20, ma fille Yvonne est venue porter des nouvelles de son mari, qui se trouvait dans une clinique à Tarbes. Elle était effrayée car, avant de rejoindre mon domicile, elle avait aperçu une puissante lumière venant vers elle sur la route, ainsi que d'autres, plus petites, à travers les arbres entre Liac et Gensac. Je suis sorti après qu'elle m'eut dit cela et en regardant par-dessus le mur de la cour, j'ai alors observé une boule rouge, de la grosseur du soleil, qui se trouvait à l'horizon, à un kilomètre environ dans la direction du sud d'Ansost. Cette boule ne bougeait pas et n'a ni grossi ni rétréci pendant que je l'observais. Je n'ai pas porté plus d'attention à ce phénomène et je suis rentré à mon domicile. »

7 mars 1974, 19 h 20, lecture faite, persiste et signe.

À 19 h 30, nous entendons M. J..., seize ans, qui nous déclare :

« Mercredi 27 février 1974, vers 22 h 30, je rentrais à mon domicile, de Rabastens à Gensac en vélomoteur. Entre Liac et Gensac, sur la gauche d'un champ, j'ai été gêné par une boule orange qui m'éblouissait. J'avais l'impression que cette boule lumineuse venait vers moi par moments. J'ai accéléré ma machine et j'ai senti qu'elle ralentissait, même à l'accélération. Ça me bloquait l'accélérateur. Le moteur avait des ratés. Pourtant mon cyclomoteur marche normalement et je n'ai jamais observé ni avant ni après ce soir-là ces effets de ralentissement sur ma machine. Sitôt arrivé au carrefour dit de la Croix-Blanche, j'ai emprunté le chemin départemental n° 8 en direction de Gensac. À ce moment-là la boule a disparu. Mon cyclomoteur a alors repris sa marche normale. J'ai eu très peur et je me sentais fatigué. »

7 mars 1974, 19 h 45, lecture faite, persiste et signe.

Le 8 mars 1974, à 10 h 35, au bureau de notre brigade, nous entendons Mme J... qui nous déclare :

« Mercredi 27 février 1974, entre 21 h 30 et 22 heures, je rentrais de Tarbes avec ma voiture et me rendais chez mes parents à Gensac. Au passage à niveau d'avant Liac, j'ai aperçu sur cette route sinueuse un puissant phare de voiture qui se dirigeait vers moi et qui m'a semblé avoir fait un appel plein phare. Cette lumière, légèrement bleutée, a disparu et je n'ai plus porté attention à ce phénomène. Je n'ai rencontré aucune voiture sur le chemin départemental n° 8 avant d'arriver à Liac. Moins d'un kilomètre plus loin, j'ai revu un phare blanc, comme la lumière d'un tracteur, qui émettait une lumière normale à une centaine de mètres à droite de la route. Cette lumière a disparu assez vite avant le village de Liac. Dans la traversée sinueuse de Liac, j'ai revu des petites lumières blanches, assez puissantes, qui venaient vers moi. J'ai pensé à des feux de position d'un camion qui aurait dû me croiser. Ces lumières ont disparu après le centre de Liac. À la sortie du village, j'ai revu plusieurs lumières blanches de la grosseur d'un phare à une cinquantaine de mètres de la route à deux ou trois mètres du sol. Elles ne bougeaient pas. Avant d'arriver au carrefour de Gensac-Ansost, sur le chemin départemental 8, j'ai encore aperçu d'autres lumières blanches à ma droite, assez près de ma route, dans les champs. Ces lumières clignotantes vacillaient entre les arbres des bordures de champs, dans le sens nord-sud. Plus loin, sur la route d'Ansost, il y en avait encore plusieurs à deux ou trois mètres du sol. On aurait cru que c'était de fortes ampoules électriques placées sur des poteaux. J'ai quitté ma route sur la gauche vers Gensac. Ces lumières s'étaient déplacées sur ma droite, sur la route départementale 55 vers Lafitole. Je n'ai croisé aucun véhicule. C'est donc bien un phénomène insolite qui se trouvait sur ma route.

« Le jeudi vers minuit, je rentrais de Tarbes, de la clinique des Ormeaux, avec mon fils Gilles, à bord de ma voiture Mercedes. À la hauteur de l'ancien garage Vidal, j'ai aperçu dans le rétroviseur, un gros phare, assez loin derrière moi. Ce phare, de couleur rouge, semblait grossir, pour devenir plus pâle, comme un gros clignotant. Il circulait vers ma voiture jusqu'à une dizaine de mètres environ. Par moments il était plus éloigné. Prise de peur, j'ai accéléré pendant que mon fils continuait à observer cette lumière étrange. Je voyais cette grosse boule rouge orange émettre une puissante lumière derrière ma voiture. Il m'était impossible de regarder sans être éblouie tellement le faisceau lumineux était puissant. Lorsque cette boule est devenue plus grande, soit un mètre de diamètre environ, elle était presque blanche. Plusieurs kilomètres plus loin, la boule a disparu et a été remplacée par une espèce d'éclair, de la forme d'un ressort rouge de circuit électrique, qui se trouvait entre cinquante et cent mètres environ derrière mon véhicule. Cet espèce de circuit électrique disparaissait et revenait aussitôt sur la route derrière moi. La route paraissait éclairée par moments. Le circuit électrique a disparu à nouveau, et la boule rouge a réapparu avant Rabastens. Elle était plus petite, d'une couleur rouge, plus puissante. Elle est restée immobile au milieu de la chaussée, avant l'entrée de Rabastens. Lorsque les circuits électriques étaient près de ma voiture, je croyais que le feu était à l'arrière de mon véhicule. C'est d'ailleurs ce que je vous ai dit en arrivant de la brigade. Avant d'arriver à Rabastens, j'ai même remarqué comme une gerbe d'étincelles autour de ma voiture. »

8 mars 1974, 11 h 10, lecture faite, persiste et signe.

TROIS SILHOUETTES PHOSPHORESCENTES

Gendarmerie nationale, groupement du Finistère, compagnie de Quimperlé, brigade de Pont-Aven.

Procès-verbal :

Le 30 septembre 1974, nous apprenons qu'une famille de Riec-sur-Belon, les époux L... et leur fils, vingt ans, militaire, auraient observé au cours de la nuit du 28 au 29 septembre 1974, un objet non identifié.

Des renseignements recueillis immédiatement, il ressort que le premier témoin du phénomène est L..., sergent dans l'armée de l'air, actuellement affecté à ECH 10-802 à Montmorency. Il a rejoint son corps le 29 septembre au soir et n'a pu être entendu que le 5 octobre 1974.

Procès-verbal d'audition de l'épouse L..., demeurant à Riec-sur-Belon, qui nous déclare à 10 h 20 le 1er octobre 1974 :

« Le 29 septembre 1974 vers 0 h 50, mon fils Younic, âgé de vingt ans, actuellement engagé dans l'armée de l'air avec le grade de sergent, rentrait d'un déplacement avec le groupe folklorique de Riec. Il était en permission de quarante-huit heures. Il a rejoint son corps le 29 au soir au Fort de Montmorency. Il est venu nous appeler dans notre chambre mon mari et moi, nous disant ceci : “ n'allumez pas et montez vite, on est en présence d'une soucoupe !” Nous avons immédiatement rejoint Younic dans sa chambre au premier étage. Il était à la fenêtre, sa chambre était éclairée d'une intense lueur rouge orangé provenant de l'extérieur, un peu comme s'il y avait eu un important incendie proche. J'avais déjà remarqué cette lueur, mais moins intense, dans le couloir, dans le salon au rez-de-chaussée, en sortant de ma chambre. Mon fils qui observait le phénomène au moyen de jumelles, m'a passé cet objet et j'ai observé moi-même. J'ai vu tout d'abord une énorme masse lumineuse de la longueur d'une maison de 10 mètres environ de couleur jaune soufre, avec un léger mélange rougeâtre. Elle avait la forme d'une demi-sphère de quelques mètres de hauteur, 6 ou 7 mètres peut-être, mais en tout cas moins haute que large. Les contours n'étaient pas délimités.

« À chaque extrémité basse, il y avait un cercle lumineux rouge, dont la circonférence n'était pas tracée, d'un diamètre approximatif de 80 centimètres à 1 mètre. La clarté était la même sur toute la surface des disques et on ne distinguait pas la présence d'ampoules. À la partie haute de l'engin, pratiquement à mi-hauteur, je distinguais nettement, sur une ligne horizontale, plusieurs points lumineux de même couleur que l'engin, c'est-à-dire jaune avec mélange rougeâtre mais plus vifs. Les contours n'étaient pas déterminés non plus. Simultanément, j'ai vu trois "personnages" en avant de la masse lumineuse avancer dans notre direction. Ils tenaient une position en "V", un en avant au centre, les deux autres en retrait sur les côtés. Ils avaient la taille d'un être humain. Le corps avait la forme d'un ovale, avec un renflement arrondi de chaque côté. La tête était proportionnée au corps, de forme arrondie, mais légèrement aplatie. Ils n'avaient ni face, ni membres. La couleur était argent très vif, du genre métal chauffé à blanc. Je compare cela aux flèches phosphorescentes des panneaux de signalisation, mais en plus vif. Cette couleur n'était pas rayonnante. Ils se déplaçaient dans notre direction, se dandinant très lourdement. Les dandinements des trois étaient synchronisés. Ils glissaient vers nous assez rapidement, mais les dandinements étaient lents. À un certain moment, mon fils m'a demandé ce que je voyais ; je lui ai répondu : "je vois trois personnes qui viennent vers nous", il m'a rétorqué : "alors tu vois ce que je vois".

« J'ai comparé ces êtres à des sapins de Noël, donnant le reflet de guirlandes illuminées. Brusquement le noir complet s'est fait. Je n'ai plus vu la masse lumineuse. Il ne restait plus que ces trois “personnages” qui se déplaçaient toujours vers nous de la même façon, et que je voyais très distinctement. Simultanément, j'ai vu très haut dans le ciel une traînée jaune qui montait en diagonale en direction du sud, cela allait à la vitesse d'une étoile filante, mais en beaucoup plus important et sans aucun point lumineux. À ce même moment, mon fils et moi avons pris peur. Younic s'est cru repéré et nous avons décidé de quitter la maison le plus rapidement possible. Nous nous sommes réfugiés chez M. C... à 300 mètres environ de notre domicile. En cours de route Younic, tout en courant, se retournait constamment pensant avoir les “personnages” sur nos talons. Avant de nous appeler, Younic avait déjà observé le phénomène et il nous a dit ceci : en entrant dans la maison, il a allumé dans la cuisine, le temps de prendre un rafraîchissement.

« En traversant le salon, il a remarqué que cette pièce était illuminée d'une clarté jaune orange. En pénétrant dans sa chambre au premier étage, il a constaté la même clarté, mais plus intense. Il a tout de suite pensé à un incendie à la ferme de La Villeneuve. Sans allumer, il a ôté sa veste, puis a allumé pour prendre ses jumelles et il s'est mis à la fenêtre. Celle-ci était fermée. C'est alors qu'il a vu cette masse lumineuse que je vous ai décrite. Il a pensé aussitôt qu'il se trouvait en présence d'une soucoupe. Il a vu trois trappes rectangulaires s'ouvrir. L'intérieur de ces trappes émettait une lumière rouge vif. En même temps, des boules de feu se sont échappées de l'engin. Il a nettement vu deux formes sortir par ces ouvertures qui sont descendues vers le sol. La description qu'il en a donnée est la même que la mienne. Devant ce phénomène, il s'est inquiété, a éteint, et est venu nous appeler. Je précise pour ma part que je distinguais aussi bien le tout à l'œil nu qu'à la jumelle. Ce qui m'a impressionnée le plus, de même que Younic, c'est le balancement lent et très lourd de ces trois êtres.

« Pour ma part, j'ai pu observer la scène durant deux minutes environ et Younic l'a vue durant trois à quatre minutes. Durant tout le temps qu'elle a été visible, la masse lumineuse était animée d'un mouvement de va-et-vient en arc de cercle, comme une voiture qui fait marche avant puis arrière roues braquées. Le mouvement était lent, régulier sans à-coups et très ample. Je ne suis pas en mesure de déterminer avec précision l'endroit où se trouvait l'engin, mais je le situe à 500 mètres à vol d'oiseau de mon domicile, au sud-est de l'agglomération de Riec, dans les parages immédiats de l'intersection dite de La Villeneuve. La masse lumineuse était au sol ou au ras du sol, de même que les trois "personnages". Juste avant l'apparition du phénomène, il y a eu un violent orage avec tonnerre, éclairs et une très grosse pluie. Pendant toute la durée de l'observation, il n'y a eu ni orage, ni pluie, ni vent et pas le moindre bruit. Le ciel était très noir, complètement couvert, on ne voyait ni lune, ni étoiles. La masse lumineuse et les "personnages" n'ont émis aucun son. Je n'ai rien ressenti de particulier, ni malaise, ni troubles quelconques. Depuis lors, j'ai très peu dormi, mais je suppose que cela est dû à la peur que j'ai ressentie. Nous possédons un petit chien, "Fox", âgé de quatre ans. Lorsque nous avons quitté la maison il semblait craintif, sans plus. Par contre, lorsque nous avons regagné notre domicile environ deux heures plus tard, il s'est plaint et a pleuré pendant tout le trajet. Il n'a pas cherché à s'amuser, s'est glissé sous les couvertures d'un lit où il est resté immobile. J'ai eu l'idée que les êtres portaient des combinaisons ou enveloppes sans manches, ni jambes. Nous avons examiné rapidement le lieu supposé de l'apparition sans découvrir la moindre trace au sol ou sur la végétation. »

1er octobre 1974 à 12 h 30, lecture faite, persiste et signe.

Procès-verbal d'audition de M. L..., demeurant à Riec-sur-Belon, qui nous déclare à 16 h 30 :

« Comme mon épouse vous l'a relaté, je suis monté dans la chambre de mon fils au premier étage lorsqu'il est venu nous appeler. Il était aux environs de 0 h 50. J'ai remarqué la clarté qui illuminait la pièce. J'ai vu comme ma femme et mon fils cette masse lumineuse jaune rougeâtre de la forme d'une demi-sphère, portant à chaque extrémité basse un disque rouge. Les dimensions sont celles que mon épouse a données. Pour ma part, je n'ai vu aucun hublot ni trappe, ni points lumineux plus vifs sur l'objet. J'ai remarqué son mouvement de va-et-vient. Je n'ai pas vu de "personnages", ni objets autres que cette masse. J'ai situé approximativement l'apparition à l'intersection de La Villeneuve. J'ai eu moins de temps que mon épouse et mon fils pour l'examiner. Je les ai entendus parler des "personnages", puis ils ont pris peur et nous avons décidé de quitter la maison. Je n'ai pas vu l'engin disparaître. Je ne regardais plus à ce moment-là. Je n'ai plus regardé par la suite. Je ne sais que penser de ce phénomène, mais je suis persuadé qu'il s'agit d'une manifestation extraordinaire et que l'engin était réel. Toutes les précisions données sur l'aspect, l'absence de bruit et de son, le comportement du chien, les conditions atmosphériques sont exactes. Je n'ai pas vu non plus la traînée jaune dans le ciel, je ne regardais plus à ce moment-là. Vers 8 h 30, le 29, je suis allé avec mon fils à l'endroit supposé, nous n'avons rien découvert d'anormal. »

1er octobre 1974 à 17 h 5, lecture faite, persiste et signe.

Procès-verbal d'audition, 1er octobre 1974, de M. C..., cinquante-cinq ans, retraité de la gendarmerie, demeurant à Riec-sur-Belon qui nous déclare :

« Le 29 septembre 1974, vers 1 heure du matin, les époux L... et leur fils Younic, âgé de vingt ans, sont arrivés chez moi épouvantés. Nous connaissons très bien cette famille, nous sommes amis depuis de très nombreuses années. Younic et ma fille sont camarades d'enfance. Quelques instants auparavant ils étaient rentrés ensemble d'un voyage du cercle folklorique de Riec. Dès que nous leur avons ouvert, Younic et sa mère nous ont crié : "N'allumez pas, pas de lumière, pas de lumière, vite, fermez la porte !" Younic et sa mère se sont précipités dans la maison, et ont monté les escaliers quatre à quatre sans lumière. Le père, L..., était moins excité et suivait plus calmement. Nous sommes restés environ cinq minutes dans le noir. Je m'éclairais au moyen d'une lampe électrique. Ils nous ont raconté ce qu'ils venaient de voir : un engin lumineux aussi grand qu'une maison, avec des hublots. Ils ont employé constamment le terme de "soucoupe volante". Mme L... et son fils Younic ont raconté qu'ils avaient vu "trois bonshommes" ayant la silhouette et la taille d'un être humain en beaucoup plus trapu, phosphorescents du haut en bas, qui se déplaçaient dans leur direction en se dandinant et à allure très rapide. En ce qui concerne la hauteur de ces êtres, elle pouvait être de 1 m 50 environ, puisqu'ils les comparaient à mon épouse qui mesure 1 m 55. Younic les a comparés aussi aux silhouettes des champs de tir. Younic et sa mère étaient épouvantés. Ils étaicnt très pâles et tremblaient. Ils étaient effrayés à un tel point que nous avons craint qu'ils n'aient un malaise.

« Ils ont dit aussi que le salon et la chambre de Younic étaient éclairés d'une lueur intense, comme une lueur d'incendie. Les silhouettes phosphorescentes semblaient porter des combinaisons genre amiante. Younic et sa mère étaient traumatisés, mais leurs explications étaient nettes et précises et faites sous le coup d'une grande émotion. Ces trois personnes sont saines d'esprit et n'ont jamais fait parler d'elles à ma connaissance. Aucune d'elles n'était prise de boisson. Mme L... a travaillé de nuit en hôpital durant plusieurs années. Younic est très posé, il est mûr et, à quinze-seize ans déjà, il avait le caractère d'un adulte et savait réfléchir. À ma connaissance, L... ne s'adonne pas à la boisson. Je crois sincèrement qu'ils ont été témoins d'un phénomène extraordinaire, car il n'est pas possible de se trouver dans un tel état de frayeur sans raisons sérieuses. Ce n'est pas de l'invention de leur part et personne ne pourrait jouer la comédie à ce point. J'ai servi dans la gendarmerie durant vingt ans, je suis en retraite depuis 1967 ; à l'époque nous n'enquêtions pas sur de telles manifestations ou observations. J'ignorais totalement que cela était pris en considération en haut lieu et était du ressort de la gendarmerie, sinon je n'aurais pas manqué de signaler immédiatement les faits. Personnellement, je n'ai pas ébruité l'affaire et n'en ai parlé à personne sauf naturellement après la parution dans la presse. »

2 octobre 1974, 10 h 30, lecture faite, persiste et signe.

Procès-verbal d'audition, 5 octobre 1974, M. L... Younic, sergent de l'armée de l'air, engagé, habitant à Riec-sur-Belon qui nous déclare à 14 h 10 :

« Le dimanche 29 septembre 1974 vers 0 h 45, je rentrais à mon domicile, je venais de raccompagner une camarade chez elle. Lorsque je suis arrivé au portail de ma propriété, il s'est produit une très forte averse. Je suis rentré et je suis allé à la cuisine prendre un rafraîchissement. Pendant que j'étais dans la cuisine, un violent coup de tonnerre a éclaté. Le bruit est allé en s'amplifiant jusqu'à l'éclatement, qui m'a paru très proche. Cela a duré environ trente secondes. J'ai ouvert la porte du salon au moment où le bruit s'est arrêté. Il était 0 h 50 environ. J'ai eu le temps de faire un ou deux pas et j'ai aperçu une lueur fugitive de couleur jaune orange. J'ai pensé à l'éclairage d'une maison voisine. Il m'a fallu environ dix secondes pour monter à ma chambre. En pénétrant dans la pièce j'ai immédiatement aperçu par la fenêtre un halo de couleur rouge. J'ai pensé à un incendie. Sans allumer j'ai posé mon blouson et je me suis dirigé vers la fenêtre. J'ai aperçu à un endroit que je ne puis déterminer mais qui me paraît être aux environs du carrefour de La Villeneuve à 600 mètres à vol d'oiseau, un grand brasier de l'importance d'une maison. J'ai pensé à un incendie dans une des fermes du secteur. Je suis revenu allumer, puis j'ai pris mes jumelles. Ce que j'ai vu d'abord, ce sont trois rectangles de couleur rouge vif, genre trappes, surmontés d'un volet rabattable. Presque aussitôt j'ai vu sortir de ces trappes, trois masses lumineuses, d'un blanc phosphorescent, sans contour défini, mais sensiblement de la forme et de la taille d'un mouton. Ces trois masses apparaissaient brusquement et disparaissaient vers la gauche en amorçant un quart de cercle, tout comme pour faire le tour de quelque chose. En examinant les rectangles rouges je distingue nettement une forme. Il s'agit d'une sorte de socle horizontal, d'une hauteur d'un mètre environ, chanfreiné à son extrémité gauche, surmonté en son milieu d'un genre d'habitacle en forme de cône tronqué, d'une hauteur de quatre mètres environ, qui entoure les trois rectangles rouges. Les contours sont nettement définis par des lignes droites. Seule la base du socle est invisible. L'ensemble est de couleur grise qui se détache dans la nuit sombre. L'engin a une position stationnaire, paraît se tenir légèrement en suspens et semble vibrer. Je ne vois qu'une partie de l'objet. La partie droite est masquée par un obstacle que je ne peux déterminer, probablement une haie ou un rideau d'arbres. Le paysage aux alentours n'est pas éclairé, je ne le distingue pas. Pour examiner les abords immédiats, je baisse légèrement mes jumelles et je vois alors en avant de l'engin, dans ma direction, des silhouettes ayant l'apparence d'êtres humains. Elles sont de même couleur que les trois masses lumineuses aperçues au début, couleur d'un arc électrique. Elles semblent avoir la taille d'un être humain, soit environ 1 m 70. Elles sont fortes de constitution, la tête proportionnée au corps et je distingue nettement les jambes.

« Je descends alors rapidement pour réveiller mes parents, au rez-de-chaussée. Je leur dis "venez vite, mais surtout n'allumez pas" sans leur préciser l'objet de mon intervention. Ils montent immédiatement derrière moi. Ceci m'a demandé une minute à une minute et demie. En arrivant dans la chambre, mes parents prennent les jumelles à tour de rôle. J'observe à l'œil nu pendant ce temps-là et je ne vois que le brasier que j'ai vu au départ. Par contre, je vois nettement les trois silhouettes. Elles tiennent une position en "V", c'est-à-dire, un en avant et deux légèrement en retrait sur les côtés. Elles se déplacent dans notre direction. Je reprends les jumelles et je les vois distinctement. Leur pas est lent et lourd, mais leur progression semble tout de même se faire à la vitesse d'une personne qui marche vite. De par leur pas lent et lourd, ils ont un balancement lent. Leurs mouvements sont parfaitement synchronisés. Elles ne paraissent pas avoir contact avec le sol, mais il semble qu'elles ont tout de même un point d'appui. Je ne distingue aucun trait sur leur face, je ne vois pas de membres supérieurs. Je relève légèrement mes jumelles pour regarder l'engin et évaluer la distance qui le sépare des silhouettes. À ce moment-là il paraît avoir un léger soubresaut latéral, puis disparaît brusquement. J'ai un léger recul et instantanément mes yeux perçoivent une lueur jaune orangé très fugitive, à ma droite, très haut dans le ciel du genre flash. Les trois silhouettes sont toujours au sol, dans la même position et se dirigent toujours vers nous. C'est à ce moment, que craignant d'avoir été repéré, je décide de quitter la maison et incite mes parents à en faire de même. Nous nous réfugions chez M. C..., à 300 mètres environ de notre maison. Je prends mon chien au passage. Durant le trajet, je me retourne plusieurs fois, mais je ne vois rien. L'apparition a duré trois à quatre minutes en ce qui me concerne. La nuit était très sombre, le temps couvert, les étoiles et la lune n'étaient pas apparentes. L'engin, si j'évalue sa partie cachée, pouvait avoir une longueur de 10 mètres environ. Pendant toute la durée du phénomène je n'ai percu aucun bruit, je n'ai ressenti aucun effet immédiat ni ultérieur. Lorsque nous avons amené notre chien, il n'a eu aucune réaction. Par contre, au retour, environ une heure plus tard, il n'a cessé de gémir en approchant de la maison. Je n'ai rien remarqué d'anormal par ailleurs dans son comportement. Les silhouettes paraissaient vêtues de combinaison des pieds à la tête. Je suis persuadé d'avoir vu un objet, les personnages étaient réels. Il ne peut s'agir d'un phénomène naturel dû à l'orage ou à une autre cause, mais bien d'un engin ayant des contours et des proportions bien définis. »

5 octobre 1974, 15 h 35, lecture faite, persiste et signe.

RENDU AVEUGLE ET MUET PAR DES E.T.

Gendarmerie nationale, procès-verbal de synthèse

Brigade de Petite-Ille, compagnie de Saint-Pierre, l'an 1975, le 3 mars.

Exposé des faits :

Le 15 février 1975 à 10 heures, au bureau de notre brigade, se présente Mme S... Marie, sans profession, domiciliée à Petite-Ille dans la Réunion. Cette personne porte à notre connaissance que le 14 février 1975, vers 13 heures, son fils Antoine âgé de vingt et un ans a été fortement commotionné par un rayon lumineux provenant d'une boule brillante aperçue sur le piton Calvaire à Petite-Ille. L'intéressé a regagné sa demeure à pied en empruntant le chemin du cratère qui passe près du cimetière. Notre informatrice précise que son fils lui a déclaré avoir vu trois petits bonshommes descendre de l'engin bizarre qui ne touchait pas le sol, les avoir observés puis avoir été projeté à terre par un puissant éclair parti de la partie supérieure de la soucoupe laquelle s'est ensuite élevée en sifflant très fort. Mme S... ajoute qu'après lui avoir fait le récit dont il a été témoin, son garçon, très bouleversé et choqué, a perdu l'usage de la parole et que de ce fait le docteur en médecine T... de Petite-Ille a été appelé au chevet du patient vers 19 heures. Sur notre demande, Mme S... affirme que son fils Antoine, parfaitement équilibré, n'a jamais été soigné pour maladie mentale. Elle ne croit pas à une hallucination. Nous prenons alors contact avec le docteur T... Ce praticien nous déclare verbalement que S... Antoine victime d'un choc émotionnel important est sous l'effet d'une crise pithiatique. Qu'il jouit de toutes ses facultés mentales, qu'il n'est pas atteint de blessures et ne porte pas de brûlures. L'intéressé est placé sous contrôle médical et un repos de quarante-huit heures lui est imposé. Sous la direction du maréchal des logis P..., chef de poste, tout le personnel de la brigade participe à l'enquête administrative.

Mesures prises :

Au recu de ces informations, à 10 h 15 le 15 février 1975, nous rendons compte des faits au commandant de la compagnie de gendarmerie à Saint-Pierre. Suivant les instructions de cet officier, nous procédons au recueil de renseignements complémentaires permettant de concrétiser l'affaire et de localiser si possible le lieu de l'apparition de l'objet volant non identifié. Un message établi à 14 heures le 15 février 1975, est adressé à notre commandant de compagnie et ce message fait état de nos premières investigations et constatations.

État des lieux et constatations :

Selon les dires de Mme S... Marie, l'endroit où l'objet a été observé se situe sur le piton Calvaire, territoire de la commune de Petite-Ille à la Réunion, à 300 mètres à l'ouest de l'agglomération. Ce piton, couvert sur ses versants de bois de filaos, comporte un plateau cultivé, traversé nord-sud par le chemin du cratère qui dessert quelques cases dissimulées dans la verdure. Compte tenu de l'imprécision du lieu et en raison du relief parfois rocailleux et broussailleux au sol, l'exploration du piton s'avère difficile. Nous ne découvrons aucune trace ou indice laissés éventuellement par le passage d'un objet volant non identifié.

Enquête :

Le 15 février 1975 à 10 h 30, les gendarmes C... et C... se transportent au domicile de M. S... Maximin où se trouve son fils Antoine. Ils s'entretiennent quelques minutes avec l'observateur. Celui-ci est alité. Ils constatent que l'intéressé est dans un état de prostration incontestable, ses yeux grands ouverts fixent l'inconnu. Sa mère présente, lui annonce la visite des enquêteurs, il tressaille. Aux questions qui lui sont posées, S... ne peut répondre de vive voix. Avec beaucoup d'acharnement par gestes, il décrit avec ses mains une forme ronde et allongée qui brille. Pour expliquer ce fait, il porte plusieurs fois ses mains horizontalement vers ses yeux. Il montre ensuite quatre doigts de sa main indiquant ainsi qu'il y avait quatre passagers vêtus de blanc et désigne pour cela le drap de son lit. Sa main se maintient à environ un mètre du plancher indiquant la taille des sujets. Des explications muettes, il apparaît que trois personnages équipés d'antennes étaient au sol groupés près d'une échelle à trois marches, le quatrième se trouvait dans la sphère ou coupole. De sa position allongée, S... Antoine fait une esquisse de l'engin qu'il a aperçu. Il termine sa démonstration en portant d'abord ses mains aux oreilles, puis au front et ensuite aux yeux. Sa face est grimaçante, il peut alors émettre un sifflement aigu, de très bas en crescendo tout en faisant tourbillonner l'index de sa main droite pointée vers le plafond, expliquant alors que l'engin s'élevait et disparaissait. Au préalable en décrivant les trois sujets, S... Antoine a élevé verticalement les deux index à 20 centimètres au-dessus de sa tête précisant qu'ils étaient équipés de courtes antennes et que celles du troisième ont bougé. À l'issue de l'entretien, S... Antoine, très agité, ne s'apercoit plus de la présence des deux militaires dans la pièce.

Le 16 février 1975 à 9 heures, le lieutenant-colonel, commandant le groupement de gendarmerie de la Réunion, informé la veille des faits par notre commandant de compagnie nous ordonne d'effectuer une enquête, de rédiger un questionnaire ovni et de procéder à diverses vérifications, notamment auprès des services de la tour de contrôle de l'aéroport de Gillot-Saint-Denis, afin de connaître si des avions ou hélicoptères étaient en vol le 14 février 1975 entre 12 heures et 14 heures. Les instructions émanant de cette haute autorité sont exécutées dans le courant de la matinée du 16 février 1975. Aucun aéronef n'a survolé le département de la Réunion aux dates et heures indiquées. À noter que le 14 février 1975, à 13 heures, heure de l'apparition de l'ovni, le temps était clair, le ciel dégagé, le soleil non voilé se trouvait pratiquement au zénith, il n'y avait pas de vent, aucune précipitation de pluie n'a eu lieu depuis le 10 février 1975.

Le 16 février 1975 à 15 heures, S... Antoine est toujours dans un état second, il n'a pas retrouvé l'usage de la parole et de plus sa vue s'est considérablement affaiblie. Il peut faire quelques pas et toujours par gestes tente quelques explications concernant l'ovni. Nous comprenons alors que cet engin ne touche pas le sol au moment de l'observation et s'est stabilisé à environ 1 m 50 de la surface.

S... Antoine explique que s'approchant du lieu de l'apparition, il a été attiré par des sons « bip-bip » qu'il peut prononcer une douzaine de fois. Il a cherché à savoir d'où venaient ces bruits et a ainsi découvert la soucoupe au fond d'un champ, sur sa droite à une distance de 15 à 20 mètres. S... saute à pieds joints pour nous faire comprendre la démarche de trois petits bonshommes se déplaçant sur la terre. Ceux-ci ont rejoint la passerelle qui s'est escamotée sous l'engin. Il explique avoir été renversé par une décharge lumineuse au moment où le troisième sujet qui lui a fait face a actionné ses antennes, les deux autres étant de profil. S... s'est alors enfui en retroussant son pantalon. Le dialogue avec l'observateur s'avère fastidieux, notamment lorsque nous lui demandons de situer l'endroit de l'apparition. Nous remarquons alors qu'il ouvre plusieurs fois ses mains, sans en comprendre la signification. Un membre de sa famille nous apporte alors un dictionnaire franco-anglais. Sur la page de garde vierge, S... a tracé au crayon l'objet qu'il a observé mais aussi une sorte de plan des lieux, lequel trop imprécis s'avère inexploitable par nos soins. Le dessin esquissé sur le Larousse, le 14 février 1975, peu après l'observation, est semblable à celui exécuté le 16 février 1975. L'objet volant non identifié a la forme d'un chapeau, type coiffure de la police montée canadienne. Deux hublots rectangulaires apparaissent à la partie supérieure ; sous la soucoupe se trouve inclinée une courte échelle comportant trois marches.

Le 17 février 1975 à 8 heures, toujours très agité, encore dépourvu de la parole et de la vue, S... Antoine voudrait nous amener sur les lieux de l'observation mais, accompagné d'hommes armés. L'intéressé veut prouver sa bonne foi, mais ce transport est différé en raison du handicap physique du témoin. Avant tout, ce jeune homme doit être remis en confiance. Au début, son histoire a provoqué une certaine hilarité dans son village, puis il a fallu se rendre à l'évidence que les dires de S... Antoine pouvaient être pris au sérieux. Les renseignements complémentaires recueillis à son sujet indiquent qu'il est parfaitement équilibré. Plusieurs personnes entendues verbalement, semblent être convaincues de l'existence des soucoupes volantes, ou ne rejettent pas catégoriquement la possibilité de telles apparitions. Le même jour à 9 heures, nous contactons le responsable de la station météorologique de Gillot. Il est porté à notre connaissance que dans le département de la Réunion, il n'est pas procédé au lâcher de ballons sondes. En outre, le président de l'aéro-club du Sud nous indique qu'aucun avion n'a décollé de la piste de Pierrefond-Saint-Pierre le 14 février 1975 durant la journée. À 11 h 45, nous rendons compte de la progression de l'enquête à notre chef de corps à Saint-Denis et l'informons de ce que le commandant L..., directeur de la protection civile, doit se déplacer à Petite-Ille. L'officier supérieur de la gendarmerie nous signale qu'il se rendra à Petite-Ille le 18 février 1975, à 9 h 30.

À 18 heures, le 17 février 1975, téléphoniquement, le docteur H..., remplacant de son confrère T..., nous dit avoir examiné S... Antoine dans la journée et que son diagnostic n'est pas alarmant. Le patient est difficile à questionner et peut rester dans l'état d'anxiété actuel, dû à un fort choc émotionnel, de trois jours à trois mois. L'état général est bon, le plus grand repos lui est conseillé sinon l'intéressé devra être confié à un psychiatre. Les autorités annoncées arrivent à Petite-Ille le 18 février 1975 à 9 h 30 et sont conduites auprès de S... Antoine. L'intéressé, alité, a la tête enfouie dans des coussins et serviettes de toilette. Au bout de quelques minutes et malgré une mise en condition précaire, S... Antoine se soumet sans difficulté à l'interrogatoire du lieutenant-colonel commandant le groupement de la gendarmerie. Les gestes précisant l'ovni et ceux de l'équipage sont les mêmes que ceux enregistrés les jours précédents. Parallèlement le commandant L..., muni d'un appareil Geiger procède à une détection de radioactivité sur la personne et les vêtements de l'observateur. Le résultat est négatif. S... Antoine, plein de bonne volonté, veut conduire les personnes intéressées sur le plateau du piton Calvaire, mais doit y renoncer en raison de sa cécité. C'est alors qu'il nous fait comprendre qu'une voisine, Mme F... Albert, présente lors du récit initial, serait en mesure de nous emmener dans le champ de maïs où il a aperçu l'ovni. Cette personne nous rejoint rapidement et nous dit avoir remarqué trois trous dans le sol. Elle nous guide à l'endroit indiqué, qui se situe non loin de son domicile près du chemin cratère, soit dans le périmètre englobant le plan dressé par le témoin quelques heures après l'observation.

En l'absence du témoin principal, nous nous fions aux dires de Mme F... Cette personne se dirige dans un champ d'une superficie de 13 ares environ, propriété de Mme O... Le sol est dénudé, mais quelques souches de maïs subsistent. Dans l'angle nord-ouest, Mme F... accompagnée de ses deux filles retrouve finalement l'emplacement des trois trous qu'elle dit avoir remarqués au début de la matinée du 15 février 1975. Ils sont espacés d'un mètre et disposés en triangle isocèle. Ils n'ont pas de forme bien précise en raison de la friabilité de la terre et se confondent avec d'autres cavités ayant la même grosseur semblables à de petits bols profonds de 2 à 3 centimètres, très évasés. Ces creux répartis sur une grande surface du terrain semblent avoir été occasionnés par des oiseaux cherchant de la nourriture. La recherche d'autres indices s'avère d'autant plus compliquée que le sol a été largement foulé par des pas humains, plus particulièrement durant les journées des 15 et 16 février 1975. Le contrôle de la radioactivité effectué à cet endroit par le commandant L... est négatif.

Le 19 février 1975 à 22 h 45, au bureau de notre brigade, sommes avisés par M. S... Maximin que son fils Antoine a retrouvé, dans la soirée, l'usage de la parole et a retrouvé la vue. L'observateur désire que sa déposition soit rapidement enregistrée car il craint de ne pouvoir rester lucide très longtemps. À cet effet, l'audition de l'intéressé est recueillie à 23 h 50. Pendant près d'une heure, le gendarme enquêteur doit écouter le déroulement des faits vécus par S... Antoine le 14 février 1975 vers 13 heures. Il ne se souvient pas être resté six jours dans un état comateux et réalise péniblement cette vérité apportée par les siens. Au cours du récit qui reflète parfaitement les explications fournies par gestes, S... Antoine a des coupures. C'est-à-dire que pendant quelques secondes il retombe dans un état second.

Lorsqu'il reprend ses esprits son corps tressaille. Il dit alors avoir été en communication avec l'objet, il veut nous conduire sur les lieux de l'observation. En raison de la nuit complète et de l'état de fatigue de l'intéressé, ce transport est reporté au début de la matinée du 20 février 1975. Nous mentionnons qu'au début de notre entretien, S... Antoine porte à notre connaissance que deux jours avant l'apparition, il avait déjà entendu, dans un rêve, les sons « bip-bip » et que cela l'avait intrigué et énervé. Cet élément précurseur des faits est vraisemblable car un habitant de la commune de Petite-Ille avait remarqué les 12 et 13 février 1975, l'attitude peu communicative de l'intéressé qui travaillait dans le magasin de son employeur, M. Gabriel A... L'observateur précise que l'échelle à trois marches en forme de porte ne touchait pas complètement le sol, que le premier personnage, genre nain Michelin, portait un instrument brillant et le second une sorte de sachet ou cornet également étincelant. Il ne les a pas vus en action de prélèvement d'échantillons de terre. Il a remarqué qu'ils se déplaçaient plus facilement sur l'échelle au contact du métal que sur le sol où leur démarche était gauche.

À 8 h 30, le 20 février 1975, S... Antoine, fermement décidé à nous montrer le lieu de l'apparition de l'ovni, prend place dans la jeep de la brigade de Petite-Ille conduite par le gendarme C... M. S... Maximin est présent, il accompagne son fils sur le chemin de terre aboutissant au sentier qui conduit aux habitations des S... Il tape sur l'épaule du chauffeur, lui indiquant ainsi le champ de maïs déjà prospecté par les enquêteurs le 18 février 1975. S... Antoine fait quelques pas dans le champ, son regard dirigé vers le fond de la parcelle près du bois de filaos, il s'arrête subitement, porte les mains à ses oreilles en appuyant très fort, puis il vacille s'écroulant sur le sol. Son pouls retentit faiblement, ses mains sont froides, ses yeux se révulsent. Il est immédiatement ramené chez lui et ne reprend partiellement ses esprits que trente minutes plus tard. Il explique alors qu'une force inexplicable l'empêche d'avancer en direction du lieu précis où il a observé l'objet volant non identifié. Sur prescription du docteur H..., S... Antoine doit être examiné par un psychiatre à l'hôpital Saint-Paul. L'intéressé accepte ce contrôle mais veut être accompagné par sa mère. À 8 h 55, le lieutenant-colonel commandant le groupement de gendarmerie de la Réunion est mis au courant des évolutions de l'enquête et plus particulièrement du comportement physiologique de l'observateur. Le même jour nous apprenons que S... Antoine, examiné à l'hôpital psychiatrique de Saint-Paul, a regagné son domicile dans le courant de la matinée.

Un deuxième contrôle de la radioactivité est effectué le 20 février 1975 sur la personne de S... Antoine, soit six jours après l'apparition supposée de l'engin non identifié. Le commandant L... n'a pas décelé de présence de radioactivité.

Au cours de l'enquête, plusieurs personnes ont été entendues notamment l'employeur, la fiancée, les compagnons de l'observateur ainsi que le maire de la commune de Petite-Ille. Unanimement, elles dépeignent S... Antoine comme un garçon sérieux, honnête, sobre et jouissant de l'estime générale.

L'audition de Mme S... Marie confirme sa déposition verbale du 15 février 1975 ayant motivé l'ouverture d'une enquête.

Celle de Mme F... Marie précise que l'intéressée a été témoin d'un deuxième malaise survenu à S... Antoine le 22 février 1975 alors qu'il s'approchait du lieu où il avait observé la soucoupe volante. Malaise analogue à celui du 20 février mais d'une durée de deux heures. Dans divers témoignages, tant verbaux qu'écrits, il est précisé que S... Antoine n'est pas passionné de télévision (il n'en possède pas), ni de lectures à caractère scientifique ou humoristique traitant des soucoupes volantes ou autres phénomènes extra-terrestres.

Enfin le 24 février 1975 à 16 h 30, au cours d'une interview officielle accordée à un journaliste de Saint-Denis de la Réunion, S... Antoine accepte de se rendre sur le terrain du piton Calvaire. Aucune objection n'est formulée par les membres de sa famille. Arrivés à destination, c'est-à-dire dans le champ décrit plus haut, l'observateur, dès qu'il foule le sol, est victime d'une syncope inexplicable. Comme les deux fois précédentes il est possédé, semble-t-il, par la vision initiale, qui l'a profondément choqué. L'observateur agite ses mains parallèlement au sol, ses yeux se révulsent, son pouls ralentit et les extrémités des membres refroidissent. Ramené à sa demeure, il reprend ses esprits trente minutes plus tard.

Entendu à nouveau le 25 février 1975, S... Antoine ne peut expliquer ses pertes de connaissance chaque fois qu'il se rend sur place. Il entend encore les sons « bip-bip », l'obligeant à se boucher les oreilles. Il affirme n'avoir jamais entendu parler d'une soucoupe volante aperçue en 1968 dans la plaine des Cafres (île de la Réunion) et déclare ne pas lire ou feuilleter des revues de science-fiction.

De l'enquête effectuée, il ressort que S... Antoine, de bonne conduite et moralité, normalement équilibré, n'est pas un simulateur. Les personnes entendues ne croient pas à une hallucination de l'observateur et ses dires sont pris au sérieux. D'ailleurs deux personnes dignes de foi ont été témoins de l'observation d'un objet volant non identifié dans le ciel réunionnais. Il s'agit de M. P... Guy, déjà entendu, qui a aperçu un objet lumineux le 10 février 1975 vers 22 heures, se déplaçant à vive allure, et de Mlle... Jocelyne, seize ans, domiciliée à Saint-Benoît (Réunion) qui a vu, le 16 février 1975 à 20 heures, une boule lumineuse avançant lentement.

À ce jour, 6 mars 1975, date de clôture du présent procès-verbal, S... Antoine a repris, semble-t-il, toutes ses facultés physiques et morales. Toutefois, en raison de trois défaillances ayant affecté l'observateur à l'approche du lieu de l'observation de l'objet volant non identifié, nous n'avons pas cru devoir effectuer une quatrième tentative, ce qui pourrait encore être néfaste pour l'intéressé.

Fait et clos à Petite-Ille, le 6 mars 1975.

UNE FORME QUI RASAIT LE SOL

Gendarmerie nationale, groupement de l'Aveyron, compagnie d'Espalion, brigade de Laguiole, procès-verbal n° 225.1975. Le 3 juillet 1975. Procès-verbal d'audition de Mme M... Maria, retraitée des PTT, témoin de la présence d'un ovni, qui nous déclare :

« J'habite la maison familiale, sise à Alcorn, commune de Laguiole. Il s'agit en fait d'une petite ferme se trouvant un peu à l'écart du hameau et à l'extrémité d'un chemin communal prenant fin juste devant mon habitation. Devant la maison et sur toute la longueur de celle-ci il y a une cour. Elle est bordée du côté opposé à la bâtisse par un mur de deux mètres de hauteur. Ce mur sépare la cour d'un pré situé en contrebas et m'appartenant. Cette cour de forme rectangulaire est peu large. Jeudi dernier 26 juin 1975 vers 20 heures, je suis sortie sur le pas de porte pour scruter le ciel car l'orage était menaçant. Il faisait bien jour, les informations de 20 heures n'étaient pas encore passées à la télévision. En sortant j'ai fait les constatations suivantes : sur le mur séparant la cour du pré, j'ai vu une forme humaine qui a émergé de ce mur à une vitesse extrême et a traversé la cour pour se diriger vers le chemin et l'étable. L'étable est contiguë à la maison d'habitation en bordure du chemin. J'ai été surprise car je n'ai pas identifié cette forme humaine, ce n'était pas un être humain. Cette forme était mince, j'ajoute même très mince, puisque je pense qu'elle aurait pu passer entre les barreaux de ma fenêtre (20 cm). Sa taille pouvait être de 1 m 50 peut-être. Je ne veux pas être affirmative au sujet de la taille. Ce personnage était entièrement vêtu d'une combinaison couleur rouge et jaune ressemblant à des flammes. Ces couleurs étaient vives, il ne s'agissait pas de rayures unies soit horizontales ou verticales. Pour mieux vous permettre d'imaginer ce que j'ai vu, disons que ce personnage ressemblait un peu à un personnage publicitaire d'autrefois qui vantait les mérites du thermogène. En effet, je me rappelle que ce personnage publicitaire, dont les bras étaient chargés de paquets de thermogène, avait des couleurs vives. J'ai retrouvé ces couleurs sur le personnage vu jeudi dernier. Je ne peux pas vous dire s'il avait des bras, des jambes, une tête, etc., tout ce que j'ai vu, c'est une forme humaine mais je ne peux pas fournir de détails.

« Lorsque j'ai vu ce personnage, il se trouvait sur le mur d'où il émergeait. C'est-à-dire qu'il venait du pré situé en contrebas. En un éclair, il a traversé la cour, large de 4 m 50 à cet endroit, pour sauter un deuxième mur et se diriger vers le chemin. Ce dernier mur a été franchi tout près du portail d'entrée. Je ne peux pas vous dire si en traversant la cour il a touché le sol ou bien s'il l'a survolé. En tout cas, il était à ras de terre. Je me trouvais à dix pas de cette forme humaine quand je l'ai vue. Dès que la cour a été traversée je n'ai plus eu la forme humaine dans mon champ visuel. J'ai fait trois pas pour me diriger vers le portail mais j'ai d'abord rebroussé chemin pour m'emparer d'un bâton qui se trouvait dehors près de la porte d'entrée de la maison. Ceci ne m'a pris que quelques secondes et je me suis à nouveau dirigée vers le portail munie du bâton, pour m'assurer que cet être ne pénétrait pas dans l'étable. Je n'ai rien vu devant l'étable ni dans la partie du chemin qui se trouvait à ma vue. J'ai poursuivi de quelques pas mon avance dans le coin cour. À ce moment-là, entre deux arbres, j'ai revu la forme humaine qui sautait du pré de Mme T... sur le chemin communal, juste à l'endroit où se trouve une fontaine et un abreuvoir. Cet endroit est à une centaine de mètres de chez moi par le chemin. À vol d'oiseau, la distance est plus courte. À ce moment-là, j'ai eu devant mes yeux le même personnage. Je me suis dit, "tiens le voilà déjà là-bas".

« À partir de cet instant je n'ai plus rien vu, autant vous dire que cela s'est passé très vite. Le temps ne se compte pas en minutes mais en secondes. Un être humain de cette terre n'aurait jamais eu le temps de parcourir ce trajet, d'autant plus qu'il a dû monter dans le pré de Mme T... et ce pré surplombe la route. Je n'ai jamais pensé aux rôdeurs ou cambrioleurs éventuels. Je ne peux pas vous donner davantage de détails sur la morphologie de l'être que j'ai vu. En fait je l'ai bien vu mais je n'ai pas eu le temps de le détailler car cela s'est passé très vite. Oui je suis sûre qu'il ne s'agit pas d'un être humain, car malgré la rapidité des faits j'aurais bien remarqué un détail quelconque, physique ou vestimentaire. Je n'ai pas vu les membres ni la tête de la forme humaine que j'ai eue sous les yeux ce soir-là. Je n'ai pas eu peur outre mesure. J'ai quand même été surprise et mon expression sera la suivante : "C'était quelque chose d'extraordinaire." Ce soir-là j'ai quand même bien fermé les issues de mon habitation. J'ai immédiatement fait part de ma constatation à ma sœur, alors que je me trouvais encore sous le coup de l'émotion. Malheureusement, ma sœur est malade et y voit très peu. Elle ne pourra pas être d'une utilité quelconque pour votre enquête. Ce soir-là, je n'ai parlé de cette affaire à personne.

« Le lendemain soir, ma voisine, Mme T... est venue me voir. Je l'ai informée de mes constatations bizarres. Je riais même au cours de la narration des faits. Avec Mme T... nous avons regardé le mur à l'endroit même où j'avais vu surgir le personnage. Nous n'avons rien remarqué d'anormal sur le mur ni dans la cour. Nous n'avons pas trouvé de traces suspectes. En revanche, dans le pré situé en contrebas de la cour, nous avons vu une trace de passage dans l'herbe haute. Cette herbe était couchée comme elle l'est lors du passage d'une personne normale. Cette trace longeait une haie et venait juste se terminer au pied du mur, à l'endroit précis où j'ai vu émerger la forme humaine. Mme T... s'est rendue dans son pré où j'avais vu sauter le personnage. Elle a constaté, selon ses dires, qu'une trace était visible dans l'herbe. Cette trace commençait à hauteur de l'embranchement du chemin menant à mon habitation et se terminait à l'endroit où j'ai vu sauter la forme humaine. Personnellement, je ne me suis pas rendue dans le pré de Mme T... Il est permis de penser que mon personnage a pu monter dans le pré de Mme T... juste à la sortie du chemin venant de chez moi, pour sauter quelques mètres plus loin, pour rejoindre ce même chemin. Je n'ai pas eu la berlue. Ce que je relate est l'exacte vérité vécue. D'ailleurs, je regrette profondément que d'autres habitants du hameau d'Alcorn n'aient pas eu l'occasion de voir ce que j'ai vu. De chez moi, je ne pouvais alerter personne.

« Oui, j'ai immédiatement pensé à des phénomènes extra-terrestres puisque j'ai déjà eu l'occasion d'entendre parler de cela, tant à la télévision que dans la presse écrite.

« Non, je n'ai pas la psychose des ovnis. Je ne recherche pas de publicité puisque je n'ai relaté ces faits qu'à Mme T... Le lendemain. Par contre, dimanche dernier, à la sortie de la messe, j'ai été invitée à répéter ce que j'avais vu. En effet, comme vous le savez, les nouvelles vont vite dans le pays et en fait, j'étais gênée pour ne pas dire honteuse, car je sais que certaines personnes se moqueront de moi. Je sais que les personnes qui ne croient pas à ces phénomènes sont nombreuses. Je n'y croyais pas particulièrement mais comme d'autres personnes et compte tenu des informations diffusées, je me disais qu'il pouvait quand même y avoir du vrai dans tout cela. Depuis que j'ai fait ces constatations, ma position n'a pas changé à l'égard de ces phénomènes. Je laisse le soin aux savants de préciser si ces phénomènes sont possibles ou non, et en tout cas explicables. Depuis mes constatations, une personne m'a déclaré, sur un ton de plaisanterie, que ce que j'avais vu devait être un homme qui s'entraînait à sauter des murs. J'ai pensé à cela et je peux vous assurer que cela est impossible à la vitesse où mon personnage se déplaçait. Personnellement, je n'aurais pas prévenu la gendarmerie. C'est mon voisin qui m'a demandé si je ne voyais pas d'inconvénients à ce que lui-même rapporte ces faits à la gendarmerie de Laguiole. J'ai répondu que cela pouvait être fait. Lorsque vous êtes venus me voir ce matin je vous ai relaté verbalement les faits comme je le fais ce soir.

« Je ne changerai pas dans mes dires car je ne rapporte que ce qui s'est passé devant mes yeux. Non, je ne peux fournir de renseignements plus précis sur ce phénomène. Oui, j'ai déjà entendu parler de personnages vus par certaines personnes. Ce n'est pas cette information qui me fait faire preuve d'imagination, je vous assure que je suis de bonne foi dans cette affaire. Oui, j'ai déjà vu à la télévision des cosmonautes atterrir sur la Lune, on les voyait même marcher avec leur combinaison, en aucun cas, mon personnage ne ressemblait aux images vues à la télévision. La terre est travaillée dans le coin de la cour où la forme humaine a traversé, mais aucune trace de pas ou autre n'y est visible. Comme je l'ai déjà dit, je suis incapable de préciser si en traversant la cour la forme humaine a touché le sol, en tout cas, elle était leste et rasait le sol.

« À ce jour, les traces de passage dans l'herbe haute ne sont plus visibles, la trace de passage dans l'herbe de mon pré n'existait pas avant le jour de mes constatations, en tout cas, je ne l'avais pas remarquée. Aucune personne que je connaisse n'a traversé mon pré, de plus, j'écarte la possibilité d'une trace faite par une bête quelconque.

« Je n'ai jamais eu de troubles neurologiques, je jouis d'une excellente santé. Depuis cinq à six ans, je porte des lunettes médicales, je les portais le soir où j'ai fait les constatations relatées ci-dessus. Avec les lunettes, je vois très bien. Je n'ai perçu aucun bruit fait sur les pierres du mur, ou autre. Le temps était à l'orage ce soir-là, il ne tonnait pas à 20 heures et il n'y avait pas d'éclair. Par contre, dans la nuit des éclairs se sont produits. »

Le 3 juillet 1975 à 19 h 15, lecture faite, persiste et signe.

UN ÉNORME CIGARE LUMINEUX

Brigade de gendarmerie de Saint-Pierre-Ville. Procès verbal d'enquête.

En service à Saint-Pierre-Ville, apprenant que M. et Mme B... auraient vu au cours de la nuit du 23 au 24 juillet 1975 un objet volant non identifié, nous nous transportons aussitôt à leur domicile où après audition, il ressort que les faits se seraient passés le 24 juillet 1975 vers 2 h 30 à

Saint-Pierre-Ville. Ils déclarent avoir vu une lumière opaque ayant la forme d'un cigare se déplaçant très lentement vers l'est. Cette luminosité bien délimitée aurait une longueur de 50 mètres. Auparavant ils auraient ressenti une forte sensation de chaleur qui les oppressait puis un froid intense. Le même jour, à 15 h 10 au bureau de notre brigade se présente M. P... demeurant Saint-Pierre-Ville, il déclare que le 23 juillet 1975, vers 20 h 15 il a vu un objet volant lumineux ayant la forme d'une boule avec une fluorescence verte. Cette apparition n'a duré que quelques secondes.

Le 25 juillet 1975 à 15 h 45 à son domicile, entendons Mme B... Christine, sans profession, qui nous déclare :

« Dans la nuit du 23 au 24 juillet 1975, mon mari et moi couchions sur les lieux de notre exposition d'artisanat à Saint-Pierre-Ville. Vers 2 h 30, mon époux et moi nous nous sommes réveillés en suffoquant, nous étions couchés depuis deux heures environ. Alors que j'étais encore au lit, je me suis sentie brusquement lourde, je me suis levée. Comme j'arrivais vers la porte je me suis mise à grelotter d'un froid intense, j'ai couru m'habiller pour me réchauffer mais j'avais toujours froid. La nuit étant normale je ne m'expliquais pas cette chaleur et ensuite ce froid, j'ai immédiatement eu le pressentiment qu'il se passait quelque chose d'étrange et j'ai voulu aller dormir ailleurs. Finalement, nous sommes restés. Pendant que je lisais pour me calmer, mon mari regardait le ciel.

« Soudain, il me dit de venir regarder une ligne assez large d'un diamètre impressionnant et apparemment proche. J'ai constaté au-dessus du local des pompiers, c'est-à-dire au même niveau mais au-delà, la présence d'une lueur opaque qui donnait une impression de dureté. Celle-ci avait la forme d'un long cigare de 50 mètres environ. La grosseur je ne peux pas l'évaluer, cela ressemblait à un gros cigare dans les mêmes proportions et aux formes bien délimitées. La lueur était intense de la même couleur qu'une fumée claire. Pendant que nous regardions cela je ne sentais plus ce phénomène de chaleur et de froid cité précédemment. Cette luminosité nous a attirés, car d'après les toits que j'avais comme repère, elle se déplaçait très lentement et sans bruit avant de disparaître en direction de l'est, c'est-à-dire vers le temple. Je ne regardais pas en permanence et je ne puis expliquer sa disparition. La nuit était très claire. À plusieurs reprises nous avons dormi à cet endroit sans rien remarquer d'anormal. Mon enfant et notre chien qui étaient là ne m'ont pas donné l'impression de subir la chaleur et ensuite le froid. Lorsque j'ai eu très chaud, j'ai pensé à la mort car ce phénomène semblait vouloir me posséder. J'ai regardé des choses familières pour voir si je réagissais normalement, je voyais ces objets tout à fait normalement, je me sentais très lucide. Je ne peux donner aucune explication à cette lueur et à ce phénomène. J'ai eu très peur et je n'ai pas voulu me recoucher sur les lieux de l'exposition. »

Lecture faite, persiste et signe.

Le même jour à 15 h 50 à son domicile, entendons M. B..., maître d'internat, qui nous déclare :

« Dans la nuit du 23 au 24 juillet 1975, nous dormions dans une maison située à Saint-Pierre-Ville. Tout à coup ma femme s'est réveillée. Elle avait très chaud. Elle m'a réveillé et moi aussi je me suis mis à avoir très chaud. La nuit était pourtant normale pour un mois de juillet et nous ne nous expliquions pas cette brusque chaleur. Comme nous ne pouvions pas dormir nous sommes allés à la porte-fenêtre pour voir à l'extérieur. Arrivés à cette porte nous avons eu brusquement froid. J'ai regardé à l'extérieur.

« À ma stupéfaction j'ai vu une grande lueur au-dessus du toit des pompiers. La nuit était claire, la lune éclairait normalement. J'ai appelé ma femme pour qu'elle vienne voir. Cette lumière avait la forme d'un long cigare, très gros, d'une cinquantaine de mètres de longueur. Il m'est difficile de vous préciser l'épaisseur, mais cela avait au minimum un mètre. La luminosité était très intense et très délimitée dans le ciel. Nous n'avons pas regardé cette lumière tout le temps. Je suis sorti mais je ne voyais pas mieux au dehors que dedans. Ce phénomène est resté visible pendant au moins une demi-heure avant de disparaître. Je vous précise que personnellement je n'ai pas vu bouger cette lumière. Je ne regardais pas tout le temps, mais à chaque fois cela s'était déplacé. Je ne m'explique pas cette chose, ce n'était pas la première fois que nous dormions à cet endroit, mais c'est la première fois qu'il nous arrive pareille chose. »

Lecture faite, persiste et signe.

25 juillet 1975 à 15 h 10 au bureau de notre brigade, nous, gendarme P..., entendons M. P... Jacques, ouvrier saisonnier :

« Dans la soirée du 23 juillet 1975, vers 20 h 15, au déclin du jour alors que j'étais devant chez moi avec ma femme et M. V... Michel, j'ai observé un objet volant lumineux qui se dirigeait vers le sol suivant une oblique très prononcée. J'ai vu cet objet pendant deux ou trois secondes. Je précise que mon épouse a vu la même chose que moi. M. V... n'a pas vu cet objet car il lui tournait le dos. Cela ressemblait à une boule de feu, c'était très lumineux. Il y avait une courte traînée lumineuse mais aucun bruit, aucune condensation. Je ne peux évaluer le diamètre de cet objet. Je pense que ce n'était pas une étoile filante car la nuit n'était pas encore tombée, ni une météorite car cet objet est passé sous les nuages qui étaient assez bas donc à une distance inférieure à un kilomètre. J'évalue sa vitesse supérieure à un avion et nettement inférieure à la chute d'un météore. Il a disparu derrière les nuages et n'a pas reparu alors que nous le guettions. Pendant toute la durée de l'observation l'objet présentait une fluorescence verte de forte intensité. Nous n'avons ressenti aucun effet physique. »

Lecture faite, persiste et signe.

DEUX DEMI-SPHÈRES ROUGES

15 août 1975, 22 heures 30, une route de campagne près de Bologne en Haute-Marne. Deux demi-sphères rouge orangé se déplacent au-dessus des champs à basse altitude. Alertée par un premier témoin dès le lendemain, la brigade de gendarmerie d'Andelot-Blancheville recueille six autres témoignages concordants.

Procès-verbal d'audition, M. S... Dominique, dix-neuf ans, militaire au 126e R.T. à Toul :

« Hier soir, à 11 h 30, je me trouvais à proximité de l'hôtel du Viaduc à Andelot-Blancheville, j'ai rencontré mon camarade P... Patrick, demeurant... Je conduisais le véhicule appartenant à mon père. Nous avons pris la direction de Bologne (département 52), en empruntant le chemin départemental 44, à environ 500 mètres de la sortie de la localité d'Andelot-Blancheville. Alors que je roulais, j'ai aperçu, ainsi que mon camarade, une lueur de faible intensité, de couleur blanche. J'ai ralenti et à ce moment j'ai distingué un objet dont le dessus présentait la forme d'un accent circonflexe. Cet objet se trouvait alors à notre gauche sur un talus, j'ai estimé que la distance était d'environ 200 mètres. L'objet s'est éloigné, se trouvant au-dessus de la route, nous précédant en direction de Blancheville. C'est alors que nous avons nettement distingué une demi-sphère de couleur orange très intense sur le dessous. J'ai continué à circuler lentement. Soudain cet objet s'est mis à diminuer de volume et d'intensité lumineuse, puis il est devenu un point lumineux et ensuite plus rien. Tout cela s'est déroulé dans un temps très court. Arrivés dans un virage, j'ai stoppé le véhicule, j'ai éteint les lumières, j'ai coupé le moteur. À ce moment, l'objet est réapparu brutalement sur la route. Il se trouvait assez haut. Mon camarade qui était en possession d'un appareil photo, a pris un cliché au flash. Pour ce faire, il n'est pas descendu de la voiture mais s'est penché vers l'extérieur. Nous avons cherché à percevoir un bruit quelconque, nous n'avons rien entendu. Une fois le cliché pris, l'objet s'est rapproché de nous très rapidement. J'ai pris peur car on distinguait bien qu'il s'agissait d'un objet. J'ai remis le moteur en marche et je n'ai pas pris le temps de faire demi-tour. J'ai enclenché la marche arrière et le plus rapidement possible pendant environ 500 mètres, j'ai circulé en direction d'Andelot. L'objet nous suivait. Arrivé à 100 mètres d'Andelot, l'objet s'est stabilisé. J'ai toutefois continué la marche arrière jusqu'à un petit chemin où je me suis engagé. J'ai arrêté le véhicule et j'ai éteint toutes les lumières. À ce moment-là l'engin s'est stabilisé au-dessus de la route, assez haut, mais on le distinguait toujours. P... est descendu de la voiture et s'est dirigé à pied en direction de l'objet il a pris un second cliché photographique. Il me semble que l'objet a eu une réaction suite à la lueur du flash, il s'est mis à avancer vers P... assez rapidement. Mon camarade a pris peur, il s'est précipité dans la voiture, j'ai démarré et nous sommes rentrés dans le village. J'avais également pris peur et c'est pourquoi nous n'avons pas regardé si l'objet continuait à nous suivre. Au moment où je m'engageais sur la Nationale 65, j'ai encore aperçu l'objet sur ma droite. Il se trouvait assez éloigné au-dessus du viaduc d'Andelot.

« Nous avons décidé d'aller chercher d'autres témoins. J'ai réveillé mon père qui, devant mon émoi, m'a pris au sérieux et a décidé de nous accompagner sur les lieux. Nous n'avons pas voulu repartir sur le chemin départemental 44, nous avons emprunté la Nationale 65 en direction de Chaumont. Nous avons circulé jusqu'au carrefour de Cirey-les-Mareilles sans rien apercevoir. Nous avons emprunté le chemin départemental 137. Une fois engagés sur cette route, mon père, qui conduisait, a stoppé le véhicule à 80 mètres du carrefour. Soudainement, sur notre gauche dans les champs à un kilomètre environ, une lueur orange est apparue très rapidement, puis s'est intensifiée. Nous avons tous les trois distingué une demi-sphère orange. Mon père a démarré en direction de Chantraines. Cet objet m'a semblé prendre de l'altitude tout en se rapprochant de la route, dans notre direction. J'ai tenté de prendre un cliché photographique, mais sans succès, car mon père a pris peur et a circulé beaucoup plus vite. Au moment où le véhicule pénétrait dans Chantraines, l'objet a réapparu, mais toujours dans les champs et sur notre gauche. Il m'a semblé qu'il s'arrêtait, qu'il ne voulait pas pénétrer dans le village. Nous sommes repartis vers Blancheville-Andelot. Alors que nous nous trouvions entre Chantraines et Blancheville, l'objet a réapparu dans l'axe de la route. Il était très haut et semblait toujours nous suivre. Nous nous sommes arrêtés à l'entrée de Blancheville. L'objet était toujours dans le ciel entre les deux localités. Nous sommes allés nous garer près de l'église. L'objet n'a pas pénétré et n'a pas survolé le village. Nous n'avons croisé personne ni aucun véhicule. Nous sommes descendus du véhicule et nous nous sommes déplacés à pied dans le village en direction de l'objet. À ce moment-là, il a disparu. Je précise que nous étions dans le village. Nous sommes ensuite revenus a Andelot, nous avons de nouveau emprunté la Nationale 65 en direction de Chaumont. Mon père s'est de nouveau arrêté au carrefour de Cirey-les-Mareilles, sur le chemin départemental 137, mais cette fois-ci il a fait demi-tour pour revenir sur Andelot par la Nationale 65. Au moment où il effectuait la manœuvre, la lueur orange a de nouveau apparu très rapidement, au même endroit. C'est la dernière vision que nous avons eue de cet objet. Nous n'avons jamais entendu un bruit quelconque en provenance de cet objet. Personnellement, je pense qu'il s'agit d'un objet volant et non d'un phénomène naturel. »

16 août 1975 à midi, lecture faite, persiste et signe.

Procès-verbal d'audition de M. P... Patrick, dix-huit ans, boulanger :

« Comme l'a précisé mon camarade S... Dominique, je me trouvais effectivement à bord de son véhicule hier soir vers 23 h 30 et nous circulions sur le chemin départemental 44 menant à Blancheville. À environ 500 mètres de la localité d'Andelot-Blancheville, mon camarade m'a fait remarquer une lueur rougeâtre de faible intensité et située sur notre gauche, à environ 200 mètres de notre véhicule. J'ai estimé que cette lueur était au ras du sol. Mon camarade Dominique a ralenti et c'est à cet instant que nous avons vu cette lueur s'élever et que nous avons distingué un objet volant non identifié. Cet objet avait la forme d'une demi-sphère à l'envers, de couleur orange, coupée sur toute sa longueur et j'ai distingué une forme noirâtre. Mon camarade a encore ralenti afin de mieux observer cet objet, mais à ce moment, celui-ci a disparu. J'ai remarqué toutefois qu'en disparaissant cet objet avait l'air de s'aplatir, la lueur rougeâtre n'a plus fait qu'un trait et ensuite un point. En ce qui concerne la suite des faits, je suis entièrement d'accord avec les déclarations de mon camarade Dominique. Je tiens à préciser que ces objets avaient une longueur d'au moins 20 mètres et que notre observation a duré près d'une heure et demie. Je pense pour ma part que ce n'est pas là un phénomène naturel et j'ai l'intime conviction que j'ai observé des objets volants totalement inconnus sur terre. »

16 août 1975 à 15 heures, lecture faite, persiste et signe.

Procès-verbal d'audition S..., propriétaire exploitant de l'hôtel X... à Andelot : « Au cours de la nuit du 15 au 16 août 1975, c'est-à-dire la nuit du vendredi au samedi vers 0 h 15, mon fils Dominique, âgé de dix-neuf ans, qui est actuellement militaire à Toul (département 54), est venu en permission chez moi, et m'a réveillé. Il m'a demandé de le suivre pour être témoin de faits paraissant surnaturels. Tout d'abord, j'étais incrédule. Il m'a expliqué que circulant avec ma voiture sur le chemin départemental 44, liant Andelot à Blancheville, en compagnie de son camarade P... Patrick, dix-neuf ans, ils avaient aperçu un objet volant non identifié qui, à deux reprises, s'était rapproché de leur véhicule. Mon fils a ajouté qu'étant resté au volant, son camarade avait pris un cliché photographique de l'engin à l'aide d'un appareil équipé d'un flash. Il m'a décrit l'objet ainsi : objet de forme ronde, d'un diamètre de 30 mètres environ, une demi-sphère sur le dessous d'une couleur rouge orange. Une fois le cliché pris, l'engin s'est rapproché à très vive allure du véhicule. Prenant peur, mon fils a procédé à une marche arrière sur une distance de 500 mètres et s'est immobilisé à l'entrée d'Andelot dans un chemin de terre. P..., le camarade de mon fils, est alors descendu du véhicule et a pris un second cliché photographique. Les photos prises au flash n'ont rien révélé, ce qui ne surprendra pas les spécialistes : la portée d'un flash n'est que de 5 à 6 mètres. L'objet s'est soudain rapproché d'eux une seconde fois, et à très vive allure. Pris de peur, mon fils a mis le véhicule en marche et a pénétré dans le village d'Andelot. Souhaitant qu'une personne digne de foi les accompagne pour témoigner de la véracité de ses dires, mon fils est venu me réveiller. Tout d'abord, j'ai été incrédule, comme je le relate ci-dessus, mais devant l'émoi très prononcé de mon fils, j'ai décidé de me rendre sur les lieux. Au départ, nous avons décidé de nous rendre à Chantraines en passant par la Nationale 65, carrefour de Cirey-les-Mareilles. Arrivé à cet endroit, j'ai vu en face de moi une demi-sphère retournée couleur rouge-orange. Elle se tenait sur le dessus d'un petit bois et oscillait légèrement. C'est à ce moment que j'ai cru aux dires de mon fils Dominique et à ceux de son camarade Patrick. Je me suis engagé sur le chemin départemental 137, qui rejoint Chantraines, je me suis arrêté à 400 mètres de la Nationale 65 pour observer, sans descendre de voiture, moteur au ralenti, toutes lumières éteintes. Deux véhicules sont passés sur la Nationale 65, ils ont été témoins de ce que j'ai vu. J'ignore si les conducteurs seront aussi désireux que moi de vous signaler ces faits insolites. Peu après, c'est-à-dire quelques secondes, nous avons aperçu un second objet dont les caractéristiques sont identiques au premier, au milieu de la plaine en direction de Bologne. Il était d'une luminosité identique au premier. Cet objet s'est élevé, s'est dirigé vers nous par l'arrière du véhicule. Le premier, je pense, était toujours en suspension sur l'endroit précité, mais je tiens à préciser que nous ne regardions plus derrière nous et prenions plus attention à celui qui venait vers nous. Il est possible que l'objet qui venait vers mon véhicule soit celui que j'avais aperçu au-dessus du petit bois et qu'il se soit déplacé très vite.

« En effet, j'étais engagé sur le chemin départemental 137 à 400 mètres en direction de Chantraines, soit en direction du nord, alors qu'au début de la première apparition je me trouvais sur la Nationale 65 en direction de Chaumont, vers l'ouest. Mon fils m'a crié : "Papa, il vient vers nous !" J'ai remarqué l'objet venant vers nous et comme mon fils, j'ai pris peur, car j'ai réalisé que j'étais témoin d'un fait peu courant. J'ai mis la voiture en route et je me suis enfui à grande vitesse vers Chantraines. Arrivé dans cette localité, je me suis arrêté sur une place publique. J'ai remarqué que l'objet s'était immobilisé en bout de route, mais à aucun moment il n'a pénétré dans le village ou s'est trouvé, comme en rase campagne, au-dessus de mon véhicule.

« Je tiens à préciser qu'au moment où j'ai pris la fuite, l'objet nous a suivis jusqu'au village et il m'a toujours semblé que cet objet était à une altitude approximative de 30 mètres. Il est difficile de juger une distance, surtout de nuit, il est possible que je me trompe dans l'évaluation des distances en hauteur. Reprenant notre sang-froid, en nous sentant en sécurité dans le village et croyant en avoir terminé, j'ai décidé de rejoindre Andelot. J'ai donc quitté Chantraines en direction de Blancheville-Andelot par le chemin départemental 44. Je ne puis vous donner l'heure exacte mais tout se situait vers 0 h 30, 1 heure, 1 h 30. J'étais très ému et je ne pensais qu'à rejoindre Andelot. Entre Chantraines et Blancheville, soit une distance d'un kilomètre, l'objet est réapparu derrière notre véhicule. Je ne puis une fois de plus vous donner son altitude, mais il était dans l'axe de la route, nous suivant. Arrivé à Blancheville, comme à Chantraines, l'objet s'est stabilisé et n'a pas survolé le village. Je me suis réfugié à proximité de l'église, mon fils et P... Patrick sont descendus du véhicule et se sont portés à l'entrée du pays devant la lueur qui s'était stabilisée entre les deux villages. Ils avaient l'intention de prendre un troisième cliché photographique. Moi-même je suis descendu et j'ai suivi à 200 mètres. À ce moment toutes les lueurs ou autres formes que l'on pouvait distinguer ont disparu. Après un certain temps, nous avons pu reprendre la route en direction d'Andelot sans être inquiétés de nouveau. Ce matin, je suis venu vous rendre compte des observations insolites. Je tiens à préciser que je n'ai vu que les lueurs du dessous de cet objet, et en raison de la nuit noire je n'ai pu distinguer le dessus. En ce qui me concerne, je pense qu'il ne s'agit pas d'un phénomène atmosphérique ou d'un événement naturel tel que météorite ou comète. Je ne peux donner aucune explication, je ne peux donner aucune définition de ce que j'ai vu, je ne m'explique pas cet événement insolite dont j'ai été le témoin. À aucun moment, je n'ai entendu de bruit provenant de cet objet que j'ai observé.

18 août 1975, 16 h 15.

Procès-verbal d'audition de Mme P... « Samedi soir vers 20 h 30, je circulais sur la Nationale 65 en direction de Cirey-les-Mareilles, en arrivant au-dessus de la côte à la sortie d'Andelot devant la ferme de Bevaux, j'ai remarqué en direction de Cirey-les-Mareilles, une lueur anormale. J'ai pensé tout de suite qu'il s'agissait d'un incendie. En arrivant au carrefour de Cirey, j'ai constaté qu'il ne s'agissait pas d'un incendie mais d'une lueur très intense, comme un coucher de soleil, mais il ne m'a pas été possible de définir l'origine de cette lumière. J'imagine que ce phénomène se trouvait à 1 ou 2 kilomètres de moi. Je suis rentrée à mon domicile sans m'inquiéter outre mesure. Ce n'est que le lendemain, lorsque des journalistes sont venus, que j'ai pensé que le fait constaté pouvait être similaire aux observations faites par les témoins d'Andelot. J'évalue les dimensions de la lumière à une vingtaine de mètres environ. »

18 août 1975, 15 heures.

Procès-verbal d'audition de Mme L... Simone, cinquante-quatre ans, sans profession : « Dans la nuit du 15 au 16 août 1795, vers 21 h 40, je circulais sur la Nationale 65 en direction de Chaumont, dans la région que je situe vers Cirey-les-Mareilles. J'ai remarqué dans les champs plusieurs rayons lumineux rouges. Il ne s'agissait pas de véhicules agricoles. La lumière émise était très intense. Je n'ai vu aucune lumière blanche. Je dois dire que je ne me suis pas amusée à regarder ces faits car l'année passée, le 14 juillet 1974, j'étais témoin d'un fait semblable, que je puis vous détailler. En effet, je circulais avec ma voiture Manta à bord de laquelle se trouvaient trois autres personnes. Dans la nuit du 14 au 15 juillet 1974, donc un an avant, je circulais sur la route de Goussaincourt (55). Depuis 30 kilomètres environ, je voyais dans le ciel une lumière rose anormale. Plus je me rapprochais, plus la lueur s'intensifiait. Elle ne faisait que s'élever et descendre. En arrivant aux abords du village précité, j'ai remarqué un objet de forme ronde et plate laqué blanc avec deux gros phares blancs dont l'un s'éteignit lorsqu'il approchait du sol. Sur le pourtour de l'objet je distinguais nettement huit tubes dont un sur deux s'éteignait et ce, uniquement, lorsqu'il s'élevait. À un certain moment, ma voiture s'est arrêtée toute seule. Il n'y avait aucune panne et c'est seulement une demi-heure après que l'objet est apparu au-dessus des peupliers bordant la Meuse. Je suis restée pendant trois quarts d'heure dans ma voiture arrêtée. Je précise que l'objet bizarre disparaissait et revenait très rapidement vers nous. Il n'arrêtait pas de s'élever et de s'abaisser. J'estime le diamètre de l'objet à 25 ou 30 mètres. J'ai eu très peur et je suis allée prévenir un agriculteur qui m'a prise pour une voleuse de pots de fleurs ! Ma voiture, qui était stoppée, a démarré par la suite lorsque j'ai vu que le voyant rouge venait de se rallumer. J'ai pu mettre en route et partir. Je n'ai jamais osé dévoiler ce phénomène car j'ai eu peur que l'on se moque de moi. C'est en voyant l'article du journal que j'ai décidé de vous aider. Je dois préciser que l'objet observé l'année passée ne s'est jamais posé. »

19 août 1975, 14 h 45, lecture faite, persiste et signe.

Procès-verbal d'audition de Mme B... Louise, soixante-douze ans, sans profession :

« Au cours de la soirée du vendredi 15 au samedi 16 août 1975, je me trouvais devant mon domicile, il était 22 heures, la nuit était assez claire, le temps n'était pas couvert. À un moment donné, j'ai soudainement aperçu une lueur dans le ciel. Elle était de forme sphérique, de couleur blanche, virant sur le jaune. Cela ressemblait à un soleil, c'était très haut dans le ciel. J'observais, car cette lueur se déplaçait en direction de Blancheville, au sud-est d'Andelot. Au moment où cette lueur se déplaçait lentement, en oscillant, dans un mouvement de droite à gauche, elle laissait une traînée derrière elle comme le font les avions à haute altitude. Mais au lieu d'être blanche, cette traînée était rouge orangé. J'ai observé ce phénomène pendant une demi-heure et c'est au bout de ce temps que cette lueur s'est stabilisée tout en émettant plusieurs lumières différentes. Je ne puis en préciser la couleur exacte. Ces lueurs disparaissaient, alors que l'objet principal restait sur place. Je n'ai pas observé le phénomène plus longtemps, je suis allée me coucher, j'ai toutefois trouvé ce phénomène anormal et c'est suite à la lecture du journal que je signale ces faits. »

19 août 1975 à 18 h 40, lecture faite, persiste et signe.

Procès-verbal d'audition de M. B... Claude, agriculteur, cinquante-deux ans :

« Le 15 août 1975, vers 21 h 30, je me trouvais dans un parc situé entre Mareilles et Cirey-les-Mareilles, au lieu-dit la Loi-de-Buée, je fauchais un pré, non loin de la route reliant Mareilles à Bourdons-Rognon (département 52), lorsque deux lueurs bleutées, espacées d'environ deux mètres à ras du sol, ont attiré mon attention. J'estime que ces lueurs se trouvaient à environ un kilomètre. Je tiens à préciser que le terrain est plat et que j'ai été intrigué par ces lueurs anormales car c'est la première fois que je vois ce genre de phénomène. Je n'ai perçu aucun bruit et j'ai continué à travailler pendant une heure et j'ai observé ces lueurs pendant tout le temps de mon occupation. C'est en lisant les journaux que j'ai réalisé que j'avais été témoin d'un phénomène étrange. Je vous déclare ces faits afin que vous puissiez orienter votre enquête. »

21 août 1975, 18 h 25, lecture faite, persiste et signe.

UNE GROSSE ÉTOILE COULEUR DE BRAISE

Procès-verbal d'enquête préliminaire, renseignements judiciaires, présence d'un objet volant non identifié à Noé, département 31.

Le 30 août 1975 à 15 h 20 en service dans la commune de Longages (31), sommes avisés que plusieurs personnes ont vu, la veille, aux alentours de 23 heures, un ovni sur le territoire de la commune de Noé. Nous nous rendons chez Mme D... Odette qui, ce jour à 0 h 45, a vu de son domicile un ovni posé à environ 500 mètres de sa maison. Cette personne nous donne un récit détaillé de ce qu'elle a vu.

Ces renseignements sont confirmés par M. V... Claude, témoin lui aussi des faits. Ce dernier nous précise que M. C... Rémy, demeurant à Muret (31), effrayé par l'ovni décollant à quelques mètres de son véhicule, a fait une embardée et s'est immobilisé dans le fossé.

Procès-verbal d'audition. 1er septembre 1975. Nous entendons à son domicile Mme Odette D..., quarante ans, femme de ménage, demeurant à Longages :

« Le 29 août 1975 à 23 heures, j'étais avec mon mari chez des amis. Le fils de ces derniers est arrivé à la maison en nous annonçant avoir vu un ovni sur le bord de la route. Une personne avait perdu le contrôle de son véhicule en voyant le même phénomène. Nous sommes immédiatement partis sur les lieux indiqués par le fils de nos amis. En arrivant sur les lieux, nous avons tous vu un engin de la forme d'une grosse étoile et de la grosseur d'une voiture. Je pense que l'engin était à trois kilomètres de nous environ et très en hauteur. Cette grosse étoile avait la couleur d'une braise, elle ne tournait pas et restait immobile. À certains moments, la luminosité baissait puis augmentait. Cet engin était silencieux. Nous sommes restés environ un quart d'heure à le regarder, puis avec mon mari nous sommes rentrés à la maison. Vers 0 h 45, devant ma maison j'ai vu toute la bande de terrain illuminée. Cette lumière couvrait environ un kilomètre carré, on y voyait comme en plein jour. J'ai tourné la tête et j'ai vu l'engin posé par terre comme une grosse étoile qui scintillait à environ 500 mètres de ma maison. Elle était éclairée comme lorsque je l'ai vue dans le ciel. On aurait dit qu'elle marchait un peu. Elle éclairait comme si elle avait des projecteurs. Tout d'un coup l'éclairage s'est inversé, a éclairé les usines du complexe de M. Doumeng puis tout s'est éteint et je n'ai plus rien vu. Cet engin était silencieux, sans odeur, les chiens n'ont même pas aboyé. Ayant regardé cette lueur, j'ai eu mal aux yeux pendant toute la journée. Sur l'engin, il y avait deux gros projecteurs qui bougeaient par rotation. »

Le 1er septembre 1975 à 10 h 10, lecture faite, persiste et signe.

Procès-verbal d'audition de M. V... Claude, dix-neuf ans, sans profession :

« Le 29 août 1975 à 23 heures, je venais de Muret avec mon véhicule et je gagnais Longages, dans le département 31. À un endroit j'ai vu une voiture en travers de la route, le conducteur était à l'intérieur affolé. Il m'a montré une grosse boule qui était dans le ciel. J'ai effectivement constaté que dans le ciel très haut il y avait une grosse boule de couleur rouge qui était immobile. À certains moments elle changeait de place, clignotait sans s'éteindre. Puis une autre boule, de dimensions plus petites, toujours de couleur rouge, est venue rejoindre la grosse. J'ai eu l'impression que la petite boule pénétrait dans la grande, car elle n'a pas reparu. J'ai constaté ce phénomène pendant environ une heure. Plus le temps passait, plus elle diminuait de volume, à un certain moment elle a disparu complètement. »

1er septembre 1975 à 10 h 50, lecture faite, signe et persiste.

Procès-verbal d'audition de Mme M... Émilienne, sans profession :

« Le 29 août 1975, j'étais à mon domicile lorsque mon fils Claude est venu nous dire qu'il avait vu un ovni dans le ciel et nous a invités à l'accompagner pour que nous constations nous aussi la présence de cet engin. En arrivant sur les lieux, j'ai vu une grosse boule qui changeait de dimensions. Elle était de couleur rouge et restait immobile très haut dans le ciel. Puis nous sommes rentrés, la boule étant toujours dans le ciel. Je ne peux rien vous dire d'autre sur cet ovni. »

1er septembre 1975 à 10 h 40, lecture faite, persiste et signe.

Procès-verbal d'audition de M. L... Marcel, quarante-deux ans, maire de la commune de Longages, qui nous déclare à 10 h 45 :

« J'ai été avisé que certaines personnes avaient vu au cours de la nuit du 29 au 30 août 1975 un ovni sur la commune de Noé. Les personnages ayant déclaré l'avoir vu sont de bonne foi et vu le nombre de ces personnes, je ne pense pas que ce soit un mensonge. M. C... est connu à Longages. Il vient assez souvent aux répétitions de la clique. C'est un homme sérieux. »

Le 5 septembre 1975 à 10 h 55, lecture faite, signe et persiste.

Procès-verbal d'audition de M. G... Louis, cinquante-cinq ans, gardien de nuit :

« Le 30 août 1975, à minuit quinze, j'étais à Longages et j'effectuais une surveillance du complexe de M. Doumeng. Je regardais en direction du nord et j'ai vu dans le ciel une sorte de boule rouge qui changeait de forme. À mon avis cet engin était à 2 000 mètres environ en l'air. Cet ovni était illuminé, malgré le brouillard, d'une forte intensité lumineuse. J'ai constaté ce phénomène pendant trois à quatre minutes. Malgré son altitude, cette boule avait un diamètre apparent d'un mètre. C'était quelque chose de grandes dimensions mais qui n'avait aucune particularité, si ce n'est sa couleur rouge. Puis d'un coup, il a disparu complètement, comme s'il s'était éteint. »

11 septembre 1975 à 13 h 55, lecture faite, persiste et signe.

Procès-verbal d'audition de M. C... Rémy, quarante-huit ans, commerçant :

« Le 29 août 1975, à 22 h 45 environ, je revenais de Longages et je regagnais mon domicile à Muret, 31, en empruntant la route départementale 10. Je circulais à bord de mon véhicule à la vitesse de 50 km/heure. J'ai aperçu dans un champ, sur ma droite, à dix mètres de la route, une grosse machine ayant l'aspect d'un nez d'avion et aussi haute qu'un avion. Quand je l'ai vu, cet engin était éteint. Lorsque je suis arrivé à sa hauteur, la base de l'engin s'est illuminée d'une forte lueur phosphorescente de 30 cm de hauteur. Cette lueur était de couleur orange vif. L'ovni a effectué un renversement, m'a aveuglé, en me montrant le dessous de sa face interne. Il s'est approché de mon véhicule à 40 cm environ sans le toucher, puis s'est élevé dans le ciel à la verticale. Après ce mouvement, l'ovni est resté immobile dans le ciel et nous avons pu l'observer à notre guise. On voyait sa face illuminée de couleur orange, l'intensité de la lumière augmentait et diminuait trois fois par minute. Je ne peux préciser si l'engin avait des phares, mais il était illuminé par le dessous, sans flammes. Cet éclairage ne peut être comparé à quelque chose de courant. Pendant tout le temps que j'ai vu l'ovni je n'ai rien entendu ni senti, même lorsqu'il était tout près de mon véhicule. Je vous signale que lorsque j'ai vu l'ovni à quelques mètres de moi et que je me suis immobilisé dans le fossé avec mon véhicule, je n'ai pu parler pendant environ une minute. On aurait dit que je ne pouvais plus débloquer ma voix. Puis tout est redevenu normal. Les personnes qui sont arrivées sur les lieux après moi ont regardé dans le champ pour voir s'il y avait des traces, mais sans résultats. Je ne peux rien vous dire d'autre sur cet ovni. »

14 septembre 1975 à 10 h 30, lecture faite, persiste et signe.

POURSUIVI PAR UNE BOULE ROUGEÂTRE

Procès-verbal d'audition, gendarmerie nationale, groupement de Seine-et-Marne, compagnie de Fontainebleau, unité Lorrez-le-Bocage.

Le 12 août 1975 nous entendons M. A..., quarante et un ans, tuyauteur-soudeur, qui nous déclare à 18 heures :

« Hier, 11 août 1975 vers 22 h 30, je rentrais du travail à bord de ma voiture Peugeot 204, n°... QS 77. J'étais seul à bord. J'ai quitté mon travail vers 18 h 20, mais j'ai mangé au restaurant « Le Café de Varennes », à un kilomètre de Souppes avant la papeterie. Vers 22 h 30, j'ai quitté le restaurant, je revenais donc de Souppes-sur-Loing et je rentrais à Égreville. En arrivant à hauteur de La Brosse, j'ai été suivi par une boule de couleur rougeâtre qui se trouvait à une hauteur de 400 mètres, d'une circonférence d'un mètre environ. J'ai éteint mes phares et j'ai continué ma route en veilleuses. La boule est partie derrière les bois. Il n'y avait aucune voiture ni devant ni derrière. Cette boule ne laissait aucune fumée ni aucune odeur, elle était ronde, unie. En arrivant à Égreville, je suis allé au bar "Le Lion d'Or" raconter mon aventure au tenancier. Cette boule ne m'a pas suivi, mais quand je suis ressorti accompagné de ces personnes, je l'ai retrouvée dans le ciel. Elle ressemblait à une étoile mais très blanche et plus brillante, mais de la même grosseur. Je suis rentré à mon domicile vers 1 h 30 du matin et j'ai regardé à ma fenêtre, elle y était encore. Je l'ai observée jusqu'à 2 h 50, elle montait et descendait. Et quand j'allumais la lumière de ma chambre, j'avais l'impression qu'elle se tournait vers la lumière. Elle se trouvait alors à une hauteur que j'estime à 3 000 mètres environ. Quand elle montait et descendait, elle laissait une fumée derrière elle et quand elle tournait sur elle-même elle avait une face plus brillante que l'autre. À un moment donné, il y a eu un "Z" de couleur rose, juste sous la boule, trois fois plus gros qu'elle. »

12 août 1975, 18 h 15, lecture faite par moi, persiste et signe.

Audition de M. André M..., vingt-cinq ans, pâtissier :

« Lundi soir vers 23 heures, je me trouvais au restaurant "Le Lion d'Or" à Égreville, quand un homme, que je connais de vue, est arrivé. Il était affolé et pâle. Il disait avoir été suivi par un objet, de Souppes à Égreville. Il disait que cet objet s'arrêtait quand il s'arrêtait et redémarrait quand il redémarrait. M. W..., moi-même et cet homme sommes sortis. Il nous a montré l'objet qui l'avait suivi. J'ai vu un objet faisant quatre fois la taille d'une étoile, plus jaune et plus brillant. Cet objet bougeait, il semblait monter et descendre. Nous sommes ressortis plus tard, cet objet était devenu plus petit. Il était remonté et devenu fixe. À ce moment-là c'était minuit environ. Avec M. W... et son cuisinier nous sommes partis en direction du Bignon, dans l'espoir de nous approcher. Nous nous sommes arrêtés en bordure d'un champ et nous l'avons observé à la jumelle. Dans ces jumelles, j'ai vu un objet ovale, comme flasque, de couleur blanchâtre avec des points dessus. À la jumelle l'objet avait la taille d'une orange. Nous sommes allés ensuite en direction de Chaintreaux, à l'endroit où l'homme disait avoir été suivi. Je n'ai rien remarqué de particulier, j'affirme que ce que nous avons vu n'était pas une étoile, c'était trop bas. »

13 août 1975, 10 h 25, lecture faite, persiste et signe.

Procès-verbal d'audition de M. W... Henri, vingt-six ans, restaurateur, qui déclare :

« Lundi soir vers 23 h 15, M. A... est arrivé dans mon établissement. Il avait l'air affolé. "Je suis suivi par une grosse boule depuis Souppes, a-t-il dit, est-ce que quelqu'un peut témoigner ?" Je suis sorti avec mon chef et M. M... Nous sommes allés en voiture vers le bois des Places. Soudain j'ai vu un objet plus brillant qu'une étoile, trois fois plus gros, et nettement plus bas que les étoiles. Je l'ai observé à la jumelle. J'ai remarqué comme des facettes. Je n'ai pas vu de boule rouge, je pense que A... disait vrai, quand il est arrivé, j'ignore ce qu'était l'objet que j'ai observé à la jumelle. »

14 août 1975, 15 heures, lecture faite, persiste et signe.

Procès-verbal d'audition de M. S... Luc, cuisinier, qui déclare :

« Lundi soir, j'ai accompagné mon employeur M. W... et M. M... J'ai observé l'objet à la jumelle, j'ai vu une grosse boule sombre avec des points pommelés. Dans les jumelles cela faisait un bon mètre de diamètre. Ensuite, c'est devenu nettement plus petit, de la grosseur d'une coupe. Nous avons pu l'observer de 23 h 30 à 2 heures. La première observation était plus nette, elle se situait vers 23 h 45, l'objet était alors vers le bois des Places et était plus bas que par la suite. Je n'ai aucune idée de l'altitude. »

Le 14 août 1975 à 15 h 10, lecture faite, persiste et signe.

UNE TRAÎNÉE VERT CLAIR

Procès-verbal d'audition, 25 septembre 1975, M. A... René, soixante-quatre ans, garde champêtre à Le Cheylard.

« Le vendredi 29 août 1975 à 6 h 25, je me trouvais sur la route du Faï à Le Cheylard à proximité de ma propriété lorsque mon attention a été attirée par un objet volant que je n'ai pu identifier. À 6 h 25 il faisait normalement jour et le temps était légèrement brumeux, j'étais en train de garer ma mobylette contre un talus et mon regard se portait machinalement vers une ferme inhabitée par suite d'un décès. J'ai vu soudain un engin bizarre se trouvant en vol à la verticale de cette maison et à environ 50 mètres d'altitude. Cet engin venait dans ma direction. Il avait la forme d'un obus, sa couleur était vert très clair, à son passage devant moi l'engin m'a ébloui comme si l'on regardait le soleil de face. Sur son passage il laissait une traînée qui pouvait être un genre de condensation et non pas une fumée. Il n'émettait absolument aucun bruit, son passage n'a duré probablement que l'espace d'une demi-seconde. Sa vitesse m'a paru largement supérieure à la majorité des météorites que l'on peut observer couramment dans l'espace. Bien que les distances évaluées puissent être erronées, il m'a semblé que l'engin cylindrique à l'arrière mesurait 2 mètres de diamètre et environ 3 mètres de longueur. Il n'avait apparemment aucun hublot ou autre ouverture visible. Il n'y avait également aucun aileron ou autre superstructure sur cet engin. L'arrière était plat et de couleur vert clair ainsi que l'ensemble du corps en forme d'obus. Autour de l'objet volant rien d'anormal, protubérance ou autre phénomène. Après son passage, j'ai remarqué une légère traînée qui suivait l'engin sur 50 centimètres environ. Quoique l'engin soit passé au-dessus de ma propriété et que j'y sois resté environ une heure, je n'ai pas senti d'odeur particulière, inhabituelle, pouvant provenir de l'objet volant. L'engin paraissait provenir de la direction Les Nonières pour se diriger vers Mézilhac soit une direction nord-sud. Je ne suis pas peureux, mais j'étais fortement choqué par cette brusque et rapide apparition. En effet, apercevoir un tel engin se déplaçant à une vitesse fantastique et sans émettre le moindre bruit m'a stupéfié. J'ai fait part de mes observations à mon entourage mais je n'ai découvert aucun autre témoin des faits. J'ai aperçu l'objet volant alors qu'il se trouvait au-dessus des châtaigniers situés en crête de collines. C'est la couleur vert très clair de l'engin qui a attiré mon attention car elle tranchait énormément avec la verdure foncée de ces arbres. L'engin paraissait maintenir son altitude qui était de 50 à 60 mètres au-dessus du sol. Après son passage au-dessus de moi, j'ai pensé que l'engin allait s'écraser contre la colline du Faï. Il n'en a rien été, l'engin tout en gardant sa vitesse est monté pratiquement à la verticale après avoir dépassé la crête de la colline et a repris un vol horizontal en direction de Mézilhac. De ma position, soit à 50 mètres des sapins et châtaigniers, j'ai nettement vu la brusque montée à la verticale de l'engin. Je précise que j'ai une très bonne vue et que je n'ai pas eu de maladie à la suite de cette apparition malgré le choc psychologique subi au moment des faits. Je signale également que j'ai effectué mon service militaire en 1932 et que j'ai été rappelé pour la guerre de 39 en tant qu'artilleur. Connaissant passablement la balistique grâce aux ballons-sondes qui nous permettaient d'effectuer le réglage des mises à feu d'obus, je n'ai jamais vu un tel phénomène que je classe dans la catégorie des objets volants non identifiés. »

1er septembre 1975, midi, lecture faite, persiste et signe.

Procès-verbal d'audition de M. M... Émile, trente-quatre ans, plâtrier, demeurant à Le Cheylard :

« Depuis le 20 juillet 1975, je demeure provisoirement avec ma famille à Saint-Martin-de-Valamas dans l'Ardèche où je possède une maison et où j'exerce actuellement mes activités professionnelles. Le 29 août 1975, à 6 h 25 à ma montre, je me trouvais au quartier de Crézenoux commune de Saint-Martin-de-Valamas sur le balcon de la maison A... Cette habitation est située en bordure d'une petite route entre la départementale 120 et la rivière l'Eryrieux. Admirant la nature, mes yeux se portaient dans la direction des hameaux de Roche-Bonne sur la commune de Saint-Martin et Dusayes de la commune de Saint-Jean-Roure, Ardèche. Soudain, j'ai été fortement surpris par l'apparition entre ces deux hameaux d'un engin volant non identifié. Cet engin évoluait entre 300 et 500 mètres de ma position et pouvait se trouver à 300 mètres d'altitude. L'objet volant plongeait dans la vallée de la rivière l'Eryrieux en décrivant une large courbe en direction de Le Cheylard. C'est la couleur de l'engin qui a attiré mon attention. Il a traversé devant moi d'une colline à l'autre. Il m'a semblé au premier abord qu'il s'agissait d'une météorite. C'était une masse sombre de 2 mètres, pouvant avoir un volume de 10 à 12 mètres cubes qui se trouvait dans un genre de nuage de couleur rose. D'un point situé à l'arrière de la masse partait une traînée de 150 mètres environ de longueur. Cette traînée avait la forme d'un triangle isocèle dont la base festonnée pouvait avoir 10 mètres de largeur. Cette traînée était de couleur vert émeraude éclatant et brillant, elle était entourée d'un liséré partant du rose clair, à l'arrière de la masse, pour devenir rouge, puis rouge intensif à mesure de l'approche de l'extrémité de cette traînée. À son passage devant moi à 300 ou 400 mètres, j'ai entendu un très léger bruit, comme un souffle. Vu la direction prise par l'engin j'ai pensé qu'il allait s'écraser contre la montagne, soit au quartier de Gratte-Loup vers Duestre, de la commune de Genac. Mais l'engin est normalement passé au-dessus, sans changer sa trajectoire. Personnellement j'ai pensé qu'il s'agissait d'une météorite. En effet l'engin se déplaçait à une vitesse extrêmement rapide. J'ai pu observer ce phénomène pendant une seconde environ. Me trouvant quand même assez éloigné de l'objet volant je n'ai pas remarqué de déplacement d'air, je n'ai pas senti d'odeur inhabituelle. À 6 h 28, mes camarades A... et D... qui arrivaient au travail n'ont pas observé ce phénomène. Si j'ai été surpris par cet objet volant d'une beauté extraordinaire et par ses couleurs, que je n'avais jamais vues, je n'ai pas été effrayé. Au moment de l'évolution de l'objet volant, il faisait normalement jour, le ciel était dégagé avec quelques nuages. Je n'ai pas entendu dire que d'autres témoins aient vu cet objet volant non identifié. »

5 septembre 1975, 20 heures, lecture faite, persiste et signe.

UN OBJET RECTANGULAIRE

Groupement de gendarmerie de Châteaubriant. Loire-Atlantique. Procès-verbal d'audition de M. M... Pierrick, dix-sept ans, étudiant qui déclare :

« Lundi 29 septembre 1975, vers 20 h 45, je circulais sur le chemin départemental 69 en direction de Saint-Aubain-des-Châteaux (44) avec mon cyclomoteur motobécane, j'étais en compagnie de C... Bernard, qui me précédait avec son cyclomoteur. Arrivés à proximité de l'intersection formée par le chemin départemental 69 et par le chemin communal 14, j'ai vu un objet de forme rectangulaire avec deux lumières rouges s'allumant par intermittence. Il mesurait environ 1 m 50 sur 1 mètre, il était environ à 200 mètres du sol et volait d'ouest en est à la vitesse de 40 km/heure. Je l'ai vu pendant trente secondes sur un plan horizontal. À aucun moment il n'a changé de direction. À la hauteur du village La Poblais, Saint-Aubain-des-Châteaux, l'engin m'a paru perdre de l'altitude. Alors qu'il était à hauteur des arbres pendant un court instant, trois ou quatre secondes, des lumières blanches l'ont éclairé. Je précise que les feux clignotants rouges fonctionnaient en même temps. À part les lumières je n'ai pas vu l'engin, puis l'objet a disparu. Il ne faisait aucun bruit. Je me trouvais à 700 mètres environ lorsque je l'ai vu pour la première fois. Lorsqu'il a disparu, j'étais à 200 mètres environ. Il faisait nuit et je ne peux vous dire si l'engin s'est posé au sol. Les lumières rouges clignotaient et lorsqu'elles s'allumaient elles balisaient le quart de l'appareil. »

Le 1er octobre 1975 à 14 h 30, lecture faite, signe et persiste.

Procès-verbal d'audition de M. C. Bernard, dix-huit ans, étudiant qui déclare :

« Le lundi 29 septembre 1975, vers 8 h 30 du soir, je circulais sur le chemin départemental 69 en direction de Saint-Aubain-des-Châteaux, département 44, avec mon cyclomoteur Motobécane, j'étais en compagnie de M... Pierrick. Je circulais devant Pierrick. Alors que j'étais à 400 mètres environ de l'intersection formée par le chemin départemental 69 et par le chemin communal 14, j'ai vu un objet de forme rectangulaire. Il avait dans les angles une lumière rouge clignotante. Cette lumière, lorsqu'elle s'allumait, balisait le dixième de l'objet qui mesurait environ 2 mètres sur 1 m 50. Il volait sur un plan horizontal à 200 ou 300 mètres du sol, et allait d'ouest en est. Sa vitesse était de 60 à 80 km/heure. Je l'ai vu pendant environ trente secondes. Il n'a jamais changé de direction. C'est mon camarade qui a attiré mon attention sur cet objet alors qu'il était au sud de la ferme La Poblais. L'objet a ralenti et est descendu à hauteur des arbres. Il était à ce moment-là éclairé d'une lumière blanche et avait également un clignotant rouge en fonctionnement. Je ne peux absolument pas vous dire si l'objet s'est posé au sol, je ne peux pas vous indiquer l'endroit exact où il était à hauteur des arbres. L'engin ne faisait aucun bruit, il a disparu instantanément de ma vue. Lorsque je l'ai vu pour la première fois je me trouvais à 800 mètres environ et pour la dernière fois à 400 mètres environ. Il faisait nuit noire, le temps était mi-couvert, il n'y avait pas d'étoiles dans le ciel et il ne pleuvait pas. Je n'ai pas consommé de boissons alcoolisées dans la soirée ni la veille. »

1er octobre 1975, 18 h 15, lecture faite, persiste et signe.

CHILI : UN CAPORAL ENLEVÉ PAR UNE BOULE

Le 25 avril 1977, le caporal Armando Valdès disparaissait en pleine nuit sous les yeux de ses soldats : une boule lumineuse immense était là, à quelques dizaines de mètres de leur feu de camp qui brillait dans la nuit. Dès le 18 mai 1977, je commençais une enquête personnelle. Grâce à l'agence France-Presse, un journaliste chilien, correspondant de l'agence internationale, avait pour instruction de suivre le dossier en permanence et d'obtenir le maximum de précisions sur les suites de cette rencontre du troisième type. Malheureusement, le caporal Armando Valdès et ses sept soldats étaient introuvables, littéralement séquestrés par les services spéciaux de l'armée chilienne. Le temps passait et tous les six mois, je recevais du Chili un télex me précisant : « Rien à faire, je ne peux toujours pas atteindre le caporal Valdès. »

Et puis, début mai 1978, une information intéressante : le caporal Valdès et ses soldats avaient été emmenés le 25 avril 1978 sur les lieux mêmes où les événements s'étaient produits. L'armée chilienne avait interdit le périmètre pendant cette tentative de reconstitution. Enfin, en décembre 1978, la direction de l'Agence France-Presse à Paris m'informait que son correspondant au Chili avait réussi à obtenir, en exclusivité mondiale, la première interview du caporal Valdès démobilisé. Car ce militaire de carrière venait de quitter l'armée, sans doute marqué par une aventure que personne ne peut encore tenter d'expliquer. Voici ce document.

Arica, Chili, novembre 1978

Question. – Caporal Armando Valdès, au bout de dix-huit mois, et en considérant l'événement d'un point de vue plus calme, pourriez-vous raconter à nouveau et brièvement votre expérience ?

Caporal Valdès. – C'était une journée ordinaire, durant laquelle j'effectuais le service qui m'incombait de façon routinière. Vers minuit trente ou quarante environ, un de mes hommes, qui, avec un autre, était en poste à guère plus de trente ou quarante mètres du lieu où nous nous trouvions, arriva en courant, pour nous apprendre qu'il était en train de se passer quelque chose à ce moment même. Au début, on pensa qu'il s'agissait d'un problème avec le bétail dont on avait la garde, ou que quelqu'un du camp de Putre s'approchait.

Donc, quand je sortis avec la presque totalité de mes hommes pour voir ce qui arrivait, je pus, observer ainsi que tous les autres, une grande lumière qui descendait à grande vitesse, en face de nous, sur un coteau de 500 à 600 mètres. Logiquement, on pensa à la lumière de quelque comète ou quelque chose de semblable. De prime abord, cela ressemblait davantage à un feu de Bengale, mais au bout de quelques secondes, cette lumière s'était maintenue et s'agrandit rapidement, pour finalement se perdre derrière le coteau. Il faut dire qu'une grande lueur sortait de derrière le coteau, comme si la lumière s'était maintenue derrière cette cime. Immédiatement, presque instantanément – et ça, je m'en souviens bien – je pensai aller voir cette lumière, accompagné d'un de mes hommes. Je n'avais pas plutôt donné cet ordre, qu'un de mes hommes – je ne me rappelle plus lequel – donna l'alerte dans une autre direction, très différente du point vers lequel nous étions tous concentrés, presque sur notre gauche. Ce que nous vîmes ensuite nous emplit de stupeur et même d'effroi au début. Personne, jusqu'à ce moment-là, ne supposa qu'il s'agissait d'un ovni ou de quelque chose de ce genre. C'était une lumière de vingt mètres de diamètre environ – ce dont je ne me souviens pas bien – de forme ovale et plus resplendissante au centre. On voyait clairement que cette lumière était produite par quelque chose... Mais quoi ? Je ne sais pas. À partir de ce moment, mes hommes et moi, nous avons commencé à éprouver d'étranges sensations, comme si intérieurement quelque chose nous envahissait totalement. Nous n'avons jamais su non plus, jusqu'à ce jour, comment cette lumière était apparue, mais seulement qu'elle était là-bas, comme pour nous empêcher de passer vers la première lumière que nous avions vue. Dès cet instant, mes hommes commencèrent à perdre leur contrôle, et à être déconcertés. Sans savoir ni quand ni comment, nous nous retrouvâmes tous à nous tenir par les bras... Je crois me souvenir que ce fut moi qui en donnai l'ordre. Nous restâmes dans cette position assez longtemps. Quelques-uns de mes hommes priaient ou pleuraient, si je m'en souviens bien. Nous nous agenouillâmes tous pour prier. Quant à moi, puisque j'étais le chef de la patrouille, il fallait que je prenne une initiative quelconque. Je me mis donc à crier de toutes mes forces vers cette lumière, lui demandant son identification, etc., mais sachant fort bien, au fond, que je n'obtiendrais rien et que j'étais en train de parler au néant. Un moment après, les animaux et les chevaux qui se trouvaient là commencèrent à se comporter de façon étrange devant ce phénomène. Par exemple, le bétail se regroupa autour de ses éléments les plus vieux, comme il le fait d'habitude quand il est en liberté. Ils regardaient tous la lumière, me prouvant ainsi qu'ils voyaient comme nous le phénomène. De plus, le chien qui était avec nous se cacha derrière nous, en gémissant et regardant vers la lumière. Tout ceci nous fit supposer que nous étions en présence de quelque chose d'étrange et peut-être même de dangereux, puisque les animaux, eux aussi, avaient peur du phénomène. Au bout d'un moment – je ne saurais plus dire combien de temps – je donnai l'ordre d'éteindre ou de dissimuler le feu que nous maintenions allumé, pensant que ce pouvait être ses lueurs qui attiraient l'attention de la lumière. Je tiens aussi à faire remarquer que le feu crépitait de façon anormale. Ce fut donc dans l'intention d'éteindre le feu que nous nous séparâmes, nous écartant les uns des autres de quatre ou cinq pas, guère plus. Alors, j'eus une idée. Maintenant, au calme, et ayant presque oublié cette affaire, je ne m'explique pas pourquoi j'avançai vers la lumière. Je savais – je crois – que je n'obtiendrais rien. Ce fut quelque chose d'étrange, comme une force qui me poussa à marcher vers cette lumière, à six ou sept pas de l'endroit où se trouvaient mes hommes. À partir de ce moment-là, je ne me souviens plus de rien. Je sais seulement ce que mes hommes me racontèrent le lendemain. D'après eux, je disparus à leur vue, pour réapparaître plus tard à l'endroit précis où l'on suppose que j'avais disparu. J'étais bizarre, je disais des choses incohérentes, avec des sortes de spasmes et des crises d'hystérie. Je me souviens qu'en revenant à la réalité, le matin, je me retrouvai assis, sans savoir comment je pouvais être dans cette position. Sur l'instant, je pensai que je m'étais endormi, mais tout en me souvenant de ce qui était arrivé. Je me rappelle aussi avoir appelé mes hommes pour leur demander s'il s'était réellement passé quelque chose. Au fond, je craignais que ce ne fût un rêve et je ne voulais pas avoir l'air ridicule devant eux. Mais il n'en était pas ainsi. Mes hommes confirmèrent, avec des détails, tout ce qui s'était passé, et j'ajouterai que pour moi, jusqu'à présent, tout cela semble incroyable ou presque impossible à croire. Ce qui arriva ensuite est long à raconter : il se passa plusieurs choses en moi. Je ressentais une grande fatigue corporelle et une forte douleur aux reins, comme si j'avais fait de grands efforts. Je me souviens que ce jour-là, en moins de deux heures, j'ai fumé presque un paquet et demi de cigarettes. J'étais au bord de la crise de nerfs, ce que put remarquer la totalité du personnel qui se trouvait au camp de Putre. Quant à ma barbe, tout le monde le remarqua aussi, c'était une barbe d'au moins dix jours, alors que je m'étais rasé la veille. Ce qui est étrange, c'est que mes hommes ne présentaient aucun de ces signes. Ils avaient seulement éprouvé un choc nerveux et s'inquiétaient surtout pour moi. C'était moi qui présentais l'état nerveux le plus... comment dire... l'état nerveux le plus exalté. Quand j'y repense maintenant plus calmement, ma barbe, ma nervosité, mon extrême fatigue physique, tout ce qui se passa à ce moment-là, ma façon d'agir, mon apparition ce jour-là, comme si j'étais parti en patrouille dix jours environ, le fait que le calendrier de ma montre ait avancé de cinq jours et le fait que celle-ci se soit arrêtée durant presque tout l'événement, je ne trouve aucune explication à tout cela.

Q. – Que pensez-vous maintenant de cette expérience, vous et les membres de la patrouille qui vous accompagnaient ?

Caporal Valdès. – Pour moi, personnellement – puisque le reste de la patrouille n'est pas avec moi – ce fut quelque chose de stupéfiant et d'inexplicable pour ma compréhension de ces choses-là. Mais je peux dire que cette nuit-là, il s'est passé quelque chose... Quoi ? Je ne pourrai jamais me l'expliquer à moi-même.

Q. – Y a-t-il d'autres détails de la rencontre dont vous vous soyez souvenu après, c'est-à-dire dans les mois suivants ?

Caporal Valdès. – À vrai dire, j'ai essayé – du moins à l'époque – de me souvenir de quelque chose qui puisse m'expliquer ce qui s'était passé. Mais les résultats sont restés vains. Je ne me suis souvenu de rien d'autre.

Q. – Ces derniers temps, avez-vous eu à nouveau des expériences avec des ovnis ?

Caporal Valdès. – Absolument pas.

Q. – Que pensez-vous maintenant des ovnis ?

Caporal Valdès. – Pour moi, ce serait aussi naturel d'apprendre que c'est quelque chose d'extra-terrestre, que d'avoir la preuve que tous ces phénomènes sont produits par les éléments naturels ou peut-être par l'homme, quelque part.

Q. – Après cette expérience, à quels examens avez-vous été soumis ?

Caporal Valdès. – En dehors des questions posées par les journalistes, on m'a fait subir un électro-encéphalogramme, et fait examiner par des parapsychologues, des psychologues, des médecins, avec quantité de tests psychologiques effectués par des spécialistes, à ce que je crois. On m'a fait tous ces examens à l'hôpital militaire de Santiago du Chili. Et en dernier, ce qui m'a le plus surpris a été l'examen enregistré que m'a fait subir le major Eduardo Arriagada, de l'état-major. Cet enregistrement était soumis au détecteur de mensonges.

Q. – Vous a-t-on, par exemple, soumis à une hypnose ? S'il en a été ainsi, quels ont été les résultats de cette épreuve ?

Caporal Valdès. – On ne m'a fait aucun examen de ce genre, bien qu'on m'ait fait à ce sujet de nombreuses propositions, de différents milieux, ainsi que de certains pays qui s'engageaient à mener à bien cette entreprise sous leur tutelle et avec toutes les garanties. Cela m'a également été proposé à l'hôpital militaire. Mais jusqu'à présent – et maintenant moins que jamais – je n'approuve ce genre d'examen.

Q. – Cette affaire vous a-t-elle affecté psychologiquement ?

Caporal Valdès. – Pour le moment, je n'ai pas constaté de changement et cela ne m'a pas préoccupé.

Q. – Avez-vous eu des rêves étranges ?

Caporal Valdès. – Beaucoup, mais je ne crois pas qu'ils aient un rapport avec cette affaire. Une fois seulement, et ce n'était pas en rêve. Quelques jours après l'événement d'Arica, il m'est arrivé ceci : J'étais couché à côté de mon compagnon de chambre, la lumière allumée. Tout à coup, j'ai ressenti une étrange sensation en moi. Et immédiatement –

pour la première fois – je l'ai rapprochée du phénomène des jours précédents. Je me suis senti immobilisé entièrement et les yeux complètement ouverts... éveillé... J'ai senti une forte pression sur la poitrine, et ensuite, une pression sur tout le corps. Et j'ai senti quelque chose me toucher – je ne sais pas quoi – quelque chose qui essayait de me soulever par le dos. J'ai essayé de bouger et de demander de l'aide à mon compagnon, qui se trouvait à ce moment-là dans la pièce, me tournant le dos ou sous ses couvertures – je ne m'en souviens pas bien. Je n'y suis pas parvenu. Mais mon effort a été tel que j'ai lutté – psychologiquement ou physiquement, je l'ignore – contre cette pression, jusqu'à ce que je parvienne à échapper à cette force. Et en même temps, j'ai poussé un cri terrible, appelant mon compagnon, qui a sauté du lit pour voir ce qui se passait. J'étais complètement trempé et exténué, en proie à un terrible épuisement. Cette nuit-là, je n'ai pas dormi. Ce qui est étrange, c'est le fait que mon camarade n'avait rien entendu et que moi, je venais à peine de me coucher. J'avais même fini de lire un magazine. Jusqu'à présent, hormis l'expérience que j'ai eue, je crois que c'est cette dernière qui m'a le plus effrayé. Et je n'aimerais pas la subir à nouveau.

Q. – Y a-t-il des personnes ayant eu des expériences semblables avec les ovnis qui aient pris contact avec vous ?

Caporal Valdès. – Oui, mais pas semblables. Très proches. Je ne me souviens pas de leurs noms, car la plupart de ceux qui m'ont raconté leurs cas étaient des gens rencontrés au hasard, quand j'étais quelque part, parce qu'ils m'avaient reconnu, ou qu'on leur avait dit mon nom, ou qui j'étais. Il y a seulement une histoire très spéciale, que vient de me raconter un camarade de travail, concernant son épouse qui a récemment ressenti des choses, entendu des choses. Il l'a vue se lever et écrire, faire des équations, des calculs dont elle était la première étonnée et dont elle ignore à quoi se rapportent les résultats, et faire d'étranges dessins dont elle ignore la signification.

ATTERRISSAGE EN LOT-ET-GARONNE ?

13 février 1977, 20 heures, une sorte de soucoupe lumineuse « de la forme d'un parachute » passe silencieusement et très vite dans le ciel de Marmande. Il y a plusieurs témoins, des agriculteurs, et il ont constaté d'étranges traces dans un pré non loin de leur habitation. La gendarmerie enquête.

Groupement : Lot-et-Garonne.
Compagnie : Marmande.
L'an 1977, le 25 février.

Préambule : Vu l'enquête ouverte à la suite du passage d'un objet volant non identifié.

Le 25 février 1977 à 15 heures, le MDL-chef L., de la brigade de M..., est avisé par Mme C. A., cinquante-sept ans, cultivatrice, de ce qu'elle avait remarqué le passage d'un objet volant non identifié dans la soirée du 13 février 1977 vers 20 heures. Au dire de cette personne, l'objet émettait une lueur rouge avec des reflets mauves. Il volait dans la direction sud-nord puis, arrivé près des dépendances de la ferme, il a obliqué en direction de l'est. Elle précise que son frère, M. L.-N. R., soixante-cinq ans, retraité, a observé le même phénomène.

Sur le moment, elle n'a pas osé faire part de ce qu'elle avait observé, mais ayant remarqué depuis quelques jours des traces sur le champ survolé par l'engin, elle s'est décidée à en faire part à la gendarmerie.

Aussitôt après en avoir rendu compte, le MDL-chef L. et le gendarme J. de la brigade de M..., se sont rendus sur les lieux.

Situation à l'arrivée des enquêteurs :

À notre arrivée sur les lieux, Mme C. A. et son frère, M. L.-N. R. nous accueillent. Ils précisent le phénomène qu'ils ont observé et nous conduisent dans un pré (champ de ray-grass) sis à proximité de leur domicile. En ce lieu, diverses traces semblables à des brûlures de produits chimiques apparaissent en surface de l'herbe. Au dire des intéressés, aucun épandage de désherbant n'a été effectué sur le champ ni sur les alentours. Le champ a été ensemencé de ray-grass, en octobre 1976 et depuis cette date, aucun engin n'y est passé, pas plus que sur les terrains alentour.

Mesures prises :

Par radio, les militaires de la brigade de M... rendent compte des faits au capitaine, commandant la compagnie. Nous C. L., devant ces diverses indications, avisons l'Observatoire de Floirac (Gironde), conformément aux textes réglementaires en vigueur.

À des fins conservatoires, nous prescrivons aux militaires de la brigade de M... de faire préserver les lieux momentanément. Des clichés photographiques sont pris par les militaires de la brigade des recherches de M...

Un message faisant état du phénomène observé a été transmis conformément aux textes réglementaires en vigueur.

Constatations et mesures conservatoires :

A) État des lieux :

L'habitation des époux C. est sise commune de L... (Lot-et-Garonne). Un chemin rural (non numéroté) dessert cette ferme.

La ferme est constituée de deux corps de bâtiment :

a) l'habitation, avec étable et grange attenantes.

b) un séchoir à tabac. Le séchoir à tabac est sis à l'est de l'habitation et à 43 mètres.

La cuisine de l'habitation est sise à l'est. Elle est éclairée sur ce même côté par une fenêtre et une porte vitrée, desquelles on a une vue parfaite vers le séchoir et les champs jouxtant ce dernier et au sud.

Au sud du séchoir à tabac se trouve un jardin potager. Attenant à ce dernier et au sud se trouve un pré (ray-grass) d'une superficie de 7 200 m^2 environ (180 mètres de long et 40 mètres de large environ). Alentour de ce champ se trouvent d'autres parcelles, les unes en culture, les autres en fourrages.

Les fermes voisines sont distantes de :

– Au nord de 300 mètres environ.

– Au sud, de 1 kilomètre environ.

– À l'ouest, de 7 à 800 mètres environ.

– À l'est, de 500 mètres environ.

B) Constatations :

L'endroit signalé par Mme C. et M. L.-N., et où l'objet a été aperçu et a changé de direction, se situe à 80 mètres environ de la porte vitrée de la cuisine où ils se trouvaient. À l'emplacement indiqué, nous remarquons que l'herbe (ray-grass) présente une couleur différente de celle avoisinante – comme brûlée par un produit chimique ou huileux (genre gas-oil). Cette trace est sise à une dizaine de mètres de la limite nord du champ et à 12 mètres de la limite ouest de cette même parcelle. Une ligne électrique se trouve à une vingtaine de mètres au nord de cette trace. Cette ligne traverse la propriété C. d'est en ouest.

La trace sus-citée mesure 1 m 20 de large. À 36 mètres de cette trace et au sud-est, se trouvent deux autres traces. Ces dernières, longues de 9 mètres et parallèles, sont distantes de 2 m 40 l'une de l'autre. Nous dénombrons, dans ce même champ et en allant vers le sud, le sud-ouest et l'est, dix autres traces – brûlures similaires. Ces traces sont distantes les unes des autres de 24, 26, 22, 12, 22, 20, 5,50 et 5 mètres, formant un tracé sinueux.

Nous notons que la terre est très humide en raison des fortes pluies de l'hiver. Cette humidité paraît constante en tous lieux de cette parcelle et des terres avoisinantes.

Il semble, par ailleurs, que l'herbe ait été atteinte de brûlures, car, s'il y avait eu déversement de désherbant ou produit similaire, c'est à partir des racines et du bas des tiges que ces plantes auraient péri, alors que dans le cas présent, ce sont les pointes qui se dessèchent en allant vers le bas. L'herbe présente au bout des tiges une couleur rousse. Certaines tiges sont desséchées. Il semble qu'un produit huileux ait été répandu, et l'herbe présente un aspect brillant anormal.

De la cuisine de l'habitation C., l'endroit désigné par les intéressés est parfaitement visible.

Il est à noter que le phénomène a été observé par d'autres personnes de la région.

L'objet volant non identifié a été vu à Allemans-du-Dropt. Il se dirigeait dans le sens sud-nord. Il a été remarqué aussi par des voisins de Mme C. À ce moment-là, l'objet s'en allait en direction ouest-sud-est.

*
* *

Ce jour, 25 février 1977, pour enquête sur ovni, nous entendons Mme C. A., cinquante-sept ans, cultivatrice, qui nous déclare :

« Le 13 février 1977, à 19 h 50, je me trouvais à mon domicile avec mon frère. Tous deux nous étions à table. À un moment donné, de la place que j'occupais, j'ai aperçu par la porte vitrée, une lueur comme un clair de lune de couleur mauve. Aussitôt, je me suis levée et approchée de la porte. À une soixantaine de mètres de la maison, côté est, j'ai aperçu une lueur rouge pourpre avec des reflets mauves. À 30 mètres du séchoir à tabac, cet ovni a viré sens sud-est. À ce moment-là, j'ai vu que cet engin avait une forme ronde et plate, et qu'il se trouvait légèrement en oblique. Cet ovni a poursuivi sa route en direction de l'est en se dandinant. Par la suite, la lueur rougeâtre a diminué d'intensité pour se terminer par une lumière blanche. Au bout d'un kilomètre environ, je l'ai perdu de vue. Lorsque cet engin est passé à côté de la maison, il se trouvait à 0,50 mètre du sol, comme s'il était monté sur coussin d'air. Je n'ai entendu aucun bruit.

« Le 18 février 1977, en me promenant dans un champ de fourrage, j'ai constaté que, par endroits, l'herbe était en partie brûlée.

« L'ovni paraissait avoir un diamètre de deux mètres environ. Devant la maison, je l'ai vu l'espace de deux secondes, et jusqu'à sa disparition, 35 secondes se sont écoulées. Je ne puis vous préciser si cet engin était métallique ou autre, la lueur m'empêchant de voir. À aucun moment, il ne s'est posé. J'ai bien remarqué que cette lueur zigzaguait de gauche à droite. C'est tous les renseignements que je puis vous fournir. »

*
* *

Ce jour, 25 février 1977, pour enquête, nous entendons M. L.-N.R. soixante-cinq ans, retraité agricole, qui nous déclare :

« Le dimanche 13 février 1977, vers 20 heures, je me trouvais dans la cuisine de notre habitation, lorsque ma sœur C. A. m'a appelé en me disant : "Viens voir, il y a quelque chose d'anormal dans le pré voisin." Je me trouvais près de la cheminée, et le temps que je me déplace, l'engin avait fait du chemin. J'ai vu toutefois un objet que je n'ai pu identifier. Cela pouvait avoir approximativement la forme d'un parachute. Cet ovni émettait des lueurs rouges. À l'intérieur de ces lueurs, et mélangées, en apparaissaient d'autres de couleur mauve. La boule était bien compacte. Il ne s'agissait pas d'une boule de feu, mais d'une lueur. Je précise que de la boule rouge, s'échappaient des lueurs mauves, un peu comme dans un feu d'artifice. L'objet se déplaçait sans bruit à vive allure. »

« S.I. (Sur Interrogation du gendarme enquêteur) : Lorsque j'ai vu l'objet, il devait être à 25 mètres de hauteur environ. Très vite, la lueur s'est estompée. Il a pris la direction de l'est.

« S.I. : J'ai vu l'ovni alors qu'il se trouvait à 500 mètres de la maison.

« S.I. : L'engin était lumineux, mais il n'émettait aucune lumière vers le sol.

« S.I. : Je précise que l'engin ne paraissait pas stable. Il oscillait d'un bord à l'autre. Par moments, il n'y avait de visible que la lueur rouge, puis par moments, on apercevait la lueur mauve.

« S.I. : J'ai déjà vu des ballons-sondes de la météorologie, mais ce n'était rien de semblable. De ma vie, je n'avais jamais remarqué un tel phénomène. Si, lors des faits, il faisait nuit noire depuis déjà longtemps, le ciel était couvert et les étoiles étaient invisibles. Il me semble qu'il avait plu toute la journée. J'étais seul à mon domicile avec ma sœur.

« S.I. : Hier, je suis allé voir le pré qui avait été survolé par l'engin, et j'ai remarqué que par plaques, l'herbe se dessèche. Je pense qu'il s'agit d'une conséquence directe du passage de l'objet.

« S.I. : Je n'ai pas vu l'engin arriver. D'après ma sœur, il arrivait du sud. Près du séchoir, il a obliqué à l'est, puis vers le nord-est. Il ne s'agissait pas d'un avion, car je n'ai entendu aucun bruit de moteur ou réacteur. Si cela avait été un météore, il n'aurait pas changé de couleur ou de direction comme je l'ai indiqué. Je ne peux pas vous donner de plus amples renseignements. J'affirme y voir parfaitement. »

Ce jour, 2 mars 1977, nous entendons M. B. R., cinquante-sept ans, agriculteur, qui nous déclare :

« Il y a une quinzaine de jours environ, vers 19 h 50, je me trouvais dans la cour de ma ferme, lorsque mon attention a été attirée par un engin lumineux circulant sens sud-nord. La luminosité était de couleur rouge-violet. Cet ovni se trouvait à une hauteur de 200 mètres environ et a disparu derrière la maison de mon voisin. Cette boule était assez volumineuse, mais je n'ai pu en évaluer la taille. Sa vitesse était la même, ou approximativement, que celle d'un parachute.

« Je n'ai entendu aucun bruit. Cette vision a duré deux secondes environ. C'est tous les renseignements que je puis vous fournir. »

*
* *

Ce jour, 2 mars 1977, nous entendons Mme B. O., trente-quatre ans, cultivatrice, qui nous déclare :

« À une date que je ne peux préciser, au début du mois de février, je crois un soir vers 19 h 50 à 20 heures environ, j'ai vu un objet de couleur rouge, qui volait en rasant le sol en direction de l'est. Il m'a paru assez loin dans la direction où demeurent les époux C.

« Je ne peux dire si l'objet se déplaçait à grande vitesse. Il m'a semblé que c'était assez conséquent, mais je ne peux l'affirmer, car de nuit, on ne peut apprécier les dimensions.

« Cette apparition a duré très peu de temps, quelques secondes peut-être. J'étais occupée à fermer mes volets, j'ai appelé mon mari qui était dans la cuisine, et à son arrivée rien ne paraissait plus.

« L'habitation C. est à 800 mètres environ de la mienne. »

« S.I. : L'objet émettait une couleur rouge, puis presque aussitôt, je n'ai plus remarqué qu'une petite lumière blanche.

« S.I. : À mon avis, cela ne pouvait pas être un avion. Je n'avais jamais remarqué auparavant une chose semblable, qui m'ait autant impressionnée. Ce sont toutes les précisions que je peux vous fournir. »

*
* *

Ce jour, 2 mars 1977, nous entendons Mme D. G., quarante-quatre ans, sans profession, qui nous déclare :

« Le 13 février 1977, vers 20 heures, alors que je me trouvais dans la cuisine, mon attention a été attirée par un faisceau lumineux de couleurs jaune, orange et violet, qui se confondaient. Cet ovni se déplaçait en direction de l'est, très rapidement. Il avait la forme d'une boule assez volumineuse. D'un seul coup, les couleurs que j'avais remarquées se sont éteintes et une lumière blanche de petite dimension s'est allumée pour s'éteindre par la suite.

« Je n'ai entendu aucun bruit.

« C'est tous les renseignements que je puis vous fournir. »

*

* *

Ce jour, 2 mars 1977, nous entendons M. C. P., soixante-trois ans, agriculteur, qui nous déclare :

« Sans pouvoir vous préciser la date, en début du mois de février, un dimanche vers 20 heures, j'ai été amené à constater un phénomène qui s'est produit à proximité de mon domicile.

« J'ai remarqué un objet volant émettant une luminosité intense de couleur orange, qui se déplaçait à une très grande vitesse en direction du sud-est.

« Environ trois secondes avant sa disparition, j'ai eu l'impression d'une augmentation de la luminosité, ce qui m'a fait penser à une bombe éclairante de feu d'artifice, ce qui n'était pas, bien sûr.

« Après cela, j'ai constaté la diminution très rapide du volume de l'objet, diminution que j'attribue à la distance qui nous séparait.

« Il ne peut s'agir d'un avion, car je n'ai entendu aucun bruit.

« Je n'avais jamais remarqué un semblable phénomène. Il ne pouvait s'agir d'un météore ou d'un ballon atmosphérique.

« Je ne peux donner de plus amples renseignements. »

*
* *

Ce jour, 25 février 1977, nous entendons M. B. C., cinquante-six ans, maire de la commune de L... (47), qui nous déclare :

« Je connais parfaitement mes administrés, Mme C. A., agricultrice, demeurant commune de L... ainsi que son frère M. L.-N. R., demeurant même lieu. Ce sont des personnes normales, qui ne s'adonnent pas à la boisson et dont les dires peuvent être crédibles.

« C'est par vos soins que j'apprends le phénomène qui s'est produit près de chez les personnes précitées.

« Aucun autre de mes administrés ne m'a signalé un cas semblable.

« Ce sont tous les renseignements que je peux vous donner. »

*
* *

Aucun autre témoin n'a pu être découvert. En conséquence, nous mettons fin à nos actes de procédures et clôturons le présent procès-verbal.

Fait et clos à M..., le 10 mars 1977.

EFFRAYÉ PAR CINQ OVNIS QUI AVANCENT LENTEMENT

C'est son fils qui l'alerte. « Papa, viens voir ! » Le gosse a l'air effrayé. Le père sort. Ils sont là, cinq ovnis qui avancent lentement et silencieusement. Plusieurs témoins confirmeront aux gendarmes l'observation de l'adolescent.

Groupement : Loiret.

Compagnie : Montargis.

Ce jour, l'an 1977, le 27 septembre, nous entendons cette personne à son domicile, à 15 h 40, Mme C. A., épouse P., trente-six ans, sans profession, demeurant commune de Griselles (45), qui déclare :

« Je suis propriétaire d'une maison située au lieu-dit "X" en bordure du CD 315 menant à Chevannes (45). Hier soir, à 20 h 5, mon fils est sorti de la maison, puis m'a immédiatement appelée en me disant : "Maman, il y a des soucoupes volantes dans le ciel." Il paraissait très effrayé. Je suis montée au premier étage et j'ai pu constater de moi-même par la fenêtre ouverte que cinq objets lumineux progressant de front très lentement, parallèlement à la ligne haute tension qui se trouve derrière mon jardin, se dirigeaient dans le sens sud-nord. Ces objets ne paraissaient pas plus gros que des étoiles, mais beaucoup plus brillants. L'éclairage ressemblait à des ampoules électriques de forte intensité. Gardant le même poste d'observation, j'ai vu soudain un de ces cinq objets se détacher à très vive allure des autres (soit la vitesse d'une étoile filante) pour disparaître quelques instants plus tard, comme s'il s'éteignait. Pendant ce temps, les quatre autres avançaient imperceptiblement, puis soudain un cinquième est apparu de beaucoup plus près. J'ai eu le temps de distinguer sa forme. Il s'agissait d'une demi-sphère ceinturée par une auréole qui semblait tourner autour sur son axe. Cette auréole était beaucoup moins lumineuse que la sphère elle-même.

« À ce moment-là, l'engin était immobilisé et ne faisait aucun bruit.

« Cet engin était à peu près, au point de vue altitude, à celle d'un gros avion de transport, du type des Boeing, lorsque ceux-ci passent au-dessus de nos habitations, venant d'Orly. Cet engin était cependant très nettement plus bas que les quatre autres. À ce propos, je tiens à préciser qu'au moment où quatre de ces objets se dirigeaient vers Dordives

(45), sens nord-ouest en passant perpendiculairement au-dessus du lieu-dit " Les Beaucerons ", ceux-ci ont été croisés par un avion de ligne régulière qui passe tous les jours vers la même heure par ici (soit aux environs de 20 h 30).

« À la suite de cela, ces engins ont définitivement disparu, comme des lampes qui s'éteignaient.

« Je dois vous dire qu'à 20 h 20 précises, puisque j'ai regardé ma pendule, je suis allée avertir des voisins, M. et Mme L., qui se trouvaient chez eux. Sur mon invitation, ils sont sortis et ont pu constater les mêmes faits. Une autre voisine m'a avisée ce matin que sa pendule électrique s'était arrêtée au moment des faits.

« Pour ma part, le four électrique de ma cuisinière neuve est tombé en panne depuis ces faits. »

« S.I. : Je peux dire que je n'ai perçu aucun bruit durant la durée de mon observation.

« S.I. : Je précise que le ciel était clair, sans nuages, sans brouillard, et que c'était la pleine lune. C'est tout ce que je peux vous dire à ce sujet. »

Le 27 septembre 1977, à 16 h 30.

*
* *

Ce jour, l'an 1977, le 27 septembre, nous entendons cette personne à son domicile à 17 heures, Mme L. E., épouse L., cinquante ans, sans profession, demeurant commune de Griselles (45), qui nous déclare :

« Hier soir, vers 20 h 15, alors que je me trouvais dans la maison avec mon mari et mon fils P., Mme P. est arrivée tout affolée et nous a demandé de venir constater ce qu'elle était en train d'observer dans le ciel. Nous sommes tous sortis dans le jardin et avons constaté qu'il y avait effectivement cinq objets très curieux dans le ciel, qui restaient immobiles au-dessus de notre lieu-dit.

« Mon fils est allé chercher une paire de jumelles pour la remettre à mon mari qui a pu observer la scène de plus près. Sur le coup, mon époux a cru avoir affaire à des hélicoptères, mais surpris par leur immobilité constante, il se rendit compte qu'*a priori*, il ne s'agissait pas d'engins fabriqués par les hommes. Cela ressemblait surtout à des boules lumineuses émettant des clartés de très fortes intensités. Il ne put définir davantage ces objets, mais cependant, je n'ai pas songé à le questionner davantage. Je pense que cette affaire a facilement duré une vingtaine de minutes.

« Pour mes constatations personnelles, je puis vous dire que lorsque ces engins s'éteignaient, au moment où ils se rallumaient, on était sûr de les retrouver au même emplacement. Ils avançaient très lentement, par alternance et groupés, par groupes de deux en file indienne.

« Lorsqu'ils circulaient, ils restaient allumés. Ce n'est qu'aux arrêts qu'ils s'éteignaient, mais pas tous en même temps. On pouvait suivre leur progression grâce à deux points fixes : un arbre et une maison d'habitation. Leur sens de marche était sud-nord. »

« S.I. : Peu de temps avant que ces engins ne disparaissent définitivement, un gros avion de ligne régulière les a croisés. La position de cet avion paraissait nettement plus basse que celle des engins.

« S.I. : Je n'ai perçu aucun bruit, à aucun moment, pouvant provenir de ces engins.

« S.I. : Le ciel était très clair, sans nuages, et avec une pleine lune.

« S.I. : Je ne peux rien ajouter au sujet de cette affaire. »

Le 27 septembre 1977, à 17 h 40.

*

* *

Ce jour, l'an 1977, le 28 septembre, nous entendons au bureau de notre brigade, à 11 h 15, M. L. A., cinquante-huit ans, cultivateur, demeurant commune de Griselles (45), qui nous déclare à 11 h 20 :

« Je demeure dans une ferme située au lieu-dit "X", en bordure du CD 315, menant des Fourneaux à Griselles (45).

« Il est exact que le 26 septembre 1977 vers 20 h 15, Mme P. est arrivée en courant à notre domicile pour nous annoncer que des objets très curieux scintillaient dans le ciel. Aussitôt, moi-même ainsi que mon épouse et mon fils P., sommes sortis avec cette dame afin de contempler la scène.

« J'ai pu m'apercevoir qu'il y avait effectivement quatre points lumineux qui avançaient à allure très réduite dans le sens sud-nord, soit sur le terrain du lieu-dit "Les Fourneaux" à "la Petite Ronce".

« Mon fils P. me procura une paire de jumelles (grossissement six fois – champ de vision de 200 à 1 000 mètres) et j'ai commencé mon observation en me repérant sur un point fixe qui était une maison.

« J'ai donc vu qu'il s'agissait de quatre points émettant une lumière très vive, qui avaient la forme de ballons de rugby, qui se déplaçaient sans le moindre bruit. Il y en avait trois qui étaient assez groupés et un quatrième plus éloigné sur la droite. À un moment, il y en a un qui s'est éteint pour reparaître quelques instants plus tard à la même place.

« Pour ce qui est de l'altitude, à ce sujet, un gros avion quadriréacteur de ligne intérieure en provenance d'Orly est passé vers 20 h 30 environ comme chaque jour, et celui-ci était plus bas que les engins.

« Le ciel était très dégagé, sans nuages, et très clair puisque c'était la pleine lune.

« Un des quatre engins s'est éloigné définitivement en prenant la direction du nord-est. Les trois autres ont suivi quelques instants plus tard, en prenant la direction de Dordives (45), soit le nord.

« Je ne peux vous apporter davantage de précisions sur les caractéristiques techniques des engins.

« Je n'ai ressenti aucun effet secondaire, aussi bien sur le plan physique que sur le plan matériel, au contraire de Mme P, puisque son four électrique est tombé en panne ainsi qu'une pendule de Mme B.

« Je ne peux rien ajouter sur cette affaire. »

Le 28 septembre 1977, à 12 heures.

*
* *

Ce jour, l'an 1977, le 27 octobre, nous entendons au bureau de notre brigade à 19 heures, M. B. R., trente-sept ans, chef mécanicien, demeurant à Treilles-en-Gâtinais (45), qui déclare :

« Le jeudi 13 octobre 1977, à 19 h 45, j'ai pu observer un objet mystérieux qui était stabilisé dans le ciel, alors que je me trouvais dans la cour de la ferme de mes parents au lieu-dit "L. C.", commune de Treilles (45). De ma position, il était en direction du soleil couchant, soit vers l'ouest. Il faisait nuit, le ciel était dégagé et je ne me souviens pas si la lune était présente.

« Cet engin avait la forme d'un ballon de rugby aux extrémités cassées, dont la partie inférieure émettait une lumière orange. Le centre formait un rectangle de couleur noire, à la base duquel on pouvait apercevoir, à des espacements réguliers, des hublots de forme carrée dont la couleur ressemblait étrangement à un gris métallisé. Le haut de l'engin formait un arceau émettant une couleur violette qui pourrait rappeler le crépitement d'un arc électrique. Cependant, de l'ensemble, rien ne scintillait, rien n'émettait le moindre rayonnement. C'était le calme total. Cet objet était seul et je n'ai pu l'observer que dans l'espace de cinq secondes environ.

« Nous trouvant au-dessous d'un couloir aérien, nous avons par conséquent l'habitude de voir passer des avions de lignes régulières et de ce fait, avons pu juger que l'engin se trouvait à un plafond nettement plus bas que lors du passage des avions. Au moment où il a disparu, ce fut comme une lampe qui s'éteignait. »

« S.I. : Je n'ai ressenti aucun effet surnaturel. Seule l'appréhension de voir cet engin nous a paralysés, mais en aucun cas ce ne fut l'effet d'une force magnétique ou autre. Aucun appareil électrique n'a été perturbé.

« S.I. : Cet engin n'avait rien de comparable à un avion, hélicoptère ou autre moyen de locomotion, ni même à une étoile, bien qu'il y en ait eu énormément ce jour-là. Je ne peux vous apporter aucun renseignement complémentaire. »

Le 27 octobre 1977, à 19 h 35.

UN OBJET BRILLANT POSÉ SUR LE SOL

4 décembre 1977, 0 h 30, Assé-le-Boisne (Sarthe) ; deux jeunes gens rentrent d'un bal à Sougé-le-Ganelon. Au lieu-dit « Lévrigné », ils aperçoivent une lueur anormale dans un champ. Première réaction : ce sont des souches qui achèvent de brûler. De drôles de souches qui s'élèvent dans le ciel, font aboyer un chien, perturbent les émissions radiophoniques chez une habitante d'Assé réveillée à 2 heures du matin par une lueur rouge. La gendarmerie recueille les dépositions des trois témoins.

Gendarmerie nationale
Groupement : Sarthe
Compagnie : Mamers

Ce jour, 14 décembre 1977, nous entendons M. R. R., vingt-deux ans, ouvrier d'usine, demeurant à Saint-Ouen-de-Mimbré (72), qui nous déclare à 15 h 40 :

« Dimanche matin, vers 0 h 30, je revenais du bal de Sougé-le-Ganelon en compagnie de mon camarade F. A., ouvrier d'usine, demeurant Oisseau-le-Petit (72). Nous nous déplacions à bord de mon véhicule Citroën 2 CV.

« À la sortie de l'agglomération de Sougé-le-Ganelon (72), mon camarade et moi-même avons aperçu une lueur d'une couleur rouge-orange. Nous avons aussitôt pensé qu'il s'agissait d'un feu de souches mortes. Nous avons donc voulu nous en assurer et nous nous sommes approchés de l'endroit d'où provenait cette lueur.

« Nous nous sommes arrêtés à proximité de l'entrée d'un champ située à 500 mètres environ de la sortie de l'agglomération d'Assé-le-Boisne (72).

« De l'endroit où nous étions arrêtés, nous avons constaté un phénomène étrange.

« En effet, j'ai aperçu un objet brillant posé sur le sol. Il était d'une couleur orangée. Il mesurait environ entre 1 mètre et 1 m 30 de hauteur, et entre 1 mètre et 1 m 30 également de longueur.

« Je n'ai pas remarqué si l'engin qui était devant nous à une cinquantaine de mètres possédait des pieds ou des trains d'atterrissage.

« En ce qui concerne la luminosité de cet objet, je tiens à mentionner que la première fois que nous l'avons aperçue, elle nous semblait très étendue. Mais au fur et à mesure que nous nous sommes approchés du lieu, cette lumière s'est réduite au point de ne pas éblouir.

« Cet objet n'émettait aucun bruit, ni ronflement.

« En ce qui concerne la forme de l'appareil, il était circulaire, au dessus plat, le tout illuminé par une lueur orangée.

« Nous sommes restés à observer cet objet étrange environ trois à quatre minutes. Puis, nous sommes partis en direction de Saint-Victeur (72), empruntant la même route qu'à l'aller.

« Nous avions fait 150 mètres environ lorsque cet objet est passé devant nous à une hauteur supérieure à celle d'un clocher d'église. Il s'élevait à une vitesse similaire à celle d'un hélicoptère. Cependant, nous n'entendions toujours aucun bruit, ni ronflement.

« L'objet a survolé les bois d'Assé-le-Boisne, puis s'est dirigé vers Saint-Victeur et Oisseau-le-Petit. À plusieurs reprises, nous avons côtoyé cet engin. Puis nous l'avons perdu de vue pour le retrouver une dernière fois derrière le bâtiment de la brigade de gendarmerie d'Oisseau-le-Petit.

« L'objet se trouvait en l'air, aussi je ne peux dire s'il était immobilisé ou s'il continuait sa route.

« À aucun moment, nous n'avons aperçu des êtres à proximité de l'appareil ou à l'intérieur même de celui-ci. »

« S.I. : Non, l'objet ne dégageait pas de chaleur.

« S.I. : Mon camarade et moi-même avons été fortement impressionnés par ce que nous avons vu. C'est la première fois que nous observons de tels phénomènes. Et je ne peux vous donner aucune explication réelle de ce que j'ai aperçu ce soir-là.

« S.I. : Je ne pense pas qu'il y ait eu d'autres témoins de cette vision.

« S.I. : Ce soir-là, il ne pleuvait pas, le ciel était étoilé et les conditions atmosphériques étaient bonnes.

« S.I. : Je tiens néanmoins à signaler que ces faits dont j'ai été témoin avec mon camarade se sont passés le 4 décembre 1977, c'est-à-dire il y a environ quinze jours. Aussi, il y a peut-être certains détails qui m'ont échappé. C'est tout ce que j'ai à dire sur cette affaire, si ce n'est que je suis de bonne foi et que j'ai bien vu cet objet étrange. Si mon camarade F. n'avait pas été avec moi au moment de cette apparition, j'aurais certainement hésité à rapporter les faits tels que je les ai aperçus. »

Le 14 décembre 1977, à 16 h 25.

*

* *

Ce jour, 14 décembre 1977, nous entendons M. F. A., ouvrier d'usine, demeurant à Oisseau-le-Petit (72), qui nous déclare à 15 h 50 :

« Dans la nuit du 3 au 4 décembre 1977, vers 1 heure, alors que je revenais du bal de Sougé-le-Ganelon en compagnie de mon camarade R., et alors que nous nous trouvions entre Assé-le-Boisne et Saint-Victeur, j'ai aperçu au loin une lueur orange forte et attirante. Nous avons tout de suite pensé qu'il pouvait s'agir d'un tas de racines qui pouvait brûler. Nous avons donc décidé d'aller voir ce que c'était.

« Dès que nous sommes arrivés en bordure du champ, nous avons stoppé et nous avons alors constaté qu'il ne s'agissait pas d'un incendie. Nous avons constaté qu'il s'agissait d'une espèce d'avion. La lueur n'avait pas changé et en ce qui concerne cet engin, je dois dire qu'il m'a semblé s'agir de quelque chose ayant la forme d'une assiette renversée et d'un diamètre de l'ordre de 2 mètres. Il était posé au sol, ou nous a semblé l'être. Il avait à mon avis une hauteur de 1 m 20 à 1 m 30 . En fait, il faisait comme une coupole et au bas, il y avait des vitres. Je me souviens parfaitement qu'il y en avait. Nous devions nous trouver environ à 15 mètres de cet engin. Nous ne nous sommes pas approchés, mais mon camarade a juste arrêté son moteur pour entendre un bruit éventuel. Il ne faisait aucun bruit. Nous avons donc décidé de ne pas nous en approcher, et nous sommes remontés en voiture et sommes partis.

« Il est parti presque aussitôt en direction d'Oisseau. Il est passé au-dessus des bois d'Assé en montant en biais. La couleur était restée la même. I1 n'a fait aucun bruit, ni en décollant ni en montant. Nous l'avons suivi pour voir où il allait et nous avons alors constaté qu'il effectuait un arrêt au-dessus du champ, derrière la brigade. En fait, il n'était pas arrêté, mais avançait tout doucement. Nous ne nous sommes pas attardés et sommes rentrés chez nous.

« En ce qui me concerne, je n'ai ressenti aucun trouble dû à cette observation. Nous n'avons entendu aucun animal au cours de notre arrêt à proximité de cet engin.

« Il faisait parfaitement beau ce matin-là. Il n'y avait pas de brouillard. Il y avait un peu de clair de lune et il faisait noir. Je ne pense pas qu'il puisse s'agir d'un phénomène d'optique dû à la lune. Il ne s'agit absolument pas d'un canular, mon camarade et moi étions dans un état parfaitement normal et nous ne faisons que vous rapporter ce que nous avons vu.

« Nous n'avons pas songé à venir vous en parler, car nous nous sommes dit que c'était un engin que nous n'avions jamais vu de notre vie et que personne ne voudrait nous prendre au sérieux. »

Le 14 décembre 1977, à 16 h 20.

Le 16 décembre 1977, nous sommes avisés par une personne demeurant à proximité de l'endroit où s'est posé l'objet, plus précisément au lieu-dit « Lévrigné » sur la commune d'Assé-le-Boisne (72), de ce que sa voisine Mme B., une personne âgée, a remarqué le 4 décembre 1977 vers 2 heures un phénomène étrange.

À 15 h 15, au cours d'un service, nous nous rendons au domicile de cette personne afin de recueillir d'éventuels renseignements utiles à l'enquête en cours. Celle-ci nous déclare que le 4 décembre 1977, vers 1 h 30, elle a été réveillée par les aboiements de son chien qui se trouvait à l'extérieur de la maison. C'est alors que, de son lit, elle a aperçu une lueur orangée. Elle s'est dépêchée d'ouvrir la porte pour faire entrer l'animal. Ce dernier était très nerveux. Elle nous précise qu'elle n'a pas vu d'objet, mais seulement une lueur orangée, semblable à celle fournie par l'éclairage des autoroutes. De plus, elle nous affirme que, ne pouvant plus se rendormir, elle a voulu écouter la radio. Malgré ses efforts, elle n'a pu découvrir de stations émettrices, celles-ci étant brouillées par d'importants parasites. Les indications données par Mme B. concernant la position de cette lueur orangée semblent correspondre avec le sens de direction de l'objet aperçu par R. et F.

À ce jour, aucune autre personne n'est venue nous apporter son témoignage sur des faits similaires.

La présente procédure est adressée aux différents destinataires tels que le détail en figure sur le bordereau d'envoi.

Fait et clos à Oisseau-le-Petit, le 19 décembre 1977.

PARALYSÉ PAR UN OVNI

Le 26 mars 1978, à 13 h 30, Mme S. C., secrétaire de mairie à Saint-Armel (35230 Saint-Erblon), prévient par téléphone la gendarmerie de Vitré des faits suivants : son beau-frère S. Y., vingt-trois ans, domicilié chez ses parents au bourg de Saint-Armel (Ille-et-Vilaine), a vu par deux fois des phénomènes lumineux qui se sont manifestés à lui vers 0 h 30 le 25 mars 1978, et vers 23 h 30, la nuit suivante.

Ces phénomènes lumineux se sont produits à chaque fois sur la même route, c'est-à-dire sur le chemin communal n° 202, entre le bourg de Saint-Armel et le lieu-dit « Les Apprix » en cette commune.

Le premier phénomène s'est manifesté par un énorme disque de couleur orange à quelques mètres du sol et qui a occasionné l'arrêt du véhicule automobile utilisé par le témoin. Ce disque a disparu au bout de quelques secondes et sa disparition a entraîné le démarrage du véhicule sans que son conducteur fasse quoi que ce soit.

Le second phénomène visible pour S. Y., mais aussi pour sa fiancée R. C., dix-huit ans, consistait en des faisceaux lumineux qui partaient de différents endroits et qui étaient dirigés vers le véhicule utilisé par ces jeunes gens.

Ces faits ont causé une grande frayeur aux deux jeunes gens mais, de peur de paraître ridicules, ils ne voulaient pas en faire état à la gendarmerie locale. C'est Mme S. qui a pris la décision de le faire.

Voici les différentes dépositions, dont celle d'un nouveau témoin, recueillies par la gendarmerie à l'occasion de cette affaire.

Gendarmerie nationale : Ille-et-Vilaine.
Compagnie : Vitré

Ce jour 26 mars 1978, à 14 h 30, entendons Mlle R. C., préparatrice en pharmacie, demeurant à Saint-Armel (35230), qui nous déclare :

« Hier soir, samedi 25 mars 1978, à 23 h 15, je me trouvais, en compagnie de mon fiancé, Y. S., à bord de son véhicule Renault R.5.

« Nous venions du bourg de Saint-Armel où résident ses parents, et circulions sur la voie communale n° 202, partant de cette agglomération en direction du lieu-dit "Le C...".

« Sur cette petite route, le véhicule atteignait une vitesse approximative de 60 kilomètres à l'heure. La chaussée était mouillée, mais il ne pleuvait pas.

« Sur cet axe, il existe un puits à l'intersection du chemin de la ferme appelée "La Nouette". Lorsque nous sommes arrivés à hauteur de ce puits, et alors que celui-ci, recouvert d'un épais feuillage de lierre, était dans le faisceau des phares, j'ai vu, ainsi qu'Y., des points lumineux s'étirant en minces traînées qui partaient vers la voiture. Ces lueurs se situaient donc à gauche de notre sens de marche et semblaient partir du feuillage du puits.

« Ceci nous a intrigués tous les deux, mais nous avons continué notre route.

« Quelques secondes plus tard, après le virage de la route à hauteur de ce puits, alors que nous avions une vue en ligne droite de la chaussée, ces mêmes points lumineux, prolongés de rapides faisceaux, sont apparus sur la droite, émanant du feuillage bordant la voie ferrée. Ces faisceaux, d'une apparition rapide comme l'éclair, semblaient se diriger vers nous, puis disparaissaient rapidement. Ils se succédaient avec une fréquence irrégulière. Je précise que la lumière émise était d'une teinte orangée.

« Sur la gauche, une centaine de mètres plus loin, venant des arbres, ces mêmes flèches lumineuses sont apparues en notre direction. Je les voyais personnellement en dehors de la portée des phares de la voiture, dans la nuit.

« Tant que nous avancions et ce, jusqu'au passage à niveau, soit sur cinq cents mètres environ, ces rayons lumineux nous ont mitraillés.

« Je ne peux dire combien j'en ai vu, mais ça arrivait de tous les côtés. Y. et moi-même avons été pris d'une grande frayeur.

« Une fois le passage à niveau des "Apprix" passé, le phénomène a cessé.

« Nous avons raconté cela à nos parents et nous avons décidé de faire la route à deux voitures pour tenter de revoir ces apparitions étranges. Hélas, nous n'avons rien vu lors de ce second passage.

« Je précise que la nuit précédente, Y. avait été terrassé sur cette même route, à hauteur du puits, par l'arrêt brusque de son véhicule Renault R 5 et l'apparition, dans les secondes suivantes, d'une grosse boule de feu qui, à une dizaine de mètres du sol, est passée au-dessus de lui. Son véhicule s'est alors remis à rouler sans qu'il fasse quoi que ce soit.

« Il est entré chez ses parents, pâle de terreur. Il était 0 h 35, m'a-t-il dit. Je ne me trouvais pas avec lui à ce moment-là. »

Le 26 mars 1978, à 15 h 45.

*
* *

Ce jour 26 mars 1978, à 15 h 50, entendons M. S. Y., ouvrier couvreur, qui nous déclare :

« Je viens vous apporter mon témoignage sur les phénomènes suivants.

« La nuit du vendredi 24 au samedi 25 mars, vers 0 h 30, seul à bord de mon véhicule R 5, je circulais sur la V.C. 202, depuis le lieu-dit “Les Apprix”, en direction de Saint-Armel (Ille-et-Vilaine).

« Sur ce tronçon routier, long d'un kilomètre environ, se trouve un ancien puits envahi par le lierre et formant l'intersection d'un chemin de ferme appelée “La Nouette”.

« Les feux de mon véhicule, de route ou de croisement, je ne m'en souviens plus, étaient allumés. La nuit n'était pas très noire. Il ne pleuvait pas et la route n'était pas mouillée, me semble-t-il.

« Arrivé à une cinquantaine de mètres du puits précité, alors que je circulais à 60 kilomètres à l'heure environ, mon véhicule a cessé complètement de rouler, comme retenu par une force invisible. Moi-même me suis trouvé figé, les deux mains sur le volant, le pied maintenant l'accélérateur et dans l'impossibilité d'une quelconque réaction. J'étais en troisième et suis certain de n'avoir pas actionné le débrayage.

« Simultanément à cet arrêt, j'ai vu apparaître à une dizaine de mètres de hauteur et de ma position, à droite du puits, un disque lumineux de couleur orange, d'un diamètre que j'évalue à deux mètres environ, qui se déplaçait vers moi.

« Le contour de cet objet lumineux était net, sans décoloration.

« Continuant lentement vers moi, le disque lumineux est passé au-dessus de ma voiture et je n'ai pu me retourner pour l'observer disparaître.

« Dès que je n'ai plus vu ce dernier, sans que je fasse quoi que ce soit (le moteur tournait, la troisième vitesse enclenchée, sans débrayage), les deux mains toujours figées sur le volant, mon véhicule s'est remis soudain à rouler. Je ne m'explique pas ce phénomène, car le moteur a toujours tourné à un régime normal et n'a pas calé pour ce démarrage en troisième.

« L'arrêt forcé a duré une quinzaine de secondes au maximum. Aussitôt après ces faits, j'ai parcouru une centaine de mètres, terrassé. J'ai enclenché ma deuxième vitesse et suis rentré ainsi chez mes parents, résidant à un kilomètre de là.

« En arrivant, j'ai raconté cela à ma sœur M.-C., âgée de seize ans. Elle m'a fait remarquer que j'étais très pâle. Moi-même, je n'ai pu dormir de la nuit, me sentant abattu et pris de frayeur à la fois.

« Ce n'est que le lendemain matin, à 8 heures, que j'en ai parlé à ma famille. Ils sont tous restés perplexes devant mon récit.

« La nuit suivante, du samedi 25 au dimanche 26 mars 1978, j'ai voulu raccompagner ma fiancée.

« Il était 23 h 20 environ. Toujours à bord de mon véhicule, j'ai pris cette même route pour la reconduire. Elle était passagère avant droite.

« Arrivé à hauteur du puits précité, alors que les phares éclairaient celui-ci, j'ai distingué quelques lueurs émanant du feuillage qui l'entoure. J'ai beaucoup de mal à vous expliquer la nature des faisceaux aperçus. Il me semble qu'ils partaient d'un point lumineux, tirant des traits orangés embrouillés.

« Continuant notre route, ces faisceaux orangés ont fusé vers nous de chaque côté de la route : à droite, des broussailles bordant la ligne de chemin de fer, à gauche, à hauteur des branches des quelques arbres.

« Ceci a duré sur le trajet de 500 mètres environ séparant le puits du passage à niveau des "Apprix". Je circulais à ce moment-là à 60-70 kilomètres à l'heure. Il ne pleuvait pas, mais la route était mouillée.

« Le véhicule n'a donné aucun signe d'arrêt comme le soir précédent. Je précise que ces rayons lumineux se distinguaient dans le noir de la nuit beaucoup plus sombre que la précédente. Ils éclairaient le feuillage d'une lueur orange brouillée.

« Je ne peux dire si, lorsque le disque est passé au-dessus de ma voiture, le paysage a été éclairé par sa luminosité. Pour ma part, j'ai été ébloui.

« J'ai vu ce disque dans une forme pleine, non ovalisée. Je n'ai pas remarqué de relief, à cause de l'éblouissement.

« Je n'ai entendu aucun bruit.

« Devant ces faits, je redoute de circuler à cet endroit par temps de nuit et me suis décidé, ainsi que ma fiancée, à vous en rapporter le détail.

« Je suis en bonne santé et vous assure de la véracité de mes déclarations. Je passe souvent sur cette route la nuit et c'est la première fois que de telles apparitions se manifestent à moi.

« Je n'ai jamais entendu d'autres personnes de la commune parler de faits semblables antérieurs. »

Le 26 mars 1978, à 17 h 10.

*
* *

Ce jour 30 mars 1978, entendons Mme N. C., épouse S., secrétaire de mairie, qui déclare à 18 heures :

« Le samedi 25 mars 1978, dans la matinée, ma belle-mère, Mme S., m'a relaté le phénomène lumineux aperçu par son fils Y., vingt-trois ans, dans la nuit écoulée, alors qu'il circulait sur la route entre le lieu-dit "Les Apprix" et le bourg de Saint-Armel. C'est ainsi que j'ai appris que mon beau-frère avait vu un disque lumineux orange, à quelques mètres du sol, venir dans sa direction et que dans le même temps son véhicule s'arrêtait de lui-même. Après disparition de ce phénomène, qui a duré quelques secondes, la voiture de Y. est repartie d'elle-même alors qu'elle était en prise directe.

« J'avoue que, sur le moment, j'ai pensé que Y. avait été victime d'une hallucination, mais mon scepticisme sur ce genre de phénomène a disparu lorsque j'ai appris de la bouche même de mon beau-frère Y., le second phénomène aperçu sur la même route, dans la nuit du samedi 25 au dimanche 26 mars 1978. Cet autre phénomène était constitué par des faisceaux lumineux de chaque côté de la route, qui émanaient de points différents. Y. n'était plus seul comme pour la première fois, puisque sa fiancée, R. C., était avec lui. J'ai vu C. également. Elle m'a relaté la même chose que Y. Tous deux étaient encore bouleversés par ce qu'ils avaient vu. Leur comportement n'était pas feint. Ils étaient très agités et manifestement, ils avaient vu ce qu'ils expliquaient.

« Je suis absolument certaine qu'ils sont de bonne foi dans la narration des phénomènes lumineux que nous ne pouvons expliquer. Ce qu'ils ont vu l'un et l'autre ne provient pas d'un mirage, d'une hallucination collective ou même d'une imagination débordante. »

Le 30 mars 1978, à 18 h 20.

*
* *

Ce jour 30 mars 1978, entendons M. T. L., agriculteur, qui déclare à 18 h 30 :

« Mon exploitation agricole est située à une cinquantaine de mètres du chemin communal n° 202 qui relie le bourg de Saint-Armel à différents villages, tels que "Les Apprix" et "Chalenge".

« Je suis bien entendu avisé des phénomènes lumineux aperçus par le jeune S. Y., qui est domicilié avec ses parents au bourg de Saint-Armel (Ille-et-Vilaine), dans les nuits des 24 et 25 mars 1978 et 25 au 26 mars 1978 sur cette route, et à des heures différentes. Je sais que pour le deuxième phénomène, Y. S. était accompagné d'une jeune fille, C. R.

« Je connais bien les familles S. et R., et ne mets nullement en doute les faits aperçus par les deux jeunes gens, car ils sont tous les deux équilibrés et je ne pense pas qu'ils pousseraient la plaisanterie à ce point.

« Il m'est arrivé, personnellement, de circuler sur cette route qui passe non loin de ma ferme et cela à des heures tardives, mais jamais je n'ai vu quoi que ce soit. Une ligne à haute tension a été édifiée vers 1970. Cette ligne passe sur ma terre et à quelque 200 mètres de mon domicile. Il m'est arrivé aussi de voir distinctement les isolateurs des pylônes supportant cette ligne haute tension. J'ai entendu aussi, et assez souvent, des grésillements dans les fils, mais jamais je n'ai vu de boules de feu ou autre phénomène lumineux. »

Le 30 mars 1978, à 19 heures.

*
* *

Ce jour 30 mars 1978, entendons M. D.-K. C., agriculteur et maire de... qui déclare à 19 h 15 :

« Je sais, par la presse écrite, les phénomènes lumineux inexpliqués qui ont été vus par deux jeunes gens de ma commune, voici quelques jours, sur une petite route qui relie notre localité à différents hameaux et villages. Le premier phénomène, constitué par un énorme disque lumineux de couleur orange à quelques mètres du sol, a été vu en pleine nuit par le jeune S. Y., 23 ans, domicilié chez ses parents au bourg de Saint-Armel. Ce phénomène, qui n'a duré que quelques secondes, a apporté quelques perturbations dans la marche du véhicule que conduisait ce jeune homme au moment des faits. Le second phénomène, constitué par des faisceaux lumineux, a été aperçu la nuit suivante, sur la même route et sensiblement au même endroit, par Y. S., mais cette fois-là, il était accompagné d'une jeune fille, C. R. Je connais bien la famille S. Je sais que les parents, comme leurs enfants d'ailleurs, sont des gens sains de corps et d'esprit. Est-ce que la proximité d'une ligne haute tension peut expliquer ces phénomènes, je ne sais, mais il faut dire que ces faits sont troublants et sincèrement, je ne pense pas qu'il y ait mystification de la part de nos deux témoins. »

Le 30 mars 1978, à 19 h 30.

*
* *

Ce jour 1er avril 1978, entendons Mme T. T., épouse R. M., employée d'usine, qui déclare à 13 heures :

« Samedi dernier 25 mars 1978, vers 23 h 30, j'ai été réveillée par l'arrivée de ma fille C., dix-huit ans, accompagnée de son ami S. Y., domicilié au bourg de Saint-Armel (Ille-et-Vilaine). J'ai constaté immédiatement que ces jeunes gens étaient blêmes de peur et que manifestement ils avaient ressenti une grande émotion par le phénomène lumineux qu'ils venaient de voir alors qu'ils circulaient tous les deux sur le chemin communal n° 202, à quelques kilomètres d'ici. Leur comportement, leurs explications pleines d'effroi ne m'ont pas fait penser à une plaisanterie de mauvais goût de leur part. J'ai pris la décision de suivre avec mon véhicule automobile celui de Y., qui devait retourner chez lui, mais qui ne voulait absolument pas repasser par la même route. Il a cédé à mes instances et c'est la raison pour laquelle nous avons emprunté cet axe routier sur lequel s'était manifesté ce phénomène constitué par des faisceaux lumineux émanant de différents endroits. J'ai donc suivi avec mon véhicule celui de Y. Ma fille C. était avec moi. J'étais à une dizaine de mètres derrière la R5 de Y., mais malheureusement nous n'avons rien vu de particulier jusqu'au bourg de Saint-Armel, non plus d'ailleurs que sur le trajet du retour.

« Je suis certaine que le comportement agité, nerveux, de C. et de Y. n'était pas feint. Sans aucun doute, ils étaient de bonne foi dans la narration des faits qu'ils venaient de voir. Je ne pense pas, non plus, qu'ils aient été victimes d'hallucination. Pas une seconde, il ne m'est venu l'idée de mettre en doute leurs paroles.

« C. exerce la profession de préparatrice en pharmacie. C'est une jeune fille sensée, intelligente, digne de foi.

« Lorsque j'ai suivi la voiture automobile de Y., je me rappelle que la nuit était claire. Nous étions en pleine lune, mais toutefois, le ciel était couvert. Il ne pleuvait pas. La température extérieure était assez fraîche. Il n'y avait pas de brouillard. »

Le 1er avril 1978, à 15 h 30.

Ce jour 2 avril 1978, entendons M. S. B., artisan couvreur, qui déclare à 17 heures :

« À aucun moment, je n'ai mis en doute la bonne foi de mon fils Y., âgé de vingt-trois ans, lorsqu'il m'a relaté le phénomène lumineux qu'il avait vu sur la route reliant Saint-Armel au lieu-dit "Les Apprix" au volant de son véhicule personnel. Y. était encore tout pâle de la frayeur qu'il avait ressentie lors de la manifestation de ce phénomène lumineux. Son comportement physique m'a fait penser qu'il ne plaisantait pas et qu'il n'avait pas été victime d'hallucination, mirage ou autre. Fort heureusement, un autre phénomène lumineux, constitué cette fois-là par des faisceaux émanant de différents endroits, a été vu par Y., mais cette fois-ci accompagné de sa fiancée C. R. Ceci prouve qu'il y a bien eu quelque chose puisque deux personnes, c'est-à-dire C. et Y., ont vu en même temps ce second phénomène, ce qui accrédite la thèse de Y. sur le premier phénomène. Il ne s'agit donc pas de "canular" de sa part. Ce n'est d'ailleurs pas le genre de Y. de plaisanter sur de tels sujets. Il n'a jamais été tenté de regarder des films d'anticipation, que ce soit sur un petit écran ou dans une salle de cinéma. Ses lectures ne sont pas axées sur le mystère des ovnis ou autres apparitions que beaucoup de personnes des villes et des campagnes ont vus.

« Je dois dire que Y., depuis qu'il a vu ces phénomènes lumineux que nous ne pouvons expliquer, a un sommeil très agité. Il souffre depuis le début de la semaine de maux de tête, maux qu'il n'avait pas auparavant. Il souffre également de la vue, et j'ai constaté que la sclérotique de ses yeux aurait tendance à prendre une couleur rouge. Son état physique me montre bien qu'il subit maintenant le contrecoup de la frayeur qu'il a ressentie à la vue des deux phénomènes lumineux inexpliqués. Je n'ai aucune hypothèse à avancer sur ces phénomènes. Je crois dans le récit de Y., un point c'est tout. »

Le 2 avril 1978, à 17 h 45.

*
* *

Ce jour 5 avril 1978, entendons M. G.L. C., blanchisseur, qui déclare à 19 heures :

« C'est à la lecture du journal *Ouest France* que j'ai appris les phénomènes lumineux aperçus par des jeunes gens de Saint-Armel (Ille-et-Vilaine) sur une petite route de campagne. Ces phénomènes s'étaient manifestés à eux par deux fois, dans la nuit du 24 au 25 mars 1978 et dans la nuit suivante.

« À la lecture de l'article de ce journal, je me suis décidé à me faire connaître à vous, car moi-même, j'ai vu un phénomène lumineux que je pense être un ovni. Je me taisais avant la parution des faits relatés dans la presse, de crainte de paraître ridicule.

« C'est le samedi 25 mars 1978, vers 21 h 30, alors que je venais de quitter Amanlis au volant de ma VL Renault 4 et que je circulais en direction de Bourbarre (Ille-et-Vilaine) que j'ai aperçu un disque de couleur orange à la circonférence bien dessinée. Il devait être à une certaine hauteur, car il avait la dimension du couvercle d'une boîte de fromage. Ceci se passait exactement sur la route entre Amanlis (Ille-et-Vilaine) et un carrefour dit "La Tionnais" en cette commune. Ce disque était sur ma gauche, c'est-à-dire au sud, et volait parallèlement à ma direction de marche, mais beaucoup plus vite. Je circulais à la vitesse de 70 à 80 kilomètres à l'heure et je ne me suis pas arrêté pour observer ce disque. C'est son reflet dans la glace de ma portière gauche qui a attiré mon attention. Tout ceci s'est passé assez vite, puis j'ai vu le disque à hauteur de l'angle supérieur gauche de mon pare-brise. C'est alors qu'il a marqué un très léger temps d'arrêt pour plonger en diagonale dans la direction qui m'a semblé être celle d'Épron-en-Nouvoitou. Sa vitesse était alors très nettement supérieure à celle qu'il avait auparavant, c'est-à-dire pendant le laps de temps où il a volé parallèlement à moi.

« À aucun moment, je n'ai vu de lueur derrière ce disque orange, lequel ne présentait aucun relief.

« Les conditions atmosphériques étaient excellentes. Il ne pleuvait pas. Il n'y avait pas de brouillard. Il faisait nuit noire.

« Je suis certain qu'il ne s'agissait pas d'une étoile filante, car dans cette hypothèse, celle-ci n'aurait pas changé de trajectoire, alors que ce disque a changé littéralement de direction puisque du sud-ouest, il est passé au nord-ouest après un léger temps d'arrêt et que sa vitesse alors a considérablement augmenté.

« J'ai croisé des véhicules automobiles sur la route en question et je suis presque certain que ces automobilistes ont vu tout comme moi ce disque, mais qu'aucun d'eux n'aura eu le courage de se manifester à vous, par crainte, là encore, du ridicule et d'être pris pour un plaisantin. »

Le 5 avril 1978, à 19 h 30.

II

DES GENDARMES AUSSI

UN DISQUE ROUGE TOP SECRET

Secret / Confidentiel.

Gendarmerie nationale, commandement régional de la gendarmerie de la 2e région militaire, 2e légion des Ardennes, section de Vouziers, rapport du lieutenant L... ; commandant la section de Vouziers sur l'apparition de phénomènes lumineux aériens dans l'arrondissement de Vouziers. 11 janvier 1954.

Entre le 30 octobre à 23 h 30 et le 31 octobre 1953 à 1 h 30, deux phénomènes lumineux aériens ont été observés par des militaires de la section au cours d'un service de nuit. Il s'agit de deux phénomènes distincts.

Premier phénomène : quatre militaires de la brigade de Le Chesne, dont le chef de poste, étaient en service entre 23 h 40 et 24 heures à Louvergny au lieu-dit Beauséjour quand ils ont été les témoins d'un fait étrange. À 23 h 40 en arrivant à Louvergny, ils ont remarqué une lueur rouge en direction de l'ouest. À 23 h 50 ils ont observé un disque rouge d'un diamètre apparent de 1 mètre et sous un angle de site d'environ 30 degrés toujours en direction de l'ouest. Au bout de quelques minutes, il leur a semblé que le disque se séparait en deux parties, aux deux tiers de la hauteur, et la partie supérieure a disparu. À 24 heures, lorsqu'ils ont quitté le lieu de leur service, le disque était encore visible. Le disque rouge ne semblait animé d'aucun mouvement et aucun bruit n'a été entendu.

Deuxième phénomène : quatre militaires de la brigade de Machault dont le chef de poste se trouvaient en service sur la Nationale 46 entre Pauvres et Masagran, quand l'un d'eux a vu un engin de petite dimension se dirigeant dans le sens sud-est-nord-ouest et suivant sa trajectoire à une vitesse extrêmement grande. Cet engin se remarquait par une brillance importante, nettement plus grande que celle des étoiles environnantes et présentait des reflets verts. L'observation a duré quelques dizaines de secondes.

(Ce rapport comme celui qui le suit est noté Secret / Confidentiel. Jusqu'en 1957 environ, les rapports de gendarmerie concernant les témoignages d'ovnis sont en effet frappés d'un cachet rouge « CONFIDENTIEL » ou « SECRET », voire les deux. C'est que l'on était alors persuadé qu'il s'agissait de la manifestation d'engins secrets soviétiques. Depuis, ces rapports ont été déclassifiés. Mais le problème n'est pas résolu pour autant. On est simplement sûr depuis longtemps que les Soviétiques n'ont rien à voir avec les ovnis. NDA)

CIGARE SUR GIVET

23 mai 1955, Rocroi. Rapport du capitaine G..., commandant la section, sur l'apparition d'un engin aérien non identifié.

Le 20 mai 1955 en visite de nuit et se trouvant sur la Nationale 51 entre Givet et le hameau des Trois-Fontaines, les gendarmes N... et L... ont aperçu dans le ciel, à 2 h 30, un engin aérien inconnu qui volait à basse altitude à 200 ou 300 mètres environ, au-dessus de la région comprise entre Ham-sur-Meuse et le hameau des Trois-Fontaines, et suivant la direction sud-est-nord-ouest. Cet engin leur a semblé avoir la forme d'un gros obus ou d'un cigare, de la dimension de la carlingue d'un avion de chasse. L'intérieur était lumineux. De l'arrière jaillissait des projecteurs lumineux, étincelants et multicolores. Sur le moment ils eurent l'impression de se trouver devant un avion en flammes, mais l'engin disparut en vol horizontal en direction du nord-ouest après quelques secondes. Sa vitesse leur a semblé très élevée, supérieure à celle des avions actuels. Au moment où ils l'aperçurent, un autorail qui se dirigeait vers Givet, passait sur la voie parallèle à la Nationale 51. Le bruit fait par cet autorail ne leur a pas permis d'entendre l'éventuel bruit fait par cet engin. La nuit était étoilée et sans lune. La direction du vent était nord-est-sud-ouest, c'est-à-dire contraire à la direction suivie par l'engin. Ayant fait remarquer à ces gendarmes que cela pouvait être un avion commercial de la ligne Genève-Bruxelles ou Bruxelles-Nice, ces derniers ont été d'accord pour dire qu'il ne pouvait y avoir de confusion, et qu'il ne pouvait s'agir d'un avion. C'est la première fois que le passage d'un tel engin est observé au-dessus de la circonscription de la brigade.

JEAN-CLAUDE BOURRET

LA SOUCOUPE ROUGE ET LES QUATRE GENDARMES

Rapport 174.4. Section de Vouziers, en date du 31 octobre 1957, concernant l'apparition le 30 octobre 1957 d'objet lumineux. Transmis à M. le ministre de la Défense nationale et des Forces armées. Direction de la gendarmerie et de la justice militaire – Sous-direction de la gendarmerie – Bureau technique à Paris.

Le 30 octobre 1957 à 23 h 50, l'apparition d'un engin lumineux a été constatée sensiblement au-dessus du village de Novy-Chevrières. L'adjudant L..., commandant la brigade d'Amagne-Lucquy, accompagné des gendarmes L..., T... et R... était en stationnement sur la route nationale n° 51 à 100 mètres au nord-est du passage à niveau de Novy-Chevrières, au cours d'une patrouille. À 23 h 50 exactement, le gradé ainsi que les gendarmes ont leur attention attirée par la présence d'un engin lumineux ayant la forme d'un cigare qui circulait à l'horizon, direction nord-sud. Brusquement, l'engin a fait un écart à gauche vers l'est et s'est immobilisé au-dessus de la commune de Novy-Chevrières pendant 30 à 45 secondes, puis il est reparti en direction sud-ouest. D'après l'adjudant L... et les gendarmes, l'engin qui se trouvait à environ 500 mètres d'eux, pouvait être à une altitude de 200 mètres. Il avait nettement la forme d'une soucoupe d'un diamètre d'environ deux fois celui du soleil levant. Sa teinte était rouge grenat. Il se déplaçait à une très grande vitesse, mais aucun bruit n'était perceptible. Il est à noter qu'à cette heure, la nuit était très sombre, le temps étant couvert. À la suite des recherches discrètes effectuées ce jour dans la commune de Novy-Chevrières, il résulte que M. V..., maire de la commune, a vu l'engin lumineux à une certaine distance alors qu'il se rendait à ses étables à l'heure portée ci-dessus. Occupé par la présence de ses animaux il n'a prêté aucune attention spéciale à cette apparition. D'autre part, en raison de l'heure tardive, il ne semble pas que la présence de l'engin ait été remarquée par d'autres habitants ou autorités. Le commandant de section qui effectuait un contrôle du service de 23 heures à 2 heures le 31, n'a personnellement rien remarqué. C'est à son arrivée au poste de Novy-Chevrières à 24 heures qu'il a été mis personnellement au courant de l'événement par l'adjudant L... qui semblait encore sous l'impression de l'apparition. Il est à remarquer que le personnel de la brigade de Rethel, qui se trouvait à Ambli-Fleury, a déclaré avoir vu à la même heure dans la même direction une lueur rouge. Mais, vu l'éloignement, ce personnel n'a pu donner aucune autre précision sur la nature de cette lueur.

LES GENDARMES CHASSENT L'OVNI

Mardi 26 février 1974. Des renforts de gendarmerie sont acheminés vers le petit village de Montréal, dans l'Aude. À trois reprises, en une semaine, de mystérieuses lueurs se sont promenées dans les champs. La nuit précédente, une patrouille de gendarmerie les a prises en chasse. Après enquête, je suis parvenu à retrouver l'un des deux gendarmes de cette patrouille. Il raconte sa chasse à l'ovni.

– Nous nous sommes rendus sur les lieux, en compagnie de M. X... qui nous avait alertés. Il nous a conduits vers le champ où il avait constaté le phénomène. Arrivés à trois cents ou quatre cents mètres, nous avons vu deux cercles rouges, comme deux gros phares.

– À quelle altitude ?

– À ras de terre.

– Dans un champ ?

– Dans un champ ! Les deux cercles rouges restaient un moment près du sol, puis soudain, s'élevaient à cinquante ou cent mètres. Puis ils revenaient au sol.

– *À quelle distance étiez-vous à ce moment-là ?*

– Toujours à quatre cents mètres à peu près.

– *Aviez-vous l'impression qu'il s'agissait uniquement d'un phénomène lumineux, ou bien qu'il y avait une structure ?*

– C'était uniquement lumineux. On apercevait seulement deux phares de voiture.

– *Du bruit ?*

– Non, cela ne faisait pas de bruit.

– *Avez-vous trouvé des traces au sol ?*

– Non, aucune trace.

– *Qu'avez-vous fait ?*

– Au bout d'un moment, nous sommes retournés à la brigade. À deux kilomètres du champ où nous avions vu ces lumières, nous avons atteint une petite hauteur. De là, nous avons bien vu le phénomène car nous dominions le paysage. Nous avons vu un cercle d'un mètre de diamètre environ, et il était dentelé, comme s'il s'était agi des pointes d'une étoile.

– *Toujours à ras du sol ?*

– Toujours.

– *Pourquoi n'avez-vous pas essayé de vous rapprocher ?*

– Ce n'était pas facile. Nous étions assez loin et le phénomène se produisait en plein champ, sans aucun chemin pour y accéder. Il avait plu. La terre était détrempée. Nous nous serions enlisés si nous avions tenté d'y aller avec la voiture de la gendarmerie. À pied, sans bottes, on se serait mis dans un bel état !

– *Vous n'avez pas essayé de contourner le champ par une autre route ?*

– Non. On ne pouvait pas puisqu'il n'y en avait pas. Et puis, vous savez, un phénomène comme ça, il faut le voir eh !

– *Vous avez eu peur ?*

– On n'a pas eu peur, non. Mais un phénomène comme ça, on se demandait ce que c'était.

– Ce n'est pas la première fois qu'il y a ce genre de lueur près de Montréal ?

– Non, dimanche 17 février aussi, puis le jeudi suivant encore une fois.

– Croyez-vous aux soucoupes volantes ?

– J'y crois sans y croire !

– Même après ce que vous avez vu ?

– Après ce que j'ai vu, j'y croirais presque !

– Avez-vous demandé des renforts de gendarmerie ?

– Oui, les renforts sont arrivés. Ils se sont rendus sur le terrain, mais ils n'ont rien trouvé. Aucune trace. Rien.

– Combien d'hommes avez-vous reçus en renfort ?

– Une trentaine.

– J'imagine que, dans votre secteur, ce doit être la mobilisation.

– Oui, c'est la mobilisation. On en parle beaucoup dans la région !

– Qu'en pense-t-on à la gendarmerie ?

– On n'en pense rien : on est là pour constater et faire une enquête, c'est tout.

– Revenons à votre observation de la nuit dernière. Vous me dites que vous avez vu comme deux gros phares rouges. Quelle distance les séparait ?

– C'était variable. Ces deux phares se séparaient, puis se rejoignaient.

– C'étaient deux phares mobiles ?

– Ils étaient mobiles, oui. On ne peut dire s'ils faisaient partie d'une masse. Nous n'avons vu que les lumières.

Voilà pour le témoignage direct de ce gendarme. J'ai pu m'entretenir également avec le commandant de la brigade de gendarmerie, l'adjudant-chef responsable de cette brigade de Montréal.

– Ce qu'on a vu est quelque chose de troublant. Il y a un fait qui n'est pas tout à fait normal.

– Vous ne parvenez pas à l'expliquer ?

– Eh non ! On a constaté des boules de feu, des sortes de phares qui éclairaient. Nous possédons six témoignages sur ce phénomène, indépendamment de celui de deux de mes hommes. Mais impossible de dire ce que c'est !

– Vous avez renforcé les patrouilles ?

– Nous y sommes maintenant tous les soirs. Mais il y avait trop de monde hier. Nous sommes accompagnés par plusieurs voitures de curieux et de journalistes. On ne désespère pas de revoir le phénomène.

– Vous espérez quand même les revoir, ces fameuses boules mystérieuses ?

– Oui, car on les a aperçues trois fois en une semaine. Il n'y a pas de raison pour que cela s'arrête brusquement. Nous avons mis en place tout un dispositif. Les journalistes aussi et même les habitants du village. Ils montent la garde à tour de rôle.

– Vous êtes en liaison radio avec vos voitures ?

– Oui. Nous avons trois voitures radio.

– Tous les soirs ?

– Nous avons commencé hier soir. Nous allons continuer ce soir.

Le responsable du groupement de gendarmerie, le commandant Pistre a pris personnellement la direction des opérations. Il a désigné un de ses officiers, le capitaine Abadie, qui est chargé de centraliser tous les renseignements sur les manifestations identiques survenant dans le département. Le commandant Pistre accepte de me confier l'objet de sa mission.

– Tout d'abord, une précision. Nous ne prenons pas l'affaire en main. Nous nous contentons d'effectuer des contrôles. La gendarmerie opère dans le rationnel. On nous signale quelque chose d'anormal : nous vérifions. Nous pouvons très bien déboucher sur un canular ou sur des faits explicables. C'est dans cet esprit que nous agissons. Les faits se sont déroulés de la façon suivante.

Le dimanche 17, un viticulteur de la région, M. C... a vu un phénomène lumineux dans un champ. Il ne lui a pas accordé d'importance particulière car il a pris cela pour des tracteurs travaillant accouplés, mais accouplés inversés. C'est-à-dire qu'il y aurait eu deux phares éclairés à l'avant et deux phares éclairant l'arrière. En gros cela faisait donc à peu près le volume de deux tracteurs dos à dos. Arrivé chez lui, il a eu matière à réflexion : il pleut à verse. Que peuvent faire deux tracteurs ou des braconniers par un temps pareil ?

Le jeudi suivant, même phénomène, mais avec une différence. Il n'y avait plus que deux phares, et deux phares indépendants l'un de l'autre. Ces deux phares se séparaient, puis revenaient l'un vers l'autre, à un mètre du sol. Comme il avait plu, et qu'il se faisait tard, M. C... fut un peu plus surpris. Il rentra chez lui, en parla à sa femme et à un de ses voisins. Or, celui-ci a vu le même phénomène. Et c'est lui qui suggère d'alerter la gendarmerie...

– Vous êtes allés sur place, dans ce champ. Alors mon commandant, des traces ou pas ?

– Pas de traces. Pourtant, il avait plu la veille et le terrain était gras, très malléable.

– Et ce n'est pas tout ?

– Non. Le dimanche suivant, dimanche dernier donc, 24 février 1974, à 10 heures du soir, répétition du phénomène mais avec quelques différences, à plusieurs centaines de mètres des observations initiales, et devant la ferme même du témoin, la bâtisse est parfois violemment éclairée ; au lieu des « deux tracteurs » (je dis deux tracteurs pour donner une idée de volume mais cela n'a évidemment rien à voir avec des tracteurs), le phénomène se reproduit, cette fois sous la forme d'une simple boule, de la taille d'une « roue de charrette ».

– Quelle couleur ?

– Rouge, comme du fer porté au rouge. Avec des éclats intermittents sur le côté, comme une étoile qui scintille. Sur le dessus de cette boule, les témoins affirment avoir vu quelque chose qu'ils baptisent « antenne », mais rien ne permet de dire que ce soit une antenne !

– Il y avait une structure métallique ?

– Pour la boule elle-même non. En ce qui concerne l'antenne, ils prétendent avoir vu une hémisphère rouge comme une résistance électrique. Cette sphère s'est promenée à un mètre du sol, tantôt lentement, à 15 ou à 20 km/h, tantôt à la vitesse de l'éclair. Dans ce second cas, le témoin explique que la sphère semblait se diviser en deux. Il y avait en tout cas deux lumières qui se séparaient de deux cents à trois cents mètres puis qui se rejoignaient à une vitesse foudroyante.

– Le témoin a-t-il essayé de se rapprocher avec son fils ?

– Oui, les deux témoins se sont approchés mais ils n'ont vu aucune forme matérielle : simplement un éclat lumineux.

– Ils se sont approchés à quelle distance ?

– Ils évaluent « cent à cent cinquante mètres », mais ne paraissent pas sûrs. Le phénomène a semblé venir à leur rencontre ; ils ont eu des craintes et c'est alors qu'ils ont décidé de prévenir les gendarmes. Il était 11 heures du soir. Vingt minutes plus tard, les gendarmes sont sur place et, effectivement, constatent le ballet des points lumineux, qui cependant s'est éloigné dans les collines.

– Où en est votre enquête ?

– Nous avons donc mené une enquête sur le terrain. Aucune trace, pourtant j'insiste, le terrain était lourd, nu et fraîchement ensemencé dans sa plus grande partie. Aucune trace de radioactivité non plus.

– La gendarmerie a fait l'enquête sur d'éventuelles traces de radioactivité ?

– Non, c'est la protection civile du département. Je continue l'exposé du résultat de notre enquête : donc, pas de traces, pas de radioactivité, pas de bruit, pas d'effet de chaleur. Voilà. C'est tout ce que nous pouvons dire. Alors, il reste difficile de se prononcer. Des braconniers ? Les braconniers laissent des traces. Les haies vives ne sont pas endommagées. Rien au sol. Et si nous n'avons pas d'éléments d'appréciation certains quant aux marques laissées par des ovnis, nous pouvons être affirmatifs sur un point : il n'y a pas de traces humaines. Évidemment tout ceci nous intrigue.

LES GENDARMES MOBILES ET L'OVNI QUI NE L'ÉTAIT PAS MOINS...

Gendarmerie nationale, groupement de l'Aveyron, Compagnie de Millau, brigade de la Cavalerie.

Procès-verbal de renseignements administratifs, le 6 mars 1974 à 10 heures.

Résumé de l'affaire :

Dans la nuit du 5 au 6 mars 1974, trois militaires de l'unité du capitaine C..., commandant l'escadron 82 de la gendarmerie mobile d'Hyères dans le Var, ont aperçu, vers la ferme de l'Hôpital, une forme lumineuse non identifiée. Cette lumière a suivi la patrouille dans ses déplacements jusqu'à la Cavalerie où elle a été observée par plusieurs officiers et sous-officiers de l'escadron. Nous rendons compte des faits ci-dessus à notre commandant de compagnie qui nous ordonne d'effectuer une enquête afin de déterminer la nature de la forme lumineuse aperçue par les gendarmes mobiles.

La forme lumineuse aperçue par les gendarmes mobiles était de faibles dimensions. Ces dernières varient d'ailleurs en fonction de l'heure et des points d'observation. Ainsi, d'abord aperçue par les témoins sous la forme d'une sphère très imparfaite, sensiblement de la grosseur d'une balle de caoutchouc d'enfant, la forme lumineuse a été observée un peu plus tard par ces mêmes personnes sous la forme d'un rectangle aux angles arrondis, mesurant environ 25 à 30 centimètres de longueur et 15 centimètres de hauteur. Puis la forme lumineuse a été vue à nouveau sous l'apparence d'une balle de très faibles dimensions, quelques centimètres de diamètre. Cette forme lumineuse émettait une très forte luminosité de couleur blanche. Aucun bruit n'a été perçu par les six témoins qui l'ont observée à des heures identiques et pendant une durée de deux heures environ. Ces témoins pensent qu'il ne s'agissait pas d'une étoile ni d'un aéronef ou d'un ballon-sonde. La forme lumineuse observée le 6 mars 1974 était mobile ; elle a parcouru un itinéraire de 10 km environ, puis a accompli une descente vertigineuse vers le sol avant de réaliser une ascension et de se stabiliser dans le ciel.

Il est à noter que deux autres formes lumineuses non identifiées ont été aperçues à la Cavalerie dans la nuit du 25 février 1974 par une habitante de cette localité. Toutefois, ces deux lumières n'avaient ni la taille, ni la forme de celles observées dans la nuit du 5 au 6 mars 1974 par les gendarmes mobiles. D'après les dires du témoin, cette forme lumineuse ressemblait à deux cigares qui se maintenaient immobiles dans le ciel, dans une position verticale, au milieu d'un embrasement intense à l'horizon. Aucun autre habitant de la Cavalerie et des environs n'a été témoin de faits semblables.

ATTERRISSAGE PRÈS D'UNE PATROUILLE

Procès-verbal, enquête préliminaire, le 11 mai 1975, compagnie de Melle, brigade de Lezay.

Le jeudi 1er mai 1975 à 23 h 10, nous effectuons une patrouille de surveillance dans les communes de Lezay, Saint-Coutant et Sainte-Soline, circulant à bord de notre véhicule sur le chemin départemental 15, dans le sens Sainte-Soline-Lezay, nous nous trouvons au lieu-dit Bois-de-la-Trouille. Nous apercevons alors dans le ciel une boule lumineuse de couleur jaune vif d'un diamètre apparent de 20 centimètres environ, se déplaçant d'est en ouest. Elle se rapproche du sol à une vitesse régulière. Cet objet lumineux semble vouloir se poser à une faible distance de nous.

Constatations :

À 23 h 15, nous nous transportons immédiatement en direction du lieu supposé de l'atterrissage. Arrivés à l'intersection du chemin départemental 15 et du chemin départemental 45 nous observons à travers des haies, direction ouest, à environ 3 ou 4 mètres du sol, un scintillement lumineux. Nous estimons que ce phénomène se situe dans un pré, au lieu-dit Vaugru, en bordure du chemin départemental 105, à 400 mètres de la sortie ouest de Lezay.

À 23 h 17, nous étant approchés des lieux et ne remarquant rien de particulier au premier abord, nous descendons de notre véhicule pour examiner plus particulièrement cette zone. Presque aussitôt nous entendons un léger bruit, genre froissement d'ailes et nous constatons qu'un engin, dont nous ne pouvons déterminer la forme exacte et la couleur, s'élève rapidement suivant une trajectoire est-ouest, laissant apparaître deux lumières rouges de faible intensité, genre dispositif réfléchissant, distantes horizontalement l'une de l'autre d'environ 50 à 60 centimètres.

Bien que le temps soit clair, et le ciel étoilé, l'absence de clair de lune ne nous permet pas d'évaluer d'une façon précise la distance approximative nous séparant de l'objet. Toutefois cette dernière ne doit pas excéder une trentaine de mètres. À 23 h 20, quelques instants après le présumé décollage, l'appareil reprend sa couleur initiale jaune vif et se stabilise à une altitude et à une distance que nous ne pouvons apprécier. Il nous apparaît alors semblable à un disque d'un diamètre de 20 centimètres. Devant l'immobilité prolongée de l'ovni nous l'observons à la jumelle. Nous découvrons que l'appareil est muni de deux ailerons verticaux de 10 centimètres de longueur, placés l'un au-dessus du disque, l'autre en dessous. De plus, l'intérieur de la boule lumineuse semble parsemé de points noirs fixes.

À 23 h 25, devant la persistance de ce phénomène, nous nous rendons immédiatement sur la place des Halles de

Lezay, où, en compagnie de témoins, nous poursuivons durant trente minutes l'observation. Ce n'est que vers 23 h 45 que l'objet disparaît rapidement vers l'ouest.

Le 2 mai 1975 à 8 heures, nous retournons sur les lieux présumés de station de l'appareil. À 4 mètres de la haie bordant le chemin départemental 105, l'herbe est couchée, en forme de cercle de 3 mètres de diamètre. Aucune autre trace n'est décelable à l'œil nu.

Mesures prises :

Nous avons rendu compte des faits à notre commandant de compagnie à Melle par message radio 85 TRS en date du 2 mai 1975.

Enquête :

Le 3 mai 1975 à 8 h 45, effectuant l'enquête, nous entendons M. V... Jean-Pierre, trente-six ans, garde champêtre de la commune de Lezay, Deux-Sèvres, qui nous déclare :

« Dans la nuit du 1er au 2 mai 1975 vers 23 h 15, alors que je me trouvais encore au bourg de Lezay, place de la Halle-aux-Veaux, j'ai vu dans le ciel vers l'ouest une boule jaune semblant se stabiliser. Je ne suis pas le seul à avoir vu cet engin à l'intérieur duquel on pouvait distinguer des points noirs. J'ignore ce que ça peut être mais une chose est certaine, il ne s'agissait pas d'une étoile. En raison de la distance, il était impossible de distinguer la forme exacte. »

3 mai 1975, lecture faite, persiste et signe.

Poursuivant l'enquête, entendons M. D... Robert, cinquante-trois ans, quincailler :

« Au cours de la nuit du 1er au 2 mai 1975 vers 23 h 15, alors que je me trouvais à proximité de la Halle-aux-Veaux, à Lezay, j'ai aperçu dans le ciel en direction de l'ouest, une boule de couleur jaune vif qui paraissait se stabiliser. En raison de la distance, je ne puis évaluer l'endroit où cet engin se trouvait. J'ai pu constater qu'à l'intérieur de cette boule il existait des points noirs. Après un certain temps d'observation, trente minutes environ, cet engin a disparu en direction de l'ouest. »

3 mai 1975, 11 h 15, lecture faite, persiste et signe.

Entendons M. M... Jacques, cinquante et un ans, adjoint au maire de la commune de Lezay :

« Dans la nuit du 1er au 2 mai 1975, alors que j'assistais à la finale du concours de pétanque, place de la Halle-aux-Veaux, vers 23 h 15 en compagnie de mes camarades, j'ai vu dans le ciel une boule de couleur jaune vif qui semblait se stabiliser aux environs de La Mothe-Saint-Héray. Cet engin, d'environ 20 centimètres de diamètre présentant des points noirs à l'intérieur ne semblait pas très haut dans le ciel, mais je ne puis être plus précis car la nuit il est très difficile d'apprécier les distances. »

5 mai 1975 à 8 h 45, lecture faite, persiste et signe.

UN GENDARME STOPPÉ PAR UN OVNI

Groupement : La Réunion.
Compagnie : Saint-Denis.

Le 30 mars 1976, à 7 h 30, sur instructions du lieutenant-colonel commandant le groupement de gendarmerie de La Réunion, nous effectuons une enquête, comme suite à l'observation faite par le gendarme M. G., d'un phénomène ayant pu être provoqué par un objet volant non identifié.

Le gendarme M. déclare avoir été le témoin des faits le 27 mars 1976 entre 6 h 50 et 6 h 55.

Ce jour, 30 mars 1976, entendons à notre brigade le militaire désigné ci-dessus, qui déclare à 7 h 45 :

« Le samedi 27 mars 1976, entre 6 h 50 et 6 h 55, je me rendais à La Redoute, à bord de mon véhicule Fiat 600. Je venais de quitter la rue Général-de-Gaulle, dans l'agglomération de Saint-Denis, et j'arrivais à la petite place formée par l'intersection du boulevard Lacaussade et de la rue Sainte-Marie. À ce point précis, mon véhicule est tombé en panne d'allumage. La route étant en légère déclivité, je me suis laissé aller sur mon élan, pour me garer sur le trottoir, à proximité de l'auto-école. Pendant tout le temps du parcours moteur arrêté, qui a duré 10 à 15 secondes, j'ai essayé vainement de relancer le moteur ; aucun témoin lumineux n'était allumé sur mon tableau de bord. J'ai pensé que ma batterie s'était débranchée.

« Me trouvant à l'arrêt, mon attention a été attirée par un reflet, situé à ma gauche. J'ai regardé et il m'a semblé voir un brouillard. J'ai cru que j'avais une tache sur mes lunettes et je les ai enlevées pour vérifier. Elles étaient propres. Après les avoir remises, je m'apprêtais à sortir de mon véhicule, afin de tenter de remédier à cette panne, lorsque j'ai vu cette tache de brouillard qui s'élevait, en prenant de la vitesse. Gêné par mon képi, et limité dans ma vision par le toit du véhicule, j'ai dû passer ma tête par la fenêtre, pour suivre l'évolution du brouillard. Je l'ai vu à ce moment-là disparaître au-dessus des bâtiments, en direction sud-sud-ouest, à grande vitesse.

« Je me suis assis normalement au volant, très étonné, pour réfléchir à ce phénomène, mon regard posé machinalement sur mon tableau de bord. C'est là que j'ai très nettement vu les témoins lumineux s'allumer à nouveau, car mon contact était resté branché. J'ai relancé le moteur, qui est reparti normalement.

« Ce phénomène se présentait sous forme d'une tache de brouillard grisâtre, avec un reflet métallique. Initialement, cette tache devait se trouver à une distance de 15 à 20 mètres de l'endroit où mon véhicule était stationné, en direction de La Rivière. Elle devait avoir 4 à 5 mètres de long, sur 2 mètres de haut. Je ne puis dire si elle avait une épaisseur ni si elle était transparente.

« Outre sa couleur et son reflet, son aspect était semblable aux reflets que l'on voit sur les routes par forte chaleur.

« Je dois dire que cette apparition n'a pas particulièrement attiré mon attention, car sur le moment, j'étais plutôt préoccupé par la panne de ma voiture. Ce n'est que quelques instants après que j'ai analysé les faits dont j'ai été le témoin. »

Le 30 mars 1976, à 8 h 30.

DEUX UNITÉS CONFRONTÉES À PLUSIEURS OVNIS

L'agent de police n'en croit pas ses yeux. Là-haut dans le ciel, il y a un véritable ballet d'ovnis. C'est impressionnant. Les vitesses brutales, les couleurs, les trajectoires ne laissent aucun doute au policier : il est confronté à un événement absolument inexplicable. La gendarmerie est alertée. Plusieurs militaires observent le même phénomène, y compris avec « les jumelles de dotation ». Une deuxième brigade est à son tour alertée et témoin. Un avion sera suivi quelques instants par ces boules lumineuses. Lors de leur enquête complémentaire, les gendarmes trouveront d'autres témoins, dont un officier supérieur.

Groupement : Yonne.

Compagnie : Joigny.

Le vendredi 30 septembre 1977, à 21 heures, sommes avisés par la brigade de gendarmerie de S... (Yonne) que des phénomènes lumineux se produisent dans le ciel au-dessus de la plaine s'étendant entre les localités des hameaux de Chatton et Vaudupuits, et du bourg de Champlost (Yonne).

Les militaires de S..., les MDL C. S. et gendarme M., ont été appelés à Avrolles (Yonne) à 20 h 45 et confirment les constatations des témoins ayant saisi la gendarmerie à ce sujet.

Depuis notre véhicule, nous rendons compte à notre commandant de compagnie, qui nous rejoint sur les lieux.

Sur place, au lieu-dit « Les Girouds », commune de Champlost (Yonne), une quinzaine de personnes environ scrutent l'univers.

À partir de 21 h 10, constatons depuis notre point d'observation que des ensembles lumineux évoluent dans l'atmosphère terrestre à des vitesses vertigineuses... Les enquêteurs en dénombrent sept.

Ces objets volants non identifiés (ovnis) sont, pour certains, en forme de losanges dont les angles sont éclairés par plusieurs feux, émettant une lumière blanchâtre incandescente. Quelques-uns présentent en leur milieu une forte lumière rouge orangé, nettement visible, envoyant des éclats. D'autres, circulaires, donnent l'impression d'être enjolivés sur leur périphérie d'une rampe concentrique comportant un bon nombre de lumières : celles-ci sont de couleur blanche ou jaunâtre.

Ils se perdent dans l'infini. Aucun ne change de forme ou de couleur.

Ces ovnis circulent en effectuant des mouvements très désordonnés, ascendants ou descendants, rotatifs ou spiroïdaux, à des vitesses fulgurantes. Ils se stabilisent, redémarrent brutalement... ils disparaissent ou réapparaissent subitement au cours de leurs évolutions.

Durant toute l'observation faite par les militaires de la gendarmerie, il n'est entendu aucun bruit de moteur ou réacteur provenant de ces ovnis et nous ne remarquons aucun sillage de leur passage.

Ces ovnis ne proviennent pas particulièrement d'une seule direction, de la même façon qu'ils disparaissent vers n'importe quel point. Leurs trajectoires s'entrecroisent à des altitudes variant de la perte de vue à l'approche évoquée plus haut et détaillée ci-après. Ils ne se heurtent pas.

À 20 h 25, les enquêteurs et l'assistance sont surpris par la progression d'un ovni, qui inscrit à vive allure un large virage dans le ciel au-dessus de la plaine de Champlost/Mercy/Brienon avant de s'approcher en direction de notre endroit d'observation.

L'assistance émue, après s'être exclamée, se tait.

Une grosse boule lumineuse rougeoyante apparaît. Elle s'arrête, puis avance à nouveau à vitesse réduite et horizontalement sur une distance d'environ 600 mètres. À ce moment, son altitude est évaluée à 60 mètres du sol.

Ces vagues données ne permettent absolument pas de calculer sérieusement les dimensions, même approximatives, de « cette lumière ».

L'ovni est examiné par le MDL-chef T. à l'aide de la paire de jumelles de dotation : il n'observe qu'une sphère rouge orangé, ceinturée d'un halo clair et étroit, sans remarquer une quelconque activité sur ou autour de celle-ci.

L'engin mystérieux stoppe au niveau de la corne d'une peupleraie et s'efface dans l'obscurité... Sa manœuvre ralentie a duré quelques minutes.

Les évolutions des ovnis cessent progressivement et le dernier est vu à 21 h 45, heure à partir de laquelle le ciel a retrouvé sa tranquillité.

Ce vendredi soir 30 septembre 1977, le ciel est clair et sans nuages. Il y a un clair de lune et la température est de l'ordre de 9 à 10 degrés environ.

Aucun de tous les témoins ayant vu et examiné les phénomènes ne ressent quelque chose pendant la durée du « spectacle » ou après : énervement, excitation, éblouissement, maux de tête, brûlure, insomnies, allergies ou tous autres effets psychosomatiques...

Sauf l'allégation d'une seule femme, les propriétaires d'animaux ne notent aucun changement dans le comportement des chats, chiens...

Nous-mêmes, sur les lieux, n'avons pas remarqué d'agitation particulière parmi les bovins se trouvant sous la zone sensible et à notre proximité.

Aucun dérèglement d'appareils ou véhicules n'a été signalé (horloge, montre, téléviseur, coupure d'électricité, arrêt de moteur...).

L. J., gardien de la police municipale de la ville de S... (Yonne), prend des vues des phénomènes avec son appareil photographique personnel, chargé d'un film dont la sensibilité est de 600 ASA, mais cette opération n'a produit aucune impression sur la bande pelliculaire.

Le gendarme V. ayant emporté sa caméra (double 8) filme l'une des scènes, mais ce matériel est équipé d'une bobine destinée à être utilisée de jour ; le résultat est négatif dans le tirage.

Le gendarme M. photographie également des mouvements lumineux à l'aide d'un film couleur, mais nous ne pensons pas que cela aboutisse à un bon résultat, car la sensibilité de la pellicule est trop faible (50 ASA).

Le guet aérien commandé durant trois jours après ces constatations n'a donné aucun résultat.

Toutes les personnes entendues sur les pièces jointes, à quelques détails près, confirment les faits constatés. Certaines disent avoir entendu des bruits sourds de moteur lors de l'observation... Il peut s'agir d'extrapolations ou bien réellement du passage d'un avion.

Nous établissons formellement que ces phénomènes lumineux célestes ne présentent aucune similitude avec des aéronefs connus : effectivement, leur mode de propulsion, leurs trajectoires, leurs arrêts ou démarrages subits ne permettent absolument pas de comparaison avec les moyens de transports aériens habituels.

Nous mentionnons que ces ovnis ont également été vus depuis Sens (Yonne), dont la brigade de gendarmerie a établi le P.-V. n° 1403, Joigny (Yonne), Migennes/Cheny (Yonne), Mont-Saint-Sulpice (Yonne) et Saint-Florentin (Yonne), agglomérations situées autour de la zone décrite plus haut. Les principaux témoins ont été entendus.

À l'issue de nos constatations, notre commandant de compagnie, puis le MDL-chef T., ont rendu compte des faits au commandant de groupement de gendarmerie à Auxerre.

III

ET AUSSI DES PILOTES

DEUX CAS DE POURSUITE EXAMINÉS PAR LE RAPPORT CONDON

Le rapport Condon dont le lecteur entendra reparler dans la deuxième partie de ce livre est une enquête officielle sur l'histoire des soucoupes volantes aux USA.

Le 24 juin 1947, un pilote privé, Kenneth Arnold, aperçoit près du mont Rainier, dans l'état de Washington, neuf disques volants en formation et se déplaçant comme des soucoupes ricochant sur l'eau. L'expression « flying saucers », « soucoupes volantes » en français, vient de naître. Malgré le sensationalisme qui entoure immédiatement et tend à discréditer les histoires de « soucoupes volantes », l'armée américaine prend la chose au sérieux. En novembre, le général Twining rédige un rapport classé « secret » qui atteste la réalité du phénomène, et le 30 décembre de la même année, l'état-major de l'armée de l'air, devant l'accumulation des observations, ordonne une étude sur les « disques volants » dont la présence dans l'espace aérien des États-Unis « est susceptible de mettre en cause la sécurité nationale ». La plupart des membres de l'état-major craignaient vraisemblablement d'avoir affaire à une arme secrète des Soviétiques. C'est encore cet état d'esprit qui présidera à la rédaction du *Livre bleu*, première étude officielle des phénomènes aériens non identifiés parue en 1950. Pas question en pleine guerre froide, quoi qu'en pensent un certain nombre d'officiers supérieurs, de conclure à la présence dans le ciel des USA de vaisseaux extra-terrestres ; il s'agit avant tout de rassurer l'opinion publique et d'affirmer l'hégémonie américaine face à l'URSS : la plupart des cas seront donc assimilés à des phénomènes parfaitement identifiables, ballons-sondes, météores, etc. Quant aux cas inexplicables, on se contentera d'assurer qu'ils ne présentent pas plus que les autres de réel danger pour la sécurité nationale.

La position officielle laissera sceptiques bon nombre de personnalités militaires bien informées dont un officier supérieur à la retraite de l'aéronavale américaine, le commandant Keyhoe. Celui-ci fondera alors le NICAP (Comité national d'enquête sur les phénomènes aériens) en affirmant que l'armée de l'air a la preuve que les soucoupes volantes viennent d'un autre monde, mais que l'information est gardée secrète pour ne pas inquiéter la population.

En octobre 1966, sous la pression des journalistes, des groupements privés qui ont effectué des contre-enquêtes troublantes, et aussi de l'astronome Hynek qui participe depuis des années aux travaux du *Livre bleu*, l'armée dégage un budget pour financer une nouvelle commission d'étude. Placée sous la direction d'Edward Condon, cette commission va étudier pendant deux ans un grand nombre de cas. Conclusion : bien que plusieurs enquêtes décrivent et analysent longuement des phénomènes inexpliqués, le professeur Condon décrète l'absence totale de mystère.

La communauté scientifique devait critiquer sévèrement les conclusions du rapport Condon. En 1970, l'AIAA (Institut américain d'aéronautique et d'astronautique) formulera à ce propos l'appréciation suivante : « Nous trouvons difficile d'ignorer le petit nombre résiduel de cas bien documentés et cependant inexplicables qui forment le noyau dur de la controverse sur les ovnis. »

Les deux cas que nous vous présentons font partie de ce « petit nombre résiduel ». Tirés du rapport Condon, ils ont été contre-enquêtés par le physicien Mc Donald et présentés par lui au mois de décembre 1969 lors d'un colloque sur les ovnis organisé par l'Association pour le progrès de la science, en présence du docteur Hynek. Là encore, à vous de juger.

Premier cas :

Dans la nuit du 13 au 14 août 1956, au-dessus de Lakenheath en Angleterre, un ovni est détecté simultanément par deux radars militaires. Un avion à réaction décolle pour le prendre en chasse. Son radar détecte à son tour l'ovni. Le pilote pointe ses canons vers la cible à l'aide de son radar de bord et l'annonce par radio. Mais l'ovni, dont les radaristes au sol ont déjà pu apprécier les possibilités de déplacements supérieures à celles des appareils de chasse les plus performants, va faire la démonstration de ses stupéfiantes capacités de manœuvre : il vient brusquement se placer derrière son poursuivant. Celui-ci, malgré des tentatives de plus en plus brutales ne peut parvenir à le « décrocher ». Finalement, à court de carburant, le pilote interrompt cet engagement inégal et se pose.

Deuxième cas :

Le 17 juillet 1957, un avion à réaction RB 47 de l'armée de l'air américaine équipé d'appareils ECM (Électronique de contre-mesures) permettant de détecter les émissions de radars ennemis est suivi par un ovni pendant mille trois cents kilomètres entre le Mississippi et l'Oklahoma. L'ovni a été observé visuellement de multiples fois par les pilotes qui le décrivent comme une lumière intense. Il a été en même temps détecté par les radars au sol et par les appareils ECM, au fur et à mesure de la progression du RB 47. Les manœuvres de l'ovni démontrent à l'évidence qu'il s'agit d'un engin inconnu en raison de ses performances. Il disparaît brutalement tant à la vue des pilotes que sur les écrans radars et réapparaît aussi soudainement, effectuant ses manœuvres à des vitesses qu'aucun avion à réaction ne peut atteindre à l'époque.

DEUX F4 FACE À UN OVNI DANS LE CIEL DE TÉHÉRAN

19 septembre 1976, Téhéran. Un officier de l'armée iranienne, de permanence, reçoit plusieurs appels téléphoniques de civils qui lui signalent d'insolites ballets d'ovnis dans le ciel.

D'abord sceptique, l'officier change d'avis en observant lui-même le phénomène. Il alerte alors par radio un chasseur bombardier ultra-moderne F4. Mais à quarante-cinq kilomètres de l'ovni, le pilote qui fonce vers l'objectif constate que tous ses moyens de communication cessent brutalement de fonctionner. Il effectue alors un virage pour retourner à sa base, et tout fonctionne à nouveau normalement sur ses tableaux de bord. Un deuxième F4 est envoyé. Sur son radar de bord ; il « accroche » l'ovni. Le « spot » est aussi gros que ceux provoqués par des avions civils de type Boeing 707. Le chasseur continue son approche lorsque soudain, l'ovni accélère pour se tenir à distance constante de quarante-cinq kilomètres de son poursuivant. L'équipage du F4 observe deux rangées de lumières brillantes dans le lointain qui passent du bleu au vert, au rouge, puis à l'orange.

Et tout à coup, le pilote de combat, stupéfait, voit sortir du « vaisseau » inconnu un autre ovni qui fonce sur lui. Il se prépare alors à tirer un missile air-air et l'annonce par radio conformément à la procédure habituelle lorsque son tableau de contrôle de tir tombe en panne ainsi que ses communications radio. Le pilote engage son appareil dans un virage serré, mais trop tard : l'ovni lui coupe la route et se place derrière lui. Quelques secondes plus tard, l'ovni décroche et rejoint très vite le « vaisseau-mère » toujours immobile dans le ciel de Téhéran. Le pilote de chasse n'est pourtant pas au bout de ses émotions. En effet, voici que surgit du « vaisseau-mère » un nouvel ovni, plus petit que le précédent, mais très brillant. Il pique rapidement vers le sol, ralentit et semble se poser doucement, émettant toujours une lumière très vive qui éclaire le terrain alentour sur un diamètre d'au moins deux kilomètres. Le pilote et son copilote sont tellement éblouis qu'ils doivent décrire de larges cercles afin de récupérer leur vision nocturne et d'aller se poser sur l'aéroport de Téhéran.

Le rapport d'enquête très détaillé établi à la suite de cet épisode par la DIA (Defense Intelligence Agency), le service secret américain, relève des coïncidences troublantes. Il note que le deuxième F4 a constaté comme le premier la panne de ses communications radio mais aussi l'équipage d'un avion civil en approche de Téhéran au même moment. Trois équipages professionnels distincts ont donc été victimes d'effets électromagnétiques inexplicables. Sont encore notés, les effets physiologiques (éblouissement) sur l'un des équipages, et la maniabilité extraordinaire dont les ovnis se sont montrés capables.

L'AFFAIRE DE L'AÉROPORT DE TURIN

La fameuse affaire de l'aéroport international de Turin a eu lieu le 30 novembre 1973 vers 19 heures. Elle est à l'origine de mon changement d'attitude : j'étais demeuré jusque-là plutôt sceptique à l'égard du phénomène ovnis.

Il s'agit d'un cas où il est difficile de parler d'hystérie collective : l'ovni a été vu par deux pilotes professionnels. Un troisième l'a poursuivi aux commandes de son appareil. Le radar de l'aéroport l'a détecté. Des dizaines de témoins l'ont observé, dans l'aéroport même. Vous allez pouvoir, comme moi-même à l'époque, juger sur pièces.

Voici l'enquête menée sur place par Gérard Dupagny, correspondant de France-Inter à Rome.

Entretien avec le commandant Mezzelani, responsable du vol 325, le 30 novembre 1976, au moment des faits :

– Environ sept minutes avant la fin du vol 325 de l'avion Alitalia, la tour de contrôle m'a prévenu qu'un objet inconnu, libérant une très grande lumière, apparaissait sur mon parcours d'atterrissage. J'ai alors regardé le ciel, le second pilote également, sans rien voir. Nous étions alors à 2 000 m d'altitude. À deux minutes de l'atterrissage et à 300 m d'altitude nous avons aperçu soudain une très grande lumière sur la ville de Turin. Cette lumière était de couleur blanc bleuté.

– Est-ce que les couleurs changeaient ?

– Non... Je ne peux dire à quelle distance se révélait cette lumière. Malgré tout, je pense qu'elle devait être à 15-20° sur l'horizon. Cette lumière était très grande et ce n'était sûrement pas quelque chose de connu. Pour moi, ce ne pouvait être ni un satellite ni une étoile, ni même un ballon. Je n'avais jamais vu une chose pareille.

– Faisait-il beau ? Est-ce qu'il n'y avait pas d'orage magnétique ?

– Non, il n'y avait rien. Les instruments n'indiquaient rien d'anormal et le ciel était serein. La tour de Turin m'avait dit qu'elle voyait l'ovni sur les radars. Elle apercevait quelque chose à peu près grand comme un DC8 ou un Boeing 707. Je ne puis évaluer la grandeur de cette chose : je ne voyais que la lumière, très grande et très brillante.

– Et sur vos appareils de bord ? Avez-vous remarqué quelque chose ?

– Non. Absolument rien. Tout était normal. Après avoir atterri, nous nous sommes dirigés vers l'aérogare et avons encore vu cette lumière. Cette fois, elle était plus petite. Je pense qu'elle avait bougé, en s'éloignant vers le sud-ouest. À l'aérogare, le commandant d'un autre vol de l'Alitalia – le 043 –, confirma qu'il avait également vu une très grande lumière sur la ville de Turin. Enfin, un autre pilote, sur Piper, a très bien apercu cette lumière et a essayé de la suivre, grâce aux indications du radar.

– Est-ce que le radar de l'aéroport de Turin a vu cet objet longtemps ?

– Oui. Il l'a vu longtemps, et l'on a confirmé que la grandeur de l'objet était celle d'un DC8. Par contre, on ne m'a rien dit quant à la vitesse de cet objet. Les spécialistes du radar m'ont dit que l'objet ne se déplaçait ni en ligne droite, ni avec des courbes, mais comme en « zigzag ».

– Est-ce que les passagers de l'avion ont vu l'objet ?

– Non, car je ne leur ai rien dit, mais je pense qu'ils n'ont rien vu.

– Vous avez de nombreuses heures de vol. C'est la première fois que vous constatez un phénomène de ce genre ?

– Oui. De ce genre, c'est la première fois.

– Alors, mon commandant, votre sentiment ?

– Sur le moment, je n'ai rien pensé. En y resongeant, je ne refuse pas l'hypothèse d'une soucoupe volante.

Deuxième témoignage, celui de Ricardo Marano. Il est pilote. Il était aux commandes d'un Piper au-dessus de Turin.

C'est certainement l'un des rares à pouvoir se vanter d'avoir... poursuivi un ovni aux commandes de son appareil.

– Avec d'autres avions, j'attendais l'autorisation de me poser sur l'aéroport de Turin. J'ai entendu la tour de contrôle prévenir un appareil sur le point d'atterrir, qu'un objet volant inconnu se trouvait à environ 1200 m d'altitude, non loin de l'endroit où nous devions toucher le sol.

– Les radars de l'aérodrome de Turin vous ont donc signalé la présence de cet objet ?

– Oui. Un contrôleur de la tour nous a alertés. Le radar avait localisé un objet sur son écran. J'ai alors demandé l'autorisation de prendre contact avec l'aéroport pour changer de route et m'approcher de l'objet, afin de voir de quoi il s'agissait. J'ai reçu l'autorisation. Le radar m'a indiqué le chemin pour m'approcher de l'objet. Pendant que je me rapprochais de celui-ci, le radar m'avisait que cet objet bougeait et prenait la direction du Val Suza. Je changeai donc de cap. Mais les radars m'informaient soudain qu'ils l'avaient perdu sur leur écran ; j'ai cherché dans le ciel pour voir si j'apercevais l'engin à l'œil nu. À ce moment, un autre avion – qui venait de décoller – m'a indiqué que l'objet se trouvait derrière moi, à une altitude de 3 600 m. Je volais alors à environ 3 000 m. J'ai immédiatement amorcé un virage et j'ai vu devant moi un objet qui ressemblait à une sphère d'une luminosité intense et très blanche. Cette lumière diminuait et augmentait : elle ne s'éteignait jamais. Seule son intensité variait. L'objet était un peu plus haut que mon avion et j'ai donc commencé de monter à sa hauteur pour m'en approcher. Tout en grimpant, j'ai eu la nette sensation (mes appareils de contrôle le confirmaient) que l'objet montait ou descendait devant moi. Profitant d'un moment où l'objet était en contrebas, je me suis mis en descente, j'ai accéléré pour atteindre plus de 400 km/h. Mais je n'ai pas réussi à rejoindre l'objet, car il s'est éloigné de plus en plus de mon avion en augmentant sa vitesse par rapport à la mienne. L'engin s'éloignait vers le sud et j'ai tenté de le suivre pendant quelques minutes. En raison de mon faible rayon d'action, j'ai dû faire demi-tour vers l'aéroport.

– *Combien de temps a duré cette poursuite ?*

– À partir du moment où j'ai aperçu l'objet jusqu'au moment où je m'en suis approché : de sept à huit minutes. L'alerte a été donnée vers 19 heures et l'on peut dire que l'apparition dans le ciel de Turin a duré de quinze à vingt minutes.

– *Quelle était la couleur de cet objet ?*

– Intensément blanche, comme la lumière d'un tube au néon.

– *Vous êtes également sûr que cet objet a changé de vitesse ?*

– Oui. Il a changé de vitesse. De combien ? Je ne saurais le dire. Ce qui est sûr, c'est que cette vitesse était supérieure à la mienne, puisque je n'ai pu le rattraper.

– *Pouvait-il s'agir d'un ballon-sonde ?*

– Je l'exclus totalement, car un ballon-sonde ne peut se déplacer à plus de 400 km/h.

– *Pourrait-il s'agir d'un prototype militaire ultra-secret ?*

– Cela, je ne puis le dire. C'était un objet qui, probablement, était piloté car il se déplaçait dans tous les sens : les manœuvres qu'il accomplissait me le laissaient croire. Mais je ne saurais l'affirmer.

Troisième témoignage sur l'affaire de Turin, celui d'un technicien de l'aéroport. Il a préféré garder l'anonymat. Ce qu'il déclare est capital : le radar a, lui aussi, détecté l'ovni.

– Une lumière blanche, très forte, était suspendue à environ 1 000 m au-dessus de l'aéroport de Turin, le 30 novembre 1973.

– *Avez-vous vu l'objet bouger dans le ciel ?*

– Non. Mais beaucoup de mes collègues l'ont vu, et l'ont suivi dans ses mouvements. Je suis retourné dans mon bureau et j'ai entendu la conversation entre les pilotes des trois avions en vol et la tour de contrôle.

– *Combien de temps cet objet est-il resté au-dessus de l'aéroport de Turin ?*

– Quarante-cinq minutes environ.

– *Cet objet changeait-il de couleur ?*

– Je l'ai vu blanc seulement. J'ai suivi par radio la conversation des pilotes qui l'ont vu d'une autre couleur.

– *De quelle couleur ?*

– Azur, il me semble.

– *Quelle a été votre impression en voyant cette « chose » dans le ciel ?*

– Je ne sais pas. Je ne pense pas que c'était un avion normal. Peut-être un prototype ?

– *Est-ce que les radars ont enregistré la présence de cet objet ?*

– Oui. Les radaristes le voyaient sur leurs instruments. Ici il n'y a pas d'instruments adaptés, mais j'ai entendu que la tour le voyait nettement sur l'écran radar. Il était aussi gros qu'un quadriréacteur.

Enfin, dernier témoignage, que l'on peut rattacher à l'affaire du 30 novembre 1973 au-dessus de la ville de Turin, celui de Franco Contin. Il est photographe amateur. Le 24 novembre, à 17 heures, il a enregistré des photos d'une « étoile » au comportement et à la forme vraiment bizarres.

– Il était 5 heures. Le ciel était très clair et j'ai aperçu une étoile – très lumineuse. Je l'ai regardée et j'ai été surpris car elle a commencé à dessiner des mouvements. Cela ressemblait à un globe lumineux un peu déformé.

– *Quelle était sa couleur ?*

– Elle était blanche, et devenait soudain orange foncé. Elle suivait une trajectoire verticale. Quelquefois, elle faisait des mouvements en zigzag. Je l'ai vue deux fois opérer des mouvements en escalier.

– *Sa vitesse était-elle régulière ou se modifiait-elle ?*

– L'objet changeait de vitesse. Il allait lentement ou à vive allure.

– *L'engin était-il piloté ?*

– Je pense qu'il était conduit.

– *Vous croyez aux extra-terrestres ?*

– Oui.

– *Avez-vous entendu un bruit de moteur ?*

– Non. L'engin était silencieux.

– *Pouvait-il s'agir d'un ballon-sonde ?*

– Non. J'ai déjà vu des ballons-sondes dans le ciel : ils épousent des mouvements sinueux mais jamais d'angles à 90°.

– *Allait-il plus vite qu'un avion à réaction ?*

– Je pense que oui.

– *Est-il exact que, quelques jours après, des chasseurs italiens sont venus patrouiller au-dessus du Val-de-Suze ?*

– Oui, des formations ont patrouillé.

– *Pendant combien de temps avez-vous vu cet objet ?*

– Au total de quinze à vingt minutes.

– *La première fois que vous avez vu cet objet, vous étiez avec votre fiancée et vous êtes retourné chez vous chercher votre appareil photo pour faire les clichés fantastiques que toute la presse a publiés.*

– Oui, exactement. Je n'ai pu faire qu'une photo car l'objet avait disparu. Ensuite, je suis allé sur la montagne et j'ai fait les huit autres photos.

– *Avez-vous été impressionné ?*

– Je l'ai été seulement lorsque j'ai développé les vues.

– *Sur ces photos, on a vraiment l'impression de voir une énorme soucoupe volante de forme ovale et très lumineuse. Est-ce que cela pourrait être une soucoupe volante ?*

– Tout ce que l'on voit sur les photos indique que l'on peut y croire.

UN MIRAGE IV À LA POURSUITE D'UN OVNI

7 mars 1977, un Mirage IV est en approche de sa base. Tout va bien, il est « clair » pour l'atterrissage. Soudain, le pilote devient inquiet. Là-bas, un point lumineux se rapproche rapidement. Il interroge le contrôleur militaire au sol : « Vous n'avez rien dans mon secteur ? » Le contrôleur vérifie : négatif, à part d'autres avions qui ne sont pas du tout situés dans l'axe décrit par le commandant du Mirage. Le Mirage vole à Mach 0,9, c'est-à-dire environ 900 kilomètres à l'heure, alors que l'ovni passe à Mach 1,5, soit environ 1600 kilomètres à l'heure. Or, au sol, personne n'entend le moindre bang supersonique. Encore un mystère à ajouter à un dossier qui n'en manque pas. Enquête de la gendarmerie de l'air.

Gendarmerie nationale : Gendarmerie de l'Air et de la F.A. TAC – 1er R.A.

Unité : Brigade de... (Vosges).

Nous soussignés : maréchal des logis-chef B. J. et gendarme C. J.-M., de la brigade gendarmerie de l'Air de la base aérienne 902 de... (Vosges), rapportons les opérations suivantes que nous avons effectuées, agissant en uniforme et conformément aux ordres de nos chefs : le 8 mars 1977, à 10 heures, nous sommes avisés téléphoniquement par le « Bureau renseignements » du Centre de détection et de contrôle (CDC) 05/902 de la B.A. 902 à C... (Vosges), que le 7 mars 1977, l'équipage d'un Mirage IV de la B.A. 116 de Luxeuil (Haute-Saône), a constaté la présence d'une source lumineuse très intense alors qu'il était en vol à haute altitude sur un axe Dijon-Chaumont.

Le Mirage IV appartient à l'escadron de la base de... Il est piloté par le commandant G. R. Le navigateur est le capitaine A. J.-P., tous deux de la base de...

Au sol, cet appareil est pris en compte par le sergent-chef P. M., du CDC 05/902 de la B.A. 902 à... (Vosges). Le sergent-chef P. suit l'appareil au scope radar.

Ce jour, 7 mars 1977 à 20 h 27, heure locale, alors qu'il vole à une altitude de 32 000 pieds, l'équipage aperçoit à plusieurs reprises une lueur de la puissance d'un flash dans ses trois heures. Cette lueur se trouve à la même altitude que le Mirage IV et se dirige sur ce dernier. L'appareil vole sur un axe en direction du nord-nord-est. La lueur arrive sur la droite, venant du sud-est.

Croyant qu'il s'agit d'un autre avion qui fait une « passe de tir » sur lui, le pilote prend contact radio avec le contrôleur au sol pour identification. Le contrôleur répond au pilote qu'il est seul dans le secteur et qu'au scope radar, il n'y a rien qui corresponde à ses dires.

Voyant cette lueur, d'un diamètre apparent de cinq fois Vénus, arriver sur l'appareil, le pilote a obliqué vers la droite, puis la trajectoire de la lueur a disparu sur sa gauche en direction de l'ouest.

Quelques minutes plus tard, le même phénomène s'est reproduit, toujours sur le côté droit de l'avion qui avait repris son cap nord-est. Après accord avec le contrôle au sol, le commandant de bord a viré à 360° par la droite et a constaté qu'il était suivi par la lueur pendant quelques instants. Cette lueur a disparu vers l'ouest après quelques instants.

Pendant toutes ces évolutions, le Mirage IV volait à la vitesse de 0,9 point de Mach, et la lueur à 1,5 point de Mach. Tous les appareils de bord du Mirage IV ont fonctionné durant cette observation, qui a duré de 20 h 27 à 20 h 45, heure locale.

Les conditions météo étaient les suivantes : Nuages : Cirrus – Vent ouest – Lune : levée – Temps étoilé – Localement bancs de brume.

Poursuivant notre enquête, le 8 mars 1977, téléphoniquement, nous demandons à la brigade de gendarmerie de l'air de ... (Haute-Saône) de faire entendre le commandant G. R., pilote du Mirage IV, et le capitaine A. J.-P., navigateur. Ces déclarations font l'objet du procès-verbal n° 186 en date du 9 mars 1977, qui nous parvient le 12 mars 1977.

Le 13 mars 1977, au Centre de détection et de contrôle 05/902, nous demandons au colonel commandant le CDC la copie de l'enregistrement de la conversation radio entre l'équipage du Mirage IV et le contrôleur au sol à la station radar, ainsi que le plan de vol figurant sur le scope radar au moment de ces apparitions.

Le 24 mars 1977, la copie de l'enregistrement nous parvient. Elle confirme les déclarations des membres de l'équipage du Mirage IV.

Par message n° 119/2 en date du 8 mars 1977, nous avons avisé de ces faits notre commandant de groupement à Metz.

Fait et clos à..., le 26 mars 1977.

*
* *

Gendarmerie de l'Air
Le 10 mars 1977.

Préambule.

Le 9 mars 1977, à 16 heures, agissant pour faire suite au procès-verbal n° 66 du 8 mars 1977 de la brigade de gendarmerie de l'Air de..., à l'effet de procéder aux auditions du commandant G. R. et du capitaine A. J.-P. sur les faits suivants : « Observation, au cours d'un vol à bord d'un Mirage IV, d'objets volants non identifiés. »

Enquête.

Le même jour, à l'escadron de bombardement... entendons M. G. R., trente-quatre ans, commandant dans l'armée de l'Air, affecté en qualité de pilote à l'escadron de bombardement... à la base aérienne de..., qui nous déclare à 16 h 15 :

« Le lundi 7 mars 1977, à 18 heures, j'ai décollé de la base de... à bord d'un Mirage IV, pour une mission d'entraînement de nuit. À bord se trouvait le capitaine A., exerçant les fonctions de navigateur.

« Au retour de mission, à 20 h 45, alors que nous nous trouvions à la position “travers Dijon” au 30 Nautique Naïles, cap direction Chaumont, à 32 000 pieds, nous avons observé par deux fois le phénomène suivant :

« Tout à coup, j'ai vu, sur ma droite, une lueur intense d'un diamètre apparent de celui de cinq fois Vénus. Cette lueur arrivait en notre direction et à la même altitude, donnant l'impression d'être interceptée par un avion phare allumé. Voyant que cette lueur arrivait en secteur arrière de l'avion, j'ai obliqué à droite. Je tiens à préciser qu'avant d'effectuer une manœuvre j'avais contacté l'organisme au sol, le radar de la base de... Cet organisme m'avait répondu qu'il n'y avait aucun point radar à ma droite, ni à ma gauche.

« Au cours de cette manœuvre, le visuel sur la lueur a été conservé quelques instants, puis, sa trajectoire a disparu côté gauche, direction ouest.

« Deux ou trois minutes après, le même phénomène s'est reproduit. Une lueur de la même dimension est apparue à notre droite et s'est dirigée sur notre appareil. J'ai à nouveau contacté les radars de la base de... où j'ai obtenu la même réponse, toujours négative : aucun point sur les radars. J'ai également viré à droite et je me suis rendu compte que la lueur me suivait pendant quelques instants, à l'intérieur de ma trajectoire. Puis elle a disparu, toujours en direction de l'ouest. Je précise que cette lueur circulait à une vitesse de l'ordre de 1,5 point de Mach, étant nous-mêmes à 0,9 point de Mach. La radio, le radar de bord et les appareils ont toujours bien fonctionné.

« C'est la première fois que je remarque un phénomène semblable. »

Le 9 mars 1977 à 16 h 45.

*

* *

Le même jour entendons M. A. J.-P., trente ans, capitaine dans l'armée de l'Air, affecté en qualité de navigateur à l'escadron de bombardement... à la base aérienne n° ... à ..., qui nous déclare à 16 h 50 :

« Le 7 mars 1977 vers 18 heures, j'ai pris place à bord du Mirage IV piloté par le commandant G., pour effectuer une mission d'entraînement. J'ai été témoin des mêmes faits que le commandant. Je confirme ses dires en tout point. Me trouvant placé à l'arrière du poste de pilotage et étant libre de mes mouvements, je n'ai pas perdu des yeux la lueur. À deux reprises, elle est venue en direction de notre appareil et a disparu vers l'ouest. Je ne puis définir la forme de cette lueur, dont la couleur ressemblait à un phare blanc. Elle était d'une grosseur égale à cinq fois Vénus et se déplaçait très vite, sans émettre de rayonnement.

« Au moment de sa disparition, la lueur diminuait rapidement d'intensité, jusqu'à sa perte de vue, comme si elle s'éloignait très vite. »

Le 9 mars 1977, à 17 heures.

*
* *

Relevé d'enregistrement des communications radio entre Menthol (contrôle au sol) et Calcaire 341 (Mirage IV).

Date : 7 mars 1977.
Objet : Objet non identifié.
Fréquence : Menthol : M. – Calcaire 341 : C.

19 h 28' 00"
C. – Menthol radar, menthol radar Calcaire 341.
M. – Calcaire 341, Menthol fort et clair, allez-y.

19 h 28' 10"
C. – Au cap 040 niveau 320, bonnes conditions VMC en direction de kilo L...

M. – Reçu, j'ai contact radar et IFF sur vous, affichez A 37 01.

C. – A 37 01 reçu.

M. – Roger.

19 h 29' 10"

M. – Calcaire 341, Menthol le terrain est vert, la piste en service 12.

C. – Vert la 12 Roger.

19 h 29' 30"

M. – 341 Menthol liner 9 heures distance 20 nautiques au cap 140. Niveau 330.

C. – 9 heures visuel, plus haut.

19 h 29' 50"

M. – Affirmatif.

19 h 34'

C. – Menthol radar, Menthol radar, Calcaire 341.

M. – Calcaire 341, Menthol radar, 5 à vous.

19 h 34' 40"

C. – Vous n'avez rien dans mes 3 heures pour 20 nautiques ?

M. – Affirmatif dans vos 3 heures 25 nautiques, route 330 au trafic 31 000 pieds.

C. – On a quelque chose qui évolue assez rapidement.

M. – Négatif autrement je n'ai rien.

19 h 35'

C. – Dans mes 4 heures maintenant.

M. – Dans vos 4 heures c'est un trafic CAG qui passera derrière vous pour 10 nautiques.

C. – Combien de nautiques ?

M. – Je confirme au radar 25 nautiques.

19 h 35’ 30”

M. – Visuel sur aucun trafic ; il y a un autre trafic à 22 000 pieds, 10 000 pieds bas dans vos 4 heures nautiques. Trafic très lent.

19 h 35’ 40”

C. – Non, c’est au même niveau que nous, ça brille très fort, s’arrête, ça brille très fort, ça s’arrête.

M. – Dans votre secteur 4 heures ?

19 h 35’ 45”

C. – Oui, 4 heures, même niveau, 15 nautiques maintenant.

M. – Ah ! J’ai rien qui correspond à ces informations.

C. – Ah !

M. – Pour moi, j’ai juste un avion à 31 000 pieds dans votre secteur 4 heures, distance 18 nautiques maintenant. Il croisera nettement derrière ce trafic !

19 h 36’

C. – Maintenant ça passe à 5 heures là...

M. – Ah non, alors là, je n’ai rien qui correspond à cette position.

C. – Ah bon !

19 h 36’ 10”

C. – Ça passe dans nos 6 heures et ça vient sur nous là.

M. – Je n’ai visuel sur rien, vous pouvez décrire ce qui vous suit Mirage IV ?

C. – Vous savez, derrière on n’y voit pas grand-chose en Mirage IV.

19 h 36’ 30”

C. – J’évolue un petit moment là...

M. – Vous voulez faire un virage par la droite Calcaire 341.

C. – Affirmatif, je fais un 360, ça brille de trop.
M. – Reçu.

19 h 36’ 50”
M. – Reçu, vous êtes clair pour faire toutes les manœuvres 341.

19 h 37’
C. – (2 mots incompréhensibles) *a priori*, ça se sépare en 2.
M. – Répétez 341.

19 h 37’ 10”
C. – On a perdu son temps, on prend le cap sur...
M. – Reçu.

19 h 37’ 50”
M. - 341 Menthol pour info vous avez un trafic secteur, 1 heure distance 15 nautiques route 290, 350 le niveau.

19 h 38’
C. – Reçu visuel, je vois 2 avions à 1 heure et à 11 heures.

M. – Affirmatif.

C. – Pour descendre lentement vers le niveau 250.

19 h 38’ 10”
M. – Affirmatif clair pour descendre lentement vers la FL 250.

19 h 38’ 20”
M. – Un autre trafic 10 heures distance 15 nautiques cap 090 23 000 pieds.

C. – Ah ! visuel...

*
* *

Observation d'objet volant non identifié
MSG 119/2 du 8 mars 1977
Brigade gendarmerie air C...
Observation objet volant non identifié,
7 mars 1977 vers 20 h 45.
Dijon Chaumont C/Axe.
D/Équipage Mirage IV (Cdt G. R. et Cne A. J.).

Escadron bombardement base aérienne L... constate entre Dijon et Chaumont en direction de l'est, présence source lumineuse intense d'une grosseur de quatre étoiles polaires venant en direction de l'appareil, pilote négocie virage pour identification objet qui disparaît aussitôt.

Après avoir repris son cap, il constate à nouveau présence objet qu'il prend en chasse. Celui-ci disparaît alors à grande vitesse (évaluée à Mach 4).

Au moment des faits, Mirage IV se trouvait à une altitude de 32 000 pieds. Centre détection contrôle n'a constaté sur radar aucune présence d'appareil suspect à proximité Mirage.

8 mars 1977, Brigade G.A.

IV

QUAND LES TRACES PARLENT

LE CAS QUI VA TOUT CHANGER

Jusqu'à 1981, le GEPAN n'avait pas d'exemple de cas se situant dans la catégorie D : phénomènes dont les éléments vérifiés, suffisamment nombreux et précis, montrent qu'ils ne peuvent être identifiés. Il n'y avait pas de traces, ou d'effets, susceptibles d'indiquer une présence physique avérée. Mais tout va changer le 8 janvier 1981.

Que s'est-il passé de si extraordinaire ce jour-là dans une tranquille petite bourgade de Provence ?

Replaçons-nous quelques heures après l'événement, lorsque les gendarmes de la brigade de D... viennent recueillir le témoignage de M. R... N... Récit.

« Depuis le mois de novembre 1979, je ne travaille plus. J'étais employé à la SNCI. La société a fermé ses portes et j'ai été licencié. Je touche une pension d'invalidité, car en 1973 j'ai été victime d'un malaise cardiaque. Hier, le 8 janvier 1981, comme pratiquement tous les jours, j'étais en train de bricoler. Je me trouvais derrière la maison qui est construite sur une "restanque". (Les restanques sont les plates-formes en terrasses sur lesquelles les habitants de cette région cultivent.)

« J'étais en train de construire un abri en ciment pour une pompe à eau. Derrière ma maison, sur le même niveau se trouve une bande de terrain plat. On accède à ce terrain par un chemin qui passe par la maison. Il était environ 17 heures. Le temps commencait à fraîchir.

« Mon attention a été attirée par un léger bruit, une sorte de petit sifflement. Je me suis retourné et j'ai vu en l'air un engin qui se trouvait à la hauteur d'un gros pin en bordure du terrain. Cet engin qui ne tournait pas descendait vers le sol. Je n'entendais qu'un léger sifflement. Je ne voyais pas de flammes, ni au-dessous ni autour de l'engin. Pendant qu'il continuait à descendre, je m'en suis approché en me dirigeant vers le petit cabanon construit en dur au-dessus de ma maison. Lorsque je me suis placé contre le mur du cabanon, je voyais très bien par-dessus le toit. En effet ce cabanon est construit également sur une restanque. Je me trouvais sur la restanque supérieure à environ 1 m 20 du toit.

« De là, j'ai bien vu l'engin posé sur le sol. Aussitôt, il s'est élevé, toujours en émettant un sifflement léger. Arrivé au-dessus des arbres, il est parti assez rapidement en direction de la forêt. C'est-à-dire en direction du nord-est.

« Lorsqu'il s'est soulevé, j'ai vu en dessous quatre ouvertures par lesquelles ne s'échappaient ni flammes ni fumée. L'engin a soulevé un peu de poussière lorsqu'il a quitté le sol. Je me trouvais à ce moment-là à une trentaine de mètres du lieu d'atterrissage. Je me suis ensuite approché de l'endroit et j'ai remarqué un cercle d'environ 2 mètres de diamètre. À certains endroits, sur la courbe du cercle existent des genres de traces de ripage.

« Lorsque mon épouse est rentrée le soir, je lui ai raconté ce que j'avais vu. Mon épouse a cru que je plaisantais. Elle a téléphoné à notre voisin. Ce dernier est venu avec sa femme. Je leur ai également montré la trace du cercle. Il nous ont alors conseillé de prévenir la gendarmerie.

« L'engin avait la forme de deux assiettes renversées l'une contre l'autre. Il avait la couleur du plomb et possédait une nervure tout autour de sa circonférence. Sous l'appareil, j'ai vu, au moment où il se soulevait, deux genres de pièces rondes qui pouvaient être des réacteurs ou des pieds. Il y avait aussi deux autres cercles qui ressemblaient à des trappes. Les deux réacteurs ou pieds dépassaient légèrement sur 20 centimètres en dessous du corps de l'appareil... »

Après avoir enregistré cette déposition, les gendarmes constatent la présence de la trace sur le sol de la restanque. Des photographies du site sont prises, un relevé détaillé de l'empreinte et des marques visibles sur le sol est également joint au rapport. L'ensemble de ces premières actions effectuées par la brigade de D... va se révéler extrêmement précieux lors de la reconstitution organisée par le GEPAN.

La brigade informe l'organisme placé sous la tutelle du CNES le lundi 12 janvier par message téléphonique et télex.

L'enquêteur du GEPAN, mon ami Jean-Jacques Velasco, prend contact avec plusieurs laboratoires, dont celui du professeur Bounias de l'INRA d'Avignon et se rend à Trans-en-Provence, pensant à tort qu'il n'y aura pas grand-chose à constater.

Une fois arrivé sur les lieux, il constate que la trace était encore parfaitement visible. Il y a sur le sol, à l'endroit présumé où le phénomène a été observé, une véritable empreinte. Il peut aussi obtenir de précieux renseignements complémentaires lors de son entretien avec le témoin.

Disposer d'un témoignage unique est toujours un risque. Cependant les indications favorables fournies par la gendarmerie sur la fabilité du témoin, ainsi que la précision de la trace, sont en l'occurrence de poids.

Les circonstances d'observation sont précises : une observation diurne, vers 17 heures, avec un ciel lumineux. Le témoin a observé le phénomène à une courte distance permettant la vision stéréoscopique donc une appréciation correcte de cette distance... Le ciel était parfaitement dégagé.

La durée totale d'observation est évaluée entre 30 et 40 secondes. Cette durée sera vérifiée au cours des différentes reconstitutions.

L'estimation des dimensions de l'ovni par le témoin est contrôlée par comparaison avec des objets familiers, grâce à l'œil exercé du professionnel du bâtiment qu'il est. Il évalue à 2 m 50 le diamètre de la couronne extérieure, et à 1 m 70 la hauteur présumée de l'objet. Ces estimations concordent parfaitement avec l'empreinte relevée au sol...

L'ovni a été décrit par lui comme ayant une apparence métallique similaire à du zinc, ou du plomb. Le témoin a mentionné la présence d'une bande latérale qui lui a paru plus sombre et plus mate que le reste de la structure.

Le bruit qui a attiré son attention était assez semblable à un « souffle de vent », voire un « léger sifflement ». Mais, ce qui l'a le plus étonné, dit-il, c'est la précision et la facilité avec lesquelles « l'objet » a atterri. Il mentionne la violence du choc, « comme s'il s'était agi d'une pierre qui tombait au sol ». Ce point du reste l'a surpris puisqu'il a pensé que cet « objet allait se casser ». Il exclut formellement l'hélicoptère car, dit-il, « l'engin était presque sur le mur ». Sa surprise fut plus grande encore lorsque après l'atterrissage un silence total régna sur la plate-forme. Cet « objet », pour lui, est un engin secret militaire. C'était un objet solide comme une voiture ou un avion. Plusieurs fois de suite il souligne sa certitude.

Lorsqu'on lui pose la question : s'agissait-il d'un ovni ? il en est très étonné. Visiblement, il ne connaît pas la signification de ce sigle.

Son témoignage s'en tient simplement à la description détaillée des faits. N'était-il pas contremaître dans une entreprise du bâtiment ? C'est pourquoi il compare les petits cercles observés sous la structure à ce qu'il connaît, en affirmant « ça avait la dimension d'un seau de maçon ».

Les enquêteurs ont donc un ensemble de données d'excellente qualité : un récit complet et précis, un faible degré d'interprétation subjective.

Cette crédibilité du témoignage sera confirmée ensuite par l'analyse des traces physiques.

Celles-ci correspondent en effet très exactement aux dernières déclarations du témoin

Et surtout pour la première fois des analyses apporteront des indices d'une haute probabilité de l'observation rapprochée d'un phénomène aérospatial non identifié.

Une batterie complète d'analyses, physiques, biologiques et bio-chimiques dont les résultats ne laissent guère de doute sur la réalité du phénomène observé même s'ils ne permettent pas d'en déterminer la nature.

L'expertise physique de la trace

La première intervention sur cette trace a commencé par un examen visuel et détaillé avec prise de photographies. Dans un second temps, des prélèvements de sol effectués par la gendarmerie permettent, dès le lendemain de l'observation, l'obtention d'une quantité suffisante d'échantillons nécessaires à des analyses en laboratoire. L'aspect visuel de la trace est précisé par la gendarmerie dans son procès-verbal :

« Nous constatons la présence de deux cercles concentriques, l'un de 2 m 20 de diamètre, l'autre de 2 m 40 de diamètre. Les deux cercles laissent apparaître une couronne de 10 centimètres d'épaisseur. Sur cette couronne sont visibles deux parties diamétralement opposées de 0 m 80 environ qui présentent des stries noires semblables à des traces de ripage... »

Lorsque Jean-Jacques Velasco se rend pour la première fois sur les lieux, le 17 février 1981, la trace est encore parfaitement visible. Il découvre quelque chose de similaire à la description faite par le gendarme au moment de l'enquête. Il constate cependant une différence d'aspect du sol entre la zone de la couronne striée et le reste de la trace. La terre à ces endroits est fortement tassée, sur une épaisseur de 2 cm environ. Il est visible qu'un élément lourd a frotté fortement le sol avec un léger effet de rotation.

Il prend d'autres échantillons de sol, ainsi qu'une série de mesures complémentaires sur la position de la trace. La partie de l'empreinte la plus visible se situe à une distance de 20 cm environ du bord de la restanque soutenu par un mur. À cet endroit, la terre, friable, est nettement plus enfoncée et marquée que le reste de la plate-forme en calcaire.

Les analyses physiques en laboratoire

Les analyses réalisées par plusieurs laboratoires auront pour but de déterminer :

– la structure et la composition chimique du sol et des éventuels dépôts,

– la structure physique et mécanique du sol,

– la mise en évidence d'effets mécaniques, thermiques, chimiques ou autres sur la trace et le sol non contaminé.

Chaque laboratoire dispose d'échantillons de terre témoins prélevés sur la terrasse à une dizaine de mètres de la trace ainsi que d'échantillons prélevés sur la couronne où les effets sont les plus marqués.

Les résultats présentés ici sont des extraits des rapports d'analyses réalisées par cinq laboratoires.

Laboratoire de métallurgie du CNES.

Sol calcaire fortement compacté et enfoncé comme par un poinçon, qui ne laisse apparaître que quelques traces de végétation. Des stries courbes montrent que la surface a subi un frottement important qui a enfoncé et arasé les grains de silex jusqu'au niveau du sol.

Laboratoire SNEAP.

Aucune trace de produits de combustion de moteurs utilisant des composés organiques n'a été décelée. Présence de traces de fer (peut-être oxydé) plaquées en stries sur le sol calcaire.

Laboratoire de microscopie et de structure des matériaux de l'université Paul-Sabatier de Toulouse.

Ce laboratoire confirme la présence, sur les échantillons, de fer oxydé plaqué sur le calcaire. Il précise que la température du sol n'a pas dépassé 600° C, le carbonate de calcium n'étant pas foisonnant (à 600° le carbonate se dissocie. Au refroidissement, il se reforme avec efflorescence « foisonnante »).

Laboratoire LAMA de l'université de Metz.

Les analyses en spectrométrie de masse par bombardement ionique, réalisées sur des particules noires prélevées dans la partie striée de la couronne, font apparaître en particulier la présence de phosphate que l'on ne retrouve pas sur les échantillons témoins.

Laboratoire LDP.

Ce laboratoire a utilisé un spectromètre de masse à étincelle. Il précisera que les échantillons contenant un dépôt noir se distinguent des autres par la présence de zinc et de phosphate.

En 1988, par ailleurs, Jean-Jacques Velasco confie à Jacques Vallée, de passage en France, deux échantillons de sol prélevés début 1981 sur la couronne striée. Les prélèvements ont été effectués en dehors de la partie la plus marquée des stries noires, l'un à la surface du sol, l'autre juste en dessous.

Jacques Vallée les fait analyser dans un laboratoire américain n'en connaissant pas l'origine. Cette nouvelle analyse a pour but, en particulier, de répondre à une rumeur circulant chez certains amateurs ufologues : les traces seraient dues à un engin de forage qui aurait effectué des travaux sur la restanque au moment des faits !

Le laboratoire consulté utilise un microscope électronique à balayage de haute énergie (20 KeV). Ses conclusions sont les suivantes : l'échantillon prélevé en surface ne diffère de celui prélevé en profondeur que par la présence de matières biologiques, débris de végétaux ou d'insectes. On n'a trouvé dans les échantillons aucun élément qui ne soit un constituant normal de poussière et de sol. En particulier, il n'a été décelé aucune trace d'hydrocarbure, de ciment ou de produit chimique, donc aucun indice d'une activité quelconque de forage. (En fait après nouvelle enquête à Trans-en-Provence en août 1992, il s'avérera que le forage en question a eu lieu trois années après l'événement et qu'il a été réalisé à l'autre bout de la propriété.)

Les premières conclusions ressortant de toutes ces analyses physiques montraient que :

– Sur cette restanque un événement avait marqué mécaniquement le sol d'une empreinte en couronne de 2 m 40 de diamètre sur 20 cm de largeur. Deux portions de 80 cm de cette couronne présentent des traces de ripage indiquant le frottement prononcé d'un objet solide.

– Une forte pression mécanique avait été exercée, probablement en relation avec un choc. Mais l'existence de ce choc n'a pas permis une estimation de la masse. Sur la partie marquée de la couronne on constatait des effets de ripage et de ponçage (stries et érosion du sol) qui ne peuvent être provoqués que par un objet solide et rigide.

– Un des laboratoires relevait également un échauffement du sol peut-être en relation directe avec le choc et l'effet de frottement qui l'accompagnait. Cet échauffement n'avait pas excédé 600° C.

– Enfin quelques traces décelables de matériaux rapportés tels que du fer, du zinc et du phosphate, complétés d'éléments de polymère carboné, indiquaient que cet apport était plus le résultat d'un frottement que celui d'un dépôt homogène et régulier sur la surface de la couronne.

– L'ensemble de ces données montraient la réalité d'un phénomène physique très particulier qui avait profondément modifié la structure superficielle du sol à cet endroit de la restanque.

À ce stade de l'enquête il était prématuré de tirer des conclusions définitives sur l'origine de ces empreintes. Les analyses biochimiques n'allaient pas simplifier la tâche... bien au contraire.

Les prélèvements de traces biologiques

Dans le cadre d'une convention passée entre le CNES et l'INRA, le laboratoire de biochimie végétale, dirigé par le professeur M. Bounias, était chargé d'analyser d'éventuels effets biochimiques en relation avec un phénomène aérospatial non identifié.

Le professeur Bounias avait élaboré un protocole de recueil d'échantillons qui tenait compte des précédentes expériences du GEPAN. Avec son accord, toute une série de prélèvements ont donc été faits sur le site.

Dans le cas de l'observation de Trans-en-Provence, les échantillons sont constitués par des plants d'une sorte de luzerne sauvage, *medicago minima.*

C'est la gendarmerie qui réalise sur les directives du GEPAN et selon le protocole établi par le professeur Bounias les premiers prélèvements :

– le lendemain de l'observation, soit le 9 janvier, sur la couronne visible,

– le 23 janvier 1981 pour des prélèvements témoins à 20 mètres de distance du foyer de la couronne.

En outre, le 17 février 1981, lors de la venue de Jean-Jacques Velasco sur le site, en fonction des indications du professeur Bounias, il procède à de nouveaux prélèvements.

Deux ans après, le professeur Bounias effectuera une nouvelle série de prélèvements qui lui permirent de vérifier la disparition des effets spécifiques constatés sur la luzerne.

Les résultats des analyses biochimiques

Le but de ces analyses était de mesurer un éventuel effet du phénomène observé sur la végétation.

Des modifications ont été enregistrées dans l'espace et le temps.

Dans le temps :

– Quatre jours après, on peut constater un affaiblissement de l'équipement photosynthétique des plants de luzerne, c'est-à-dire de l'appareil qui produit de l'énergie à partir du soleil. Les chlorophylles sont dégradées, et les concentrations en carotène sont réduites. Le phénomène a engendré un phénomène de vieillissement « prématuré » de jeunes pousses, que l'on ne retrouve pas sur les plants « témoins » distants d'une vingtaine de mètres.

– Quarante jours après, les traumatismes ont évolué vers un état très particulier, les concentrations de l'appareil photosynthétique sont toujours très faibles au voisinage de la trace.

– Deux ans après, les effets ont totalement disparu et la végétation est redevenue proche de son état initial.

Dans l'espace :

– Les altérations biochimiques observées s'atténuent avec l'éloignement de la trace. Ce résultat et la nature de certaines altérations suggèrent l'hypothèse d'un effet électromagnétique.

L'hypothèse du professeur Bounias

Le professeur Bounias, en tant que toxicologue, va apporter quelques précisions sur ces interrogations, et en particulier lever l'hypothèque d'un acte intentionnel.

Il classe les effets susceptibles de causer ces perturbations, selon leur origine chimique ou physique.

– Un traumatisme de nature chimique ?

On écarte l'empoisonnement de nature chimique car :

a) On connaît très bien les effets des herbicides sur les plantes.

b) On a essayé d'autres « poisons » sur la luzerne, mais les résultats des analyses donnent des résultats différents.

c) On n'a pas retrouvé de traces de composés chimiques dans le sol comme par exemple de résidus d'hydrocarbures ou bien de laitier de ciment (le pH du sol était normal).

– Un traumatisme de nature physique ?

a) Un échauffement : Le professeur Bounias écarte cette hypothèse, insuffisante pour expliquer l'ensemble des observations.

b) Un foudroiement : Pas plus qu'un échauffement, la foudre à elle seule ne pourrait expliquer l'ensemble des observations.

c) Des radiations ionisantes : Des irradiations gamma importantes auraient pu provoquer certaines des altérations observées, mais elles en auraient créé également d'autres. Ces dernières auraient pu être détectées, or elles ne l'ont pas été par le laboratoire.

d) Des ondes électromagnétiques : C'est l'hypothèse avancée par le professeur Bounias ; mais elle est difficile à préciser, car les effets des ondes électromagnétiques sur la matière vivante sont assez mal connus et suscitent des travaux de recherche importants dans les pays à haute technologie.

Alors que s'est-il passé ?

La seule chose certaine, c'est que l'ensemble des moyens mis en œuvre dans l'enquête, ainsi que les résultats des analyses physiques et biologiques, montrent la réalité physique et matérielle du phénomène.

La trace a permis de dresser un véritable « portrait-robot » de cet étrange objet vu par le témoin. Tout d'abord l'empreinte mécanique visible sur le sol a permis de préciser les dimensions de cet objet. Elle portait, sans aucune équivoque, la marque d'une structure pesante importante. Cette trace révélait aussi un échauffement superficiel du sol, dû à un choc et à un frottement.

Enfin les analyses biochimiques de la végétation sur le site ont fait apparaître des modifications profondes que le professeur Bounias a interprétées comme probablement liées à l'action de champs électromagnétiques puissants (des micro-ondes pulsées ?).

L'objet observé était bien matériel.

L'interprétation de Jean-Jacques Velasco

Il a semblé important à Jean-Jacques Velasco, à partir de ces données, de tenter une interprétation qui n'engageait évidemment que lui mais qui m'a personnellement convaincu..

En cette fin d'après-midi de janvier 1981, un homme, qui faisait quelques travaux de bricolage, assiste à l'atterrissage brutal d'un objet. Celui-ci, après avoir survolé le bois qui entoure sa propriété, se pose avec une grande précision près du mur de la restanque. Dans un silence total, l'objet, métallique, de forme discoïdale reste quelques dizaines de secondes immobile. Brutalement il décolle en soulevant un léger nuage de poussière, puis disparaît rapidement à l'horizon dans la direction d'où il était venu...

Si l'on admet cette version comme représentative de la réalité des faits, explique Jean-Jacques Velasco, se pose alors un ensemble de questions sur les performances aéronautiques exceptionnelles de cet objet.

S'agissait-il d'un engin militaire secret, comme l'a pensé le témoin ?

Selon les militaires, les seuls véhicules pouvant évoluer en approche de façon analogue seraient les hélicoptères ou bien les RPV (Remotely Piloted Vehicle), sortes d'engins de reconnaissance aérienne militaires propulsés par pales. Et dans ce cas, les pales de ces engins auraient heurté le mur de la restanque à l'atterrissage, mais surtout auraient généré un bruit important et créé un souffle violent.

On peut exclure, aujourd'hui, que les militaires interrogés à l'époque nous aient caché, ou aient ignoré, l'existence d'autres engins susceptibles d'expliquer l'observation : des engins militaires secrets il y a seize ans seraient aujourd'hui connus.

Une question se pose ensuite concernant la nature du système de propulsion. C'est sans doute ce point, d'après Jean-Jacques Velasco, qui pourrait être en fait la clé de l'énigme. Le professeur Bounias nous a probablement conduit sur une piste intéressante quand il a précisé dans ses conclusions : « C'est probablement vers les champs électromagnétiques que l'on pourrait obtenir les causes de ces perturbations sur les végétaux. »

Ceci n'est évidemment qu'une piste de recherche. Mais, toujours selon Jean-Jacques Velasco, une technique de propulsion aéronautique utilisant des champs électromagnétiques pourrait être compatible avec la forme en double soucoupe mentionnée par le témoin. Cette technique, la magnétohydrodynamique, exige des générateurs électriques puissants et compacts que nous ne savons pas concevoir aujourd'hui. (Cf. le chapitre sur cette méthode de propulsion MHD dans la deuxième partie de ce volume).

L'AMARANTE DÉSHYDRATÉE

Durant vingt minutes, seul face à l'inconnu, à portée de main, un homme, chercheur en biologie cellulaire, va être subjugué par la présence d'un objet en sustentation dans son jardinet ! Nous sommes le 21 octobre 1982 et il est environ midi quand M. H... L... arrive de son travail, comme chaque jour, pour prendre son déjeuner. Voici son témoignage recueilli par la gendarmerie nationale, et maintenue en 1997 dans Paris-Match *:*

« Me trouvant dans mon jardin devant ma maison, j'ai assisté au phénomène suivant. Vers 12 h 35 j'ai vu un engin volant que j'ai pris tout d'abord pour un avion, venant du sud-est. Je l'ai vu briller, il n'y avait pas de nuages, je n'avais pas le soleil dans les yeux, et la visibilité était totale. Sa vitesse de descente n'était pas grande, je pensais que l'engin allait passer au-dessus de la maison. À un moment donné j'ai vu que sa trajectoire aboutissait au-dessus de moi, je me suis reculé de trois ou quatre mètres, et là j'ai vu sa forme ovale. Cet engin est resté en sustentation à 1 mètre environ du sol pendant 20 minutes. Je suis affirmatif, ayant regardé l'heure. Je l'ai observé d'abord à 1 m 50 , puis, m'approchant doucement, jusqu'à 50 centimètres. Je peux donner la description suivante : Forme ovoïde, d'un diamètre d'environ 1 m 50 et d'une épaisseur de 0 m 80, la moitié inférieure avait un aspect métallisé genre béryllium poli, la moitié supérieure était de couleur bleu lagon dans son remplissage interne. Il n'émettait aucun son, ne dégageait ni chaleur, ni froid, ni rayonnement, ni magnétisme, ni électromagnétisme. Je vous remets un croquis sommaire de l'engin, et je pense avoir approché au maximum la réalité quant aux dimensions et aux formes. J'ajoute que la masse volumétrique me paraissait très lourde. De plus sa forme épousait étroitement la surface de mon jardinet. Pendant les 20 minutes de mon observation, je suis allé au premier étage de ma maison, j'ai pris l'appareil photographique chargé et je suis redescendu dans le jardinet. L'engin n'a pas bougé de place. J'ai essayé de déclencher, mais mon appareil s'est bloqué ; mais je précise qu'il a présenté plusieurs fois des défectuosités. *(Cet élément a fait l'objet de vérifications au moment de l'enquête. NDA)* Comme je l'ai précisé plus haut, l'observation a duré 20 minutes, au bout desquelles l'engin s'est brusquement élevé à la verticale constante, trajectoire qui a été maintenue jusqu'à la perte de vue. Le départ de l'appareil et non pas son décollage, car il ne s'est jamais posé, a été très rapide, comme sous l'effet d'une forte aspiration. Je précise que sur le terrain aucune marque ne fut déposée, ni dans l'infrastructure interne ni dans l'herbe qui n'est ni calcinée ni écrasée. J'ai simplement remarqué à son départ que l'herbe s'est dressée droite pour revenir rapidement en position normale. Au moment de cette observation j'étais seul dans mon jardin et ma maison. Je n'ai pas vu de voisins immédiats. Je n'ai pas prévenu tout de suite, je suis d'abord allé en parler à mon épouse à 17 heures. C'est là que nous sommes venus ensuite à votre bureau... C'est tout ce que je peux dire. »

À l'issue de sa visite à la gendarmerie, M. H...L... retourne en compagnie de son épouse dans le jardinet et constate alors une anomalie sur un massif d'amarantes, plus communément appelées queues-de-renard du fait de leurs fruits en forme de grappes d'un roux très vif, virant au bordeaux : « Il y en avait une partie au centre, qui était près de l'objet, qui était presque complètement déshydratée... alors qu'aux alentours les amarantes étaient dans un état impeccable. Aucun pied n'était pourri. On aurait pu croire que celui de la plante déshydratée l'était, non, c'était un pied comme les autres, vivant dans la terre. Il était complètement déshydraté... mais à la base du pied les racines étaient comme les autres. »

L'enquête du GEPAN fut entreprise quelques jours après, lorsque la brigade de gendarmerie, plus habituée à régler les problèmes quotidiens de cette grande cité HLM que des histoires de soucoupes volantes, prit au sérieux les affirmations de ce monsieur à l'apparence sincère et troublée et prévint les responsables de l'organisme officiel.

Le témoin venait de constater un fait qui l'avait profondément marqué. Il venait de faire une observation tout à fait particulière : il s'agissait d'une rencontre rapprochée. Il y a « rencontre rapprochée » lorsque le phénomène est observé à une distance inférieure à 40 mètres, ce qui permet au témoin d'évaluer cette distance grâce à la « vision stéréoscopique ».

Circonstance plus exceptionnelle encore, cette rencontre rapprochée impliquait un scientifique. Les enquêteurs du GEPAN voulurent d'abord mesurer son degré de subjectivité, sa connaissance et ses attentes par rapport au phénomène ovni. Devant l'importance et la complexité de cette curieuse affaire, le témoignage et la personnalité du témoin firent l'objet d'une analyse complète par un psychologue. Celui-ci participa à l'enquête et, dans le rapport qu'il remit, conclut :

« L'analyse du profil psychologique ne portera pas à croire à une prise de participation exagérée de la subjectivité dans le contenu du témoignage. Celui-ci ne souffre d'aucune contradiction interne lorsque l'on compare le procès-verbal de gendarmerie et les différentes versions données par le témoin. L'ensemble des faits décrits et l'attitude de l'observateur offrent une bonne cohérence. Le comportement d'attente ne saurait être retenu. Nous savons que le témoin n'est pas particulièrement intéressé par le phénomène ovni ni par les thèmes de science-fiction. De plus, son épouse ayant la même attitude que lui dans ce domaine, le témoin ne risque pas d'avoir subi une influence susceptible de conditionner de quelque façon que ce soit l'observation. »

Mais si la personnalité du témoin conférait *a priori* à cette affaire un intérêt exceptionnel, les effets constatés par lui sur l'environnement et les analyses effectuées à la demande du GEPAN devaient *a posteriori* décupler cet intérêt.

Rappelons-nous que M. H... L... avait observé « que l'herbe s'était dressée toute droite pour revenir rapidement à sa position normale au moment du départ du phénomène ».

Ce détail suggérait une réaction des brins d'herbe à un champ électrique intense.

Or il se trouvait que dans le cadre d'une convention passée quelques mois auparavant avec le laboratoire de physiologie végétale de l'université Paul-Sabatier à Toulouse, dirigé par le professeur Touzé, le GEPAN avait entrepris une étude de l'action des champs électriques intenses de plusieurs kilovolts/mètre sur les végétaux. Les expériences avaient montré que, lorsque le champ électrique dépassait 30 kilovolts/mètre, il se produisait un effet de redressement des brins d'herbe, accompagné d'un effet couronne. Effet que l'on peut constater sur des souches d'arbres éloignées qui présentent des pointes saillantes et qui par soir d'orage forment de véritables arcs électriques.

Les résultats des expériences en laboratoire permettaient donc de penser que l'objet observé avait mis en œuvre un champ électrique supérieur à 30 kV/m.

Comme le témoin mentionnait que la base du phénomène était restée constamment à 1 mètre du sol pendant sa phase d'immobilité, le potentiel mis en œuvre lors du décollage devait être également supérieur à 30 kV.

Le deuxième élément intéressant à analyser étaient les effets directement constatés sur le massif d'amarante. Ils confirmaient la nature physique étrange du phénomène.

Lorsque, de retour de la gendarmerie, le témoin montre à son épouse l'endroit précis où était positionné le phénomène, il découvre l'aspect curieux de l'un des plants d'amarante. Il rappelle alors les gendarmes et ceux-ci viennent dès le lendemain prélever des échantillons (tiges, feuilles et fleurs), qu'ils conservent dans des sachets en plastique dans le réfrigérateur de la brigade locale.

Malheureusement, la manière dont ont été conservés les échantillons, en sachet plastique, empêche le professeur Bounias de réaliser le même type d'analyses biochimiques que dans le cas de Trans-en-Provence. Ces analyses exigent en effet que les échantillons soient directement congelés, puis lyophilisés pour conserver les métabolites et les activités enzymatiques.

Les prélèvements sont alors confiés au laboratoire de physiologie végétale de l'université de Toulouse-Rangueil, qui tente d'en tirer un meilleur parti. Plusieurs séries de mesures mettent en évidence une différence marquée et sensible entre les échantillons sains « témoins » et ceux prélevés sur le plant d'amarante flétri et desséché.

L'aspect visuel des plants d'amarante permet de confirmer l'anomalie constatée par le témoin. À première vue, ce qui frappe, c'est le dessèchement marqué des plantes exposées au phénomène par rapport aux plantes prélevées sur les pieds sains : feuilles et tiges vertes, fleurs colorées. La différence d'aspect avec les feuilles saines est très visible : les feuilles atteintes sont de couleur brun foncé, enroulées et recroquevillées un peu à la manière des feuilles de cigare. Le laboratoire détermine que la teneur en eau des feuilles est de moitié inférieure à celle des feuilles normales.

Le laboratoire signale par ailleurs l'abondance sur les hampes florales des graines mûres, prêtes à être récoltées. En examinant attentivement au microscope ces graines, on découvre que la coque qui les enveloppe est éclatée et laisse apparaître la pulpe jaunâtre du fruit.

Compte tenu de l'état de conservation des échantillons, il apparaît cependant difficile au laboratoire de tirer des conclusions formelles en utilisant la biochimie végétale pour expliquer la différence d'aspect observée entre les plantes témoins et les plantes flétries.

Cependant, une hypothèse avancée par le professeur Chauzy, du laboratoire de physique de l'atmosphère de l'université Paul-Sabatier, peut expliquer les traumatismes subis par ce plant d'amarante.

Au décollage, l'objet était porté à un potentiel électrique supérieur à 30 kV. Or les feuilles desséchées se trouvaient à 15 cm environ de lui, donc soumises à un champ électrique moyen supérieur à 30 : 0,15 = 200 kV/m. Ce champ peut avoir créé par effet corona un courant électrique provoquant le dessèchement de ces feuilles et l'éclatement des coques de certains fruits.

Que conclure, sinon que nous nous trouvons encore une fois à la limite de nos connaissances devant un phénomène avéré, aux effets visibles et mesurables.

V

QU'ONT-ILS VU CE JOUR-LÀ ?

LYON 1621 : DES SIGNES EFFROYABLES

Voici un texte écrit il y a un peu plus de trois siècles et dont nous devons la découverte à Mme Carayon, bibliothécaire, et à M. Guiran, ufologue du groupe Veronica de Nîmes.

Ce témoignage est d'un accès difficile tant la langue de l'époque diffère de la nôtre. Cependant, et autant que l'on puisse en juger trois cent soixante-seize ans plus tard, il semble bien qu'il s'agisse là d'une description d'ovnis. Le chroniqueur de l'époque prend bien soin de souligner que ces « signes effroyables » n'ont rien à voir avec « étoiles, comètes, soleil obscurci par une éclipse de lune, car toutes ces choses sont naturelles ». Non, il s'agit d'un « château duquel sortaient forces éclairs », d'une « étoile fort lumineuse... qui brillait comme un second soleil », il s'agit enfin « d'un grand soleil fort resplendissant entouré d'autres flambeaux lumineux... de flambeaux ardents desquels sortaient nombre de lances de feu ».

Il est significatif de remarquer qu'à aucun moment le chroniqueur ne fait allusion au moindre bruit qui aurait pu accompagner ces observations et que le peuple n'aurait pas manqué de rapporter, sans doute en exagérant son ampleur.

Comment admettre d'ailleurs que ces centaines de « gens du peuple » aient pu confondre par exemple un vol de cigognes en migration passant devant la planète Vénus tandis qu'un orage éclatait dans le lointain, avec ce que le chroniqueur qualifie de « signes effroyables » ?

Mais lisez vous-même.

« Les signes effroyables nouvellement apparus en l'air sur les villes de Lyon, Nîmes, Montpellier et autres lieux circonvoisins au grand étonnement du peuple.

« Paris, chez Isaac Mesnier, sur la copie imprimée à Lyon. 1621. Avec permission.

« Les impressions de l'air sont tellement diverses qu'il n'est pas possible de rendre raison de toutes les choses qui adviennent en ce monde, et principalement de celles qui arrivent contrenature. Car à icelle, les principes de la philosophie faillent et n'y peut-on asseoir aucun jugement, c'est pourquoi il en faut laisser les jugements à "Dieu" seul qui ne fait rien en vain et qui n'ignore point les causes ni les raisons. Mais entre tant d'histoires qui se pourraient présenter, pour prouver ce qui est plus clair que le jour, je n'en puis avoir de plus prompt exemple que des visions qui ont souvent apparu en l'air, non point d'étoiles, ni de comètes, d'un soleil obscurci, ou d'une lune qui lui cause son éclipse (car toutes ces choses sont naturelles) : mais des armées d'hommes marchant par troupes et combats qu'on a vus en l'air, et autres choses, et qui sont visions, lesquelles certainement trompent les yeux des hommes.

« Nous lisons au second livre des Macchabées, chapitre cinquième, qu'aux temps qu'Antiochus partit pour la seconde fois pour aller en Égypte, par toute la cité de Jérusalem, on vit par l'espace de quarante jours, des chevaucheurs armés en l'air, courant d'un côté et d'autre, comme bataille rangée par ordonnance. C'est ce qui depuis a été écrit par saint Luc, au second chapitre des Actes des Apôtres. Certes en ces jours-là j'étendrai sur mes serviteurs et servantes et ils prophétiseront. Et ferai des choses merveilles au ciel en haut, et signes en terre, en bas sang et feu, et vapeurs de fumée : le soleil se convertira en ténèbres, et la lune en sang, devant que le grand notable jour du Seigneur vienne.

« Je ne m'étendrai davantage aux exemples de la Sainte Écriture, pour ce quiconque en est instruit médiocrement, on peut remarquer une infinité d'autres exemples. Nous lisons en Tite-Live, au livre second de la première décade, Plutarque, Vallere au premier livre, titre des miracles, et plusieurs autres auteurs disent, que durant que Lucius Scipio et Norbanus, étaient consuls, ont entendu entre Cappoue et Vulturne, un grand son en l'air, et un épouvantable bruit d'armes, tellement qu'il sembla par plusieurs jours, qu'on voyait deux armées se combattre l'une contre l'autre. Licostenes est auteur que l'an 1520 à Vulssembourg qui est sur le Rhin, tout ceux de la ville ont entendu en plein midi un grand horrible bruit d'armes en l'air, comme si deux armées bien fortes et puissantes eussent combattu à toute outrance : de sorte que la plus grande part de ceux de la ville, qui pouvaient porter armes, de crainte qu'ils eurent, prirent promptement leurs armes, et s'assemblèrent pour défendre leur ville, laquelle ils pensaient être assiégée par les ennemis. À Eneas Sylvius, lequel mourut l'an 460, écrit que l'an sixième après le Jubilée, il fut vu entre Sienne et Florence, vingt nuées, lesquelles agitaient des vents, bataillaient les unes contre les autres, chacune en leur rang reculant et s'approchant, comme si elles eussent été ordonnées en bataille, et pendant ce conflit des nuées, les vents faisaient aussi leur devoir d'autre côté, de démolir, abattre, briser, froisser, et rompre maisons, rochers, même jusqu'à enlever les hommes et les bêtes en l'air.

« Toutes ces semblables histoires que nous pourrions réciter des Signes qui se sont apparus en l'air, même en ce royaume durant les guerres civiles, notamment quelques jours, avant les batailles de Moncontour, de Coutras, de Saint-Denis et plusieurs autres qui nous pourraient servir de plus amples témoignages aux signes qui depuis peu se sont apparus sur les villes et cités de Lyon, Nîmes et Montpellier et autres lieux circonvoisins.

« La nuit du 12 octobre dernier (1621) sur les 8 heures du soir ou environ, n'ayant pour lors aucune clarté, la lune étant à son dernier quartier, l'air outre nature commença à s'éclaircir du côté du levant, et continuant une heure et demie ou environ, le temps se rendit aussi clair et net qu'il fait aux plus beaux jours de l'été, ce qui donna un grand étonnement aux habitants de Lyon, la plus grande partie d'iceux regardant en l'air aperçurent des choses du tout étrange et hors le cours de nature. Savoir sur la grande place de Bellecourt virent comme une grande montagne, sur laquelle était la figure d'un château, duquel sortait force éclairs qui donnaient de tous côtés et perdaient leur lumière à un instant, et cette figure de château se consommait à mesure que les dits éclairs en sortaient; cela semblait couvrir tout le quartier de la porte du Rhône, de Saint-Michel, la rivière de Saône et donnait jusqu'au faubourg de Saint-Georges. Du côté de la place des Terreaux, il fut vu par plus de quatre cents personnes, en l'air, comme la forme d'un bataillon de gendarmes à cheval, à la tête desquels il y avait une étoile fort lumineuse, qui semblait les conduire, laquelle était plus grande et plus claire que celles que l'on voit ordinairement au ciel.

« Cette étoile comme un second soleil faisait dissiper devant elle tous les nuages, qui se présentaient de diverses figures, et semblaient à voir, vouloir tenir sa clarté, mais étant surmontée par sa grande lumière perdaient entièrement leur figure et ne paraissaient plus. Toute la ville et lieux circonvoisins furent couverts cette nuit et autres suivantes de divers signes et prodiges, comme lance de feu ardent, qui semblaient venir du côté du faubourg de la Guillotière, lesquelles s'approchant du pont du Rhône se dispersaient et ne paraissaient plus, et cela dura jusqu'au lever du jour. Sur la ville de Nîmes, qui est une des belles cités et marchande ville du Languedoc, à demi-journée du Rhône, et assez près du levant, il se vit à même temps ci-devant nommé par les habitants de ladite ville, principalement la nuit du treizième du dit mois, environ 9 à 10 heures du soir, sur l'amphithéâtre, comme un grand soleil fort resplendissant, lequel était entouré d'un nombre d'autres flambeaux lumineux, et semblait vouloir cheminer droit sur la tour romaine, que l'on appelle la Tour Magne, sur laquelle il paraissait comme des chariots de feu tout entourés d'étoiles fort éclairantes.

« Il parut aussi d'autres signes tant sur le Capitole que sur le Temple, lesquels semblaient couvrir toute la ville, ce qui étonna grandement tous les habitants de ladite ville, et autres des lieux circonvoisins.

« Sur la ville et cité de Montpellier, ville après Paris l'une des plus renommées de l'Europe pour la profession de Médecine, commenca à paraître sur icelle quantité de flambeaux ardents en formes de torches, de la lumière desquelles sortaient nombre comme de lances de feu qui allaient de part et d'autre : cette facon de faire dura depuis les 9 à 10 heures de nuit jusqu'à 3 heures du matin, que s'apparut une grande et lumineuse étoile avec une longue queue, d'autres petites étoiles, lesquelles semblaient faire dissiper une grosse nuée mêlée de divers éclairs qui la voulaient comme couvrir et empêcher sa clarté, ce qui dura jusqu'au lever du jour au grand étonnement du peuple.

« Tous ces signes ci-dessus ne nous peuvent prédire autre chose que le grand Dieu des armées rendra notre monarque victorieux tenant en sa puissante main les verges contre les perturbateurs de son État et fortifiera l'Armée de Sa Majesté contre les rebelles. C'est tout ce que nous autres Catholiques Francais avec l'assistance des prières de Notre Mère Sainte Église devons souhaiter et dire avec le Royal Psalmiste : *Domine salvum fac regem.* »

CHERBOURG 1905 : UNE AVEUGLANTE LUMIÈRE

Passons quelques siècles pour arriver au début de celui-ci. En 1905, un événement extraordinaire s'est passé au-dessus de Cherbourg où était ancrée notre marine de guerre. Cette fois la description coïncide davantage avec le langage de notre époque. Voici ce qu'écrivait le Cherbourg Éclair, *journal de la région :*

« Dans la soirée de samedi, soit le 30 mars 1905, un globe lumineux venant du nord fut aperçu au-dessus de la digue, et qui après avoir décrit une large courbe au-dessus de la ville, disparaissait vers 11 heures dans la direction d'où il était venu. Des officiers, des personnes qui ont une certaine compétence, ont parfaitement vu ce phénomène lumineux qui donnait l'impression d'une lampe à arc électrique, qui se serait ainsi promenée dans l'espace, semblant suivre une ligne déterminée.

« On n'a pas pu savoir approximativement à quelle hauteur cette lumière planait et on peut encore moins établir qu'il s'agit d'une planète, d'un météore inobservé jusqu'à présent, bien entendu, ou d'un ballon qui, dans ce cas, serait parfaitement dirigeable, car pendant ces trois soirs, il est apparu et disparu au même endroit après avoir parcouru le même cycle. Certaines personnes croient avoir remarqué que l'aveuglante lumière était devenue par moments verte et rouge. En tout cas, le vice-amiral Besson, préfet maritime, avait fait fonctionner des projecteurs électriques, mais leurs rayons s'éparpillaient bien avant d'avoir atteint l'altitude où planait le bolide. Le préfet maritime a donné des ordres pour que les torpilleurs suivent le phénomène s'il se reproduisait. Lucien Rudaux, directeur de l'Observatoire de Donville, près de Granville, ayant une expérience spéciale de cette région céleste, ne pense pas que le phénomène puisse être astronomique. Il ne correspond à rien qui ait été observé d'analogue jusqu'à présent en aucune station météorologique ou autre. Les dimensions indiquées pour le disque lumineux n'apprennent pas grand-chose. On sait, et c'est une base, que le disque de la lune observé à 50 cm de l'œil, présente un diamètre d'un demi-centimètre, soit celui d'un pain à cacheter. L'astre de Cherbourg, si c'en est un, avec ses 15 cm de diamètre apparent, serait donc énorme et prodigieux en comparaison, et l'hypothèse d'un ballon captif lumineux est plus vraisemblable. Il convient également d'écarter l'hypothèse d'un bolide, car ce bolide ne serait pas revenu sur l'horizon plusieurs jours de suite. »

Cinq jours plus tard, le Cherbourg Éclair *faisait paraître l'article suivant :*

« Sur des ordres venus du ministère, M. le vice-amiral Besson, préfet maritime, a donné des instructions pour que des observations soient prises relativement au phénomène lumineux remarqué dans notre ciel depuis le 30 mars. À bord du *Chasselou-Daubat*, la journée de mardi a été passée à enregistrer les observations déjà recueillies, ainsi d'ailleurs qu'à l'observatoire de l'arsenal. Richard Arapu, ingénieur des Arts et Manufactures, et son rédacteur scientifique du journal *Le Matin* se sont mis en rapport avec les autorités maritimes, et dans la soirée, ils émettaient l'avis que l'astre mystérieux n'était autre que la planète Vénus, vue dans notre ciel dans des conditions météorologiques telles qu'elles présentent un caractère réel d'intérêt. À bord du *Chasselou-Daubat*, on a écarté l'hypothèse de Jupiter, mais en même temps, on a dit que les coordonnées ne correspondent pas avec celles indiquées pour Vénus dans les ouvrages sur la connaissance des temps. De l'ensemble des observations recueillies, tous les officiers de ce cuirassé inclinent à penser que le corps lumineux dont il s'agit est vraisemblablement une planète. Ainsi qu'on le voit, il n'y a pas accord dans les milieux officiels sur la nature et le nom de l'astre qui éclaire la nuit d'une si magnifique lueur. »

Cet objet mystérieux, qui a tant intrigué à la fois les civils et les militaires de Cherbourg, a encore fait l'objet d'un nouvel article dans le journal Cherbourg Éclair, *le 19 avril 1905 :*

« L'astre a fait une réapparition dimanche soir, et plusieurs de nos lecteurs ont bien voulu nous informer qu'ils l'ont vu vers 9 heures, les uns à l'œil nu, les autres avec une lorgnette, et en suivant la marche vers l'ouest. Or, il n'était pas possible de confondre le phénomène astronomique que nous signalons ici avec la lune, puisque celle-ci brillait en même temps dans une direction fort différente, d'après un témoin de ce phénomène, que les astronomes nient parce qu'ils ne peuvent l'expliquer, leur science se trouvant prise en défaut.

« On l'apercevait dimanche soir et vers le nord-ouest, gros deux fois au moins comme les plus grosses planètes, et dont l'éclat semblait égal en intensité à un feu de four. Une buée rougeâtre l'entourait, et il laissait derrière lui un sillage de feu. D'autre part, les deux grosses étoiles dont il était question dans la chronique de notre collaborateur Charles de Lourmel étaient visibles également, et continuaient d'escorter le noyau de forme ogivale, qui paraît être tout bonnement une comète nouvelle et non un bolide qui aurait déjà chu. Il s'agit là d'un phénomène météorologique d'autant plus intéressant qu'insoupconné.

« Le journal de Caen, pour sa part, signale qu'un officier chargé de relever des observations sur l'astre mystérieux que l'on observe depuis quelque temps avait cru pouvoir identifier que l'astre était la planète Jupiter. L'inexactitude de ce renseignement a été scientifiquement démontré et l'on croit qu'il s'agit d'un phénomène céleste que les astronomes n'ont pas eu jusqu'à présent à étudier. »

13 OCTOBRE 1917, FATIMA : QUE VOULAIENT-« ILS » NOUS FAIRE CROIRE ?

Fatima, 13 octobre 1917. C'est le miracle. « La dame de lumière » l'avait promis.

Je savais qu'il y avait eu un miracle près de ce petit village portugais, mais j'en ignorais les détails et n'avait jamais pensé à une manifestation extra-terrestre. C'est une petite phrase de mon ami Jean Goupil (Cf. chapitre II, deuxième partie de ce livre) qui m'a intrigué. Il avait, en quelques lignes, posé le problème de l'apparition de Fatima, en la reliant au dossier ovnis. Cela m'avait choqué.

Je me suis donc penché à mon tour sur l'affaire. Grâce à Edmond-Marie Dupuis, artiste peintre de talent, j'ai pu obtenir le témoignage exceptionnel d'un témoin direct des apparitions de Fatima. Le voici.

« Je parle de Fatima au Portugal. Fatima la ville de l'auteur du monde où Notre-Dame du Rosaire s'est montrée l'été 1917 à trois petits bergers...

« Voici ce que je sais sur les apparitions auxquelles j'ai assisté, la troisième le 13 juillet, la cinquième le 13 septembre, la sixième, celle du miracle du soleil, le 13 octobre 1917. C'était l'été de 1917. Je fréquentais alors la faculté de médecine de l'Université de Coimbra et les examens étant terminés, je partis passer quelques jours chez mon frère où je pris connaissance des faits extraordinaires qui se passaient à Fatima et qui commençaient à enthousiasmer l'opinion publique. Le 13 du mois de mai, aux environs de midi, une dame d'une rare beauté, s'est montrée à trois pastoureaux âgés de sept à dix ans, sur un petit chêne vert, sur le plateau, près de Fatima. Elle a parlé à l'un d'eux et lui a demandé de revenir ici, dans ce même lieu et à la même heure, le 13 du mois suivant jusqu'en octobre. Car elle avait quelque chose à leur dire. Le 13 juin, la scène s'est répétée avec les mêmes recommandations.

« L'enthousiasme général me gagne vite et je me rends le 13 juillet avec quelques amis jusqu'au chêne vert privilégié, pour observer ce qui va s'y passer. J'y étais avant midi, et il y avait déjà une multitude de gens qui attendaient. Les trois petits bergers sont arrivés. Lucie, la plus âgée, commençe à dire le chapelet avec nous. Vers midi, elle s'interrompt et dit : "La voilà qui vient !" C'était un beau jour d'été, cependant le soleil perdait un peu de son éclat et tout le monde regardait en haut. Je n'ai rien vu, mais en examinant les trois petits qui étaient bien avant moi, j'ai noté que quelque chose se passait avec eux. Ils fixaient avec attention le petit chêne vert et je voyais Lucie qui bougeait ses lèvres, mais je ne percevais pas ce qu'elle disait. La scène est courte. Peu après, Lucie m'a dit qu'elle avait vu la même dame, qu'elle lui avait fait les mêmes avertissements et lui avait dit qu'en octobre elle ferait un miracle pour que tous puissent croire. Tout cela dans un décor simple et dans un site désert et rude, rappelant la terrc déserte aride et sèche dont parle Sabiste. Cela me toucha profondément et je me promis intérieurement de revenir.

« Il ne me fut toutefois pas possible d'y retourner le 13 août. Mais je n'y perdis rien car ce jour-là la dictature de la municipalité amena les enfants en prison et de ce fait, il n'y eut pas d'apparition. L'après-midi la nouvelle courut que les petits bergers de Fatima étaient en prison. Je m'y rendis avec quelques amis et nous les vîmes là, parmi les autres prisonniers. De fait, l'autorité garda les enfants durant quelques jours, cherchant, par tous les moyens, à les convaincre de renier les déclarations qu'ils venaient de faire.

« La municipalité n'y réussit pas. Alors, vaincue par les circonstances si extraordinaires, elle les remit en liberté. Cette première persécution jointe à la crainte qui les motivait concourut beaucoup à répandre davantage et à faire connaître les événements de Fatima.

« C'est pourquoi, moi-même, je prends aussitôt la résolution de ne pas manquer l'apparition de septembre. J'y vais en effet. À mon arrivée, un peu avant midi, je trouve une multitude de gens, campant déjà là, attendant anrieusement l'heure fixée. Après, arrivent aussi les trois pastoureaux, Lucie, la plus âgée, dix ans, François, neuf ans et Jacynthe la plus jeune, âgée de sept ans à peine. Ils se dirigent vers le chêne vert en haut duquel la dame a l'habitude de se montrer. Ils s'agenouillent et Lucie commence à dire le chapelet. Tous nous l'accompagnons de la même façon qu'au mois de juillet. Soudain, elle s'interrompt et dit à voix haute : “La voici qui vient !” C'était un beau jour ensoleillé. Cependant, comme je l'avais noté aussi en juillet, l'éclat du soleil commence à diminuer sensiblement, de telle manière que tout le monde peut, à volonté, scruter le firmament. J'ai remarqué que beaucoup de personnes lèvent les bras et montrent le ciel en disant : “Elle vient là, elle vient là !” Rapidement cette clameur se transforme en un grand vacarme parce que tout le monde regarde et presque tous déclarent voir. Je freine ma curiosité et me refuse à regarder. C'est un fait que la lumière du soleil s'est beaucoup affaiblie. Mais moi aussi je crains d'être victime d'une illusion d'optique et je préfère ne pas être influencé et rester en dehors. Brusquement, on entend murmurer : “On ne voit plus, on ne voit plus”, et les voix se taisent. J'en conclus alors que quelque chose s'est passé. La dame s'est posée sur le chêne vert et déjà elle parle à Lucie. À la fin, quand Lucie déclare : “Elle va là ! elle va là !”, pointant du doigt vers le ciel, tout le monde regarde de nouveau et la joyeuse clameur reprend : “Elle va là ! Elle va là !” Du coup je ne résiste pas, je lève les yeux et dans la direction indiquée, je vois, moi aussi, distinctement, un objet lumineux qui s'éloigne vers l'orient. Ce n'est pas un gros objet lumineux que je vois. C'est un objet plus haut que large. Il se déplace avec une certaine rapidité, jusqu'à ce que je le perde de vue à l'horizon. Que cela peut-il être ? Je ne sais pas. Mais cette vision m'impressionne profondément. Peut-être une illusion des sens ? Mais le ciel est clair et pur. On ne voit pas le moindre soupçon de nuages, rien qu'un pur firmament. Cet objet lumineux, je l'ai remarqué là, dans le ciel, en face de moi, se déplaçant tranquillement quoique avec une certaine rapidité dans la direction de l'orient, puis disparaître. Peu après, je parle à Lucie. Elle m'avoue que comme les autres fois la dame s'est montrée à elle et lui a parlé, recommandant que l'on continue à réciter le chapelet pour que la guerre finisse *(la guerre de 1914-18. NDA)* et que l'on revienne ici le mois suivant car à cette occasion elle fera un miracle, pour que tous croient. Je rentre chez moi, très impressionné. À vrai dire, en juillet, j'avais remarqué seulement la diminution de la luminosité de la lumière solaire. Cette fois, j'ai vu se déplacer dans le firmament cet objet lumineux sur lequel, aujourd'hui, ma foi me dit que se cachait le corps béni de la reine des cieux. Aussitôt, je forme le projet de revenir en octobre.

« 13 octobre 1917, c'était le jour si ardemment attendu car il y avait la promesse d'un miracle visible par tous, afin que tous croient. C'est donc avec plus d'enthousiasme encore que les autres fois que je reviens pour la troisième fois à Fatima. J'y vais avec toute ma famille et nous assistons émerveillés à cette scène inoubliable qui empoigna la multitude et nous impressionna profondément.

« Il a plu toute la nuit sans interruption. La pluie continue, mais il est admirable de voir l'enthousiasme avec lequel tout le monde, en dépit du mauvais temps, gravit la longue montée qui conduit par-delà la colline, jusqu'à Fatima. En arrivant là, nous abandonnons notre moyen de transport, car la foule encombre déjà la route. Nous suivons donc à pied, et ce n'est pas sans difficulté que nous parcourons les quelques kilomètres qui nous séparent encore du terme de notre voyage. Il continue toujours de pleuvoir si fort que malgré les parapluies personne n'a plus un seul fil de sec. Pour marcher plus aisément, nous nous séparons. Moi, désirant tout voir, je reste avec mon oncle Benoît sur un endroit élevé, près de la route. Nous y attendons l'heure fixée. Je me souviens parfaitement avoir vu passer près de nous les trois pastoureaux, se dirigeant vers le chêne vert. Il est presque midi. Sur tout le vallon s'étend une masse de parapluies, car il continue de pleuvoir impitoyablement. Soudain, une parole retentit, répétée de bouche en bouche : "Fermez les parapluies !". Par les signes habituels, Lucie croit comprendre que l'apparition va surgir et s'adresser pour la dernière fois à eux dans le ciel béni de Fatima. C'est pour ce motif qu'elle fait cette demande. Des moments d'anxiété passent encore sur cette multitude de gens impatients, car personne ne pense à la vision des petits bergers, mais tous attendent le signe du ciel, annoncé si longtemps à l'avance. Cependant, les parapluies ont été fermés docilement par cette foule immense et je commence à sentir les premières émotions de ce moment inoubliable. La pluie cesse brusquement. Les nuages se fendent, laissant voir le soleil dans toute sa splendeur. Les vêtements tout trempés et le corps froid, je me souviens encore de la sensation délicieuse que nous causa cette caresse chaude du soleil. Un peu troublé par cette ambiance, je chuchotai à mon compagnon : "Je pressens qu'il va se passer ici quelque chose d'extraordinaire." C'est en fait ce qui arriva.

« Le phénomène solaire décrit déjà tant de fois suit immédiatement. Et moi, placé dans un endroit surélevé, animé de la ferveur de celui qui désire voir envers et contre tous, et non pas seulement sentir avant de pouvoir juger objectivement, j'assiste avec sang-froid à ce spectacle merveilleux qui, jamais, ne se reverra plus. À un moment donné, Lucie, crie : “Regardez le soleil !” et toute cette foule ayant espoir que du soleil viendra réellement le miracle annoncé, tourne anxieusement ses regards vers l'astre royal. Les rayons du soleil diminuent d'intensité. Il se laisse fixer par les yeux émerveillés de tous. Chaque 13, le signe le plus remarqué des pèlerins de Fatima, a toujours été sans aucun doute la diminution sensible de la lumière du soleil. Moi-même, j'en ai été témoin, nettement, en septembre et en juillet. D'autres signes sont aussi notés ; mais ils ne sont pas perçus de tous.

« Pour cette raison donc, et aussi parce qu'ils se demandent s'ils ne rencontreront pas quelques traces de l'apparition, les pèlerins scrutent soigneusement le ciel et plus particulièrement le soleil. Celui-ci, à ce moment de la journée, se laisse fixer parfaitement, sans éblouir. Débarrassé de ses nuages, l'astre royal se détache comme une ostie colossale.

« J'ai encore présente à la mémoire cette scène étrange et inoubliable. Le soleil de midi suspendu en face de nous, sans défense, neutre, dépourvu des rayons agressifs qui le caractérisent. Soudain, il commence à tourner sur lui-même à une vitesse vertigineuse. À un certain moment, il semble s'approcher et menace de se précipiter sur nous. Il se passe alors quelque chose d'inoubliable. La foule profondément impressionnée, s'agenouille dans la boue de la lande, priant et criant d'émotion. À travers le vallon retentit une immense clameur d'enthousiasme et de folie. Cependant, le soleil s'arrête. Après une courte pause il recommence sa course, sa valse étrange, tournoyant sur lui-même, nous donnant la sensation, soit de s'éloigner, soit de se rapprocher. Une lumière dont la couleur varie d'un instant à l'autre se reflète sur les personnes et les choses.

« Et s'il est vrai que la luminosité du soleil s'est affaiblie, par contre, sa chaleur n'a rien perdu de sa force. Je sens mon costume maintenant presque sec alors qu'il était tout trempé il y a quelques instants à peine. Malgré tout, aucune panique ne se manifeste. Personne ne fuit. On attendait un signe du ciel, il est là devant nos yeux. Ces signes sont observés avec confiance et effroi, mais un effroi raisonné. C'est pourquoi la foule ne fuit pas. Elle s'agenouille et prie. Cependant, la scène ne se prolonge pas indéfiniment. En l'espace de quelques minutes, pas beaucoup plus, tout est terminé. Une émotion visible se reflète sur le visage de tous ces gens. Ils viennent de vivre, sans aucun doute, un moment d'émotion extraordinaire. La plus extraordinaire qu'ils ressentiront jamais dans leur vie. Tout en se remémorant et commentant l'événement, tous concentrent maintenant leurs regards vers le lieu où, là-bas, s'élevait l'arc de triomphe grossier qui indiquait le chêne vert privilégié. Le peuple l'a déjà presque massacré pour en emporter un souvenir. Tous cherchent à voir si parmi cette foule immense, ils réussiront à découvrir les trois pastoureaux qui avaient prévu et annoncé si longtemps à l'avance cet événement si extraordinaire.

« De fait, ils viennent là-bas, transportés au-dessus de la multitude des gens. Lucie, la plus âgée, sur les épaules d'un géant, parle et gesticule. Je suis trop loin pour saisir ce qu'elle dit. Soudain, le géant bute et tombe, Lucie surgit aussitôt dans les bras d'une autre personne qui cherche à ouvrir un chemin. La foule est dense. Elle est bien difficile à percer. Je comprends alors que tout est fini, et nous commençons à nous retirer.

« La première chose que nous remarquons, mon oncle et moi, c'est que nos costumes complètement trempés auparavant, sont maintenant parfaitement secs. Nous échangeons nos premières impressions, avec divers groupes. À côté de nous, tous sont également émerveillés, car tous ont été témoins de ce spectacle si admirable.

« Voyons maintenant ce qui s'est passé avec les trois petits bergers. Au milieu de l'attente bienveillante et anxieuse de presque tous, et l'attitude visiblement hostile de quelques-uns, les enfants, dès leur arrivée près du chêne vert, se mettent à attendre patiemment et avec confiance l'heure de l'apparition. Quelques minutes après midi, heure solaire, Lucie perçoit les signes habituels, elle donne le premier avis : que l'on ferme les parapluies ! Immédiatement, la dame se montre à eux, comme les autres fois. Le dialogue est court. Lucie se souvenant que l'apparition avait promis de dire cette fois qui elle était, lui pose aussitôt la question : "Qui êtes-vous Madame ?" "Je suis la Dame du Rosaire", répond-elle. "Que l'on fasse ici une chapelle en mon honneur." Et déjà plus tranquilles, ces petits cœurs anxieux entendent les merveilleuses paroles : "Que l'on continue à réciter le chapelet tous les jours et qu'on n'offense plus le Seigneur, qui est déjà très offensé." Puis, sur un autre ton, elle ajoute : "Les sauveurs vont rentrer, parce que la guerre finira cette année." *("L'apparition" se trompe d'un an, il faudra attendre 1918. NDA.)*

« Lucie, comme les autres fois, lui fait des demandes en faveur de quelques personnes, et la dame termine la conversation : "Il faut qu'on se repente et qu'on demande pardon." Puis avec la sérénité de toujours, elle s'éloigne alors en direction de l'orient. C'est alors réellement l'épilogue de tout le message de Fatima. Reconnaître ses fautes, demander pardon et se corriger.

« Ce sont réellement les buts de tout être qui prétend s'élever et ils résument toute l'activité que, jour après jour, exige l'aspiration à la perfection. »

Fatima, au Portugal, le 9 avril 1968, José-Maria Pereira Gens.

Que penser d'un tel témoignage ? Avec l'affaire de Fatima, les conditions d'une hallucination collective sont réunies : foule considérable, miracle attendu, hystérie religieuse, etc. Les observatoires qui pointaient leurs lunettes vers le cosmos n'ont rien noté d'anormal à cette heure-là. Si phénomène exceptionnel il y a eu, ce dont j'ai l'intime conviction, ce phénomène a été limité à Fatima. Seul un engin de quelques dizaines ou centaines de mètres de diamètre, traversant la couche des nuages a pu prendre l'apparence du soleil, sécher très rapidement les vêtements de quatre-vingt mille témoins et faire jaillir des gerbes d'étincelles. Pourquoi cette mascarade ?, se demandait Jean Goupil. Oui pourquoi ?

Le message transmis par « Notre-Dame du Rosaire » est tragiquement pauvre : priez ! Quelles relations peuvent donc exister entre les religions, les ovnis et nous ? Je pose la question. Aurons-nous un jour la réponse ?

DEUXIÈME PARTIE

UN DÉFI POUR LA SCIENCE

I

LA VALEUR DES TÉMOIGNAGES

CLAUDE POHER : UN PHÉNOMÈNE INCONNU RÉELLEMENT OBSERVÉ

En 1973 quand il rédige cette contribution, Claude Poher est chercheur au CNES. Comme tous ceux qui se sont penchés avec attention sur le dossier des ovnis, il est convaincu que le phénomène ovni existe et qu'il mérite d'être étudié. L'étude qu'il a personnellement entreprise l'a amené à des constatations expérimentales de l'existence du phénomène ovni indépendamment des témoignages eux-mêmes. Voici le fruit de cette recherche.

UNE MASSE CONSIDÉRABLE D'OBSERVATIONS

Le public, les journalistes et les scientifiques n'ont, la plupart du temps, connaissance du « phénomène ovni » qu'à travers de courts articles de presse du style suivant :

« Le 5 février 1974, à Carigan (08) vers 8 h 40, M. Raymond Drillon, contremaître à Malakoff, a vu, au-dessus de la Chiers, une lueur anormale se maintenant plusieurs secondes au-dessus de la rivière, avant de disparaître en direction de Sedan. » (*L'Union de la Marne,* 7 mars 1974)

Les articles de ce genre sont parfois assortis de commentaires simplistes, voire tendancieux, à propos des probabilités de vie extra-terrestre.

La réaction normale du lecteur intelligent et équilibré est de hausser les épaules et de consacrer son temps à d'autres sujets ; je le comprends. En réalité, ce récit laconique se révèle n'être que la partie visible d'un vaste « iceberg » dont le corps immergé est aussi le plus important et le plus intéressant.

Ainsi, quand on recueille systématiquement ces témoignages, sans aucun souci préalable de tri, auprès de toutes les sources possibles, presse, armées, police, scientifiques, enquêtes directes auprès de témoins, etc., on se trouve progressivement en présence d'un amas colossal d'information : des articles de journaux, des rapports officiels, des lettres manuscrites, etc.

J'ai personnellement tenté d'accumuler une telle information pendant six années et je dispose actuellement d'environ 5 000 comptes rendus d'observation. Le docteur Saunders, qui fut professeur de psychologie à l'université du Colorado, possède par exemple, un fichier de près de 80 000 rapports qui correspond à environ 37 000 événements distincts ; le docteur J. Vallée possède, lui aussi, un catalogue de plusieurs milliers de cas, etc.

Si l'on tient compte du fait que le recueil des informations n'a été forcément que très partiel parce que mené à titre strictement personnel, on devine que la masse réelle des témoignages disponibles est bien plus considérable encore (des sondages récents permettent d'estimer que le nombre des observations a probablement atteint 90 millions en trente ans à la surface du globe).

DEUX QUESTIONS ESSENTIELLES

Dès que l'on possède une information exhaustive sur le sujet, on ne peut plus se contenter de balayer simplement de son esprit le malaise causé par la lecture de ces dizaines de milliers de témoignages que déjà, à première lecture, on constate cohérents.

La logique cartésienne nous conduit alors à nous poser les questions suivantes :

1) Les yeux des témoins ont-ils réellement observé quelque chose dans le ciel ?

Une réponse négative orienterait dès lors l'étude vers des psychoses collectives ou l'invention pure, par exemple. Mais en cas de réponse positive, une autre question vient à l'esprit :

2) Si les témoins ont réellement vu « quelque chose » dans le ciel, peut-on expliquer ces observations par des phénomènes connus, planètes, satellites, météorites, ballons, etc. ?

RÉPONSE À LA QUESTION N° 1

S'agit-il d'un phénomène réellement observé par les témoins ?

Pour répondre à cette question on peut utiliser des éléments d'information indirects contenus dans les rapports d'observation :

– la date, l'heure et le lieu d'observation.

– les conditions météorologiques au moment de l'observation.

J'ai pensé, en effet, que les témoins avaient eu tendance à n'attacher qu'une importance secondaire à ces quatre paramètres et qu'ils cherchaient davantage à préciser la description du phénomène prétendu observé. L'étude a été menée par des méthodes statistiques. Elle a porté sur un peu plus de 1000 rapports prélevés au hasard dans le fichier dont je dispose. J'ai utilisé les rapports d'observation dans lesquels la date, l'heure et le lieu d'observation étaient connus avec précision (ils le sont dans 80 % des cas).

Vérification des données météorologiques

Il est possible de contrôler les conditions météorologiques alléguées par les témoins (elles sont précisées dans le quart des cas) par comparaison avec les archives de la Météorologie nationale.

On constate que les indications des témoins sont exactes dans 99,5 % des cas.

Ceci peut être un premier élément d'appréciation de la valeur des informations que contiennent les rapports d'observation.

Méthode utilisée pour vérifier si le phénomène est réellement observé par les témoins

La lecture des milliers de rapports d'observation disponibles révèle que le phénomène ovni est prétendu être observé à toutes les distances, de quelques mètres à plusieurs dizaines de kilomètres. Par conséquent, s'il s'agit là d'un phénomène réellement observé il doit être d'autant plus rapporté que l'atmosphère terrestre est plus transparente au moment de l'observation.

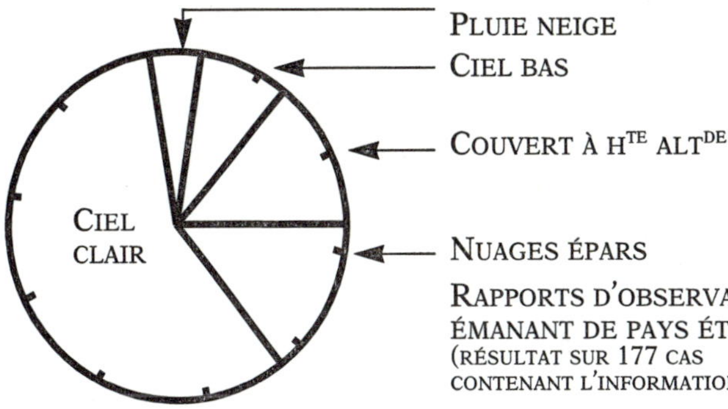

RAPPORTS D'OBSERVATION ÉMANANT DE PAYS ÉTRANGERS (RÉSULTAT SUR 177 CAS CONTENANT L'INFORMATION UTILE)

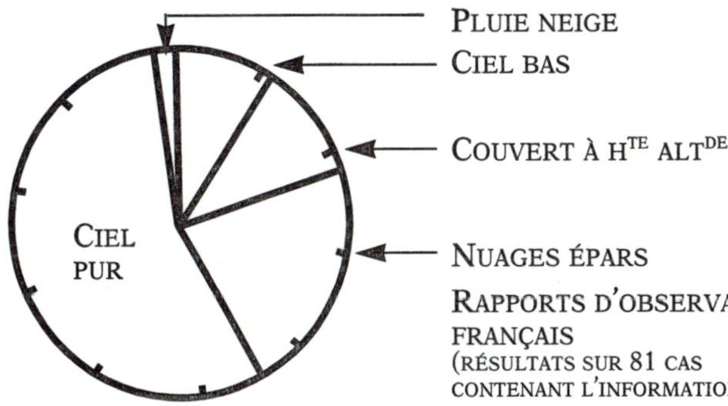

RAPPORTS D'OBSERVATION FRANÇAIS (RÉSULTATS SUR 81 CAS CONTENANT L'INFORMATION UTILE)

Une étude statistique, même élémentaire, portant sur l'état de la couverture nuageuse au moment de l'observation révèle que cette propriété semble vérifiée aussi bien en France que dans les pays étrangers.

Action plus précise de la transparence atmosphérique

L'étude peut être abordée d'une façon plus précise en rapprochant les rapports d'observation des conditions de visibilité atmosphérique réellement mesurées.

En effet, les services météorologiques des aéroports mesurent en permanence les conditions de visibilité horizontale et verticale qu'ils expriment en distances au-delà desquelles un avion n'est plus visible. La répartition géographique des aéroports est souvent suffisante pour extrapoler les conditions de transparence atmosphérique en un lieu autre que l'aéroport lui-même.

Ceci a été utilisé pour les rapports français d'observation d'ovnis et on a ainsi pu connaître les conditions de visibilité réelles au lieu et au moment précis de l'observation alléguée d'un ovni. Les rapports d'observation ont été ensuite groupés en « classes », en fonction de la distance de visibilité qui existait réellement au lieu et à l'heure de l'observation alléguée (voir diagramme). Ces deux données sont objectives et indépendantes de la volonté d'un témoin particulier.

On peut aussi, à partir des mesures réelles de visibilité horizontale et verticale, déterminer le « volume de visibilité » qui entourait chaque observateur au moment de l'observation. Si l'on suppose alors que l'atmosphère est traversée par des mobiles statistiquement équirépartis en volume (sur une durée assez longue, trente ans ici) et si l'on suppose également que la probabilité d'observation et de transmission d'un rapport est constante quand il pénètre dans le « volume de visibilité » d'un observateur, on peut alors se livrer à un exercice de calcul conduisant à évaluer une « loi théorique » exprimant la possibilité de variations du nombre des rapports d'observation de mobiles en fonction de la distance de visibilité (cette loi n'est pas celle du cube de la distance de visibilité verticale à cause de la stratification horizontale de l'atmosphère). La comparaison de cette « loi théorique » et des résultats statistiques portant sur les rapports d'observation d'ovnis réellement disponibles est appréciable sur le diagramme suivant :

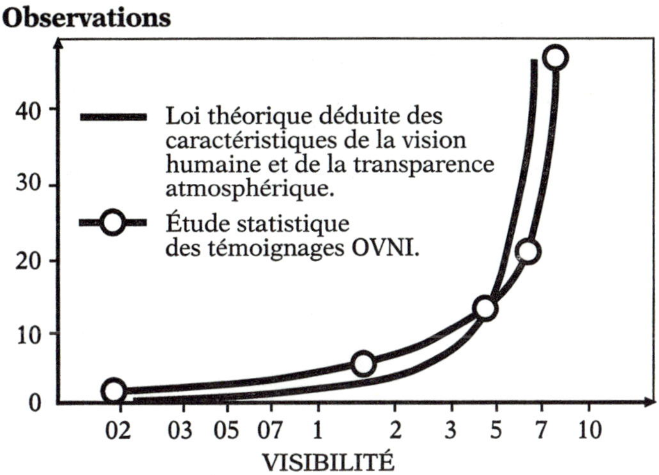

Le fait que les rapports d'observation réellement reçus respectent pratiquement la loi théorique précédente implique plusieurs choses :

a) Les lois d'optique sont respectées. N'oublions pas, en effet, que la distance de visibilité est mesurée optiquement par des météorologues.

b) Le phénomène observé respecte la règle suivante avec une bonne approximation :

$V \times P_o \times P_R = Cte$, avec :

V = nombre d'objets par unité de volume atmosphérique en trente ans.

P_o = probabilité d'observation d'un objet pénétrant dans le « volume de visibilité » d'un observateur.

P_R = probabilité de rapporter les observations.

Action de l'absorption atmosphérique au voisinage de l'horizon

Un autre résultat est également intéressant à noter : c'est la répartition du nombre (N) des rapports en fonction de la hauteur angulaire (h) d'observation alléguée au-dessus de l'horizon. Ou plutôt, comme pour étudier l'absorption atmosphérique, log N en fonction de 1/sin h.

En effet, si l'on prélève les cas pour lesquels la distance témoin-objet, mesurée objectivement par triangulation en cas d'observations multiples et simultanées, était de plusieurs kilomètres au moment du début de l'observation et si l'on utilise ceux pour lesquels les observateurs ont pris la précaution de déterminer la hauteur angulaire du début d'observation, on peut tracer les variations du nombre des rapports d'observation reçus en fonction de la hauteur angulaire. (Les rapports ont été groupés par « classes » de hauteur angulaire.)

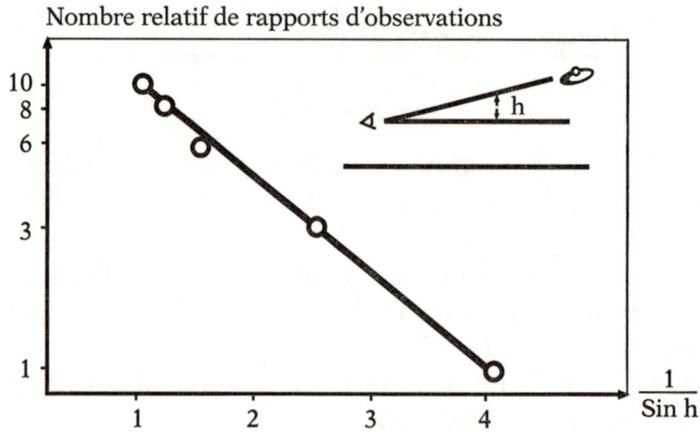

On voit que le phénomène se comporte statistiquement comme si les lois de l'absorption atmosphérique étaient respectées, puisqu'on obtient une « droite de Bouguer » comme celle qu'utilisent les astronomes pour étudier l'absorption de lumière par l'atmosphère.

Une vérification supplémentaire

Les résultats cités précédemment peuvent conduire à l'hypothèse suivante : le phénomène est « statistiquement équivalent » à l'observation d'objets (au sens optique du mot) traversant l'atmosphère ; leur nombre par unité de volume est constant sur trente ans. Le fait qu'un rapport d'observation nous soit parvenu est lié à des facteurs sociologiques (densité de témoins potentiels, probabilité de faire part de son observation, probabilité que le rapport d'observation nous soit transmis) ou à des facteurs liés à la transparence atmosphérique.

Il est possible de se livrer à une vérification de cette hypothèse par la méthode suivante.

On choisit deux groupes de départements français distincts : le premier groupe correspond à des départements du nord de la France où la densité de population est aussi variée que possible et où, simultanément, on a enregistré un ensoleillement annuel moyen de 1200 heures environ (moyenne relevée sur trente ans par la Météorologie nationale), le second groupe obéit aux mêmes règles mais avec deux fois plus d'ensoleillement (2500 heures environ). Il s'agit donc de départements du Midi de la France. On compte ensuite le nombre de rapports d'observation d'ovnis qui nous sont parvenus de chacun des départements des deux groupes et on trace les variations du nombre de rapports d'observation en fonction de la densité de population à l'échelle d'un département (la superficie intervient au second ordre, puisque les départements ont des superficies assez comparables).

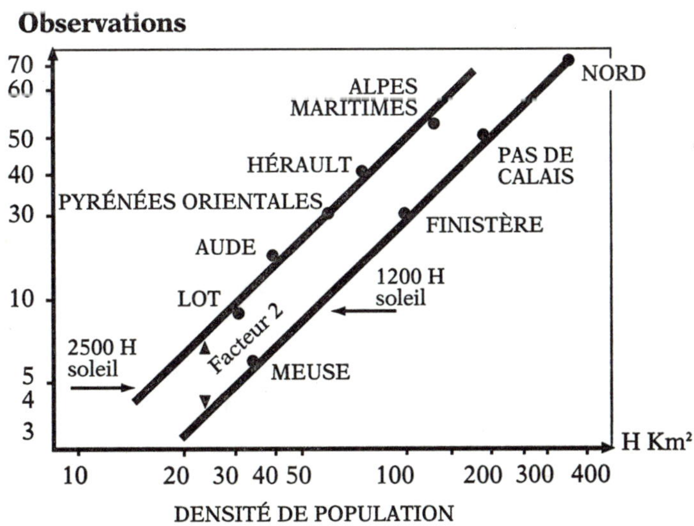

On constate alors que :

a) Les départements d'un même groupe s'alignent : le nombre de rapports d'observation est proportionnel à la densité de population.

b) Les deux groupes donnent des alignements distants d'un facteur 2 (on a choisi précisément un facteur 2 entre les moyennes annuelles d'ensoleillement).

Conclusion n° 1

On voit mal comment les trois résultats qui précèdent pourraient s'expliquer par des phénomènes purement psychiques conscients ou inconscients. En fait, nous avons le choix entre deux hypothèses pour expliquer les trois résultats précédents.

1) Le phénomène allégué présente toutes les caractéristiques de « quelque chose » de réellement observé visuellement par les habitants à travers une atmosphère plus ou moins transparente.

2) Les témoins se sont concertés, par milliers, dans tous les pays du monde, pour choisir des dates, heures et lieux allégués d'observation tels que les résultats statistiques puissent respecter scrupuleusement les lois de la vision humaine en atmosphère plus ou moins transparente.

La première hypothèse est évidemment la seule plausible.

Nous sommes donc bien en présence d'un phénomène réellement observé par les témoins.

RÉPONSE À LA QUESTION N° 2

Le phénomène réellement observé par les témoins est-il une mauvaise interprétation d'observations de phénomènes connus ?

La réponse qui est généralement proposée à une telle question consiste à citer une dizaine de rapports d'observation d'ovnis pour appuyer une conviction négative.

On peut alors présenter dix autres témoignages correspondant à des erreurs d'interprétation flagrantes qui viennent détruire la thèse précédente.

Pour éviter cet écueil j'emploierai une méthode d'analyse statistique. Elle présente ainsi l'avantage d'être vérifiable, ne peut faire l'objet d'aucune querelle de compétences et prend en compte tous les témoignages disponibles, sans choix orienté.

J'ai choisi d'étudier un paramètre directement lié au phénomène observé : la durée totale d'observation alléguée par le témoin.

On pouvait craindre d'utiliser une quantité évaluée subjectivement par le témoin, aussi la précaution a été prise de mener parallèlement une étude expérimentale de contrôle qui a montré que l'évaluation subjective des durées par les témoins est rarement fausse de plus d'un facteur 2 à 3, dans les deux sens, ce qui est largement suffisant pour l'étude.

La durée d'observation des phénomènes connus visibles dans le ciel

Voyons tout d'abord ce que l'observation des phénomènes connus devrait nous révéler statistiquement quant à la durée des observations.

On peut répartir les phénomènes connus observables dans le ciel entre les trois catégories suivantes :

1) Les phénomènes dont l'observation est de très courte durée – quelques secondes au maximum – parmi lesquels on trouve essentiellement les météorites, les rentrées de satellites, etc.

2) Les phénomènes dont l'observation est de longue durée – une heure au moins. On y trouve les ballons-sondes, les objets astronomiques etc.

3) Les phénomènes dont l'observation est d'une durée intermédiaire, qui peut s'étendre d'une dizaine de secondes

à plusieurs minutes. On trouve dans cette catégorie les avions (toutes altitudes) les hélicoptères, oiseaux, insectes, etc.

– les phénomènes de durée brève (type 1) sont très nombreux : des centaines de météorites sont visibles chaque nuit en moyenne.

– les phénomènes de longue durée (type 2) sont également très nombreux et ont une plus grande chance d'être observés car la plupart sont visibles chaque jour comme les planètes.

– les phénomènes de durée intermédiaire (type 3) sont plus rares que les deux autres et aussi plus faciles à identifier à cause des sons généralement associés.

Un test expérimental d'observation de phénomènes célestes connus donne effectivement le résultat indiqué par une des courbes du diagramme suivant :

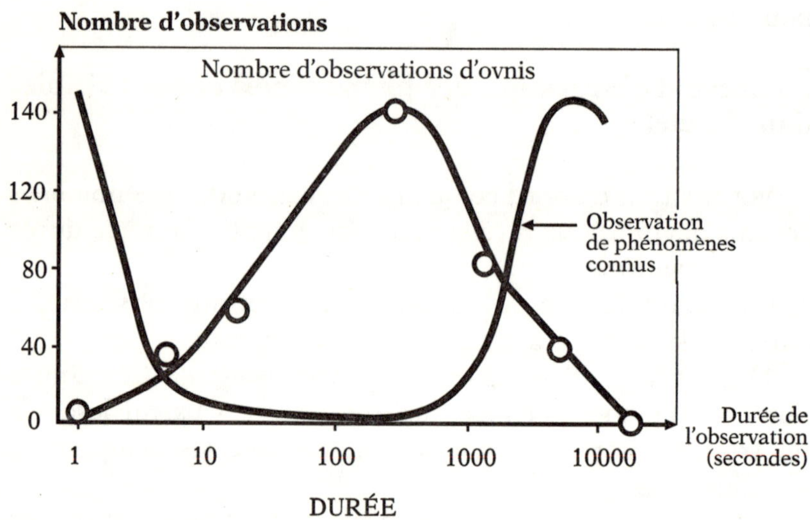

La durée d'observation du phénomène ovni

La durée d'observation est indiquée dans 46 % des rapports d'observation qui nous parviennent. Le nombre des rapports varie en fonction de la durée d'observation selon la courbe du diagramme de la page 252, cette courbe est très nettement différente de celle qui correspond aux observations des phénomènes connus.

Il est donc difficile d'admettre que les deux phénomènes sont assimilables.

Action de la distance d'observation

On peut aussi faire une étude statistique de la distribution des rapports en fonction de la « distance d'observation ». En effet, une proportion modeste mais statistiquement significative de témoignages fait état d'observations simultanées du même phénomène depuis des points éloignés de quelques centaines de mètres à quelques kilomètres par des personnes ne se connaissant généralement pas, les enquêtes correspondantes émanent souvent de sources officielles.

Il est alors possible de procéder à une évaluation objective de la distance d'observation par une classique méthode de triangulation : les témoins indiquent, sur place, dans quelle direction ils ont observé et le reste est affaire de calcul simple. La répartition du nombre de rapports d'observation en fonction de cette distance objective est la suivante :

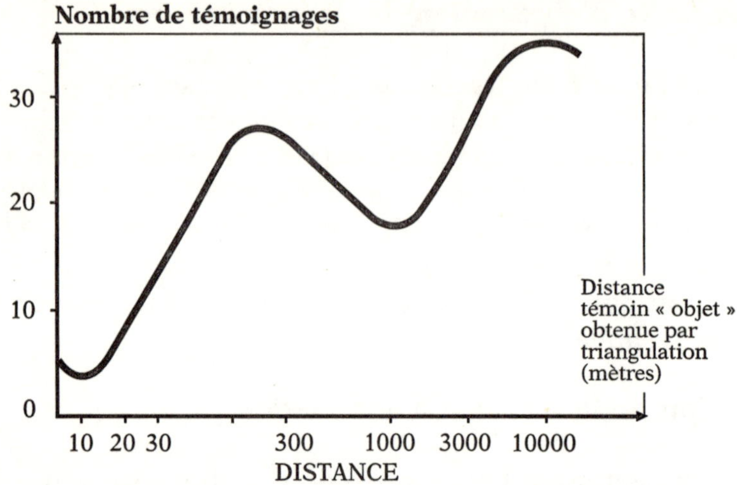

À noter que 70 % des rapports d'observations signalent simultanément un silence total en dessous de 1000 mètres de distance.

Conclusion n° 2

Il faut rapprocher trois résultats pour analyser le phénomène observé :

1) le nombre de rapports d'observations en fonction de la « distance de visibilité » atmosphérique ;

2) le nombre de rapports d'observations en fonction de la durée des observations ;

3) le nombre de rapports d'observations en fonction de la distance d'observation, c'est-à-dire de la distance entre le témoin et l'« objet ».

Nous pouvons alors chercher quels phénomènes connus répondent simultanément aux trois critères qu'impliquent les résultats précédents :

– être surtout observables quand le ciel est très pur,

– être surtout observables pendant une dizaine de minutes depuis un point donné,

– être vus dans 50 % des cas, à moins d'un kilomètre de distance et dans 30 % des cas à moins de 200 mètres de distance et ceci avec un silence total.

Ces trois critères excluent que les observateurs aient vu des phénomènes connus ; en tout cas je n'en connais pas de semblables.

CONCLUSION GÉNÉRALE

Nous avons donc le choix entre trois hypothèses pour expliquer les résultats précédents :

1) nous sommes en présence d'un phénomène inconnu jusqu'à présent,

2) les témoins se sont concertés par dizaines de milliers à l'échelle du globe pour faire en sorte que la durée et la direction de l'observation de phénomènes connus donnent des résultats statistiques impossibles à interpréter,

3) les témoins ont systématiquement commis des erreurs d'évaluation de durée d'un facteur 100 dans le sens de l'augmentation pour les courtes durées et dans le sens de la réduction pour les longues durées ; ils ont simultanément falsifié les directions d'observations intelligemment.

Les deux dernières hypothèses sont irrecevables.

Nous sommes donc en présence d'un phénomène inconnu réellement observé par les témoins.

À ce stade il ne nous est, bien entendu, pas possible de savoir si les témoins ont observé un seul ou plusieurs phénomènes inconnus distincts.

La taille de ce livre ne permet pas de présenter la totalité des résultats statistiques qui peuvent être obtenus sur ce phénomène à partir de 60 paramètres distincts. Ces résultats montrent que le phénomène ovni est décrit par les témoins d'une manière extrêmement cohérente dans tous les pays du monde quels que soient leurs coutumes, leur degré d'alphabétisation, leur race ou leur niveau d'évolution industrielle. C'est là un élément à ne pas négliger pour juger de la crédibilité des rapports d'observation.

Après six années d'études, je suis amené à tirer les conclusions suivantes :

1) nous sommes en présence d'un phénomène réellement observé par les témoins.

2) ce phénomène possède des caractéristiques qui lui sont propres, avec un haut degré de cohérence interne et qui ne peuvent être expliquées par aucun phénomène connu observable dans le ciel.

3) le phénomène ovni présente un intérêt scientifique multidisciplinaire certain et son étude est abordable par les méthodes classiques de la science.

SOUHAITS ET RECOMMANDATIONS

Pour juger le phénomène ovni il faut, à mon avis, être d'abord intellectuellement honnête et bien informé.

Pour éviter toute passion dans ce jugement, je suggérerais que le sceptique fasse, par exemple, ce que j'ai fait :

1) interroger lui-même et sans idées préconçues les centaines de témoins d'observations récentes les plus étranges.

2) prendre patiemment connaissance de très nombreux rapports émanant de « témoins aux fonctions officielles » et des témoins aux compétences indiscutables. Enfin, compulser éventuellement les milliers de rapports d'observations recus pendant les trente dernières années pour se faire une idée générale du problème. Ne pas croire en l'occurrence à l'exhaustivité du peu d'informations qu'on possède soi-même, ni penser que ce qui est largement publié en est un bon échantillon.

3) vérifier lui-même avec le plus grand soin certains témoignages et tenter de les expliquer complètement sans en omettre un seul détail important.

Alors seulement le sceptique pourra exprimer sa propre opinion en connaissance de cause. Dans tout autre cas, il ne ferait que répéter l'opinion d'un autre ou juger un phénomène autre que celui dont j'ai voulu l'informer ici.

En ce qui me concerne, cette méthode a radicalement changé mon jugement du phénomène, jugement qui était extrêmement sceptique à l'origine.

CLAUDE POHER[1]

PIERRE GUÉRIN : LA PREUVE PAR LE TÉMOIGNAGE

Pierre Guérin, astrophysicien connu mondialement, notamment pour ses travaux sur les anneaux de Saturne, répond ici à la question classique : mais enfin, quelles « preuves » avez-vous de l'existence des ovnis ?

Dans une démonstration rigoureuse, Pierre Guérin explique quelles sont ces preuves, et ce qu'elles nous apprennent.

En 1976, date de la rédaction de ce chapitre, Pierre Guérin est Maître de recherche au CNRS (Centre national de la recherche scientifique).

Le problème de la preuve en ufologie est fondamental. Pour deux raisons. Tout d'abord, une majorité de gens croient encore que l'existence des ovnis n'est absolument pas prouvée. Cette attitude se rencontre, non seulement dans les milieux scientifiques et dans la prétendue « intelligentzia », mais aussi dans les couches populaires. Il suffit, pour s'en convaincre, de regarder la télévision. Chaque fois, ou presque, qu'un producteur envisage de faire une émission sur les ovnis ou sur la vie extra-terrestre (les deux sujets sont, en général, confondus), il réalise cette émission sous

1. In *Le Nouveau défi des OVNIS,* France-Empire, 1978.

la forme d'un débat, non pas entre ufologues (c'est-à-dire entre spécialistes des ovnis), mais entre partisans et adversaires de l'existence des ovnis. Or, cette idée toute faite, que nous ne possédons pas de preuve vraiment sérieuse de ladite existence, est entièrement fausse, ainsi que nous allons le voir.

D'autre part, parmi les ufologues eux-mêmes, il est un grand nombre d'enquêteurs qui ont tendance à prendre à la lettre, et à considérer comme traduisant la réalité physique, tous les détails rapportés par les témoins d'ovnis – pour autant que ces témoins soient de bonne foi, et que leurs déclarations soient corroborées indépendamment par d'autres témoins. De tels détails peuvent ensuite être repris tels quels par les ufologues physiciens qui commencent aujourd'hui à élaborer des modèles d'ovnis obéissant aux lois connues de la physique, et rendant compte, aussi bien que possible, des faits allégués. Or, je vais précisément montrer que si l'existence des ovnis, et leur irréductibilité à des objets ou à des phénomènes naturels connus, sont indubitablement prouvées par la comparaison des témoignages entre eux, et par leur traitement statistique, il n'en va pas forcément de même de la réalité physique de certains détails allégués par les témoins rapprochés, même si, à une époque donnée, ces détails sont concordants de par le monde. Il est donc nécessaire d'être extrêmement critique et prudent dans le choix des données de base pouvant servir à l'élaboration des modèles.

LA CROYANCE PHILOSOPHIQUE EN L'INEXISTENCE DES OVNIS

La plupart des scientifiques – j'en sais quelque chose – ne croient pas aux ovnis. J'affirme qu'ils n'y croient pas, exactement à la façon dont l'homme de la rue, à moins d'en avoir vu un, n'y croit pas lui-même. Car il s'agit bien, ici, d'une véritable croyance mais négative, ou, si l'on préfère, d'une opinion fondée, non pas sur une connaissance du dossier, mais sur une impression *a priori* de certitude évidente. Il paraît « évident », en effet, que même s'il existe des extra-terrestres sur des planètes situées à des dizaines ou des milliers d'années-lumière – ce que nous laissent croire à la fois l'astrophysique et la biologie, et qui n'est plus guère contesté par aucun scientifique – l'Homme est le seul être intelligent sur cette Terre, et que les prétendus extra-terrestres en balade ici-bas, tout comme leurs versions moyenâgeuses que furent les Anges, venus du ciel, et les démons, sont issues de l'imagination populaire et relèvent de la superstition. Une telle attitude est le résultat d'un conditionnement intellectuel récent. En effet, la science nous a tellement appris à nous passer de Dieu pour expliquer les phénomènes de la nature, ce dont je ne la blâmerai pas, que nombre de ses serviteurs, ayant tué Dieu, ont fait subir le même sort aux êtres célestes qui, selon l'enseignement de l'Église, sont les envoyés de Dieu sur terre.

Au nom de ce que j'appellerai le dogme de l'humanisme rationaliste, héritier direct du siècle des « Lumières », ces savants ont placé l'Homme au sommet de l'intelligence, de la pensée – prétendant qu'il s'agissait là d'un des « postulats fondamentaux » de la science, alors que ce n'est qu'un postulat de leur philosophie. Et tout le monde, même les intellectuels catholiques, même les curés, a fini par les suivre. Parce que c'est rassurant pour notre tranquillité d'esprit, et aussi pour notre orgueil...

Dès lors, ce serait, pour une majorité d'hommes de science, une véritable régression intellectuelle que de réintroduire, par le biais des « soucoupes volantes », ces entités du ciel dans notre vie terrestre. Ces visites d'extra-terrestres, à la pensée peut-être supérieure, ils préfèrent croire qu'elles relèvent de la « psychose collective », de la mystification, de la confusion involontaire avec des phénomènes connus, « La soucoupe volante, c'est la forme aérodynamique du serpent de mer », a prophétisé un physicien français maintenant bien âgé, dont l'ignorance totale et persistante du sujet n'égale que l'imprudente présomption. Est-il besoin de dire que ce physicien fut, et reste, l'un des piliers de cette Église rationaliste de France qui, en cette fin du vingtième siècle, s'efforce dogmatiquement de perpétuer l'humanisme des « Lumières » pour endiguer, sans grand succès d'ailleurs, le déferlement actuel d'irrationalisme que je juge tout aussi néfaste qu'elle.

PREUVES TESTIMONIALES ET PREUVES SCIENTIFIQUES

Parmi les scientifiques que leurs convictions philosophiques obligent ainsi à croire en l'inexistence des ovnis il en existe cependant quelques-uns qui ont le souci de rationaliser leur croyance, en l'appuyant sur des arguments qui se veulent impersonnels et non affectifs. Ces arguments peuvent être ramenés à deux types :

a) L'existence des ovnis ne nous est rapportée que par des témoignages, relatifs à des « rumeurs », ou au mieux, à des faits bruts, isolés, qui se sont produits une fois et ne se reproduiront sans doute jamais plus de façon identique. De tels témoignages ne peuvent pas avoir la moindre valeur scientifique, car ce n'est pas sur des faits isolés, ou pis, sur des rumeurs, que se fonde la preuve scientifique.

b) Selon ces témoignages, les ovnis violent manifestement les lois les mieux établies de la physique, ce qui est impossible s'il s'agit d'objets matériels réels.

Il convient d'examiner l'un après l'autre, et dans le détail, ces arguments, mais nous devons au préalable préciser au lecteur, ou lui rappeler, ce qu'est la méthode scientifique utilisée par les hommes de science pour faire progresser la connaissance.

Insistons tout d'abord sur le fait que la science ne prétend pas expliquer un éventuel « pourquoi » des choses, mais leur « comment » – autrement dit, elle cherche à établir les processus, ou plus trivialement les « mécanismes », rendant compte des faits observés. La méthode scientifique consiste en une confrontation permanente entre les données de l'observation des phénomènes, d'une part, et des modèles explicatifs – ou si l'on préfère des hypothèses – bâtis rationnellement pour rendre compte desdits phénomènes, d'autre part. Tout modèle mérite pleinement ce nom s'il fournit des critères permettant de tester sa validité, c'est-à-dire s'il permet de prévoir des faits nouveaux suscitant de nouvelles observations. Ou bien ces observations confirmeront les faits prévus par le modèle, justifiant ainsi le bien-fondé des mécanismes invoqués dans le modèle ; ou bien elles les infirmeront – et dans ce dernier cas, le modèle devra être rejeté, ou à tout le moins modifié et amélioré.

Dans le domaine des sciences dites « exactes », comme l'astronomie, la physique et même la biologie, la méthode scientifique a fait la preuve de sa particulière efficacité et s'est révélée extrêmement féconde, en ce qu'elle a permis la découverte de lois de la nature dont la validité a été étendue de proche en proche jusqu'à être considérée comme universelle. En effet, ces lois ont permis l'élaboration de modèles qui rendent compte des faits connus sans qu'elles soient jamais mises en défaut, et qui laissent prévoir de nouveaux faits se trouvant vérifiés à leur tour. Ce n'est pas par hasard que l'astronomie classique est souvent qualifiée de « reine des sciences », car elle est la meilleure illustration du processus que nous venons de décrire. Ainsi, la loi d'attraction de Newton a été étendue de proche en proche aux différents corps du système solaire; l'application de cette loi au mouvement d'Uranus a permis de calculer un modèle qui rendait compte de ce mouvement en faisant intervenir, outre l'attraction du Soleil, celle d'une planète encore inconnue, plus lointaine ; ce modèle suscita des observations qui confirmèrent l'existence de cette planète nouvelle, baptisée Neptune. L'universalité de la loi de Newton s'en trouva renforcée.

Ainsi progresse la connaissance scientifique. Par le jeu de cette confrontation entre observations et modèles, telle théorie est confirmée – par exemple la théorie de la Relativité –, tel mécanisme explicatif d'un phénomène est dégagé – par exemple le mécanisme de rayonnement des étoiles –, tel objet, enfin, qu'on ne voit ni ne décèle directement, est mis en évidence – par exemple les planètes autour de certaines étoiles « proches ». Si ces résultats sont acquis de façon sûre, sans être infirmés par de nouvelles observations, ils peuvent être considérés comme pratiquement prouvés. C'est cela, la preuve scientifique.

Comme on le voit, elle ne s'applique qu'à ce qui est déduit rationnellement des observations, mais non pas à ce qui est directement observé, hors de toute théorie, et qui ne requiert dès lors d'autre preuve que testimoniale, c'est-à-dire fondée sur le témoignage de l'observateur.

Ainsi, toute expérience de laboratoire, toute observation astronomique, nous est connue, qu'on le veuille ou non, grâce au témoignage de qui l'a réalisée. Et comme chacun sait la faiblesse du témoignage humain – encore qu'à mon avis, cette faiblesse soit le plus souvent très grossie par ceux qui ont intérêt à la mettre en avant pour justifier leur scepticisme naturel – on ne considère généralement la preuve testimoniale comme acquise, que si des témoignages significativement concordants sont rapportés par des observateurs indépendants, sains d'esprit et dignes de foi, n'ayant pu, même inconsciemment, être influencés les uns par les autres. La communauté scientifique, on ne le répétera jamais assez, utilise de façon constante ce critère probatoire, et elle a bien raison ! Une nouvelle comète, encore lointaine, est-elle découverte sur une plaque photo exposée sur le ciel par un astronome, que d'autres observatoires, alertés, pointent à leur tour leurs télescopes vers la comète... dont l'existence ne sera reconnue finalement que si l'astre a été enregistré indépendamment par ces différentes stations. Car les scientifiques savent bien qu'en dépit des apparences, la photographie n'est pas un moyen de détection impersonnel... toute observation, même faite au moyen d'un appareil de mesure ou d'un récepteur comme la plaque photo ou la cellule photoélectrique, ne nous étant connue en définitive que par celui qui l'a réalisée, et qui peut s'être trompé de bonne foi même s'il ne cherche pas à tromper autrui. La seule chose que l'on puisse regretter, c'est que les scientifiques utilisent presque toujours le critère de la preuve testimoniale avec moins d'exigences que policiers et magistrats : car enfin, il est fréquent, et même très général, comme on vient de le voir à propos de l'exemple de la comète, qu'un phénomène ou un objet découverts par un chercheur ou une équipe scientifique, soient confirmés après coup par un autre chercheur ou une autre équipe qui étaient au courant de la découverte et des résultats déjà obtenus, donc susceptibles d'être influencés. Une telle crainte n'est point vaine, on l'a bien vu à propos des prétendus canaux de Mars, que tant d'astronomes influencés les uns par les autres, et se communiquant leurs dessins, « observèrent » avec une belle unanimité à la fin du siècle dernier et au début de ce siècle...

RÉFUTATION DES RATIONALISATIONS DOGMATIQUES

Nous sommes maintenant à même de donner un commencement de réponse aux arguments de ceux qui rationalisent leur croyance philosophique en l'inexistence des ovnis.

a) Ils nous disent que l'existence des ovnis n'est connue que par des témoignages, et c'est vrai : même une photographie d'ovni, ou un écho radar sur un ovni, qui ne sont pas plus des pièces à conviction matérielles qu'une photo de comète, ne sont crédibles que dans la mesure où l'observateur qui témoigne les avoir obtenus, est crédible lui-même. Cela dit, la question est de savoir si, en l'occurrence, les exigences de la preuve testimoniale sont satisfaites. Nous verrons plus loin qu'il en est bien ainsi. Comme le fait remarquer très justement Jacques Scornaux[1], « le meilleur moyen de ne pas trouver de preuve est de ne pas en chercher ». Et c'est refuser d'en chercher, que de dévaluer à l'avance la valeur et la portée des témoignages sur les ovnis en affirmant péremptoirement, sans rien connaître au dossier, qu'ils se rapportent à des faits bruts, isolés, incontrôlables et non reproductibles. D'autre part, le fait d'arguer, à l'encontre de l'existence des ovnis, qu'on ne peut pas fonder sur des témoignages la preuve scientifique de cette existence est la marque d'un degré élevé de confusion intellectuelle. Car d'une part, il n'y a pas, il n'y a jamais, de preuve scientifique de l'existence d'un objet ou d'un phénomène relevant de l'observation directe antérieurement à toute théorie explicative – qu'il s'agisse d'un séisme, d'un quasar, d'une comète ou... d'un ovni : il y a seulement des preuves testimoniales. Et d'autre part, la science ne peut faire autrement que d'utiliser de telles preuves testimoniales pour établir, dans un premier stade, la réalité des objets ou des phénomènes que, dans un second stade, elle va s'efforcer d'expliquer en bâtissant des modèles et en confrontant ceux-ci aux données observationnelles fournies par les témoignages.

Au demeurant, les premiers modèles sérieux d'ovnis, basés sur les lois connues de la magnétohydrodynamique et fournissant un début d'explication au mode de propulsion des ovnis dans l'atmosphère, commencent de voir le jour. On ne peut même plus dire que l'ufologie en reste au stade de la collecte des faits, et qu'elle « piétine ».

b) Ceux qui récusent l'existence des ovnis nous disent aussi qu'aucun objet matériel ne saurait violer les lois de la nature, alors que les ovnis, si l'on en croit les témoins, violeraient certaines de ces lois. Les observations d'ovnis

1. Jacques Scornaux et Christiane Piens : *À la recherche des ovnis* (Marabout).

devraient donc être rejetées comme certainement inexactes, parce qu'« impossibles », et il conviendrait de les ramener au rang de témoignages douteux, quelles qu'en soient la qualité et l'origine ; leur concordance sera tenue pour non significative, car « forcément » due au hasard, qui a toujours bon dos en l'occurrence. Et, lorsqu'on n'évoquera pas la fraude ou l'hallucination, on réduira quand même les observations « impossibles » en les ramenant à tout prix à du déjà connu ; par exemple à tel phénomène naturel mal interprété, ou à tel concours rare de plusieurs phénomènes naturels improbables, fussent-ils en désaccord complet avec les descriptions faites par les témoins.

À cela, on peut répondre deux choses :

1) Tout d'abord, je suis beaucoup moins convaincu aujourd'hui qu'il y a seulement un an, que l'on puisse trouver, dans le comportement allégué des ovnis, autant d'indices non équivoques du viol de certaines lois physiques connues, qu'on l'a parfois prétendu.

Ainsi, les accélérations « fantastiques » décrites par tant de témoins dignes de foi, sont certainement très élevées, comme le confirment des mesures faites au radar ; mais elles pourraient toutefois rester compatibles avec la résistance des matériaux, pour autant qu'il s'agisse de corps chimiquement purs. Les disparitions « sur place », qui confèrent au phénomène ce caractère « surnaturel » bien connu des enquêteurs, pourraient s'expliquer, au moins dans certains cas, sans faire appel au passage instantané de l'ovni dans d'hypothétiques dimensions nouvelles de l'espace-temps. En effet, nous verrons plus loin que tout se passe comme si les témoins rapprochés étaient parfois suggestionnés mentalement, par l'Intelligence qui contrôle le phénomène, à « voir » des scènes trompeuses n'ayant pas de réalité physique. Et même si certains témoins ne sont aucunement suggestionnés, ne pourraient-ils cependant avoir l'impression que l'ovni disparaît sur place en plein jour si ce dernier s'entoure d'un halo d'air ionisé de même luminance que le ciel, et en pleine nuit s'il interrompt brusquement le mécanisme qui crée cette ionisation ? Je n'affirme pas que les choses se passent ainsi, mais en l'état de nos connaissances, l'on ne peut exclure qu'elles se passent parfois ainsi.

Quant à l'absence de « bang » supersonique, brandie par quelques attardés comme un argument décisif à l'encontre de la réalité des ovnis, il y a longtemps qu'elle a pu être expliquée par un écoulement différentiel des couches d'air à l'avant de l'ovni, pouvant être créé de différentes façons parfaitement compatibles avec les lois de la physique des champs électriques et magnétiques. Je signalais cette possibilité dès 1972 dans mon article sur les ovnis publié dans le numéro 307 de la revue *Sciences et Avenir*, me référant moi-même à des projets aéronautiques américains qui n'ont d'ailleurs pas vu le jour. J'ajoutais que la création d'un halo d'air ionisé autour des ovnis était suggérée par les observations. Ces idées ont été reprises indépendamment par Auguste Meessen et Jean-Pierre Petit, qui ont eu le mérite de leur donner, pour la première fois, une forme concrète à partir des lois de la magnétohydrodynamique.

Il est vrai que, pour supposer cela, il faut accepter d'admettre l'éventualité que les ovnis soient des engins relevant d'une technologie extrêmement avancée, plutôt que des objets ou des phénomènes naturels, ce à quoi les épigones du baron d'Holbach ne peuvent se résoudre...

2) Il est cependant parfaitement possible qu'au moins par certains côtés, les ovnis défient les lois physiques que nous connaissons. Je dirai même que c'est infiniment probable, si les ovnis sont le produit d'une technologie supérieure. Il ne s'agit pas, ici, de rejeter la méthode scientifique, ni les lois de la nature déjà connues sur lesquelles cette méthode s'appuie. Mais enfin, si les lois en question sont universelles dans le domaine d'application qui leur est propre, toute l'histoire passée des sciences nous enseigne qu'elles peuvent être transcendées à un niveau supérieur. Ainsi, les acquis de la

chimie n'ont aucunement été violés par la découverte de l'énergie nucléaire, qui les a transcendés. Il eût semblé « impossible » à un chimiste du XIXe siècle, qu'une bombe de la grosseur de celles de nos arsenaux nucléaires, puisse exploser en produisant une température dépassant un million de degrés, et une déflagration équivalant à celle de 10^5 ou 10^6 tonnes de TNT. Car ce chimiste, postulant que toute explosion doit être réductible à une réaction chimique exothermique, aurait eu le choix entre admettre un fait apparemment irrationnel, et récuser en doute les acquis les plus sûrs de sa science. Or, sous cette forme, le problème eût été mal posé, puisque la bombe thermonucléaire n'est pas une bombe chimique. En fait, énergie nucléaire et énergie chimique ne sont que deux variantes de la transformation de la masse en énergie – la première, au niveau du noyau atomique, la seconde au niveau des électrons périphériques. Et cette transformation de la masse en énergie n'est sans doute, à son tour, que l'aspect actuellement connu d'un réel plus vaste encore, qui le transcende.

Ainsi, lorsqu'une loi de la nature semble être violée par des faits inexplicables, le scientifique ne doit pas rejeter, d'emblée, ces faits comme impossibles. Il doit réserver son jugement jusqu'à ce qu'il se soit fait une idée fondée à propos de leur réalité, indépendamment de tout *a priori* philosophique, en utilisant le critère de la preuve testimoniale. Et, s'il doit accepter cette réalité, il l'accepte, en espérant, sans en être toujours sûr, que l'« irrationnel » d'aujourd'hui cessera de l'être demain... ou après-demain, contrairement au dogmatique qui, lui, veut réduire immédiatement les faits à des schémas fondamentaux connus, et les rejette s'ils n'ont pas le bon goût de s'y prêter.

La première attitude est évidemment moins confortable et moins sécurisante que la seconde, car elle laisse une part à un possible inconnaissable qui dépasserait définitivement les possibilités de notre esprit. C'est pourquoi toute l'éducation scolaire reçue dès la tendre enfance favorise le dogme humaniste rationaliste. On apprend très vite aux enfants que la science a chassé le miracle ; et plus tard, à l'Université, on ridiculise les phénomènes paranormaux et les ovnis, en arguant généralement de la trop célèbre règle méthodologique de Laplace, selon laquelle on doit se montrer d'autant plus difficile en matière de preuves, que le phénomène décrit est plus « improbable ».

Coupons une fois pour toutes les ailes à ce canard boiteux, car cette règle porte en elle sa propre condamnation. En effet, comment peut-on évaluer, et je ne dis même pas calculer, le degré de probabilité de tel ou tel phénomène dont nous ignorons précisément la nature et le mécanisme, et qui, au fond, ne paraît improbable qu'*a priori*, parce qu'il est rare, et surtout parce qu'il semble inexplicable ?

Même des esprits ouverts s'y laissent prendre ; je songe en particulier à mon collègue et ami le radio-astronome François Biraud, à qui l'on doit des efforts inlassables en vue de populariser la thèse de la pluralité des civilisations extraterrestres. Interviewé à la télévision sur le problème de l'existence des ovnis, Biraud – qui ne nie pas *a priori* cette existence, et s'intéresse même d'assez près à la question – répondit qu'à son avis l'enjeu était tel, s'agissant de l'éventualité que la Terre soit visitée, que l'on ne pouvait pas se contenter ici de preuves qui, en d'autres circonstances – quel aveu ! – seraient considérées comme largement suffisantes.

Car François Biraud, comme tous ses collègues astronomes et physiciens, sait parfaitement que des astronefs de quelques tonnes ou dizaines de tonnes comme les ovnis, ne pourraient contenir dans leur soute suffisamment de « carburant » nucléaire pour venir d'autres systèmes solaires. Et il en tire la conséquence qu'il est extrêmement improbable que d'aussi petits engins soient des astronefs interstellaires. Mais il juge cela à partir de nos connaissances actuelles en physique théorique.

Si d'autres êtres pensants dans l'Univers ont résolu le problème en utilisant des propriétés de la matière, de l'espace et du temps, que nous ne savons pas encore exploiter, il peut leur sembler au contraire extrêmement probable que la Terre soit visitée par un très grand nombre d'engins chaque année. La règle méthodologique de Laplace est, en somme, parfaitement fondée, mais son seul tort est d'être inapplicable dans la pratique.

Cela dit, je voudrais insister tout de suite sur le fait que nous ne possédons pas de preuve décisive que les ovnis soient des astronefs interstellaires, ni qu'ils transgressent, autant qu'on l'a prétendu, nos lois physiques. Je n'ai signalé ces éventualités que pour montrer l'absence actuelle de tout critère permettant de juger si le phénomène ovni est probable ou non, ce qui interdit d'arguer de la règle méthodologique de Laplace pour estimer « insuffisantes » des preuves testimoniales solides pouvant être apportées en faveur de la réalité des ovnis. Dès lors, même si les ovnis « violent » certaines lois physiques, on n'a pas le droit d'en déduire qu'ils n'existent pas. Car tout « viol » avéré d'une loi physique ne témoigne généralement que de notre méconnaissance actuelle du domaine d'application de cette loi.

Finalement, on voit que les arguments avancés par ceux qui ne croient pas aux ovnis sont bien des rationalisations d'une croyance, et ne tiennent pas devant une analyse un peu poussée des sources et des méthodes de la connaissance. Ce sont des arguments dictés implicitement par le postulat que l'Homme, doué de raison, se trouve au sommet de l'intelligence, et ne saurait donc se trouver jamais confronté à des phénomènes pouvant transcender, provisoirement ou définitivement, son niveau de compréhension intellectuelle. C'est ce même postulat de supériorité humaniste qui dicte, chez beaucoup de personnes, cette réaction d'apparent bon sens si souvent constatée : « Si les ovni existent, pourquoi leurs occupants ne prennent-ils pas contact officiellement avec nous ? »

J'ai toujours envie, pour ma part, de répondre à ces gens : « Est-ce que l'explorateur, dans la forêt, prend contact avec les chefs des tribus de singes ? Bien entendu, nous sommes très au-dessus des singes ; mais savons-nous ce qu'il peut y avoir au-dessus de nous dans le Cosmos ? »

MYSTIFICATIONS ET CONFUSIONS : COMMENT ON LES ÉLIMINE

Avant d'établir la preuve testimoniale de l'existence des ovnis, il convient évidemment d'éliminer du dossier tous les cas pour lesquels une explication « conventionnelle » peut être trouvée.

Nous l'avons dit : le phénomène ovni arrive à notre connaissance par des « témoignages », qui sont en réalité de simples rapports d'observation faits aux enquêteurs par des personnes de tous milieux et de toutes professions, qui disent avoir été témoins du phénomène. Pour être objectivement renseigné, il est nécessaire de remonter aux sources et de ne pas se contenter de coupures de presse ; car si certains journaux sont honnêtes, d'autres enjolivent, et tous déforment peu ou prou.

Certains rapports sensationnels, très rares d'ailleurs, peuvent être éliminés d'emblée, non pas en raison des détails extraordinaire et « incroyables » qu'ils contiennent – nous verrons que c'est là, au contraire, une caractéristique essentielle des témoignages d'expérience rapprochée –, mais parce que ces détails diffèrent grossièrement sur certains points de ce que les études statistiques nous ont appris du phénomène. Il s'agit alors, la plupart du temps, de mystifications d'un goût douteux. Tout laisse croire qu'il en va ainsi des petits hommes verts descendus d'une « soucoupe volante » par une échelle dépliée, six matins de suite, dans un cratère du Massif central, pour enseigner la Bible à un prétendu « témoin » qui fut interviewé à la télévision en 1974 par Jacques Chancel[1]. Certains détails fournis, tout comme le comportement du « témoin », ne correspondent

1. Il s'agit de Claude Vorilhon qui se fait appeler Raël.

pas à ce que le dépouillement de quelques milliers de cas d'atterrissages a appris aux ufologues depuis vingt ans.

Parfois, la mystification est plus difficile à débusquer : c'est le cas des photos et des films truqués. Parmi les photos fabriquées de toutes pièces, citons ce poster imprimé en Suisse et représentant une magnifique « soucoupe » vue obliquement dans le ciel de Corse, au-dessus d'un arbre. Il s'agit en réalité d'un vieil enjoliveur de roue de voiture Peugeot, lancé en l'air par trois malhonnêtes farceurs, qui voulurent tirer bénéfice du cliché obtenu. Interrogé successivement par deux enquêteurs d'un groupement ufologique français, qui avaient été alertés par mes soins, l'un des auteurs de cette mystification avoua son forfait. Quant aux films truqués, ils sont plus rares. Les téléspectateurs francais ont pu en voir sur leur écran en 1974. Nous faisons allusion à cette « soucoupe » blanche de forme ovale descendant du ciel au-dessus d'un petit lac près du Thillot dans les Vosges, puis remontant après avoir stationné une seconde en oscillant devant le ballon de Servance. Il s'agit en réalité d'un montage cinématographique commandé aux laboratoires de Joinville par l'auteur du film, qui voulait faire une farce – ce montage consistant en la superposition d'un dessin animé montrant la « soucoupe », et du plan fixe pris devant le lac. Le cinéaste se trouva dépassé par les événements, semble-t-il, et par les auteurs du trucage qui présentèrent le film comme authentique, et l'exploitèrent commercialement...

Enfin, il y a un pourcentage notable, mais en nette diminution à mesure que se développe l'éducation du public, de rapports excellents faisant état de prétendus ovnis et qui, cependant, ne doivent pas être versés au dossier, parce que les descriptions faites sont assez précises et explicites pour que le spécialiste y trouve en réalité toutes les caractéristiques d'objets ou de phénomènes connus : ballons-sondes, météorites, planètes, satellites artificiels, etc. Ceci prouve incidemment la qualité habituelle des observateurs occasionnels : ce qui compte, en effet, c'est l'exactitude de ce que l'on décrit, et non pas le nom dont on l'affuble. Si certains témoins, par ignorance, peuvent se tromper dans l'identification, ils décrivent en général très bien ce qu'ils ont vu. C'en est au point que je pourrais citer tel ou tel astronome français connu, ayant réussi par le calcul à déterminer la trajectoire réelle d'une météorite et son point de chute en utilisant à peine quelques dizaines de témoignages d'observateurs quelconques répartis dans toute la France, qui avaient décrit, avec une très grande exactitude de détails, le passage dans le ciel de la météorite... baptisée « soucoupe volante » en toute bonne foi par certains d'entre eux.

Or ces mêmes astronomes, bien placés comme on vient de le voir pour apprécier la qualité habituelle des témoignages, ne manquent pas d'invoquer leur prétendue faiblesse lorsque les détails observés ne correspondent plus à une météorite ou à quelque autre objet ou phénomène connu, mais à quelque chose d'irréductible à ce que la science a répertorié. Nous sommes là au cœur du comportement des réductionnistes face au problème des ovnis. Le cas inverse existe d'ailleurs. C'est celui où des témoins ignorant tout de l'astronomie et de la recherche spatiale, ont baptisé satellite artificiel, ou comète, un objet qu'ils décrivaient incontestablement comme un ovni. Par exemple, deux boules lumineuses dans le ciel allant à la rencontre l'une de l'autre, s'accolant quelque temps puis se détachant et partant chacune de son côté. Ou encore, une boule lumineuse laissant une traînée, et décrivant une trajectoire compliquée. Le plus piquant est qu'à la fin du siècle dernier, des astronomes eux-mêmes ont baptisé météorites de tels objets qui, manifestement, ne peuvent pas en être. Flammarion leur avait même donné un nom : bradythes, ou littéralement météorites lentes.

La plupart des enquêteurs – tout au moins ceux des groupements ufologiques les plus sérieux – savent maintenant faire la part des mystifications et des confusions. Ils savent aussi éliminer du dossier les témoignages trop imprécis pour fournir matière à jugement. Ce qui subsiste une fois ce tri effectué, c'est le phénomène ovni, qui se révèle précisément irréductible à toute explication « conventionnelle », du fait même de son étrangeté.

Notre propos n'est pas de faire ici un cours d'ufologie, et le lecteur qui désire avoir une vue d'ensemble sur les différentes formes d'ovnis, ainsi que sur les effets physiques associés parfois à des survols ou à des stationnements d'ovnis (arrêts de moteurs, brouillages de radios, marques au sol, etc.), se reportera utilement aux autres chapitres de ce livre. Nous nous contenterons de dire quelques mots des détections d'ovnis au radar, et des photos d'ovnis.

En dépit de certains démentis officiels, il est absolument établi que les radars des bases aériennes enregistrent très fréquemment des échos d'objets non identifiés impossibles à confondre avec ceux que donnent les avions ou les hélicoptères, les vols d'oiseaux migrateurs ou les nuages de gaz ionisés à très haute altitude. Dans plusieurs cas, ces objets ont pu être observés au même moment par des témoins au sol et en avion, nous en donnerons un exemple plus loin. Les radaristes américains utilisent le sigle UCT – « Uncorrelated Target » – pour désigner ce qu'il faut bien appeler ces ovnis. Jacques Vallée rapporte dans son ouvrage *Le Collège invisible* (Albin Michel) qu'en 1966, le système de défense des États-Unis enregistrait près de 700 de ces UCT par mois. J'ai personnellement pris connaissance, il y a quelques années, d'une lettre d'un radariste d'Orly dans laquelle cet employé rapportait que les ovnis faisaient partie de la routine, pour ses collègues et lui-même, mais qu'il valait mieux, pour la sécurité de l'emploi, n'en point parler publiquement.

En ce qui concerne les photos d'ovnis, il en existe un grand nombre, mais il s'agit toujours d'ovnis en vol, comme si les ovnis au sol, vus de près, refusaient de se laisser photographier. Un certain nombre de ces photos d'ovnis, nous l'avons dit, sont des trucages, et on les connaît pour la plupart ; d'autres ne sont que des artefacts photographiques, pris à tort pour des objets physiques ; enfin, un petit nombre de photos résistent à l'analyse, et semblent bien authentiques. Citons en particulier celles de McMinnville (Oregon, U.S.A.), qui sont pratiquement authentifiées dans le Rapport Condon – lequel est cependant plutôt défavorable à la réalité physique des ovnis, puisqu'il a été établi en vue de déprécier cette réalité, grâce à l'utilisation de témoignages cédés par l'U.S. Air Force à l'université du Colorado, et trop souvent sélectionnés pour leur caractère peu probant.

L'ensemble du spectre des différentes manifestations physiques associées à des observations d'ovnis, est évidemment non réductible à une série d'hallucinations. Ces manifestations physiques sont toutefois loin d'avoir la même valeur probante, car si les échos radar enregistrés dans les bases civiles et militaires sont au-dessus de tout soupçon de trucage, il n'en va pas forcément de même des photos d'ovnis prises par des amateurs ou des journalistes, ni de toutes les marques au sol attribuées au stationnement ou à l'atterrissage d'un ovni. Il ne suffit pas d'avoir acquis, à titre personnel, et à partir de critères tenant à sa propre expérience des hommes, l'« intime conviction » que tel témoin, que l'on a interrogé soi-même, dit la vérité et n'a pas fabriqué ses photographies ni les marques au sol dans son champ, pour en convaincre autrui, et *a fortiori* pour établir que les innombrables témoignages classés sous la rubrique ovnis se rapportent en réalité à un seul et même type de phénomène.

Il convient donc en définitive de se demander maintenant si, devant tous ces témoignages – quelques dizaines de milliers depuis trente ans, parmi lesquels plusieurs milliers de cas d'atterrissages recensés – les exigences de la preuve testimoniale sont bien satisfaites.

LES DIFFÉRENTES PREUVES TESTIMONIALES DE L'EXISTENCE DES OVNIS

Elles sont de trois sortes.

Il y a tout d'abord les preuves que l'on peut obtenir à partir de cas isolés, pour autant qu'ils soient particulièrement bien attestés. Il en est ainsi, rappelons-le, lorsque le même objet ou le même phénomène a été observé de façon précise, depuis des endroits de préférence différents, par plusieurs témoins ou groupes de témoins indépendants et dignes de foi, dont on constate après coup que les descriptions coïncident. Du point de vue judiciaire, ce genre de preuve est particulièrement classique et orthodoxe.

Il y a ensuite les preuves que l'on peut obtenir par la confrontation entre eux de plusieurs cas distincts d'apparition d'ovnis, lorsque cette confrontation fournit des corrélations significatives.

Il y a enfin les preuves tirées d'une analyse statistique globale de l'ensemble des rapports d'observation d'ovnis.

Considérés conjointement, ces trois types de preuve ne peuvent qu'emporter l'adhésion de tout esprit intellectuellement honnête. Je dis bien conjointement, car on pourrait imaginer, par exemple, qu'il existe quelques cas d'ovnis isolés parfaitement avérés, mais qu'une analyse statistique globale de l'ensemble des cas ne conduise à aucune conclusion positive en ce qui concerne l'unicité du phénomène. Les rationalistes dogmatiques l'ont bien compris, qui avec mauvaise foi cherchent à déprécier séparément les différentes sortes de preuves obtenues de l'existence des ovnis. Ainsi, ils nous disent, à propos des analyses statistiques : « Les "soucoupistes"... s'imaginent que la multiplication des "faits" est probante, mais mille ou dix mille faits mal observés ne prouvent rien de plus qu'un seul. » (G. Gohau, *Le Courrier rationaliste,* août 1975) . Le postulat sur lequel est basé ce « raisonnement », c'est, on le voit, la mauvaise qualité habituelle des observations. On ne se donne même pas la peine d'aller aux sources, on se contente de citer tel ou tel cas marginal avancé par un marchand de soupe en ufologie, et qui est un canular, pour jeter le discrédit sur l'ensemble des témoignages ayant été soumis à critique, et qui constituent le véritable dossier. On pourrait croire, alors, que MM. les rationalistes dogmatiques attendent après quelques bonnes observations isolées, riches en détails et parfaitement attestées pour changer d'avis à propos des ovnis. Détrompons-nous : lorsqu'on leur fournit de telles observations, ils les attribuent, soit à un phénomène naturel observé dans des conditions « tout à fait exceptionnelles », soit à une mystification – dont les auteurs, soit dit en passant, devraient être des spécialistes disposant de larges ressources matérielles, car de faux témoins, cela coûte cher à « arroser », surtout s'ils sont nombreux et occupent des fonctions de responsabilité...

Laissons donc les rationalistes dogmatiques à leur névrose, et concluons, avec Jacques Scornaux : « Ce qui emporte la conviction, c'est l'insolente répétition, par milliers, de ces "circonstances rarissimes" et de ces "fraudes" coûteuses et diaboliquement habiles. »

Voici maintenant des exemples concrets des trois types de preuves que nous avons cités plus haut.

1) Cas isolés bien attestés.

La plupart de ces cas se rapportent à des objets en vol, vus d'assez loin, et non pas à des objets rapprochés. Un exemple bien connu, auquel on doit la « conversion » de Jean-Claude Bourret à la réalité des ovnis, est celui de l'affaire de Turin, en date du 30 novembre 1973.

Il semble que les observations aient débuté dans cette région de l'Italie du nord le 24 novembre, à 50 km à l'ouest de Turin, vers 17 heures.

Un jeune photographe amateur qui se promenait, aperçut dans le ciel clair une « grosse étoile » ayant l'apparence d'une boule lumineuse de couleur changeante – blanche, puis devenant orange foncé –, et décrivant une trajectoire en zigzag ou en escalier, à une vitesse variant de façon brusque. L'objet n'avait absolument rien à voir avec une météorite, un ballon-sonde, un hélicoptère ou un avion, pas plus qu'avec un phénomène naturel connu comme la foudre en boule. L'observation dura plus d'un quart d'heure, le témoin eut le temps de revenir chez lui pour prendre son appareil photo et obtenir plusieurs clichés que la presse publia par la suite. Je me garderai de me prononcer sur l'authenticité de ces clichés. Ce qui est sûr, en revanche, c'est que le 30 novembre, vers 19 heures, l'alerte était donnée sur l'aéroport international de Turin et qu'elle allait durer quarante-cinq minutes. Le même objet, ou un objet semblable à celui qui avait été observé le 24, était détecté par les radars de l'aéroport à une altitude constamment changeante, comprise entre 1000 mètres et 4000 mètres. Simultanément, il était vu par des dizaines de témoins au sol. Deux pilotes de ligne, qui attendaient d'atterrir aux commandes de leurs avions respectifs, purent l'observer, et un troisième pilote, aux commandes d'un Piper, le vit aussi et reçut même l'autorisation d'essayer de le poursuivre. Toutes les observations coïncident, qu'il s'agisse de celles des opérateurs radar, des témoins au sol ou des pilotes. L'objet, qui brillait de façon intense, était de couleur blanche, ou blanc bleuté selon les pilotes qui se trouvèrent parfois à sa hauteur. L'avion qui le poursuivait le surplomba même un moment, et fonça dessus sans pouvoir le rattraper. Il présentait un diamètre apparent sensible, et sa grosseur réelle, estimée d'après l'intensité des échos radar, était comparable à celle d'un DC8 ou d'un Boeing 707. Sa vitesse variait constamment, de façon quasi instantanée, et sa trajectoire était en zigzag.

Quelques jours plus tard, un journaliste qui doit prendre au sérieux les réfutations des réductionnistes, faisait passer, à *France Inter*, un communiqué expliquant gravement que la « soucoupe volante » de Turin avait été identifiée : il s'agissait d'un ballon-sonde (!) français qui avait été trouvé par un paysan italien dans un arbre. Tout était rentré dans l'ordre, et les gens de bien pouvaient dormir en paix.

La preuve testimoniale classique, sous la forme que nous venons de voir, ne s'applique pour ainsi dire jamais aux cas d'observation rapprochée : atterrissages, « contacts » avec le témoin, etc. Ceci se comprend aisément, le témoin, ou le groupe de témoins, se trouvant généralement confronté au phénomène dans un lieu isolé (ferme, route en rase campagne, etc.), à l'écart de tout autre témoin. Toutefois, quelques cas d'observation rapprochée, dont l'importance est considérable du point de vue de la preuve, font d'une certaine manière exception à cette règle. Ce sont ceux où l'objet a été observé en vol, visuellement ou au radar, juste avant son atterrissage ou après son décollage, par un ou plusieurs témoins indépendants situés à plus ou moins grande distance. De tels cas limites n'établissent aucunement la réalité objective de tous les détails rapportés par le témoin qui s'est trouvé proche de l'ovni, et qui est seul à avoir pu les enregistrer. Nous verrons en fait que ces détails pourraient, dans certains cas, avoir été rêvés. Mais ils prouvent à tout le moins le caractère non hallucinatoire de l'ovni lui-même, et apportent donc *a posteriori* un élément de confirmation de la réalité de l'atterrissage ou du survol à basse altitude.

En voici deux exemples classiques :

Beaucoup de lecteurs connaissent certainement cette « invraisemblable » histoire de rapt d'un couple interracial américain par les occupants d'un ovni décrits comme des humanoïdes au menton pointu, à la bouche réduite à une fente, aux yeux très bridés et au nez réduit à deux narines, dans la nuit du 19 au 20 novembre 1961, sur une route peu fréquentée du New Hampshire (U.S.A.). Les témoins, Barney et Betty Hill, qui souffraient de troubles après l'incident, furent interrogés sous hypnose par un psychiatre à qui ils révélèrent les détails du rapt. Ils ne se souvenaient consciemment que de l'atterrissage de l'ovni, mais non de ce qui leur était arrivé ensuite. Nous ne saurons sans doute jamais la vérité à ce sujet, car l'interrogatoire sous hypnose peut certes révéler des faits réels, mais aussi des faits illusoires imprimés dans l'esprit du témoin sous l'effet d'une suggestion hypnotique antérieure, induite peut-être ici par l'ovni. En revanche, ce que nous savons, et qui a été révélé bien après les faits par une enquête de Jacques Vallée (*Passeport to Magnolia* – Henry Regnery édit.) c'est que l'objet vu par les Hill ne fut certainement pas de nature hallucinatoire, car il fut détecté cette nuit-là par les radars d'une base militaire voisine.

Le second exemple est plus probant encore, parce qu'il est assorti d'effets physiques spectaculaires et a pour témoins les personnels d'une base de missiles intercontinentaux U.S. L'affaire se déroula en trois épisodes entre le 19 et le 25 août 1966 à Minot (North Dakota). Une version scandaleusement tronquée en est donnée dans le Rapport Condon. Il s'agit du quasi-atterrissage d'un ovni à 3 mètres du sol pendant une minute, à proximité immédiate d'un témoin, un officier de renseignement, qui souffrit ensuite pendant plusieurs jours de dépression nerveuse. Or, non seulement cet ovni avait été repéré et suivi par radar, non seulement il fut observé dans le ciel par les personnels de la base, pourchassé par un intercepteur, mais il sema la panique au moment de sa descente et de son stationnement au ras du sol, car à ce moment-là, les radios de la base tombèrent en panne, et il en fut de même du moteur d'un véhicule transportant une patrouille qui se dirigeait vers le lieu d'atterrissage. Jugeant sur des documents édulcorés ne faisant mention, ni du quasi-atterrissage, ni des pannes de radios et de moteur, le Rapport Condon, en toute bonne foi, on peut du moins l'espérer, conclut à la confusion avec l'étoile Capella !

On ne peut malheureusement pas toujours prouver ainsi chaque cas d'ovni considéré isolément. C'est même le contraire qui est la règle, car le plus souvent, il n'y a personne pour confirmer les dires du témoin ou du groupe de témoins.

2) Confrontation de cas distincts.

Lorsque l'on confronte entre eux plusieurs cas distincts d'apparition d'ovnis, il est très fréquent en revanche que chacun de ces cas trouve sa confirmation dans les autres, ce qui constitue encore une preuve testimoniale, sans doute moins orthodoxe que la preuve classique, mais tout aussi probante.

Ce genre de preuve s'applique en ufologie à un nombre considérable de témoignages, relatifs en particulier à des observations rapprochées. Elle est obtenue lorsque deux ou plusieurs apparitions distinctes du phénomène ovni à des dates assez voisines, mais en des lieux très éloignés, sont décrites avec des détails identiques et suffisamment précis, impossibles à inventer sans s'être donné le mot tant ces détails peuvent être insolites et imprévus, même pour l'ufologue rompu aux enquêtes, par des témoins sains d'esprit dont chacun ignore qu'il n'est pas seul à avoir vécu une expérience comme la sienne, que ni la presse, ni les ouvrages consacrés aux ovnis, n'ont encore rapportée.

À titre d'exemple, voici parmi des centaines d'autres deux cas récents relatifs à des atterrissages, qui s'authentifient mutuellement de façon tout à fait probante.

En août 1973, je recevais d'un correspondant spécialisé dans les enquêtes ufologiques – je me porte garant de son sérieux – un rapport sur l'arrêt d'une voiture par calage du moteur à proximité d'un ovni, en plein maquis corse, dans la nuit du 21 au 22 juillet 1973, vers 21 heures. Ce type de rapport est maintenant fort commun : tout le monde a entendu dire que les ovnis stoppent les voitures. Or, dans le cas présent, l'histoire révélait un détail nouveau que je n'avais encore lu nulle part. Il s'agit, comme on va le voir, d'un détail en apparence absurde, qui stupéfia d'ailleurs en premier lieu le témoin lui-même, M. Y... R..., citoyen bien connu de la ville de B..., où il dirigeait un atelier d'art local. Ayant doublé, dans une côte, une 2 CV Citroën, M. R... se sentit soudain paralysé, et sa voiture s'arrêta net, moteur calé ; les phares s'éteignirent, et la radio aussi. Le témoin ressentit une impression de froid intense, et ses yeux se mirent à larmoyer. Alors il vit, face à lui, semblant monter du sol dans le maquis, un objet discoïdal extrêmement brillant, qui semblait tourner sur lui-même à une allure folle. Au bout de quelques secondes, l'objet disparut dans le ciel. Aussitôt, les lumières de la voiture revinrent, et le moteur se remit spontanément en marche, sans que le témoin ait eu à actionner sa clé de contact ! Le conducteur de la 2 CV qui avait été doublée, déclara que lui aussi avait vu l'objet s'élever, mais il n'avait rien ressenti de spécial et sa voiture ne s'était pas arrêtée ; il est vrai qu'il était resté en arrière, à environ 300 mètres de distance. La réalité de l'ovni est confirmée par ce second témoignage. Rien, en revanche, ne vient appuyer la déclaration du témoin principal, selon laquelle le moteur de sa voiture repartit de lui-même.

Je classai cette enquête dans mes dossiers, et n'y repensai plus pendant un an. Je dois préciser que mon correspondant avait envoyé son rapport à deux personnes, et à deux seulement : moi-même, et le rédacteur de la revue ufologique française quasi confidentielle *Lumières dans la Nuit*, lequel conserva lui aussi le rapport dans ses dossiers, jusqu'à ce qu'il trouve une place pour le publier dans sa revue. Le numéro qui fit état de ce rapport sortit au début de l'automne 1974.

Or, en août 1974, feuilletant la très sérieuse revue ufologique belge de la SOBEPS, *Inforespace*, que je venais de recevoir, j'y découvrais avec stupeur le cas suivant, qui remontait au 24 janvier 1973, et qui était resté lui aussi en attente de publication dans les dossiers de la SOBEPS, sans que le témoin et les enquêteurs belges aient eu jamais connaissance de l'affaire corse, ce dont il me fut facile de m'assurer. Voici l'histoire.

Peu après 16 heures, par beau temps, Mme N... D... regagnait son domicile, seule, au volant de sa Volkswagen « coccinelle », sur une petite route provinciale de Belgique, peu fréquentée, qui court à travers champs dans un paysage légèrement vallonné. Arrivant à vive allure au sommet d'une faible côte, elle entrevit, à 150 mètres d'elle, sur le côté gauche de la route, au niveau du sol, un petit objet rouge. Simultanément, le moteur de la voiture ralentit inexorablement, et la radio de bord perdit sa puissance, jusqu'au silence total. La voiture parcourut encore 100 mètres, engagée dans une légère descente, puis s'arrêta, moteur calé. Mme D... est formelle : elle n'avait pas désengagé le levier de vitesse (resté en quatrième), ni appuyé sur la pédale de débrayage. La clé de contact se trouvait en position correcte, la lampe témoin était allumée à l'arrêt ; l'éclairage du cadran de la radio était resté allumé également. Mme D... voulut sortir de sa voiture, mais elle n'en fit rien lorsqu'elle réalisa qu'elle se trouvait arrêtée à 10 mètres seulement de l'objet entrevu précédemment, et qui était posé à sa gauche sur le bas-côté de la route. De petite dimension (un mètre de diamètre environ), il était en forme de dôme aplati, rouge sur le dessus, jaune sur le pourtour et blanc par en dessous. Son contour était net, et son apparence solide. Au bout de quelques secondes, et dans un silence total, l'objet s'éleva de 50 centimètres, redescendit brusquement, s'éleva à nouveau, se dirigea horizontalement vers la voiture, la survola, revint sur la gauche, et enfin démarra brusquement vers le ciel selon une trajectoire incurvée. Alors, sans que le témoin ait actionné le démarreur ni touché à quoi que ce soit, le moteur de la voiture reprit vie, et – boîte de vitesses enclenchée en quatrième – la voiture s'ébranla, gagnant progressivement de l'allure ! Très vite, les impératifs de la circulation routière obligèrent Mme D... à concentrer son attention sur la conduite. Le témoin ne souffrit d'aucun effet secondaire.

Bien que cet atterrissage d'un ovni, ou plutôt son décollage, n'ait eu qu'un seul témoin, je le considère comme prouvé de façon extrêmement forte. La probabilité est en effet à peu près nulle que Mme D... et le témoin corse M. R..., qui ne se connaissent toujours pas, aient pu inventer l'un et l'autre sans s'être concertés, une histoire aussi nouvelle et apparemment absurde, que celle d'un moteur de voiture stoppé par un ovni, qui repart tout seul, progressivement, une fois l'ovni parti, sans que le démarreur ait été actionné.

3) Analyse statistique du phénomène.

Cette analyse révèle en premier lieu que le phénomène ovni présente une grande cohérence interne.

Une analyse statistique d'un millier de témoignages contemporains d'ovnis émanant du monde entier a été faite par Claude Poher. Elle porte sur des paramètres tels que la proportion des différents types d'ovnis décrits, les mouvements observés, les marques laissées au sol, les heures préférentielles d'apparition, etc. La comparaison entre les histogrammes relatifs aux cas français et aux cas étrangers révèle dans tous les cas une identité remarquable. Considéré sous l'angle de ces paramètres pendant une période de deux décennies, le phénomène révèle donc sa profonde unicité à l'échelon mondial, par-delà les différences sociales et culturelles des témoins. Tout se passe donc comme s'il possédait une existence propre, indépendamment de ces derniers. C'est le lieu ici d'ajouter que les détails rapportés par les témoins – y compris lors de rencontres avec les ovnis rapprochés – diffèrent totalement de ceux que les psychiatres sont accoutumés de trouver dans les récits de leurs patients psychosés, ce qui élimine toute possibilité d'interprétation par une maladie mentale de ces témoins. S'il y a hallucination, elle n'est pas pathologique.

D'autre part, Claude Poher a établi que les observations d'ovnis portent à des distances d'autant plus grandes que la visibilité, estimée d'après les conditions météorologiques, est meilleure. En outre, les témoins voient d'autant plus d'ovnis que le ciel est plus pur. Ceci plaide de façon décisive en faveur de la réalité physique du phénomène, celui-ci obéissant aux lois de la vision optique.

Quant aux durées des observations, toujours selon les dépouillements statistiques de Poher, elles excluent toute possibilité de confusions avec des phénomènes ou des objets connus. Elles excèdent de façon très significative celles des observations de rentrées d'objets (météorites, fusées, etc.) dans l'atmosphère, et de déplacements d'hélicoptères, d'avions, voire de phares d'automobiles ; et elles sont nettement plus courtes que celles des observations d'étoiles ou de planètes, de ballons-sondes, ou de phénomènes météorologiques rares (réfractions, halos, etc.). Ajoutons que les réfractions affectionnent l'horizon, alors que, selon les statistiques, les ovnis sont vus plus souvent à de grandes hauteurs angulaires.

En conclusion de cette analyse des différentes preuves que nous avons de l'existence des ovnis, je dirai ceci : cette existence est prouvée de façon indubitable dans un petit nombre de cas, considérés individuellement ; elle est prouvée, de façon presque aussi sûre, dans un très grand nombre de cas, par comparaison de ceux-ci entre eux ; enfin, les analyses portant sur l'ensemble des cas révèlent l'unicité du phénomène à l'échelon mondial et prouvent l'impossibilité de le réduire à des hallucinations pathologiques ou à des confusions. Il s'agit donc bien d'un phénomène matériel. Le dépouillement des observations les plus riches en informations, révèle en outre qu'à l'origine du phénomène se trouve toujours un objet apparemment solide et manufacturé – même si, dans nombre de cas, il baigne dans un halo lumineux – doué de comportement intelligent, ce qui exclut toute assimilation des ovnis à quelque phénomène physique naturel, atmosphérique ou autre, encore inconnu.

On dit souvent que le phénomène ovni utilise des camouflages, en particulier celui de l'absurdité, pour se refuser aux preuves. Que de tels camouflages existent, qui contribuent à ridiculiser et à faire rejeter le phénomène, c'est une évidence qui apparaîtra clairement plus loin. Mais l'existence des ovnis ne se refuse pas pour autant aux preuves : il suffit de chercher celles-ci pour les trouver, ce qui fournit en même temps des critères pour éliminer les canulars et les confusions.

Cela dit, répétons que si la similitude de certains détails rapportés par les témoins de rencontres rapprochées avec les ovnis prouve la réalité de ces rencontres, elle n'apporte pas pour autant la preuve que tous ces détails soient objectivement vrais ; car les choses se passeraient de la même façon si certains de ces détails étaient induits par le phénomène dans l'esprit du témoin, celui-ci vivant alors, sans le savoir, un véritable rêve éveillé. Il pourrait en être ainsi, en particulier, de bien des messages que certains « contactés » disent avoir reçus sans pour autant que les « ufonautes » leur aient adressé la parole. Nous reviendrons sur ce problème plus loin.

L'ÉTRANGETÉ DES APPARITIONS RAPPROCHÉES D'OVNIS

Il est bien connu de tous les ufologues que les apparitions rapprochées d'ovnis nous confrontent à des phénomènes qui semblent défier les lois physiques usuelles, et le bon sens tout court, en introduisant une distorsion manifestement absurde du cadre spatio-temporel dans lequel sont décrites les situations vécues par les témoins (J. Vallée). Cette absurdité rappelle étrangement celle des récits oniriques. En voici des exemples, parmi les plus frappants :

– Certains ufonautes vus à côté d'un ovni posé au sol, peuvent s'élever en l'air comme par lévitation, voire disparaître sur place.

– Tel témoin rapporte avoir vu, dans un ovni, une pendulette sur le cadran de laquelle étaient marquées les heures, mais qui n'avait pas d'aiguilles ; tel autre témoin essaye en vain d'expliquer ce qu'est la notion d'écoulement du temps à un ufonaute pour qui cette notion n'a manifestement aucun sens.

– Un automobiliste se trouve transporté sans savoir comment, après un atterrissage à proximité de sa voiture, à des dizaines ou des centaines de kilomètres de là, sur une route inconnue de lui ; tel autre témoin encore, qui s'est trouvé pendant quelques minutes, ou exceptionnellement quelques heures en présence d'un ovni, revient chez lui sans que sa barbe ait poussé et s'entend dire qu'on le recherchait depuis plusieurs jours.

On trouverait même des indices d'une possible distorsion spatio-temporelle dans les deux récits d'arrêt de moteur et de redémarrage spontané, que nous avons cités plus haut. En effet, comment se fait-il qu'en Corse, la 2 CV n'ait pas eu le temps de rattraper la voiture qui venait de la dépasser, pendant toute la durée de l'arrêt de cette dernière ? Et, en Belgique, par quel miracle le témoin demeura-t-il complètement isolé sur la route jusqu'à ce que, l'engin ayant disparu dans le ciel, il se retrouve brusquement pris dans la circulation ? La durée réelle des événements vécus par ces témoins n'aurait-elle pas été considérablement surestimée par eux, en toute bonne foi bien entendu ?

Il est tentant, évidemment, d'accuser tous ces témoins d'éthylisme, ou de délire psychotique. Le malheur est que ces « explications » sont en désaccord total avec les faits : dans l'immense majorité des cas, les témoins sont sobres, et leur état mental est parfaitement sain, ainsi que l'ont révélé les enquêtes les plus approfondies, assorties parfois de certificats médicaux. Au demeurant – répétons-le – n'importe quel psychiatre, même s'il est tenté d'attribuer les ovnis à un phénomène hallucinatoire, reconnaîtra, si on le pousse dans ses retranchements, n'avoir jamais observé chez ses malades des signes cliniques s'apparentant de près ou de loin aux récits des témoins rapprochés d'ovnis. Un psychosé peut rêver d'ovnis comme un homme sain d'esprit, mais sa maladie ne lui en fait pas « voir » à l'état d'éveil ! Le psychanalyste C.G. Jung dans *Un mythe moderne* a bien pu citer quelques rêves de ses patients névrosés, qui faisaient état de « soucoupes volantes » ; mais il n'a jamais produit aucun récit vécu...

Une étude comparative de la forme des ovnis vus de près à différentes époques, révèle d'autre part le rôle très particulier joué, ici encore, par la dimension temporelle, qui semble devancer les événements : car l'ovni rapproché, on va le voir, se révèle au témoin comme s'il préfigurait, au niveau des structures mentales de ce dernier, l'évolution technique ou spirituelle de la société à laquelle celui-ci appartient.

Ainsi, l'immense majorité des « engins » vus à la fin du siècle dernier, particulièrement lors de la célèbre vague de 1896-1897 aux États-Unis – vague mise au jour soixante-dix ans plus tard, en collectant les coupures de presse de l'époque –, furent décrits lorsqu'ils étaient vus de près (au sol ou à faible altitude) comme des cylindres un peu analogues à nos ballons dirigeables, parfois dotés d'ailes, et soutenant une nacelle éclairée de l'intérieur, avec des fenêtres – l'ensemble étant propulsé par une machinerie compliquée à pistons et turbines. On voit que de tels engins évoquaient exactement les aéronefs primitifs que la technologie humaine de l'époque allait permettre aux précurseurs comme Jules Verne d'imaginer (cf. *Robur le Conquérant et Maître du Monde*). Au demeurant, les pilotes de ces « engins » étaient apparemment des hommes (même s'ils furent parfois qualifiés de « hideux », et inspirèrent de la terreur aux témoins), et ils parlaient généralement américain ; dans leurs conversations avec les témoins, ils expliquaient que leur engin était un « vaisseau aérien » – l'« air ship » – c'est-à-dire un aéronef, et non pas un astronef ; cet aéronef allait concurrencer le chemin de fer. Sa construction était évidemment attribuée par les témoins à quelque inventeur génial, bien terrestre !

Or, cette interprétation, qui pouvait peut-être sembler naturelle à un fermier du Middle West à la fin du siècle dernier, ne tient absolument pas, nous en sommes sûrs aujourd'hui. En effet, les premiers ballons dirigeables construits par l'homme en 1884 étaient extrêmement fragiles et totalement dénués de puissance, tandis que l'« air ship » de 1896-1897, vu de loin dans le ciel en train d'évoluer, était capable comme nos modernes ovnis de briller par lui-même, passant du rouge sombre au blanc éclatant, de voler contre le vent, de prendre des virages trés serrés, de s'élever à une vitesse fantastique pour redescendre doucement et planer au-dessus des témoins, et d'éclairer la campagne avec de puissants projecteurs.

Ce sont de tels détails qui prouvent clairement l'identité profonde de l'« air ship » et de nos modernes ovnis. Vus de loin, l'un et l'autre se comportent pareillement, et sont irréductibles à des engins terrestres fabriqués de main d'homme ; vus de très près, ils diffèrent profondément, chacun témoignant de l'évolution prochaine du cadre humain dans lequel ils opèrent. Ainsi, de nos jours, nombre d'ovnis décrits par les témoins rapprochés d'atterrissages, affectent des formes futuristes bien différentes de celles d'engins à pistons et à turbines, et suggèrent des modes de propulsion basés sur la magnétohydrodynamique, qui seront peut-être utilisés demain ; quant aux ufonautes, si ce sont encore parfois des hommes, ils nous apparaissent bien plus souvent comme non humains (nains à grosse tête, monstres, etc.), et nous les voyons comme des visiteurs du cosmos.

Sous quelle forme, demain, les ovnis vus de près et leurs occupants nous apparaîtront-ils ?

Si l'on examine maintenant la teneur des « messages » laissés par ces occupants lors des « contacts » rapprochés, on constate qu'ils sont en rapport étroit avec les préoccupations présentes de ceux qui les reçoivent. Le témoin est-il cultivateur ? L'ufonaute lui parlera d'engrais, ou déterrera sous ses yeux des plantes pour les emmener sans précaution aucune dans son « engin » ; il précisera éventuellement au témoin qu'il vient de la planète Mars, afin d'étudier l'agriculture terrestre... jusqu'au jour où, les astronomes ayant établi que Mars n'abrite aucune forme de vie supérieure, l'ufonaute ne dira plus qu'il vient de Mars, mais d'un autre système planétaire ! Le témoin est-il mécanicien ? L'ufonaute lui apparaîtra avec une clé à molette à la main, en train de lubrifier le moteur à air comprimé (sic) de son « air ship », ou de réparer les béquilles de sa soucoupe – alors qu'il est bien connu par ailleurs que personne n'a jamais pu mettre la main sur un ovni en panne. Enfin, le témoin a-t-il des préoccupations religieuses ? L'ufonaute pourra revêtir l'aspect d'un ange rayonnant, à moins que ce ne soit celui d'une Dame radieuse qui demandera au témoin de prier, et lui annoncera que bientôt, elle ne pourra plus retenir le bras de son Fils, qui va tomber pour châtier les hommes dont les péchés l'offensent.

En règle générale, d'ailleurs, les « contactés » par un ovni ne sont plus les mêmes après le « contact » qu'avant, qu'ils aient été illuminés ou non par un faisceau issu de l'ovni. Ils sont presque toujours très fortement marqués par l'expérience qu'ils ont vécue. et croient dur comme fer à la révélation qui leur a été faite. Ils disent « avoir compris des choses », acquièrent un esprit religieux, et prétendent souvent développer des dons paranormaux. Alors, les plus « marqués » d'entre eux transmettent à leur entourage le message reçu de Dieu, à moins que ce ne soit des « Frères de l'Espace », par exemple, la crainte de la guerre atomique, ou la recette de la guérison du cancer – et ils peuvent même aller jusqu'à créer une nouvelle secte. On sait qu'actuellement, les sectes pullulent (le mouvement, venu d'Amérique, gagne l'Europe), cependant que les grandes religions traditionnelles perdent de leur impact dans les masses. Or, la plupart de ces sectes ont débuté par un « message » transmis à leur fondateur lors d'un contact avec des « entités célestes ». Les grandes religions ne font pas exception à cette règle, puisqu'elles furent, à l'origine, des sectes qui, par la suite, réussirent. À la lumière de ces faits, l'on peut se demander très raisonnablement si ce n'est pas dans le phénomène ovnis qu'il faut chercher l'origine de la plupart des religions.

LES VISIONS RAPPROCHÉES SONT-ELLES EN PARTIE « RÊVÉES » PAR LES TÉMOINS ?

Il y a une dizaine d'années, la plupart des ufologues, conscients de l'évidence des preuves testimoniales, n'avaient pas suffisamment réfléchi à ce que ces preuves nous apprennent. Ils avaient trop souvent tendance à considérer comme physiquement réels tous les détails allégués par les témoins rapprochés, pour autant que ces détails n'apparaissent pas trop absurdes. Et comme ils ne pouvaient se résoudre à admettre que le phénomène ovni se comporte de façon réellement absurde, ils jetaient la suspicion sur les « contactés » dont les témoignages sont particulièrement indigents ou grotesques. Les rationalistes dogmatiques, quant à eux, refusaient de « perdre leur temps », comme ils disent, à examiner le dossier en détail, et se satisfaisaient d'avoir lu, dans la presse à sensation, deux ou trois histoires « imbuvables » de Martiens ou de Vénusiennes qui les confortaient dans leur opinion que l'ensemble du phénomène ovni ne repose sur rien de sérieux.

Aujourd'hui, les rationalistes dogmatiques, comme il est normal, en sont toujours au même point. Nous les y laisserons, n'ayant pas, non plus, de « temps à perdre » à vouloir informer des gens qui se refusent à l'être. Les ufologues, au contraire, ont progressé, en ce sens que les meilleurs d'entre eux ont su s'affranchir de certaines erreurs de jugement. Ils n'accusent plus de malhonnêteté ou de folie les « contactés » dont les récits sont invraisemblables, parce qu'ils se sont aperçus que cette caractéristique s'applique en fait à tous les aspects des cas rapprochés, et aussi parce que les ovnis, dont l'existence physique est prouvée indépendamment de tout « contact », sont manifestement la cause qui provoque les expériences vécues par les témoins rapprochés.

Or, ces expériences, qui sont absurdes et mensongères, le sont à la façon des rêves, y compris dans les distorsions de l'espace et du temps qui les caractérisent. On pourrait certes supposer que ces distorsions sont physiquement réelles, et témoignent d'une technologie supérieure, maîtrisée par les intelligences qui commandent aux ovnis. Toutefois, certains exemples donnés plus haut montrent à l'évidence que les descriptions d'ovnis et d'ufonautes vus de près, tout comme la teneur des « messages » reçus, sont – au moins pour une part – un reflet des données inscrites dans l'inconscient du témoin ; et cette part-là ne saurait, me semble-t-il, posséder une réalité physique objective.

Les conclusions que je propose de tirer de ces faits sont les suivantes :

1) Une fraction notable des détails vus ou entendus par les témoins rapprochés d'ovnis sont un leurre, comme si ces témoins avaient vécu, au moment des événements, un véritable rêve éveillé.

2) Ce rêve éveillé ne prend pas naissance spontanément sous l'effet, par exemple, de la peur ressentie par le témoin face à l'ovni, comme on l'a supposé quelquefois. Car les émotions, même très fortes, ressenties par un individu sain d'esprit à la suite de traumatismes exceptionnels par exemple des accidents ne suffisent pas, d'ordinaire, à créer chez cet individu un rêve éveillé présentant le degré de perfection et d'intensité que nous observons ici.

3) Tout se passe au contraire comme si ce rêve éveillé était créé par l'ovni, ou par l'Intelligence qui le contrôle, selon un programme préétabli et au moyen d'une technologie agissant sur le cerveau du témoin d'une façon que nous ignorons, certes, mais qui pourrait s'apparenter peut-être à la suggestion hypnotique. En effet, et sous réserve que l'on puisse m'apporter la preuve du contraire, je pense que l'on

ne peut expliquer autrement l'un des aspects essentiels de la cohérence interne de très nombreux témoignages d'ovnis rapprochés à une époque donnée. Car cette cohérence ne réside pas seulement dans une similitude de certains détails pouvant apparaître comme un reflet de l'inconscient personnel ou collectif des témoins, mais dans une concordance d'autres détails sans contenu affectif ou culturel, ne pouvant en aucune façon préexister dans l'esprit du témoin, et qui semblent donc nécessairement apportés de l'extérieur. Ainsi, le rêve éveillé suscité artificiellement par l'ovni rapproché utiliserait à la fois des données personnelles tirées de l'inconscient du témoin et des données directrices imposées par le phénomène. Parmi ces dernières, il y aurait tout ce qui ne peut pas préexister dans l'esprit du témoin, comme par exemple les détails de structure de l'ovni rapproché, et la morphologie de ses occupants : « dirigeables » à pistons et turbines au XIXe siècle, pilotés par des hommes ; « soucoupes volantes » au XXe siècle, pilotées par des humanoïdes. Il y aurait également certains effets physiques absurdes, comme la remise en route spontanée des moteurs de voitures, sans que le démarreur ait été actionné. L'on ne rappellera jamais assez que les observations rapprochées de l'« air ship » américain étaient difficilement explicables par le niveau d'information technologique des témoins de l'époque, tout comme les observations rapprochées des modernes ovnis nous confrontent à des détails dont les témoins ne peuvent avoir aucune préconnaissance. Et pourquoi croirait-on en la réalité des détails observés de près aujourd'hui, alors qu'avec le recul, la réalité des détails observés de près au XIXe siècle se révèle complètement illusoire ?

Ainsi, les témoins seraient-ils suggestionnés par l'ovni rapproché à « voir » de tels détails illusoires, ce qui libérerait les données contenues dans leur inconscient, et achèverait de conférer au rêve éveillé sa structure définitive : « Les passagers de cet engin sont Américains, ils pilotent un aéronef d'un type nouveau, marchant à l'électricité et à l'air comprimé, qui va concurrencer le chemin de fer » ; ou bien : « Les humanoïdes qui viennent de sortir de cette "soucoupe" à antigravitation sont des extra-terrestres venus d'une lointaine planète, ils sont bons, ils connaissent le secret de la guérison du cancer, ils demandent aux hommes de s'aimer. »

Résumons-nous : les ovnis, vus d'« assez loin », dans le ciel ou au sol, semblent les mêmes à toutes les époques. Je crois donc fondé d'affirmer qu'on les observe sans distorsion. Leurs caractéristiques évolutives tant de fois décrites, le halo lumineux qui les entoure souvent, leurs changements d'éclat et de couleur avec la vitesse, leur morphologie générale (parfois fixée par la photographie), enfin certains effets physiques associés à leur passage : brouillage des radios, voire pannes de courant, etc. : tout cela peut, à mon avis, être versé au dossier pour être directement utilisé par le physicien qui bâtit des modèles.

Vus de très près en revanche, les ovnis induisent les témoins en erreur. Tout ce que ces témoins décrivent n'est pas nécessairement faux, mais il est difficile de faire la part des choses. Le moteur de la voiture qui a des ratés et cale près d'un ovni, voit sans doute, en effet, son fonctionnement gravement perturbé par l'ovni. Des ovnis relativement éloignés ont d'ailleurs créé des perturbations électromagnétiques. Mais si la voiture s'arrête, reste-t-elle immobilisée aussi longtemps que le témoin en a le sentiment, et repart-elle toute seule ? Les béquilles observées sous la soucoupe posée au sol, et les hublots du cockpit derrière lesquels s'agitent les têtes d'humanoides, tout cela est-il crédible ? Rien n'est moins sûr...

D'autres détails, en revanche, ont toutes chances d'être physiquement réels, je pense en particulier aux faisceaux lumineux tronqués émis par certains ovnis et capables éventuellement de traverser les murs. D'innombrables témoins qui ne se sont pas donné le mot les ont décrits identiquement partout dans le monde, à des époques différentes. Déjà l'« air ship » du XIXe siècle lançait en avant de lui, et vers le sol, de puissants faisceaux lumineux. Beaucoup de personnes ayant observé ces faisceaux se trouvaient loin de l'ovni, et n'ont pas été « marquées » par le phénomène à la façon des « contactés ». Je suis donc tenté de croire en la réalité physique des faisceaux tronqués, lesquels sont peut-être justiciables, comme l'ovni, d'une explication par les lois de la magnétohydrodynamique.

Quant aux scènes vécues par les « contactés », il me semble évident qu'elles relèvent du rêve éveillé suscité par l'ovni. On le voit, il n'y a que des cas d'espèce, le critère utilisé pour trancher de la réalité physique des détails allégués, étant leur invariance dans le temps, qui semble bien liée à la non-proximité de l'ovni et du témoin.

En proposant ce schéma d'interprétation des témoignages, je ne prétends pas fournir un modèle définitif. Il faudra confronter le schéma en question avec les faits nouveaux que les enquêtes à venir apporteront; et sans doute, cette confrontation entrainera-t-elle une révision de notre façon de voir les choses. Il serait étonnant, toutefois, que la réalité physique des détails « vus » de près lors des atterrissages d'ovnis en sorte totalement réhabilitée. On ne le dira jamais assez : les cohérences statistiques en ufologie ne prouvent pas nécessairement la réalité physique de tous les faits allégués, elles prouvent seulement la réalité et l'unicité du phénomène ovni, ainsi que son irréductibilité à du connu – qu'il s'agisse de l'ovni vu de loin apparemment sans distorsion, ou de l'ovni vu de très près et partiellement rêvé.

QUE SONT LES OVNIS ?

Il convient d'insister sur le fait que le schéma proposé plus haut implique en face de nous une volonté délibérée de nous tromper, de nous « faire du cinéma » – et dans quel but ? S'agit-il, comme le pense Vallée (*Le Collège invisible* ; Albin Michel), d'un « système de contrôle » cybernétique de la culture humaine, inversant les mythes et les idéologies dominantes suivant les besoins d'une finalité historique, en utilisant le camouflage de l'absurdité pour n'être pas pris à temps au sérieux par les élites ? De toute façon, que ce soit ou non pour nous manipuler psychiquement, que le phénomène ovni nous trompe lors des atterrissages, je pense que l'étude d'un mensonge obéissant à des lois, cybernétiques ou non, peut nous apporter des enseignements, et qu'il serait donc urgent, en refusant de donner prise à la superstition religieuse, d'essayer de comprendre la nature du défi qui nous est porté ; ceci en dépit du fait que l'objet de ce défi, c'est-à-dire l'ovni, ne se laisse pas cerner aussi facilement que la matière inerte étudiée par les physiciens en laboratoire. Car le défi est double : il y a, d'une part, l'objet ovni, qui témoigne d'une technologie extrêmement avancée, et dont la réalité ne peut faire de doute; nous nous demandons d'où cet objet « vient », et comment il « fonctionne ». Et iI y a, d'autre part, les motivations à notre endroit de l'Intelligence qui commande au phénomène. Je ne partage pas du tout l'opinion de Pierre North (*Soucoupes volantes et charlatans. Revue Lumières dans la nuit* n° 142) selon lequel le phénomène cesserait d' « étaler son cabotinage » si nous cessions de nous y intéresser ; car ce ne sont pas les témoins et les « contactés » qui « cherchent » les ovnis, ce sont les ovnis qui ont choisi de se faire voir en visant des témoins dont il est sûr par avance qu'un certain nombre d'entre eux raconteront à leur entourage ce qu'ils croient leur être arrivé.

Ces considérations nous amènent à dire deux mots de la nature et de l'origine des ovnis. Nous en sommes réduits là-dessus à des hypothèses pour le moment invérifiables, autrement dit les preuves font, ici, complètement défaut. Ce n'est pas une raison pour se laisser aller à divaguer en suggérant, de façon tout à fait gratuite, un certain nombre de réponses aux questions posées, qui se situeraient totalement en dehors du cadre de la pensée scientifique.

Car il est devenu de mode, depuis quelques années, chez un nombre croissant d'ufologues, de rejeter la vieille hypothèse extra-terrestre classique. Les raisons d'un tel rejet ne manquent pas.

Il y a, tout d'abord, paradoxalement, des raisons d'ordre scientifique : compte tenu de la Relativité, des navettes interstellaires, sous la forme de voyages rapides d'un système solaire à un autre à travers l'espace-temps à quatre dimensions de notre physique, sont impossibles ; et les visites d'extra-terrestres ici-bas, à bord d'astronefs à vitesse sub-luminique et donc nécessairement « lents », devraient être rarissimes, exigeant des temps démesurément longs et des énergies de toute façon fantastiques pour franchir les années-lumière qui séparent les étoiles.

Il y a, ensuite, des raisons d'apparent bon sens : pourquoi les extra-terrestres feraient-ils, sans se lasser et de façon répétée, un si long trajet avec la seule motivation puérile de nous jouer des tours ?

Il y a, enfin, cette constatation qu'il existe apparemment des points communs entre les phénomènes paranormaux les plus « invraisemblables » : lévitations, hantises, « contacts » avec des Entités de l'Au-delà, etc., d'une part, et le phénomène ovni rapproché, d'autre part ; de sorte qu'il a pu sembler tentant parfois, y compris à l'auteur de ces lignes, de ranger tout cela sous une même rubrique. Certains sont allés plus loin encore : ils ont attribué tous ces faits à l'intrusion dans notre univers, c'est-à-dire dans notre espace-temps, d'Entités « venues » d'univers « parallèles », ou du « sub-espace » – voire issues de l'inconscient humain doué ainsi, pour les besoins de la cause, du pouvoir merveilleux de les matérialiser...

Je veux bien. Mais je constate toutefois ceci. Lorsque l'élite des physiciens théoriciens modernes prétend que nos notions d'espace et de temps devront être transcendées, ils ouvrent peut-être – je n'en sais rien – la voie à des navettes interstellaires qui opéreraient sans que l'on ait besoin de parcourir la distance entre étoiles à travers le continuum à quatre dimensions de notre physique ; mais ils n'affirment pas pour autant que des univers « parallèles » existent, peuplés d'entités avec qui nous pourrions, parfois, entrer en communication. Ils n'affirment pas, non plus, que notre propre inconscient, individuel ou collectif, pourrait « matérialiser » des ovnis à partir du néant. En revanche, les astrophysiciens affirment, eux, que les systèmes planétaires autour d'autres étoiles sont répandus à profusion dans l'univers astronomique, et que la probabilité de l'existence de la vie extra-terrestre est donc considérable, pour autant que l'on veuille bien admettre chez les biologistes, comme on l'admet chez les physiciens, que les mêmes causes ayant créé la vie terrestre, agissant ailleurs dans les mêmes conditions, ont produit les mêmes effets. J'ajouterai que certains de ces systèmes planétaires sont plus âgés que le nôtre de millions ou de milliards d'années, ce qui ouvre – on répugne toujours à le dire, chez les humanistes dogmatiques – de vertigineux aperçus sur le degré d'évolution auquel la vie intelligente a pu atteindre ailleurs. Notre physique classique, qui n'a pas su intégrer la pensée consciente dans ses équations, et qui pour le moment ne considère encore les phénomènes de l'univers qu'au travers des trois dimensions de l'espace sensible, et d'un temps qui « va » toujours dans le même sens, ne fournit certes pas de solution apparente au problème des déplacements rapides et faciles entre étoiles. À tout le moins en savons-nous assez maintenant pour subodorer que, si de tels déplacements sont possibles un jour, ils mettront nécessairement en œuvre des techniques basées sur une physique transcendant, peut-être de peu, la nôtre. Une physique que devraient maîtriser, précisément, des extra-terrestres plus évolués que nous...

C'est là un faux problème, prétendront certains ufologues, qui assimilent les ovnis à des « 2 CV » de l'espace, lancées de vaisseaux-mères gigantesques parcourant la Galaxie à des vitesses sub-luminiques en « y mettant le temps qu'il faut », et passant l'un après l'autre au fil des années et des siècles, au large de notre système solaire. À chacun de ces passages, nous serions visités par une vague d'ovnis, dont les occupants – jamais les mêmes – entreprendraient indéfiniment d'explorer notre planète, en prélevant des plantes, des minéraux, etc. J'estime que, pour soutenir une pareille thèse, il faut ignorer délibérément le caractère illusoire et trompeur des visions d'ovnis rapprochés.

Rappelons que c'est surtout depuis le début de l'ère spatiale, que l'on « voit » des ufonautes prélever des échantillons terrestres, comme nous-mêmes avons prélevé des échantillons lunaires ; et ces ufonautes le font sans précaution aucune, ce qui rend les descriptions des témoins d'autant plus invraisemblables... Un seul et même phénomène, qui sait s'adapter à notre niveau d'évolution, voire le préfigurer dans les scènes qu'il nous joue lorsqu'on l'observe de près, ne saurait être le fait de civilisations différentes et sans lien commun, croisant notre route pour un temps sans espoir de retour. Les données d'observation suggèrent bien plus une ingérence prolongée dans nos affaires, impliquant que l'exploration interstellaire emprunte une voie royale que nous ignorons encore. Bien entendu, tout ceci n'est pas de la science. Mais il n'est pas interdit de se livrer à la réflexion prospective, tant que l'on ne cesse pas de s'appuyer sur les faits.

Nous commencons tout juste à imaginer comment les ovnis peuvent se propulser dans notre atmosphère, et nous ignorons toujours comment ils pourraient venir rapidement et facilement des étoiles. Mais enfin, à la lumière de ce que nous espérons avoir fait sentir au lecteur, il ne paraît pas déraisonnable de supposer que la technique de ces voyages a pu être résolue depuis des millions d'années par d'autres civilisations dans le cosmos.

Dès lors, pourquoi aller chercher midi à quatorze heures, et continuer de refuser aux ovnis le statut d'astronefs extra-terrestres, alors que par leur seule présence dans notre ciel, ils nous suggèrent un tel statut, en accord avec l'hypothèse raisonnable de notre médiocrité présente au sein de la hiérarchie cosmique ?

L'argument suivant lequel de telles visites ne sauraient se justifier par la seule motivation de nous jouer des tours, me semble parfaitement fondé. Mais on peut se demander si précisément, « ils » ne font que nous jouer des tours... Je serais tenté pour ma part de faire miennes les idées de Jacques Vallée, selon lesquelles nous sommes soumis, par les ovnis, à un système de contrôle. Mais tout système de contrôle implique une intelligence directrice. Plutôt que de croire que cette intelligence est celle de notre inconscient, j'ai la faiblesse de penser que c'est celle d'êtres bien matériels qui nous visitent discrètement, mais efficacement – sans que j'aie pour autant envie de les adorer, ni que j'attende d'eux qu'ils sauvent l'humanité... En réhabilitant la thèse extra-terrestre classique de l'origine des ovnis, j'ai conscience de ne pas m'éloigner des acquis de l'astrophysique et de la biologie, et d'anticiper au minimum sur les futures révolutions de la physique.

Bref, j'ai conscience de ne pas sortir du cadre de la pensée scientifique – hors duquel nous ne progresserons jamais, dans la compréhension du problème posé par les ovnis.

PIERRE GUÉRIN, Astrophysicien,
Maître de recherche au CNRS, mars 1976[1]

ALLEN HYNEK : DES ASTRONAUTES AUSSI ONT VU DES OVNIS

Père de cinq enfants, le professeur Allen Hynek habitait, quand il accorda en 1976 cet entretien à Michel Anfrol, dans une petite maison de la banlieue de Chicago où il dirigeait le Département d'astronomie et d'astrophysique de l'Université

1. *Le Nouveau défi des OVNIS*, France-Empire, 1978.

North Western, l'une des plus réputées des États-Unis notamment dans le domaine des sciences.

Pendant plusieurs années, le professeur Allen Hynek avait été le conseiller technique de l'aviation américaine à l'époque où celle-ci avait entrepris ses recherches en matière d'objets volants non identifiés. C'était le fameux projet « Blue Book ». Allen Hynek avait pu pendant dix ans avoir accès à tous les documents officiels américains et connaître des faits secrets dont personne encore n'était au courant. Au départ, le professeur Hynek n'avait pas d'idées préconçues. Les idées qu'il exprime sont le résultat de quinze années de recherches.

Michel Anfrol – Alors, pourquoi si le chercheur n° 1, si le conseiller spécial de l'U.S. Air Force a pu aboutir à certaines conclusions favorables à la poursuite des travaux de recherche, le projet « Blue Book », lui, a été abandonné ?

Allen Hynek – Le secrétaire d'État à l'Aviation a mis un terme au projet baptisé « Blue Book » en raison surtout du conseil qui lui était donné par la commission Condon, il s'agissait d'un groupe patronné par l'aviation militaire qui théoriquement devait faire une étude indépendante des ovnis.

Vous avez fait référence aux recherches que l'aviation militaire devait entreprendre. Je peux difficilement appeler cela recherches car, par exemple, il n'y eut pas la moindre tentative de mettre les données sur ordinateur, ni même de doubler les vérifications et classer les références. Tout cela fut simplement classé par ordre chronologique. En d'autres termes, il n'y eut aucun effort pour effectuer une étude scientifique.

Alors, vous pourriez dire : mais n'étiez-vous pas le conseiller scientifique ? Pourquoi n'avez-vous rien fait à ce sujet ? Oui, en fait j'étais le conseiller, mais très fréquemment mes conseils n'étaient pas pris en considération. J'ai conseillé plusieurs fois de transcrire sur bandes magnétiques et ordinateurs les données reçues, et j'ai recommandé que des études statistiques soient entreprises.

Le projet baptisé « Blue Book » a été classé à la fin de 1969 et après que le rapport Condon eut été publié début 1970, les journaux, les commentateurs de radio et télévision dirent tous que l'aviation militaire ayant stoppé ses recherches et le rapport Condon ayant été publié, cela devait être la fin de cette affaire. On n'aurait plus rien dû entendre à ce sujet. Tout aurait été fini. Mais, bien sûr, ce n'est pas ce qui s'est produit et nous continuons effectivement à en entendre beaucoup parler. En 1971 un peu, en 1972 davantage de rapports nous parviennent et en 1973, spécialement à la fin de I973, se produit une vague de rapports de toute sorte, et par « toute sorte » je veux dire les espèces les plus diverses que j'ai décrites dans mon livre *Les Ovnis : Mythe ou réalité* (Éd. Belfond). Particulièrement les rencontres rapprochées où il ne s'agit pas d'une vision de lumière lointaine ou d'objet étrange situé assez loin, mais très près, des choses qui sont véritablement très proches

C'est ainsi que nous avons eu davantage d'observations en 1973 que lors de n'importe quelle année précédente, ce qui évidemment est en contradiction avec ce qui avait été prévu par la plupart des gens.

C'est pourquoi j'ai décidé à la fin de l'année dernière que les choses étaient allées assez loin. Nous avions connu vingt-cinq années de ce que j'appellerai des bouffonneries ou des non-sens gouvernementaux et il était temps pour nous hommes de science de faire quelque chose à ce sujet.

J'ai donc fait appel à d'excellentes personnalités scientifiques originaires de différents points de ce pays, des universités comme U.C.L.A., Stanford, Chicago, etc.

Il y a trois raisons qui nous ont décidés à créer ce qui s'appelle officiellement le Centre pour les études ovnis : la première c'est qu'il n'y a aucun endroit, à l'époque, où l'on puisse apprendre quelque chose sur les ovnis, à l'aide de journaux ou magazines et encore moins dans des revues scientifiques sérieuses qui refusent de toucher à cette matière. C'est pourquoi nous avons pensé que quelque chose devait être fait. De plus, il n'y a pas d'organisme scientifique auquel l'on puisse transmettre observations et rapports sans peur du ridicule et enfin, le plus important de tout, il n'y a nul endroit où cette chose était étudiée de façon scientifique.

Nous avons donc créé le Centre pour les études ovnis comme une corporation sans but lucratif, ce qui évidemment lui permet de recevoir des contributions pouvant être déduites des impôts. En fait, j'ai reçu il n'y a pas si longtemps un chèque de 100 dollars d'une femme de Paris qui avait entendu parler de ce centre et voulait y participer financièrement. Ce centre même est plus une référence commune pour les gens et les idées qu'il ne l'est du point de vue géographique étant donné qu'il est situé dans différentes universités.

Je crois que cela sera très intéressant pour vos auditeurs, du moins je l'espère. Le centre a quatre fonctions principales : la première, la plus fréquente, consiste à rassembler des éléments. Nous avons la chance de posséder une ligne téléphonique spéciale qui permet à n'importe qui de nous appeler gratuitement, quel que soit l'endroit d'où il appelle.

« Nous avons donné notre numéro à des milliers de policiers, de shérifs, d'organismes de protection civile, à l'Agence fédérale d'aviation et à des groupes de défense. Ainsi, si quelqu'un croit apercevoir un ovni il le signale aussitôt à un policier, un shérif ou à un fonctionnaire de l'aviation qui enregistre sa déposition. C'est ainsi que ce soir, juste avant votre venue, j'ai reçu un appel d'une base aérienne de Floride. Quelqu'un avait fait une observation mais je crois que dans ce cas il y a une bonne explication, ce devait être un météore très, très brillant. Mais comme vous le voyez, les faits sont là, on nous a appelés et il est rare qu'une nuit s'écoule sans que nous recevions de rapports parvenant d'un endroit quelconque du pays.

Alors que faisons-nous dans ce cas ? Disons que si quelque chose se produit au Kansas et que nous ayons un homme dans la région, nous l'appelons et nous lui demandons de regarder de plus près. Nous avons une espèce de réseau auquel coopèrent différentes organisations telles Mutual UFO, NICAP, APRO et plusieurs autres qui par leur coopération permettent d'être sûr que ces informations parviennent au centre d'études.

L'autre activité, c'est, bien sûr, l'addition et l'analyse des éléments. C'est là où nous avons accès aux ordinateurs et par exemple le docteur Saunders, qui est membre du centre d'études, a rassemblé en ordinateur quelque 500 000 cas. Et puis il y a bien sûr le laboratoire d'analyse et là également nous pouvons avoir accès aux instruments de laboratoire d'importance nationale. Ainsi, quand on nous a signalé l'atterrissage d'un ovni au Kansas, qui avait laissé un anneau brillant de matière inconnue, nous avons été en mesure d'en faire l'analyse chimique et nous avons trouvé des différences significatives dans le sol. Évidemment, ces trois choses ne servent à rien si les matières et le résultat ne sont pas rendus publics. C'est pourquoi l'éducation fait partie de tout cet ensemble. Nous espérons être en mesure de créer une revue trimestrielle, non pas seulement pour un usage populaire mais dans le même esprit qu'un journal médical dans lequel sont décrites des maladies... Ainsi, nous voudrions publier des enquêtes sérieuses, scientifiquement authentiques, non pas pour leur aspect sensationnel ou pour un simple divertissement, mais pour leur valeur scientifique.

Si tout cela se produit – et je dirai que c'est en train de se produire – étant donné que nous n'opérons qu'à un niveau réduit, davantage de gens seront informés. J'espère par exemple que quelques fondations nous donneront les bourses de recherche dont nous avons besoin afin que nous puissions réellement faire notre travail comme il doit être fait.

Michel Anfrol – Quels sont les témoignages les plus intéressants que vous ayez recueillis ces derniers temps et quels sont des faits les plus troublants qui ont été portés à votre connaissance ?

Allen Hynek – J'ai une lettre d'un Français, M. Courette, qui est le contrôleur de la commission pour l'énergie du Canada du Nord, dans l'extrême nord de la baie de l'Hudson, un endroit appelé Chesterfield Inlet. C'est environ à 2 degrés au sud du cercle arctique, et il a écrit pour me parler de l'expérience que lui-même et trois autres personnes ont eue alors qu'ils chassaient le caribou. Ils étaient à bord de snowmobiles lorsqu'ils ont vu soudain venir droit sur eux un engin qui se déplaçait à quelques pieds seulement au-dessus de la terre. Ses descriptions correspondent à beaucoup de celles que j'avais déjà recueillies, essentiellement la forme habituelle de dôme et de soucoupe et des lumières clignotantes. Il me dit que l'une des choses les plus étranges fut que les trois moteurs s'arrêtèrent brusquement, comme ça, et que l'on ne percevait plus qu'un léger bourdonnement qui en fait ne ressemblait pas à un véritable bourdonnement. Je crois que ce cas est très intéressant parce qu'il vient d'un endroit tellement éloigné du monde où vous seriez loin de soupçonner que l'on y a déjà entendu parler d'ovnis.

Nous avons un autre cas très intéressant dans le Missouri et je tiens à préciser que j'ai vérifié moi-même tout ce que je vous raconte à propos de ces cas. Je ne me contente pas de reprendre quelque chose mentionné par les journaux.

Avant de vous raconter cette histoire, laissez-moi vous donner une idée de ce qui se passe sur un plan général plutôt que dans des cas précis. Les témoins deviennent de plus en plus respectables et notamment sur le plan scientifique. C'est ainsi que j'ai participé à une récente réunion d'astronomes en Arizona et plusieurs d'entre eux se sont approchés de moi pour me parler des ovnis.

Michel Anfrol – Il fut un temps où 99,9 % des astronomes étaient totalement hostiles à toute idée d'ovni. Il s'agissait d'histoires qu'ils n'auraient crues pour rien au monde.

Allen Hynek – Absolument et ils auraient ri. Aujourd'hui ce sont eux qui viennent et qui en parlent, sans rires ni trémoussements. Dans le grand public aussi se produit un changement intéressant. En fait, un récent sondage indiquait que 15 millions d'Américains avaient vu un ovni, 55 % croyaient que les ovnis étaient réels, et si vous rapprochez ce sondage d'un autre consacré à la politique vous aboutissez à ce résultat plutôt amusant et peut-être inquiétant qu'aux États-Unis aujourd'hui il y a davantage de gens pour croire aux ovnis qu'il n'y en a pour croire au Président !

Les personnes qui transmettent ces observations sont des gens d'une certaine envergure des gens dont le témoignage serait accepté par un tribunal dans n'importe quelle autre circonstance : des pilotes d'avions de ligne, des contrôleurs de trafic aérien, des ingénieurs radar, des policiers, des professeurs d'écoles. Il devient de plus en plus difficile de traiter toutes ces personnes de menteurs ou de fous. Il y a donc un accroissement de l'intérêt général dans ce domaine.

Michel Anfrol – Pour en revenir aux témoignages les plus intéressants quels sont les cas les plus troublants que vous ayez eu à étudier ?

Allen Hynek – Deux me viennent immédiatement à l'esprit. Tous les deux correspondent bien à la définition d'un ovni comme étant une histoire incroyable racontée par une personne crédible. Aimé Michel a parlé du phénomène des ovnis comme d'un festival d'absurdités, et je crois que c'est une très bonne description. Les observations sont incroyables si l'on s'en réfère aux normes de notre vie commune. Tout aussi incroyable que la télévision aurait pu l'être il y a quelques siècles. Un des cas auquel je pense, dont je me suis occupé personnellement et pour lequel je me suis déplacé, s'est produit dans le Missouri. Il s'agit d'un homme qui soignait des animaux pour le département de biologie de l'université. Il habitait une caravane en dehors de la ville avec sa femme, sa fille de seize ans et son garçon de trois ans. La femme est une infirmière qui travaille fréquemment la nuit à l'hôpital. Souvent le soir quand la femme est absente, la fille de seize ans va prendre du lait dans le réfrigérateur pour le biberon de 1 heure. Ce soir-là, comme d'habitude, elle s'en fut au réfrigérateur et en regardant par la fenêtre elle vit une lumière qui approchait. Je suis allé là moi aussi et j'ai vu l'aspect du sol : quelques arbres, des champs, une herbe haute, pas de route, rien qui puisse venir de ce côté. La lumière était extrêmement brillante et formait un grand angle. Elle prit peur, elle éveilla son père. Il vint, jeta un coup d'œil, ferma la porte et chargea deux fusils. Il avait deux chiens de chasse de nature plutôt agressive. Ces chiens se trouvaient sous la caravane et y demeurèrent. Comme la lumière se faisait encore plus proche, le téléphone cessa de fonctionner au moment où le père essayait d'appeler la police. Les choses les plus étranges se produisirent alors. La lumière était si brillante qu'il ne pouvait plus distinguer les détails. Les arbres, qui étaient les plus proches de cet objet commencèrent à osciller violemment comme s'ils se trouvaient en plein centre d'un ouragan. Les autres arbres étaient parfaitement immobiles puisque le vent, cette nuit-là, ne dépassait pas les 5 miles à l'heure. C'était une nuit claire, et pendant que les arbres se contorsionnaient violemment il y eut un fort craquement, comme un coup de tonnerre, et quand la police arriva quelque temps plus tard et inspecta les environs elle décrivit que de larges branches d'environ 7 cm de diamètre et situées à 5 m du sol avaient été arrachées. Je fus sur place quelques jours plus tard et je peux attester que la cassure était fraîche et qu'il ne s'agissait pas du tout d'une vieille affaire. Une autre chose intéressante, les feuilles de ces branches et des branches voisines étaient ramassées d'une étrange façon sans explication apparente.

Cet homme n'avait aucune raison pour inventer cette histoire. C'est un individu respectable, qui travaille à l'université et qui n'avait rien à gagner à cette affaire...

Il semblait très embarrassé et, détail supplémentaire, le petit garçon s'était réveillé pendant que se déroulait le phénomène et il avait vu les arbres osciller violemment. Aussi, quand un de mes collègues arriva quelques jours plus tard et alors qu'il se promenait à travers champs avec le père bavardant de tout autre chose, le petit garcon s'approcha et dit « papa, les arbres ne bougent pas aujourd'hui comme l'autre nuit ». Il s'agit là d'un témoignage et d'une remarque non sollicités.

Un autre cas qu'il m'a été donné d'étudier récemment : l'équipage d'hélicoptère du capitaine Cohen. Il s'agit d'un capitaine d'une équipe de sauvetage de l'armée, l'équipage sert au sauvetage d'accidentés et à d'autres activités de ce genre. Ils rentraient de Columbus, Ohio, où ils venaient tout juste de passer leur examen annuel d'aptitude physique et ils étaient donc en pleine forme. À mi-chemin environ entre Columbus et Cleveland, près d'une petite ville du nom de Mansfield, l'un des hommes d'équipage vit une lumière rouge, brillante, s'approchant très, très rapidement, une lumière vraiment intense. Je me suis rendu à Cleveland, j'ai interviewé l'équipage et je me suis assis dans les différents sièges de l'hélicoptère. Le capitaine a refait pour moi les mouvements qu'il avait faits ce jour-là. Une histoire complètement incroyable. Cette intense lumière rouge était aussi puissante qu'un projecteur d'atterrissage d'un Boeing 727, mais rouge au lieu d'être blanche. La lumière était fixée à un objet de forme cylindrique et quand l'objet fut au-dessus d'eux il ralentit pour se mettre à leur allure qui était d'environ 160 km/h. C'est alors qu'un intense rayon vert envahit l'intérieur de l'appareil. Le capitaine m'a montré tout ce qui s'est passé. Il essaya de joindre la radio de Mansfield. Il eut le contact très brièvement et brusquement toutes les radios cessèrent de fonctionner. Il essaya à plusieurs reprises de retrouver le contact, mais la chose la plus étrange se produisit alors. Il me montra comment il essaya de faire descendre rapidement l'hélicoptère. Il faisait cela cherchant à éviter un impact qu'il redoutait car il pensait qu'une véritable collision allait se produire. Au lieu de perdre de l'altitude, l'hélicoptère se mit à monter et il put voir sur son altimètre qu'il était passé de 700 à 3 800 pieds. Cette sorte de chose a été signalée à plusieurs reprises. Une violation des lois physiques en quelque sorte. Il essayait de faire descendre son hélicoptère mais celui-ci au contraire montait lorsque l'objet, l'ovni, s'en alla brusquement et disparut vers l'ouest. Il avait une lumière blanche à l'arrière et tourna de 45 degrés.

Nous avons donc quatre hommes de grande expérience pour nous raconter une histoire complètement incroyable Personne ne peut expliquer comment un hélicoptère peut s'élever au lieu de s'abaisser.

Je crois que vous avez dû entendre parler du cas des deux pêcheurs du Mississippi : c'est dans le livre de Ralph Brown *Beyond Earth*. Je me suis rendu là-bas avec le docteur Harper de l'université de Californie. Ces deux hommes, l'un de quarante-cinq ans, l'autre de dix-neuf ans environ, travaillent tous les deux aux chantiers navals, ils aiment la pêche et ils étaient en train de pêcher au bout de la jetée quand ils virent une lumière bleue brillante qui s'approchait et qu'ils jugèrent rapidement être un ovni typique. Cet ovni n'atterrit pas. Deux créatures en sortirent, ces créatures paraissaient plutôt grotesques et ressemblaient à des robots : deux jambes, deux bras comme des pinces, des mains comme des pinces. Ils sortent donc et les prennent par le bras. Ils ne les ont pas soulevés, dit l'un des deux hommes, ils les ont fait en quelque sorte flotter à bord. Il n'y avait là aucune table, ils étaient allongés sur le côté, sans aucun support. Ils se trouvaient en état d'apesanteur tout comme les astronautes, et puis une sorte d'instrument bizarre, qu'ils décrivent du mieux qu'ils peuvent comme ressemblant à un gros œil, passa et repassa au-dessus d'eux plusieurs fois et ils furent relâchés. Le jeune homme était tellement effrayé qu'il s'évanouit et demeura sans connaissance.

Avec le docteur Harper, qui est un bon hypnotiste, nous avons travaillé environ quatre heures. Nous pensions que l'esprit conscient était bloqué et ne parvenait pas à se souvenir des détails. Le docteur Harper essaya, sous hypnose, d'obliger le subconscient à révéler ce qu'il savait, mais cela ne marcha pas. Simplement quand il mit Charlie et l'autre sous hypnose, aussi longtemps qu'il essaya de les ramener à des faits réels, tels que cadeau recu pour le dixième anniversaire, etc., tout marcha bien, mais quand il essaya de faire allusion à leur expérience récente, une abondante transpiration perla sur le front de Charlie et il devint tout de suite très tendu. Le docteur Harper dut mettre fin à l'état d'hypnose par peur de graves suites possibles. Le shérif se livra également à une sorte de truc style Watergate. Il laissa un magnétophone, caché, en état de marche dans la pièce où les deux hommes étaient livrés à eux-mêmes. J'ai écouté cette bande et il n'y a là aucune évidence de tricherie. Les deux hommes étaient vraiment dans un état de choc.

Je me rendis là-bas quarante-huit heures plus tard et puis on me pria de participer au Dick Cavett Show avec Charlie. J'insistai pour qu'on le fasse passer au détecteur de mensonge. L'autre homme avait eu entre-temps une dépression nerveuse, c'est pourquoi il n'était pas là et Charlie passa avec succès l'épreuve du détecteur de mensonge. Dans ma conférence de presse j'ai dit que ces hommes avaient subi une très réelle et très redoutable expérience. Je ne pouvais pas dire qu'ils avaient vu un véritable engin, mais que quelque chose avait dû se produire parce qu'en temps ordinaire c'étaient des gens du Sud, calmes, normaux, au rythme lent, aimant la pêche, des gens simples, honnêtes, intelligents mais pas instruits et soudain quelque chose de ce genre arrive. Alors dans ce cas que faites-vous ?

Voilà donc quelques-uns des cas les plus extraordinaires. Je voudrais aussi souligner que je fais partie d'un jury de cinq hommes, cinq professeurs de différents endroits du pays. Vous connaissez, je crois, le magazine *National Enquirer,* et dans ce domaine il fait ce que j'appellerais un travail de reportage. Il a offert une récompense de 50 000 dollars à qui pourra prouver que les ovnis viennent de l'espace lointain. Mais, bien sûr, la preuve dans ce cas est difficile à établir et de plus il est tout aussi difficile de voir cinq professeurs se mettre d'accord sur quoi que ce soit. Alors, imaginez un peu sur une preuve de l'existence des ovnis !

À tout le monde, et à tous ceux qui nous écoutent aujourd'hui, tout en attendant une telle preuve, nous offrons chaque année un prix de 5 000 dollars pour le meilleur témoignage à caractère scientifique, et le cas le plus intéressant, toujours du point de vue scientifique. Nous devons d'ailleurs décider, ces jours-ci, pour le prix de l'année 1973 et je crois que nous aurons du mal car ce fut une bonne année.

Après que tout le monde eut pensé que ce sujet était fini et que plus personne n'en entendrait parler, il se trouve que les ovnis n'ont pas daigné lire le rapport Condon et qu'ils font ce qu'ils veulent, et cela, pas seulement aux États-Unis. Les gens sont d'ailleurs surpris quand je leur dis que les ovnis sont également observés en France, en Espagne, en Amérique latine. Ils pensent que c'est seulement ici que ce genre de choses se produit et ils découvrent qu'il n'en est rien. Il semble que les cas les plus intéressants se produisent dans des régions très isolées, ce qui correspond aux constatations faites en France par M. Poher. Les atterrissages et les rencontres semblent éviter les zones urbaines, mais tendent à se produire dans des régions isolées.

C'est un cas de ce genre qui s'est produit dans une petite ville du centre du Kansas, communauté agricole où rien ne se produit jamais. Un garçon de dix-huit ans gardait ses moutons lorsque tout à coup il vit un engin brillamment illuminé descendre du ciel. Il n'atterrit pas mais demeure à 2 pieds environ du sol. Au bout de quelques minutes, il s'en va. Le garçon affolé appelle ses parents qui arrivent à temps pour voir l'engin disparaître au loin. La mère est une infirmière. L'ovni en partant, avait laissé un anneau brillant d'environ 3 mètres de large, dont la forme ressemblait à un beignet. Le shérif nous a dit que l'écorce, à la base des arbres, était également brillante et il a une photographie de leur éclat. La mère possède un appareil Polaroid, et bien qu'il soit chargé en film couleur pour photos de jour, l'éclat était si intense, qu'il impressionna le film. C'est l'une des plus intéressantes photos que nous possédons. Nous avons pris des morceaux d'écorce pour analyse. Le plus intéressant à propos du sol touché par cet anneau brillant est que jusqu'à présent il est complètement imperméable. Vous pouvez verser l'eau que vous voulez, elle demeure là et ne pénètre pas dans le sol, alors qu'à quelques centimètres de là, à côté de l'anneau, l'eau pénètre dans la terre comme dans une éponge. D'autre part, comme vous pourriez vous y attendre, nous avons essayé de faire pousser des choses sur cet anneau mais nous n'avons rien obtenu. C'est un cas vraiment très intéressant. C'est lui qui a obtenu le prix de 5 000 dollars. Je répète qu'il s'agit de simples fermiers et je ne pense pas qu'ils soient capables de commettre une telle supercherie. Ce cas est un bon exemple de traces physiques et c'est ce genre de choses qui nous intéresse tout particulièrement dans notre centre d'étude des ovnis. Nous essayons de nous concentrer sur ces cas qui laissent quelque chose qui puisse être étudié : photographies, voitures endommagées, branches cassées ou n'importe quelle chose qui puisse être analysée dans un laboratoire.

Michel Anfrol – En tant qu'homme de science, docteur Hynek, quelles explications pouvez-vous offrir et quelles conclusions pouvez-vous tirer de tous ces témoignages ?

Allen Hynek – L'explication la plus vraisemblable est que nous sommes visités par des intelligences extra-terrestres et il n'y a aucun doute que ce phénomène nous donne des signes de ce que nous pourrions appeler intelligence.

En tant qu'astronome, il m'est très difficile d'en déduire que ceci est la preuve que nous sommes visités par des extra-terrestres. C'est comme si nous avions des douzaines de lancements d'Apollo par jour. Quand on réalise que l'étoile la plus proche de nous, autre que le Soleil, est cent millions de fois plus éloignée que la Lune, vous réalisez qu'afin de parvenir jusqu'ici cela représenterait une énorme entreprise. C'est une chose que notre technologie ne pourrait faire. Donc on peut discuter sur ce fondement, d'un autre côté on peut aussi dire qu'après tout nous sommes arrivés de l'avion des frères Wright à la Lune en moins de soixante-dix ans et que nous sommes passés du chariot au Boeing 747 en guère plus de cent ans. Il y a des étoiles qui sont des millions d'années plus vieilles que le Soleil. Il est très probable qu'il y a des civilisations qui sont plus vieilles, non pas de cent ans mais de millions d'années et elles doivent certainement savoir des choses que nous ne savons pas. Je ne nie pas l'idée de visiteur de l'espace, mais je pense que nous devons également regarder dans une autre direction. Quelle autre direction ? Nous sommes dans une situation où nous ne savons pas quoi rechercher. Un exemple : tout le monde sait qui était Benjamin Franklin. Supposez que quelqu'un demande à Benjamin Franklin, qui était dans son genre un très bon scientifique, « Ben, qu'est-ce qui fait briller le Soleil » ? Il n'y avait rien dans ses connaissances physiques et scientifiques qui aurait pu lui suggérer que le Soleil était une sorte de réacteur nucléaire. Comment Benjamin Franklin aurait-il pu deviner ce qui faisait briller le Soleil ? Nous pouvons être dans la même situation en ce qui concerne les ovnis. S'il n'y a pas d'extra-terrestres, eh bien ! nous touchons là à un domaine qui est aussi étranger et inconnu pour nous que l'était l'énergie nucléaire pour Benjamin Franklin.

Aussi, nous avons un paradoxe intéressant. Parfois, j'aime à penser que si je n'étais plus un scientifique, je serais un écrivain de science-fiction. Supposez qu'un jour nous découvrions qu'il existe quelque chose comme l'esprit dominant la matière, comme des enquêtes parapsychologiques aujourd'hui semblent l'indiquer. Supposez que dans un million d'années nous apprenions – peut-être qu'une civilisation quelque part dans l'espace l'a déjà appris – comment projeter une forme de pensée au lieu d'envoyer un engin physique d'ici sur Mars. Supposez que nous envoyions une forme de pensée et qu'on puisse la matérialiser là-bas d'une façon encore complètement mystérieuse pour nous. Je n'ai pas la moindre idée de ce qui pourrait être fait. Tout comme je n'ai pas la moindre idée non plus de ce que sera la science dans un million d'années. Certainement quelqu'un transporté soudainement à des millions d'années et voyant ce qui pourrait se passer à cette époque-là demeurerait perplexe sans rien comprendre, tout comme un pygmée d'Afrique soudainement transporté ici serait éberlué par la télévision. Par exemple, comment voulez-vous prouver à quelqu'un qu'à cet instant présent, pendant que nous parlons, il y a des images de télévision qui passent dans cette pièce ? Essayez d'expliquer cela à un aborigène, il dira simplement que vous êtes fou et que vous dites des absurdités. Mais ce ne sont pas des non-sens. Les ovnis sont quelque chose comme ça. Je pense parfois que peut-être la réalité est une continuité multidimensionnelle et le monde physique que nous voyons autour de nous représente simplement un échantillon momentané de cette réalité globale et une autre tranche momentanée serait dans une autre sorte de monde. Peut-être qu'il y a des univers entrelacés. Peut-être que les ovnis sont des manifestations, des aperçus d'un autre monde. Ce transfert du temps a souvent été mentionné. Ainsi, nous sommes maintenant dans le présent, mais supposez qu'il y ait un autre monde, dix minutes derrière nous, ou un autre un million d'années avant nous. Nous ne pouvons pas, nous, franchir cette distance, pas plus que nous ne pouvons nous transférer de cette pièce instantanément dans une du même genre au même moment à San Francisco, même si nous savons qu'elle existe. Evanston-Chicago est séparé de San Francisco par l'espace mais supposez que deux endroits situés au même endroit soient séparés non plus par l'espace mais par le temps, comme un train roulant dix minutes après un autre, et passant au même endroit... Peut-être que d'une certaine façon à l'occasion nous pourrions franchir cet écart et avoir un aperçu de cet autre monde...

Dites-vous bien que je ne parle plus en ce moment en tant qu'astronome ou homme de science, mais comme un simple être humain utilisant son imagination.

Michel Anfrol – Tous les témoignages parlent de phénomènes qui se déroulent à même le sol ou bien à très faible altitude. Mais est-ce que des astronomes ont jamais déclaré avoir vu, au cours de leurs observations du ciel, des objets volants ?

Allen Hynek – Oui, la réponse est oui ; mais aucun d'eux n'a permis que son nom soit mentionné. J'ai reçu d'excellents témoignages mais sous le sceau du secret et de l'anonymat. Comme vous pouvez vous en rendre compte c'est un problème des plus troublants. Nous aurons peut-être à réviser notre façon d'envisager certaines choses. Lorsque les lois classiques de physique n'étaient pas capables d'expliquer les spectres atomiques, nous avons dû nous tourner vers la mécanique quantique, et quand les lois classiques de physique ne purent plus expliquer certaines choses, nous dûmes faire un bond extraordinaire vers la relativité. Bernard Shaw a dit : « Toute grande idée commence comme une hérésie. » Nous essayons toujours d'expliquer les choses d'une façon d'abord naturelle. Un des exemples les plus fameux s'est passé en France, quand l'Académie des Sciences essaya de nier l'existence des météorites ne voyant là que des pierres frappées par des éclairs parce qu'il leur semblait déraisonnable que des pierres puissent tomber du ciel. Et pourtant des pierres tombent du ciel. Si vous étiez médecin, il y a dix ou vingt ans, parlant d'acupuncture, vous auriez été rejeté de toutes les associations médicales du monde entier. Aujourd'hui, on commence à accepter cette science. Personne ne sait comment elle agit, mais elle est reconnue. Il en est de même pour l'hypnotisme qui a pris naissance comme une sorte de spectacle de carnaval que les savants les plus sérieux qualifiaient de ridicule, d'absurde, d'incroyable et pourtant, aujourd'hui, l'hypnotisme est utilisé en médecine et reconnu comme étant une technique médicale. Je suis toujours impressionné par ce que j'appellerai le « provincialisme temporel ». Lorsque nous observons les civilisations anciennes telles qu'égyptienne, babylonienne, nous pensons qu'ils étaient des gens sympathiques mais joliment bêtes, et pensons : combien de choses nous connaissons qu'ils ignoraient. Mais ce que nous avons tendance à oublier, c'est que dans cinq mille ans les sciences auront beaucoup évolué et que les gens d'alors, lorsqu'ils parleront de nous, avec condescendance, penseront de nous ce que nous pensons des Égyptiens. Ils diront, peut-être, « c'était des braves gens, mais un peu bornés, ils ne savaient même pas ce qu'étaient les ovnis ».

Michel Anfrol – Les astronautes de la NASA ont fait des observations étonnantes lors des premiers vols spatiaux Mercury ou Gemini, mais depuis plusieurs années il semble que la NASA ne leur permette plus de dire véritablement tout ce qu'ils ont vu. Avez-vous obtenu quelque chose du côté des astronautes ?

Allen Hynek – Je pourrais même prouver qu'on leur a interdit de parler. J'ai parlé avec quelques-uns des astronautes, Mc Divitt par exemple, et il est certain, maintenant, que Collins et Aldrin (Apollo XI), en route pour la Lune, ont vu un objet étrange, non pas en parking autour de la Lune, mais en vol, au-devant d'eux. D'autres astronautes ont dit avoir vu des choses étranges. Toute la question des ovnis a été tellement controversée, nous appelons ça « une pomme de terre brûlante » que vous pouvez comprendre pourquoi la NASA n'a pas voulu y être mêlée. La NASA doit faire appel au Congrès pour son budget et s'il était dit que la NASA ne s'occupait pas de ses affaires, mais qu'elle s'intéressait aux soucoupes volantes, cela pourrait mettre en danger son budget. Aussi je pense que si j'avais été directeur de la NASA j'aurais agi de même.

Michel Anfrol – Docteur Hynek, l'an dernier vous avez fait le tour du monde, collectionnant les renseignements et les témoignages. Y a-t-il des différences entre ce que vous avez pu recueillir aux États-Unis et ce que vous avez entendu et recueilli dans les zones les plus reculées comme les îles de l'océan Pacifique, par exemple ?

Allen Hynek – C'est précisément la raison pour laquelle j'ai fait ce voyage. J'ai voulu me rendre compte si les apparitions survenues en Australie, étaient différentes de celles qui ont lieu ici. J'ai trouvé qu'il n'y a aucune différence. Les mêmes choses sont signalées ici comme elles le sont là-bas et une des raisons principales de mon voyage était d'aller en Nouvelle-Guinée à la vieille mission anglicane de Bonaï. C'est là que le père Guil, en 1959, en compagnie de trente témoins eut la vision remarquable d'un engin descendant vers la Terre avec des créatures, en quelque sorte sur le pont. Le prêtre leur fit un signe et ils lui firent un signe en réponse. Il leur fit alors deux gestes et à nouveau ils lui répondirent en faisant deux signes. Ils n'atterrirent pas, ils reprirent de l'altitude, s'enfoncèrent dans les nuages et disparurent. Je suis allé à Bonaï pour voir moi-même l'endroit où cela s'était produit. J'ai pris des photos, j'ai dessiné des cartes et j'ai retrouvé six témoins, des indigènes qui se rappellent encore cet événement. Le prêtre lui-même n'est plus là, il habite Melbourne, aussi suis-je allé à Melbourne où j'ai eu un très long entretien avec lui. C'est un homme d'une grande culture, ce n'est certainement pas le genre d'homme qui s'abaisserait à la moindre supercherie et ce cas, tout comme celui de Socorro au Nouveau-Mexique et de Valensole, en France, demeurent profondément mystérieux.

PATRICK AIMEDIEU : LE PORTRAIT ROBOT DES « HUMANOÏDES »

Entretien de l'auteur avec Patrick Aimedieu, chercheur au CNRS. 1976

Jean-Claude Bourret – Depuis vingt-cinq ans, plus particulièrement depuis ces dernières années, les témoignages faisant état d'atterrissages d'ovnis avec vision simultanée d'humanoïdes se multiplient dans tous les pays du monde. Quelle doit être l'attitude d'un scientifique face à ces témoignages ?

Patrick Aimedieu – D'abord, une attitude tout à fait naturelle : ne pas rejeter a priori ces témoignages. Sinon, ce serait faire preuve de subjectivité. Ensuite, analyser systématiquement ces témoignages. Sur le plan scientifique, on doit faire preuve d'un certain scepticisme et ne prendre en considération un phénomène que s'il est reproductible en laboratoire. Je prends un exemple : un chercheur réalise une expérience scientifique ; il en définit les conditions ; il publie un rapport ; un autre chercheur disposant des mêmes moyens peut, à l'autre bout du monde, reproduire la même expérience, en observer les mêmes résultats.

Lorsque vous vous trouvez devant le phénomène ovni, vous êtes placé dans les mêmes conditions que lorsqu'il s'agit d'observer et d'analyser des phénomènes atmosphériques rares. L'épreuve statistique ne prouve pas que le phénomène existe (il faudrait le phénomène « en main ») mais ouvre l'esprit et conduit à la conclusion : il y a réellement quelque chose. Il faut donc systématiquement observer et analyser le phénomène. À ce stade, on voit apparaître des choses intéressantes...

Jean-Claude Bourret – Qui émergent de l'étude statistique des témoignages ?

Patrick Aimedieu – Oui. Par exemple, lorsque vous demandez à un témoin qu'avez-vous vu ? Quelle est la forme générale du personnage ? Il précise une taille. Donc, on va dresser une statistique sur la taille. Le personnage va déjà se préciser. Il a une tête, des bras, des jambes. L'enquêteur pose des questions : la forme de la tête, des yeux, la pilosité, la couleur de l'épiderme. Toutes ces interrogations figurent dans le questionnaire de l'enquêteur. Ensuite, ce questionnaire est remis au chercheur qui voit apparaître un certain nombre de données troublantes. Par exemple la taille. On parle souvent des « petits hommes verts ». C'est une blague parce qu'à ma connaissance, aucun témoin n'a jamais parlé de petits hommes verts. En revanche, il est exact que les êtres observés sont généralement petits : un mètre dix à peu près. Pour le chercheur, la question se pose de savoir pourquoi un agriculteur argentin, un Français, un Africain, un Soviétique, un Américain du Nord, un Japonais voient la même chose ! Partout sur terre, dans tous les pays, on voit ce genre de petits personnages. Il y a suffisamment de centaines de témoignages pour que le chercheur se pose la question : est-ce vrai ?

Jean-Claude Bourret – Alors le portrait-robot de l'humanoïde ?

Patrick Aimedieu – On ne peut pas le faire. Parce que, lorsqu'on étudie à fond la question, on se rend compte qu'il y a plusieurs catégories de témoignages décrivant des êtres différents. Certes, il existe beaucoup de témoignages sur les petits êtres. Mais des témoins ont également vu des entités plus grandes. Vous en avez qui sont semblables à nous : même taille, même couleur de peau – et qui parlent la langue du témoin. Des grands mesurent deux mètres de haut. Certains sont cyclopes. D'autres paraissent vêtus d'un scaphandre : vous comprendrez la difficulté d'établir le portrait-robot ! D'autant plus que le témoin qui n'a pas connaissance du problème ovni va décrire le phénomène en fonction de ses connaissances et de son vocabulaire. Malgré tout, on arrive à définir des traits généraux.

Jean-Claude Bourret – Tout cela est déroutant ! Il est déjà difficile d'admettre que de petits hommes, venus on ne sait d'où nous rendent visite, mais que les témoins affirment avoir vu des géants, des cyclopes dans des engins aux formes variées, c'est encore plus difficile à croire ! N'avez-vous pas l'impression qu'une partie de ces témoignages extraordinaires relève de l'affabulation ?

Patrick Aimedieu – Il ne semble pas. Il faut considérer que les enquêteurs (je parle des enquêteurs professionnels comme les gendarmes ou les policiers) sont tout de même sceptiques au départ. Ils « cuisinent » le témoin, si vous me permettez l'expression. Quand le témoin est adulte, il reste facile pour des enquêteurs professionnels de faire se contredire le témoin – s'il a menti. Lorsqu'un témoin est capable de donner tous les détails pendant des heures et dans des interrogatoires espacés de plusieurs semaines, le doute n'est guère permis. Ou alors il faudrait supposer que ce témoin possède une imagination et une mémoire exceptionnelles. Ce n'est évidemment pas impossible, mais, une fois encore, il y a des milliers de témoignages dans le monde – venant de tous les horizons sociaux – et qui se recoupent ! Certains ont avancé l'hypothèse que les témoins racontent une sorte de phantasme intérieur commun à tous les hommes, ce qui expliquerait la convergence des témoignages. Ce problème a été étudié en psychologie. On s'est demandé pourquoi les témoins voient un être qui a deux bras, deux jambes ? Est-ce que les témoins n'ont pas projeté une sorte de désir inconscient de voir les êtres qui nous « visitent », ressembler à notre propre image ?

Jean-Claude Bourret – Un argument s'oppose à cette interprétation : les traces laissées dans le sol, constatées par les autorités, les pilotes, les effets physiologiques. Un fantasme intérieur ne laisse pas de traces dans les champs et ne se laisse pas photographier !

Patrick Aimedieu – Exactement. Et puis prenez le cas de Valensole. Pourquoi cet agriculteur, un homme solide et respecté, irait-il raconter des histoires qui ne lui ont strictement rien apporté, sinon des ennuis ? D'autre part, les êtres décrits par les témoins ont une attitude curieuse. Certains marchent. C'est le cas à Valensole. D'autres volent, comme à Cussac. Si c'est un citadin habitué aux romans de science-fiction qui témoigne, habitué au contact de la nature, mais qui ne lit jamais, son témoignage a beaucoup plus de poids.

Jean-Claude Bourret – Comment pouvez-vous être sûr qu'un agriculteur n'a pas lu de roman ?

Patrick Aimedieu – L'enquête est assez facile. On interroge son entourage, ses voisins, le libraire du village, l'instituteur. On obtient un profil psychologique précis. D'autre part, des éléments objectifs vérifient la réalité de la vision. Il y a des cas où des témoins ont tiré sur des petits personnages ou sur des ovnis. Lorsque la balle atteint l'ovni, on entend l'impact. Lorsque la balle touche l'humanoïde, celui-ci recule sous l'effet de choc. Voilà donc des fantasmes qui obéissent aux lois de la balistique et de la mécanique ! Bien avant que l'homme n'aille dans l'espace, en 1954, nous avons eu des descriptions d'humanoïdes revêtus d'une sorte de combinaison souple et métallisée, comme du papier enveloppant le chocolat. Maintenant, nous faisons des plastiques métallisés. Pas en 1954. Donc, le témoin n'a pas été influencé par une réalité qu'il a projetée. C'est ce qui rend ce témoignage crédible, d'autant plus que des centaines, semblables, sont éparpillés à travers le monde.

Jean-Claude Bourret – Quel est, parmi les témoignages, le type qui revient plus souvent ?

Patrick Aimedieu – C'est le petit personnage.

Jean-Claude Bourret – Un mètre dix, un mètre vingt ?

Patrick Aimedieu – C'est cela. Un humanoïde qui offre un certain nombre de caractéristiques : une grosse tête, de petits pieds, de petites mains, des yeux qui regardent, des yeux de différentes couleurs. Certains témoins ont décrit des yeux qui regardent et qui ressemblent donc à nos propres organes de vision. D'autres, des sortes de plaques, des surfaces lumineuses rouges ou blanches. On peut alors imaginer que le témoin prend pour des yeux ce qui n'en est pas et que le visiteur est revêtu d'une sorte de combinaison avec un casque déformant son visage. Tout est possible !

II

HYPOTHÈSES SCIENTIFIQUES

JEAN GOUPIL : TENTATIVE D'EXPLICATION

Jean Goupil est un sympathique barbu. Des yeux rieurs, un regard intelligent, le contact est facile. Jean Goupil est né en 1933. En 1955, il reçoit son diplôme d'ingénieur ENREA (École nationale de radio-électricité appliquée). Il est major de sa promotion. Il entre comme ingénieur au Centre d'études nucléaires de Saclay où, jusqu'en 1963, il effectue des recherches sur les systèmes de détection dans les réacteurs, puis des expérimentations spatiales de gamma-astronomie. En 1963, il devient directeur technique d'une société qui étudie et réalise des ensembles électroniques pour l'informatique. Jean Goupil est membre du Groupement d'étude des phénomènes aériens depuis 1962. C'est en 1976 qu'à ma demande il a accepté de mettre par écrit ses réflexions sur les manifestations physiques d'ovnis.

L'INCROYABLE ET L'IMPOSSIBLE

Par les ovnis, et pour la première fois dans l'histoire de l'Humanité, notre science se trouve confrontée avec les produits d'une civilisation plus avancée sur le plan technologique. Rien ne l'y a préparée et aucune méthodologie n'existe. Les scientifiques qui abordent ce problème sont généralement déroutés, voire définitivement rebutés, par l'invraisemblance des faits relatés dans les témoignages. En effet, les manifestations physiques de ces objets étranges sont particulièrement incroyables : ils volent sans bruit, même à des vitesses largement supersoniques, accélèrent de façon fulgurante, virent à angle droit, deviennent parfois invisibles, émettent des rayons lumineux tronqués qui traversent les gens et les murs ; quant aux passagers, si fréquemment décrits, ils peuvent voler, sont insensibles aux balles, paralysent les témoins et sont parfois lumineux ou translucides...

Il est bien évident que nos connaissances actuelles ne nous permettent pas d'expliquer ces phénomènes. Il en résulte que nous aurons une tendance bien naturelle à confondre l'incroyable avec l'impossible. Toute approche scientifique nous est-elle pour autant interdite ? Devons-nous attendre (combien de siècles ?) que notre Science ait atteint un niveau comparable pour démonter le mécanisme de cette apparente fantasmagorie ?

Il se peut que notre intellect soit à tout jamais incapable de comprendre comment fonctionnent ces engins (?) et quelles sont les intentions de ceux qui les ont conçus, mais nous n'avons pas le droit de choisir la réponse pessimiste sans avoir essayé de préciser les limites de notre compréhension, si tant est que ces limites existent.

TECHNICIEN DU FUTUR

Pour progresser dans le domaine des ovnis, nous proposons le cheminement suivant :

1) Supposer qu'une nouvelle propriété de la matière vient d'être mise en évidence (par exemple : champ de force, particule, etc.). Définir les limites de cette hypothèse de travail, en évitant, autant que possible, de se placer en contradiction avec les principes fondamentaux tels que la conservation de l'énergie, l'égalité de l'action et de la réaction, etc.

2) Se placer alors dans la situation d'un « Technicien du Futur » et tenter de dresser la liste des applications pratiques de cette hypothétique découverte.

3) Comparer les conséquences envisagées avec les effets allégués dans les témoignages. Il convient d'être alors très attentif aux effets secondaires qui peuvent constituer des indices précieux pour étayer ou infirmer une hypothèse de travail.

4) Pour tenter de départager les différentes hypothèses qui peuvent, et doivent, être émises, établir un tableau comparatif destiné à sélectionner la plus probable, en fonction des critères suivants :

- simplicité de l'hypothèse,
- contradiction minimale avec les principes admis,
- vraisemblance technologique,
- étendue des explications, c'est-à-dire nombre et importance des faits normalement inexpliqués qui peuvent entrer dans le cadre de l'hypothèse formulée.

Avec les ovnis nous sommes devant des phénomènes non reproductibles en laboratoire, c'est-à-dire qu'il nous sera refusé d'avoir une véritable certitude, mais qu'il pourra toutefois se dégager un faisceau de présomptions, tout comme dans une enquête policière. L'intérêt de ces spéculations est double : tout d'abord mieux connaître les ovnis (car rien ne nous permet d'affirmer qu'ils soient inoffensifs), et ensuite suggérer des voies de recherche aux physiciens.

Une telle entreprise ne peut pas être l'œuvre d'un chercheur isolé, mais celle d'une équipe de spécialistes décidés à jouer le jeu avec toute l'ouverture d'esprit requise. Rendons cependant hommage à un précurseur, le capitaine Plantier qui, le premier, a tenté d'expliquer la propulsion des ovnis par l'antigravitation.

LE CHAMP RÉPULSIF

Nous allons illustrer notre propos avec un exemple : l'hypothèse du « champ répulsif ».

Admettons qu'il soit possible de créer un champ répulsif à l'aide d'un hypothétique générateur. Ce champ, limité en portée, est supposé tel que toute masse M est repoussée, dans la direction opposée à celle du générateur, avec une force F égale au produit de M par la valeur du champ au point considéré.

Pour ne pas être en contradiction avec les principes fondamentaux, nous admettrons que l'énergie éventuellement communiquée aux masses repoussées devra être fournie au générateur de champ, et que celui-ci subira une force de réaction égale et opposée à la résultante des actions sur le milieu environnant.

Quelles peuvent être les applications pratiques de ce générateur ?

La première concerne la propulsion : à proximité de masses importantes, des forces considérables sont produites par un champ très faible. Par exemple, dans un cube de terrain de 10 mètres de côté, la création d'un champ égal au centième de la pesanteur terrestre engendrerait une force de réaction de 20 tonnes-poids. S'il en est ainsi, alors les ovnis sont capables d'accélérer plus fortement de bas en haut (répulsion sur la Terre), que de haut en bas (répulsion sur l'atmosphère). Nous tenons là une explication possible des départs « fulgurants » à la verticale et des descentes en « feuille morte » qui caractérisent le phénomène.

La deuxième application concerne l'aérodynamisme.

On peut, en effet, songer à utiliser notre hypothétique « répulseur » pour écarter les molécules d'air de la trajectoire de l'ovni. Dans ces conditions, l'engin se déplace dans une bulle de vide partiel qu'il entraîne avec lui. Ceci a deux conséquences très importantes : tout d'abord il n'y a ni bruit ni onde de choc, car les couches d'air successives glissent les unes sur les autres sans discontinuité brutale, et ensuite il n'y a pas d'impact sur la paroi de l'engin, d'où une absence d'échauffement qui autorise des vitesses supérieures à la limite technologique connue sous le nom de « mur thermique ».

Mais nous pouvons aller plus loin dans cette investigation. On peut montrer par le calcul que la forme la plus rationnelle pour un engin qui utiliserait un répulseur atmosphérique serait précisément celle qui est la plus fréquemment décrite (un tronc de cône, comme une soucoupe renversée, surmonté d'un dôme ou d'un mât), alors que cette forme est inintéressante si on l'examine du point de vue de l'aérodynamisme classique (Voir la revue du G.E.P.A., *Phénomènes Spatiaux*, n° 14.)

Autre constatation très curieuse : on peut démontrer qu'il y a une relation biunivoque entre la vitesse limite permise par un champ répulsif donné, et la qualité du vide partiel obtenu au niveau de la paroi si l'on suppose que le même champ est appliqué alors que l'engin est immobile. Cette relation est totalement indépendante de la loi de décroissance du champ avec la distance. Le calcul donne les valeurs suivantes : pour une vitesse limite de 3 600 km/h le vide est de 1,9 mm de mercure, pour 4 200 km/h il tombe aux environs de 0,2 mm de mercure. Par ailleurs, on a constaté que les ovnis émettent des rayonnements électromagnétiques assez intenses. Or il se trouve que de tels rayonnements sont susceptibles de produire des lueurs rouges dans un vide de l'ordre de 2 mm de mercure, et des lueurs bleues blanchâtres dans un vide de 0,2 mm. Ceci correspond exactement à un grand nombre de témoignages qui indiquent que les ovnis sont environnés d'une lumière rouge qui vire vers le bleu quand la vitesse augmente...

L'INVISIBILITÉ DES OVNIS

Citons enfin une dernière conséquence de l'utilisation du répulseur « atmosphérique », qui n'est pas la moins étrange...

Nous avons vu que ce dispositif entraînait l'apparition d'une bulle de vide centrée sur l'engin. Il y a donc une différence d'indice de réfraction entre l'atmosphère et le vide partiel régnant près de l'engin. Cette condition est suffisante pour qu'apparaisse alors le phénomène des mirages que chacun a pu observer en été sur les routes chauffées par le soleil : les nappes d'eau que l'on croit voir au loin représentent, en fait, un fragment du ciel dont les rayons lumineux ont été courbés par la différence d'indice entre l'air surchauffé au ras de la route, et l'air ambiant, plus dense.

Dans le cas des ovnis, la différence des densités étant bien plus importante, cet effet n'en est que plus sensible. On peut dire que, selon la forme de la bulle de vide et selon la position de l'observateur, il peut arriver que l'engin devienne invisible au moment où ses répulseurs atmosphériques sont mis en action.

Réciproquement, si l'on tente d'éclairer (par exemple avec un phare de voiture) un ovni avec son répulseur en action, il pourra se produire une courbure du faisceau lumineux, lequel ne parviendra pas à éclairer l'objet.

C'est bien ce qui est relaté dans un certain nombre de témoignages.

DES ACCÉLÉRATIONS FULGURANTES

Nous voici avec un engin doté de performances fort intéressantes, mais qui ne peut les utiliser pleinement que si les passagers sont capables de supporter des accélérations importantes. On mesure cette accélération en « g », cette lettre représentant l'accélération due à la pesanteur à la surface de la Terre (9,81 m/s^2). Un homme entraîné supporte seulement 10 g, et encore pendant un temps limité. Pourquoi cette limite ? Tout simplement parce que depuis les chars à bœufs jusqu'à la cabine Apollo, on n'a fait aucun progrés dans la façon d'accélérer les passagers : c'est toujours par l'intermédiaire du siège que l'accélération se communique à l'ensemble du corps, ce qui devient douloureux, puis dangereux, lorsque l'accélération augmente.

Il en va tout autrement si nous utilisons, là encore, notre champ répulsif : supposons que l'on place derrière le passager une mosaïque de petits générateurs destinés à créer, dans le volume qu'il occupe, un champ uniforme en direction et en intensité, cette intensité étant réglable à volonté. Ce champ devra être nul tant que la vitesse de l'engin ne varie pas, en particulier à l'arrêt. Il n'interviendra que dans la phase d'accélération. Il conviendra alors de l'asservir en intensité, de façon que le passager soit maintenu à distance constante du plan de la mosaïque. La position d'une petite masse témoin, détectée par des moyens classiques, servira à assurer cet asservissement.

Que se passe-t-il dans ces conditions ? Lors des accélérations, le passager « tombe » littéralement dans un champ constant qui agit en tout point de son corps, donc sans aucune contrainte douloureuse. La seule limite concernant l'intensité maximale du champ est d'ordre technologique : il s'agit du manque d'uniformité. Si le champ est uniforme à mieux que 1 % dans l'habitacle, alors des accélérations de 1000 g sont envisageables.

Un simple calcul montre qu'un ovni immobile, subissant cette accélération, se trouve 5 km plus loin au bout d'une seconde. En 0,5 seconde, le temps d'un battement de paupière, la distance parcourue atteint déjà 1 250 m, si bien que l'effet visuel correspond à une véritable « disparition » subite de l'engin.

Si l'on suppose maintenant que les répulseurs internes sont utilisés pour compenser les forces centrifuges (la mosaïque étant orientée préalablement vers le centre du virage à effectuer), on calcule de même le temps nécessaire pour « virer à angle droit ». Si l'ovni a une vitesse de 1 km/s (3 600 km/h), ce temps est de 0,16 seconde pour une accélération centrifuge de 1 000 g, le rayon du virage étant seulement de 100 mètres !

COMMENT CONSTRUIRE UN OVNI...

La structure d'un ovni utilisant des champs répulsifs serait donc la suivante :

À son sommet, c'est-à-dire sur le dôme, se trouve le répulseur atmosphérique. On notera qu'à grande vitesse, l'ovni bascule, de façon à pointer le dôme dans la direction du déplacement (ce fait est fréquemment relaté par les témoins). À la partie inférieure, c'est-à-dire sous le disque, sont installés un minimum de trois répulseurs, qui, en vol stationnaire, équilibrent la force produite par le répulseur supérieur. Il suffit d'augmenter le champ de ces trois répulseurs pour obtenir une accélération de l'engin. Tous les répulseurs que nous venons de citer doivent être dirigés vers l'extérieur, de manière à ne produire aucun champ dans l'engin lui-même.

Enfin, dans l'habitacle, se trouve la mosaïque génératrice de champ uniforme ; elle n'entre en jeu que lorsque la vitesse se modifie. Le freinage s'obtient par renversement de l'ovni, ou, mieux encore, à l'aide d'une deuxième mosaïque opposée à la première.

L'INVULNÉRABILITÉ EN PRIME

Supposons l'engin immobile avec ses répulseurs en action. Le champ produit par ces derniers autorise une certaine vitesse limite V (par exemple 1 km/s). Cela signifie que tout projectile lancé vers l'engin avec une vitesse inférieure ou égale à V sera repoussé et ne pourra pas l'atteindre.

Si donc vous décidez de tirer à coups de fusil sur un ovni, sachez que cela a toutes les chances d'être inutile, et... méfiez-vous des ricochets !

Si des répulseurs portatifs sont concevables, tout porte à croire que les passagers en sont équipés, ce qui expliquerait, en particulier, le très curieux atterrissage de Kelly (Kentucky, U.S.A., 21 août 1955). De petits humanoïdes semblaient flotter en l'air, et les coups de feu tirés par les témoins n'avaient d'autre effet que de les faire rouler sur eux-mêmes.

LES PHÉNOMÈNES LUMINEUX

Notre première hypothèse, si elle est fondée, expliquerait les évolutions « incroyables » des ovnis, tellement incroyables, d'ailleurs, que certains ont pensé y voir la preuve de l'inexistence ou de la non-matérialité des ovnis, tandis que d'autres en venaient à envisager des voyages dans l'hyper-espace, voire dans le temps... Mais il est une autre classe de phénomènes insolites qu'elle ne nous permet pas d'appréhender : il s'agit des phénomènes lumineux.

Parmi ceux-ci, il en est de particulièrement déroutants : on a vu fréquemment des ovnis stationnaires émettre un ou plusieurs faisceaux lumineux tronqués, c'est-à-dire se terminant brusquement. Ces « tubes » ont un diamètre compris entre quelques centimètres et quelques mètres, et une longueur variable de quelques mètres à quelques kilomètres... Ils semblent explorer attentivement les alentours, et changent de longueur progressivement. Leur luminosité est uniforme, assez semblable à celle d'un tube luminescent. Mais, fait étrange, ils traversent les obstacles (parois, murs et témoins), si bien qu'ils ne projettent aucune ombre.

Un témoin, éclairé par ce faisceau, éprouve en général une sensation de chaleur. Parfois le faisceau est fragnenté ou courbé !

Enfin, pour corser le problème, citons le cas suivant : une voiture, prise dans un faisceau émis par un ovni, devint transparente ; le témoin put voir le moteur à travers le tableau de bord, puis, s'étant enfui, distingua parfaitement (selon ses dires) l'intérieur du véhicule à travers la carrosserie. Tout redevint normal après l'extinction du faisceau.

Peut-être pouvons-nous ranger dans la même catégorie les « chasseurs fantômes » (foo-fighters), sorte de boules lumineuses apparemment téléguidées, qui accompagnaient les avions lors de la dernière guerre. Ceci concerne les cas qui ne s'expliquent pas par la foudre globulaire.

LES PARTICULES D'INTERACTION MODULABLE

Utilisant la même démarche intellectuelle que précédemment pour tenter de progresser dans cette nouvelle série d'énigmes, nous avons été amenés à définir une deuxième entité hypothétique : les particules à interaction modulable.

Nous savons que la physique contemporaine a mis en évidence environ deux cents particules fondamentales, au rythme de dix par an...

En règle générale, ces particules interagissent avec la matière, leur probabilité d'interaction étant fonction de la particule, de son énergie, de la nature de la cible et de sa masse spécifique. Une particule, le neutrino, se distingue par sa très faible probabilité d'interaction, à tel point que les étoiles et planètes lui semblent bien plus transparentes que ne l'est une vitre pour un rayon lumineux. Il n'est donc pas du tout impensable de dire : « supposons qu'une particule – ou groupement de particules – soit capable de traverser quelques mètres d'eau ou de matériau de densité voisine ».

Et voici notre hypothèse : sous l'effet d'un agent spécifique, la probabilité d'interaction de cette particule dans un matériau donné peut fortement augmenter.

Que serait ce mystérieux « agent spécifique » ? Il est trop tôt pour que nous puissions le préciser, mais, pour les besoins de la démonstration, nous admettrons qu'il s'agit d'une onde, éventuellement électromagnétique. Dans ce cas, il y aurait sans doute un seuil minimum de puissance rayonnée, pour produire la « modulation d'interaction » supposée.

Passons maintenant aux applications pratiques.

Que se passe-t-il si nous émettons des bouffées brèves de ces particules, préalablement accélérées de façon qu'elles aient toutes la même vitesse (On parle alors de particules monoénergétiques) ?

Chaque bouffée, de faible longueur (moins de 30 cm pour une impulsion de 1 nanoseconde), va se propager avec une vitesse obligatoirement inférieure à celle de la lumière. Prenons une valeur de 150 000 km/s à titre d'exemple. Une microseconde après l'émission d'une bouffée, celle-ci se trouve donc à 150 mètres de l'émetteur. À cet instant précis nous allons émettre l'onde de modulation. Une microseconde plus tard, cette onde, qui se propage à 300 000 km/s, va rattraper les particules à 300 mètres du point de départ.

Les particules interagissent alors avec la matière qu'elles sont en train de traverser. Cette interaction se traduit par un transfert d'énergie générateur de chaleur, de rayonnements et de particules secondaires.

Si les bouffées se suivent à un rythme suffisamment rapide, on aura localement l'apparence d'une boule lumineuse stable. Toute variation de la phase entre la bouffée et l'onde entraînera un déplacement longitudinal instantané. Conséquence de notre hypothèse, ce phénomène lumineux peut être produit à travers une paroi, dans la mesure où l'onde de modulation n'a pas été complètement absorbée par celle-ci.

Quel peut être l'intérêt d'un tel dispositif ?

Il est considérable : en effet, il permet d'explorer en profondeur tout objet, car l'analyse des rayonnements et particules émises au point d'interaction permet de connaître la constitution interne de cet objet ; qui plus est, rien n'interdit de procéder de même sur un être vivant, les doses de rayonnement reçues pouvant être réduites car très localisées.

Le même dispositif peut servir à deux fins : tout d'abord localiser avec précision la position d'un témoin, puis le paralyser en agissant de façon sélective sur certaines commandes motrices.

Il n'est pas exclu de penser à des applications thérapeutiques, et l'on trouve effectivement deux témoignages relatifs à des guérisons directement liées aux ovnis.

Devons-nous expliquer de la même façon certains « faits maudits » où il est question de la combustion spontanée et violente d'hommes ou de femmes alors qu'ils étaient seuls dans une pièce fermée ?

Pour en revenir à l'analyse des rayonnements émis au point d'interaction, il est évident que cette analyse impose une connaissance préalable des matériaux interposés entre le point analysé et l'émetteur, car ils conditionnent l'absorption des rayonnements à analyser. Il faudra donc explorer en permanence tout l'espace situé entre l'examinateur et l'examiné. Ceci s'obtient par une variation répétitive à vitesse constante de la phase entre les bouffées et les trains d'ondes modulatrices.

L'aspect n'est plus celui d'une boule lumineuse, mais d'un tube irradiant une lumière diffuse, traversant les murs, ne donnant pas d'ombre, et dégageant une certaine énergie dans le milieu traversé.

On peut imaginer aisément les processus de scrutation de l'espace environnant qui donneraient un tube lumineux fragmenté ou courbé, en combinant les variations de phase avec des réflexions horizontales et verticales de l'émission de particules.

Reste le problème de la transparence des objets irradiés. Il est possible qu'au moment de l'interaction une certaine proportion des particules soit rétrodiffusée, c'est-à-dire renvoyée en arrière après avoir perdu une fraction de son énergie. Si l'onde de modulation est de durée brève, ces particules rétrodiffusées sont susceptibles de ressortir du milieu où elles ont interagi sans interagir de nouveau. L'onde de modulation suivante les traversera alors qu'elles se trouveront hors de l'objet examiné. La lumière émise sera donc perçue par le témoin comme si elle provenait directement du point de première interaction, c'est-à-dire comme si l'objet examiné était transparent, ou tout au moins translucide.

FANTOMATIQUES EXTRA-TERRESTRES

Mais voici une deuxième application pratique de nos hypothétiques particules, et celle-ci risque de remettre en question un certain nombre d'idées acquises...

Si notre dispositif émetteur est capable de générer des points lumineux à distance, et à travers les murs, il n'y a aucune difficulté à associer ces points pour produire une image quelconque, cette image étant scrutée et modulée point par point, comme une image de télévision. Que verra le témoin ?

Un « être de lumière », immatériel, semblant léviter au-dessus du sol, capable de disparaître instantanément, se manifestant en général dans l'obscurité, et ayant le pouvoir de traverser les murs...

Nous n'avons pas l'intention de ramener coûte que coûte tous les phénomènes paranormaux dans le cadre d'une hypothèse destinée à expliquer les ovnis, mais il faut cependant remarquer la relative fréquence de ce type d'observation.

Que le lecteur consulte, en particulier le livre de Jacques Vallée *Chronique des apparitions extra-terrestres* qui contient les résumés de neuf cent vingt-trois cas d'atterrissages répartis sur un siècle (1868-1968).

Nous en extrayons les quelques exemples qui suivent.

N° 44 – « ... un objet transparent lumineux en forme de pyramide... ».

N° 486 – « l'objet était lumineux, et semblait fait de verre ».

N° 716 – « ... par ce qui leur parut être une impression d'optique, un troisième personnage (...) se tenait près d'eux. L'engin et les créatures étaient très brillants ».

N° 719 – « un homme lumineux ».

N° 767 – « ils mesuraient 2 mètres, avaient des têtes volumineuses, semblaient brillants et transparents (...). Ils retournèrent à bord de leur appareil "comme transportés" par la lumière ».

N° 848 – « ... un objet brillant, transparent, en forme de champignon... ».

N° 857 – « une silhouette portant un vêtement lumineux (...). Elle se transforma en une lueur sans forme et disparut ».

N° 862 – « ... un petit homme dans des vêtements lumineux et argentés, la tête entourée de vapeur ».

N° 870 – « ... il faisait des mouvements saccadés, éleva un tube avec ses bras et son image sembla vaciller ».

N° 915 – « ... un être étrange de 2 m 10 de haut planant dans l'air, son corps émettant une curieuse lueur, près d'un objet brillant inconnu ».

Et enfin un témoignage qui cadre particulièrement bien avec notre dernière hypothèse. Cela s'est passé à Vérone en Italie, le 26 juin 1962 :

N° 537 – « À la fenêtre on voyait une forme humaine bien dessinée qui délimitait un corps semi-transparent.

L'apparition avait une énorme tête chauve. Le témoin hurla, réveilla les deux autres et ils virent l'apparition se rétrécir et disparaître comme une image de télévision quand on éteint le poste. »

On trouve dans le même ouvrage le très curieux récit d'une apparition qui dura plusieurs heures à Knock, dans l'ouest de l'Irlande, le 21 août 1879.

Trois personnages lumineux et immobiles purent être examinés de très près par de nombreux témoins. L'un d'entre eux tenta de toucher l'une de ces apparitions, « mais ses bras se refermèrent sur l'air vide ».

CE JOUR-LÀ, À FATIMA...

Ce jour-là, un ovni situé à 10 000 km de la surface de la Terre déploya un écran bleu de 1 km de diamètre, puis lentement, s'approcha du sol de façon à ce que l'écran reste dans l'alignement du Soleil et d'un point bien précis : un petit vallon où 50 000 personnes, serrées les unes contre les autres, attendaient un événement exceptionnel.

Simultanément, un deuxième ovni, de 50 mètres de diamètre, suivait une trajectoire homothétique du premier. Il était aussi brillant que le Soleil et, de ce fait, passa totalement inaperçu de la foule dont l'attention était concentrée sur un arbre, au centre du vallon. Cet arbre avait été le siège de phénomènes curieux les mois précédents : apparition d'un être lumineux, ondes de choc, globe de lumière, flashes, nuées, bourdonnements, chute de flocons, etc.

Le premier ovni se fixa à 50 km d'altitude, le second à 5 km seulement. Ainsi placés, ils masquaient totalement le Soleil dans une surface de 20 hectares, supérieure à celle du vallon.

À ce moment une rumeur courut dans la foule qui, de proche en proche, se retourna pour contempler l'astre des jours.

Et le prodige attendu commença : l'ovni le plus rapproché, que tous les témoins prirent pour le Soleil, modifia sa luminosité et sa couleur, s'approcha du sol, ce qui terrorisa la foule, enfin se mit à « danser », tourbillonnant sur lui-même tout en descendant vers l'horizon, cependant que le premier ovni masquait le véritable Soleil, remplacé par un écran bleu translucide, invisible sur l'azur.

Enfin le plus petit ovni revint à sa position première, et tous deux refirent en sens inverse le trajet initial. Le Soleil se remit à briller, éblouissant la foule étonnée.

Cela se passait le 13 octobre 1917 dans un petit village du Portugal.

Ce village s'appelait Fatima.

Que cherche-t-on à nous faire croire ?

Voici la grande question posée car, si les hypothèses avancées sont exactes dans leurs grandes lignes, nous sommes en présence d'une civilisation qui a tous les moyens nécessaires pour abuser nos sens et notre entendement.

S'agit-il réellement d'une civilisation extra-terrestre ?

Il n'y a pas de réponse scientifique certaine à cette question, mais nous vous livrons quelques réflexions sur ce sujet, toutes contestables qu'elles puissent être.

Pouvons-nous envisager de quoi serait capable une civilisation très avancée ? On peut penser que le problème de l'immortalité, ou tout au moins de la quasi-immortalité, étant résolu, le plus grand danger serait de périr accidentellement. Comment explorer les autres Mondes dans de telles conditions ? En y envoyant des sondes intelligentes capables de rapporter une vaste moisson d'informations et de les restituer à leur retour dans leur intégralité, recréant totalement, mais en toute sécurité, les scènes enregistrées sur la planète explorée. Est-il nécessaire que ces robots soient humanoïdes ?

Ce n'est pas évident. Lorsque nous serons capables de mémoriser une unité d'information dans une grosse molécule organique, toutes les images que nos yeux auront perçues au cours de notre vie pourront être contenues dans un volume gros comme un petit pois...

Il est donc probable que ces sondes, si elles existent, passent totalement inaperçues, ce qui n'est pas le cas des ovnis. Ces manifestations seraient donc voulues et nous serions en face d'une vaste action psychologique s'étendant sur plusieurs siècles. Ou bien l'avance technologique des fabricants d'ovnis n'est pas si grande qu'on le croit. Dans ce cas il n'est pas certain que nous ayons affaire à des extraterrestres, mais plutôt à des « supra-terrestres », c'est-à-dire à des Humains ayant acquis un niveau de connaissance élevé par des chemins différents de ceux que nous explorons.

S'il en est ainsi, que cherche-t-on à nous faire croire, par l'intermédiaire de cette fantastique et merveilleuse mascarade ?

JEAN GOUPIL (1976)

JEAN-PIERRE PETIT : L'HYPOTHÈSE MHD

Un autre scientifique, Jean-Pierre Petit (chercheur au CNRS), aidé de Maurice Viton, a tenté avec succès des expériences de laboratoire qui permettront peut-être d'expliquer rapidement une partie de l'apparente absurdité du phénomène. Notamment l'absence de « bang » à des vitesses supersoniques.

Jean-Pierre Petit s'est intéressé au phénomène ovni par hasard. Tout simplement parce que Maurice Viton, astronome professionnel, en a lui-même été témoin (d'abord anonyme comme le lecteur l'aura noté dans la première partie de ce volume).

Jean-Pierre Petit nous proposait dès 1976 ses premières expériences.

PROLOGUE

Quatre professeurs étaient un jour réunis. La conversation portait sur les ovnis.

Dogmaticus ouvrit le débat :

– N'en déplaise à Mordicus, qui prône l'avis contraire, je soutiens que les ovnis n'existent pas, et que ce sont des hallucinations collectives. Tout le prouve. Tenez, par exemple : ces engins, nous dit-on, peuvent croiser dans les basses couches de l'atmosphère à des vitesses folles, à 5, 10, 20 000 kilomètres à l'heure, et ceci dans un silence absolu. Tout ceci est du dernier ridicule, une véritable offense à la raison. Lorsqu'un objet volant se déplace dans l'air à vitesse supersonique, il est bien connu qu'il crée une puissante onde de choc, qui ne saurait passer inapercue !

Mordicus haussa les épaules.

– Vous êtes médiéval, mon cher. Que sont nos misérables connaissances scientifiques au regard des « leurs » ? Qui vous dit qu'« ils » n'utilisent pas une « autre physique » ? Le fait que notre planète soit visitée depuis longtemps est pour moi une évidence indiscutable. Tout le prouve. Comment voulez-vous que nous, pauvres hommes du vingtième siècle, soyons à même de percer le secret de « leur » technique et de comprendre « leurs motivations ». Mon cher, tout ceci nous dépasse, vous et moi, de cent coudées.

Pendant cet affrontement, Dialecticus avait gardé le regard fixé vers un point de la carte céleste, de la constellation des Poissons, comme s'il s'attendait à voir émerger de ce champ d'étoiles quelque signe susceptible de l'éclairer. Il intervint à son tour :

– Les ovnis, très chers collègues, ils sont en nous. Le Soleil, la Lune, sont des disques célestes. Depuis l'aube de l'humanité ces formes sommeillent dans la pénombre de notre inconscient collectif. Nous vivons de plus une crise de civilisation. Notre époque est comparable à l'an mille. Face à une crise économique, sociale, démographique, écologique, que fait l'homme ? Il guette les signes salvateurs venant du ciel. Il les guette, il les souhaite ardemment, et il les redoute égalements sans en être vraiment conscient. Au Xe siècle les gens auraient vu des anges, les épées flamboyantes du jugement dernier. Nous, nous voyons des soucoupes. Les ovnis sont un habillage archétypique des angoisses humaines.

Alors Pragmaticus dit :

– Les roues à rayons sont peut-être des symboles solaires, mais si on en fixe deux suivant leur axe sur un cadre tubulaire, cela finit par faire un véhicule assez commode, somme toute. Remettons, voulez-vous, cette polémique à plus tard. Que diriez-vous de mettre nos modestes connaissances en commun afin de voir, par exemple, si on ne pourrait pas imaginer des véhicules pouvant se déplacer à vitesse supersonique sans créer d'onde de choc.

Dogmaticus haussa les épaules. Mordicus décréta que de toute facon il était fallacieux d'essayer de comprendre. Dialecticus décréta que c'était un très joli fantasme, sans trouver toutefois un lien suffisamment évident avec les théories de Freud et Young. Alors Pragmaticus prit son crayon et se mit à réfléchir.

LA MAGNÉTOHYDRODYNAMIQUE

Nous allons étudier, dans ce qui va suivre, des machines volantes qui seront basées exclusivement sur les principes de la mécanique classique. Les engins volants : avion, hélicoptère, fusée, se meuvent, se sustentent, parce qu'ils impriment continuellement un mouvement à une masse fluide, que cette masse soit réfléchie par l'aile de l'avion, brassée par le rotor de l'hélicoptère ou éjectée par la tuyère de la fusée. Quel que soit le système en question, à chaque seconde, une masse Q de gaz se trouve accélérée à une vitesse V, ou plus exactement acquiert une quantité de vitesse V. Q est le débit-masse de fluide. Dans le cas de la fusée c'est le débit du gaz qui sort de la tuyère, accéléré à la vitesse V. Dans le cas de l'hélicoptère, c'est la masse d'air qui, à chaque seconde, traverse le disque du rotor.

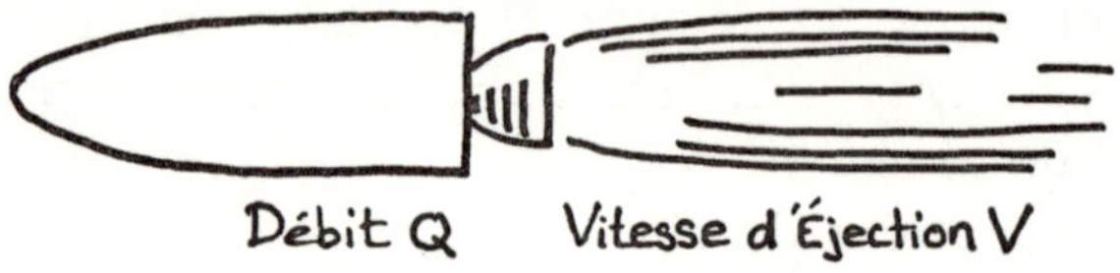

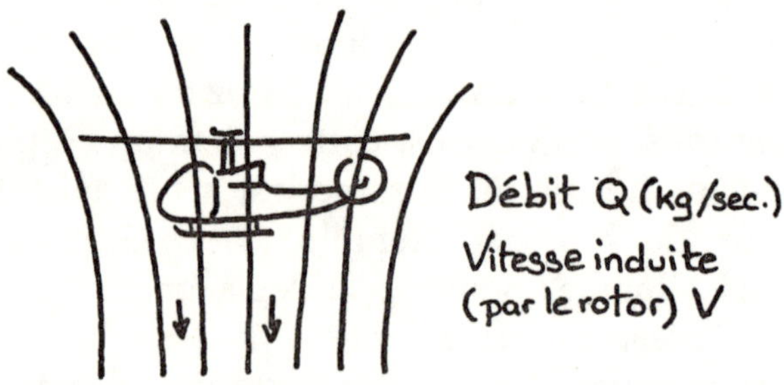

Le principe de l'action et de la réaction nous dit que l'engin doit subir en contrepartie une force, égale et opposée à l'impulsion qu'il communique au fluide. Le débit étant Q, la vitesse induite V, cette force est tout simplement Q × V. Comment cette force va-t-elle se concrétiser ? Dans le cas de la fusée, ou de l'aile de l'avion, ou de la pale de l'hélicoptère, ce sera très simple : un certain champ de pression règne sur toute la surface de l'appareil en contact avec le fluide, et la résultante de ces forces de pression F, n'est pas nulle. Cette résultante s'appelle la poussée.

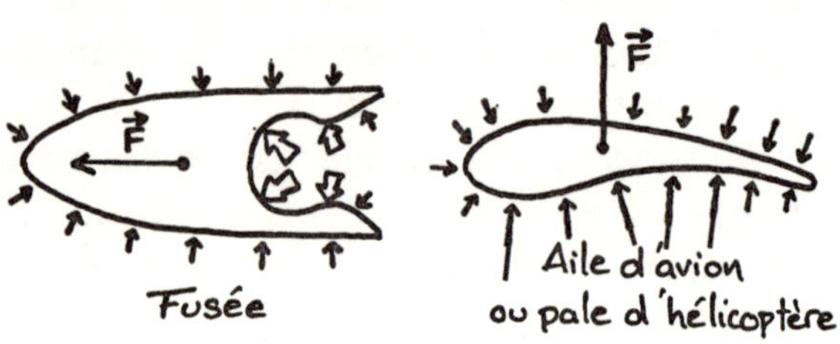

La composante verticale de cette force s'appellera la portance. Si celle-ci est supérieure au poids de l'appareil, le vol deviendra possible.

Nous allons envisager d'agir sur le fluide ambiant par voie électromagnétique, ceci en utilisant les forces de Lorentz.

Supposons qu'un élément de fluide soit traversé par un courant électrique I et que les lignes de ce courant électrique soient perpendiculaires aux lignes de force d'un champ magnétique B. Les lois de l'électrodynamique nous disent que cet élément fluide subira alors une force F, égale en intensité au produit I × B, telle que l'ensemble des trois vecteurs $\vec{I}$, $\vec{B}$, $\vec{F}$ obéisse à ce qu'on appelle la règle des trois doigts.

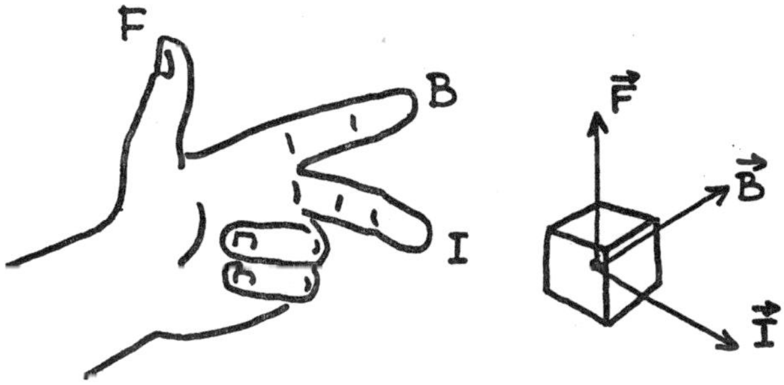

Je vous suggère de faire l'expérience suivante : prenez une cuvette en plastique contenant un peu d'eau salée ou acidulée, ceci pour la rendre plus conductrice du courant électrique. Sous la cuvette disposez un barreau aimanté de manière à créer un champ magnétique vertical en un point du liquide. La hauteur d'eau étant de l'ordre du centimètre, disposez deux petites plaquettes métalliques, en les fixant au fond de la cuvette, de manière qu'elles soient parallèles et qu'il subsiste entre elles une distance de l'ordre du centimètre. (Voyez l'illustration ci-dessous). Connectez maintenant ces plaquettes à un générateur de courant continu donnant une vingtaine de volts, par exemple un ensemble de quatre piles de lampe de poche montées en série. Un courant électrique va circuler dans l'eau, allant d'une électrode à l'autre. Suivant cette règle des trois doigts, les forces de Lorentz vont pomper l'eau de la cuvette. Vous pourrez visualiser cet écoulement facilement, en mettant une matière quelconque en suspension dans l'eau, un colorant par exemple. Vous aurez réalisé ainsi un accélérateur magnétohydrodynamique.

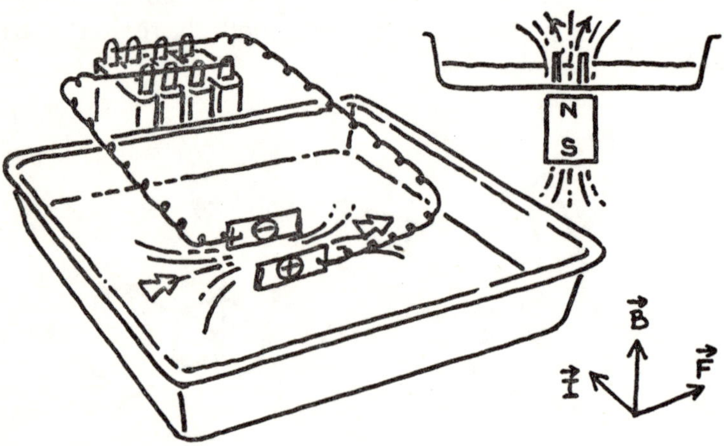

Vous savez qu'un moteur électrique, qui produit une force en consommant du courant, peut inversement se transformer en générateur, c'est-à-dire transformer de l'énergie mécanique en énergie électrique. Ainsi, si vous faites maintenant s'écouler l'eau entre les électrodes, en maintenant en position votre aimant, vous pourrez, en branchant un galvanomètre aux bornes des électrodes, constater le passage d'un courant. Si V est la vitesse d'écoulement du fluide et B l'intensité du champ magnétique, la force électromotrice de ce générateur « MHD » d'électricité sera tout simplement V × B.

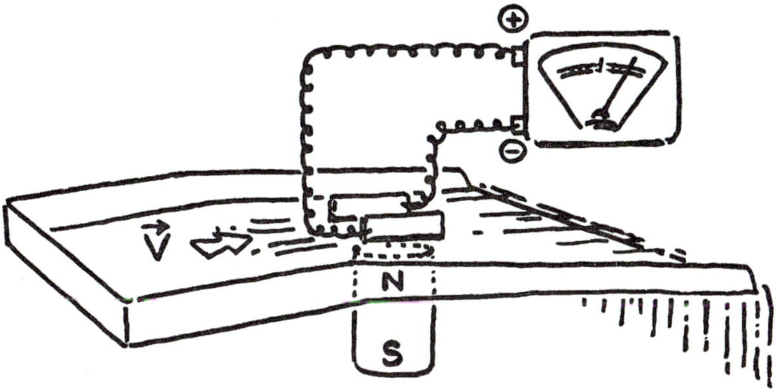

C'est Faraday qui fit le premier cette expérience. Il utilisa comme fluide conducteur le mouvement d'eau saumâtre qui accompagnait la marée dans l'estuaire d'un fleuve. Le champ magnétique était tout simplement le champ terrestre.

Avec ces deux idées de base : production de courant électrique à partir du mouvement et production d'un mouvement à partir de courant nous allons faire ensemble de la magnétohydrodynamique.

UN « CONCORDE » ÉLECTRIQUE

Les réacteurs du Concorde totalisent une poussée de quelques 20 tonnes, ce qui fait 20 000 × 10 = 200 000 Newtons.

Les gaz éjectés sont accélérés à une vitesse de quelque 1 000 mètres par seconde. La puissance correspondante est donc de F × V = 200 000 × 1 000 = 200 000 000 watts ou 200 mégawatts. L'équivalent de cent mille radiateurs d'appartement. Pourrait-on faire voler Concorde à l'électricité ? Oui, si on disposait d'un moteur produisant autant d'énergie qu'une centrale thermique, mais dont le poids ne dépasserait pas quelques dizaines de tonnes. Il suffirait alors d'enlever les réacteurs et de les remplacer par des ensembles de bobinages et d'électrodes. Les solénoïdes, que l'on plaquerait de chaque côté des fuseaux moteurs, vidés de leur contenu, devraient créer un champ magnétique transversal de quelques dizaines de milliers de gauss. Il faudrait une tension de 200 000 volts pour faire passer un courant de l'ordre du millier d'ampères à travers le gaz transitant dans l'accélérateur. Et Concorde volerait, sans pollution.

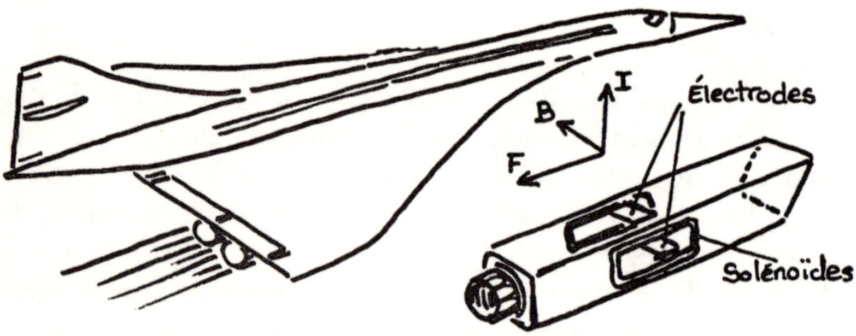

Au fond, avec de l'électricité et un peu de savoir-faire, on pourrait faire voler n'importe quoi : un fer à repasser ou un piano à queue. Mais cette électricité, comment la produire ?

LA FUSION CONTRÔLÉE

Depuis pas mal d'années une armée de chercheurs tente, de par le monde, de réaliser un des plus importants rêves humains : créer une source généreuse et inépuisable d'énergie.

L'idée, on la connaît. Lorsqu'on comprime et que l'on chauffe très fortement de l'hydrogène lourd, deutérium ou tritium, les atomes, du fait de la violente agitation thermique, peuvent fusionner et donner de l'hélium. La réaction de fusion la plus « payante » s'effectue entre un atome de deutérium et un atome de tritium. Le schéma de la réaction figure ci-dessous.

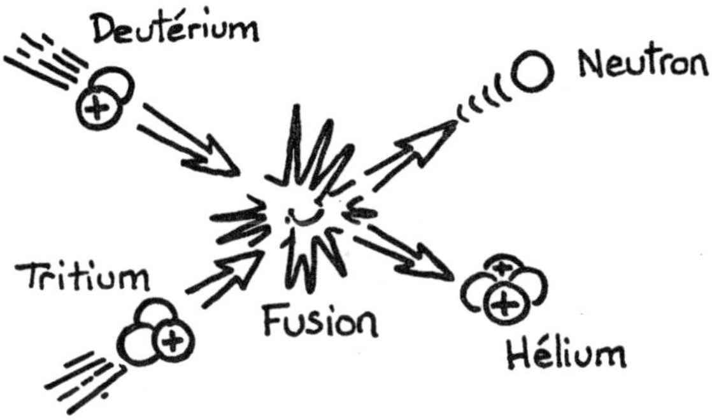

$$^{2}_{1}D + ^{3}_{1}T \rightarrow (^{4}_{2}He + 3{,}5\,MeV) + (n + 14\,MeV)$$

La température de ce mélange d'hydrogène lourd doit atteindre un seuil critique de cent millions de degrés Kelvin pour que puissent s'amorcer les premières réactions. Cette température n'est pas le seul paramètre dont dépend le succès. On montre que la fusion ne peut apparaître que si le produit de la densité d'atomes par le temps de confinement (temps pendant lequel on parvient à maintenir le mélange dans cet état très chaud et très dense) est au moins égal au « nombre de Lawson ». Si cette densité est exprimée en nombre d'atomes par centimètre cube et ce temps en secondes, le nombre de Lawson vaut 10^{14}.

La première expérience de fusion réussie, vous la connaissez, c'est la bombe H. Dans ce cas c'est une bombe A qui fournit l'énergie de départ. Ainsi, jusqu'à présent, cette belle énergie va se perdre dans l'atmosphère. Vis-à-vis de la fusion, nous sommes dans la situation de gens qui auraient commencé par inventer les explosifs avant d'inventer le feu. Depuis des dizaines d'années, donc, on cherche à faire brûler calmement cette dynamite qu'est l'hydrogène lourd. La forte température est un écueil considérable. Impossible de contenir une telle substance dans un récipient matériel. On utilise pour ce faire des « bouteilles magnétiques », où l'on tente d'emprisonner des atomes, chauffés par le passage d'un très fort courant électrique, de l'ordre du million d'ampères. Dans les machines de ce genre les plus perfectionnées, les Tokamak, le temps de confinement doit atteindre une seconde. Bien que cette formule soit prometteuse, le temps de confinement obtenu actuellement dans les Tokamak les plus performants est inférieur d'un facteur 30 au seuil, tandis que la température est inférieure d'un facteur 10 à la température d'ignition.

Il existe une deuxième façon, assez originale, d'approcher les conditions de la fusion, c'est le confinement inertiel. Imaginez une enceinte sphérique où on a fait le vide. Par un orifice supérieur tombe une petite bille d'hydrogène lourd à l'état solide, c'est-à-dire à très basse température. Lorsque la bille, dont le diamètre n'excède pas un millimètre, parvient au centre géométrique du système, elle reçoit l'énergie délivrée par douze lasers extrêmement puissants. Cette énergie est appliquée en deux temps. D'abord ce flux d'énergie crée autour de la bille une petite atmosphère d'hydrogène lourd gazeux. Puis l'essentiel de la puissance des lasers est donné, ce qui correspond à 10^{10} à 10^{11} watts. Cette énergie lumineuse est captée par cette atmosphère gazeuse, entourant la bille solide. Celle-ci se détend alors très violemment, à la fois vers l'extérieur et vers l'intérieur comme sur le schéma suivant :

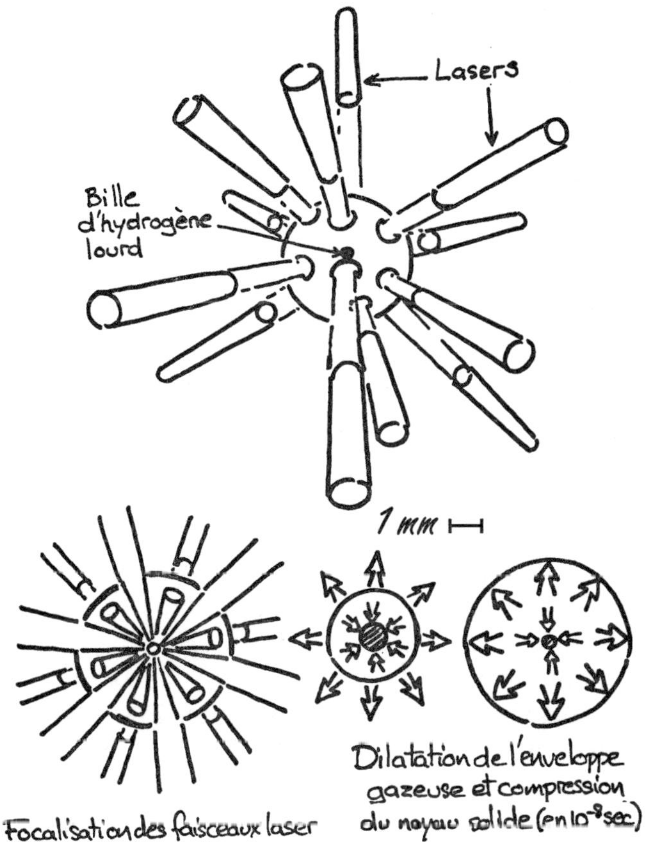

La petite sphère solide se trouve ainsi comprimée à une pression fantastique : 10^{12} atmosphère : un million de millions de fois la pression atmosphérique. Cet artifice permet de réduire les dimensions de la bille d'un facteur 10, donc de multiplier par mille la densité d'atomes qui passe à 10^{26} par centimètre cube. Dans les machines du genre Tokamak cette densité n'est que de 10^{14} atomes par centimètre cube. Pour une même température de cent millions de degrés, nécessaire pour assurer l'ignition, on voit, en appliquant le critère de Lawson, que le temps de confinement, au lieu d'être d'une seconde, ne doit plus être que de 10^{-12} seconde.

D'après les calculs, effectués sur ordinateur, les atomes d'hydrogène lourd de ce noyau central devraient rester dans cet état supercomprimé, par simple effet d'inertie, pendant un temps suffisamment long pour que les réactions de fusion démarrent. En somme, c'est une véritable petite bombe H en miniature que l'on fait exploser dans cette machine. Pour plus de détails je renvoie les lecteurs intéressés à l'article de Emmett, Nuckolls et Wood, paru en 1974 dans *Scientific American*. En provoquant ainsi la fusion d'une centaine de petites billes à chaque seconde, on pense obtenir une puissance produite de l'ordre de 1 000 mégawatts.

LA FUSION MHD ?

Nous allons présenter ici une variante de ce procédé de fusion par confinement inertiel. Il s'agit d'une idée qui est encore très grossière, et qui nécessiterait des études théoriques et des calculs très poussés sur ordinateur.

Notre moteur aura la forme d'un « Diabolo ». La première paroi est une couronne sphérique. Elle est complétée par deux cônes, disposés en opposition. (Figure du haut.)

Sur la face interne de la couronne sphérique on dispose une alternance de miroirs et d'électrodes. Au sommet de l'un des cônes se trouve une autre électrode plot. (Figure du haut.)

L'ensemble de l'appareil est ceinturé par un solénoïde créant un fort champ magnétique axial. (Figure du bas.)

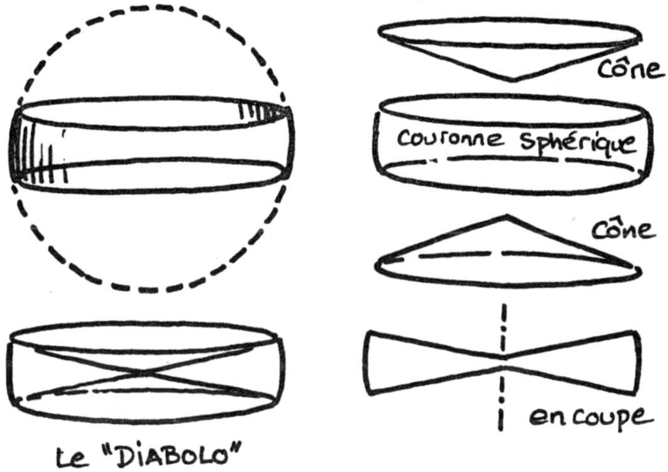

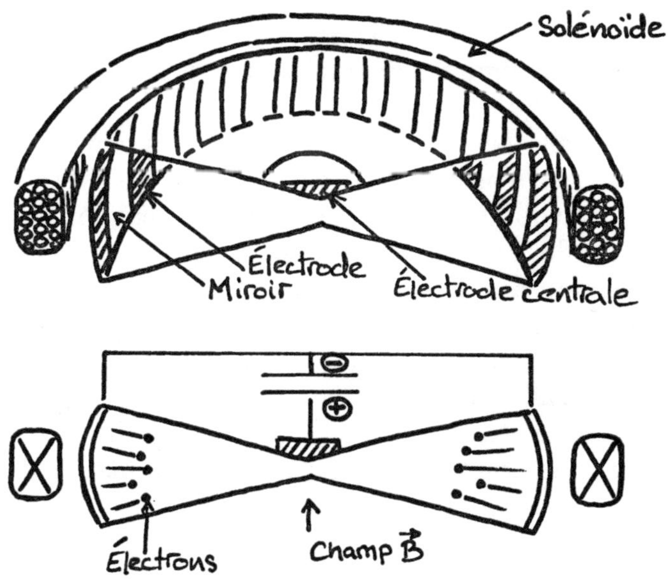

COUPE DU MOTEUR MHD

L'électrode centrale et les électrodes de la couronne sont reliées à un condensateur C pouvant supporter une tension de plusieurs centaines de milliers de volts. La cavité-diabolo est emplie du mélange deutérium-tritium, sous une pression subatmosphérique. Diamètre d'un tel moteur : un mètre, épaisseur : une vingtaine de centimètres. Les polarités sont indiquées sur le schéma. On commence donc par créer une décharge électrique dans le mélange. Les électrons vont cheminer à l'inverse du courant, c'est-à-dire des cathodes de la couronne vers l'anode centrale. Or ce cheminement s'effectue en présence d'un fort champ magnétique transversal B, qui est ici dirigé suivant l'axe du système. Les électrons vont donc prendre une trajectoire en forme de spirale. Mais ces électrons entrent très fréquemment en collision avec les atomes du mélange. En moyenne, chaque collision annule pratiquement le mouvement de progression des électrons, dans un champ électrique de quelques centaines de milliers de volts par mètre. L'électron est de nouveau accéléré puis subit un nouveau choc, et ainsi de suite. Il existe une trajectoire moyenne, indiquée sur la figure suivante, et qui a aussi une forme de spirale.

Ceci s'appelle l'effet Hall, bien connu des spécialistes de la physique des plasmas, c'est-à-dire des gaz ionisés. Sur la figure nous avons supposé que le champ magnétique était dirigé vers le lecteur. Reprenons notre règle des trois doigts. Le vecteur courant électrique est tangent à la spirale qui matérialise cette trajectoire moyenne des électrons. Le champ magnétique est axial. On voit que la force de Lorentz, si cet effet Hall est accentué, est proche de la direction radiale, et qu'elle est centripète. Le passage du courant va donc créer une compression du gaz vers le centre du système.

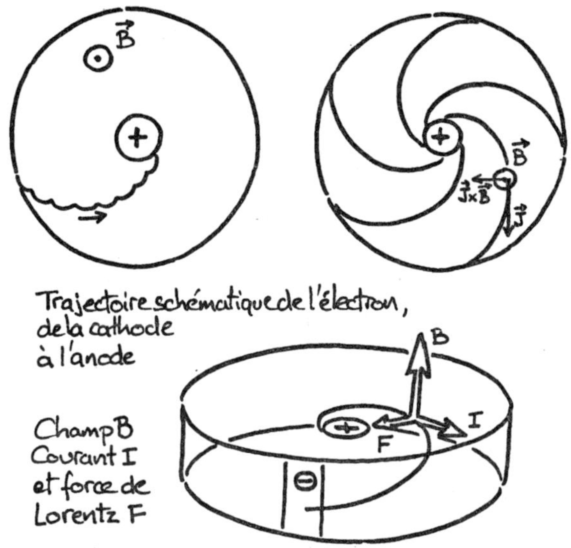

Des calculs de dégrossissage conduisent à des valeurs du champ magnétique de l'ordre de cent mille à un million de gauss. Le courant pourrait être de plusieurs centaines de milliers d'ampères. Ces valeurs conduisent à des forces de compression très grandes, suffisantes pour créer une onde de choc à forme sphérique, qui prendrait naissance à la paroi de la couronne sphérique. Cette onde de choc chemine alors vers le centre géométrique du système, en mettant le fluide en mouvement dans cette direction.

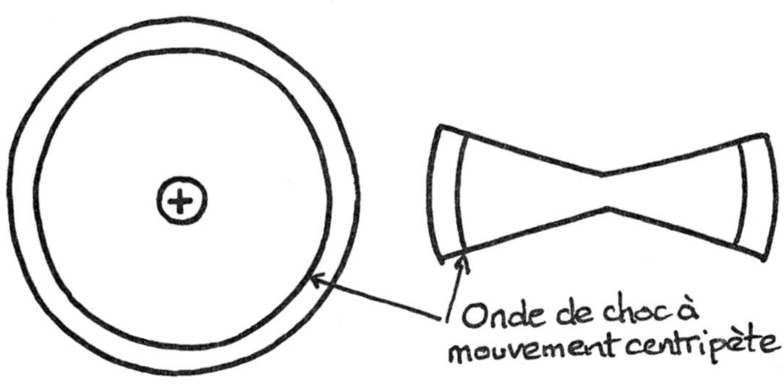

Le courant et le champ magnétique ne seraient appliqués que pendant une microseconde (un millionième de seconde). L'énergie accumulée dans l'onde de choc se focaliserait ensuite au centre du système, au fur et à mesure de sa progression, en un demi-millième de seconde. On peut utiliser une analogie hydraulique pour suggérer ce que peut être l'effet d'une onde de choc d'implosion.

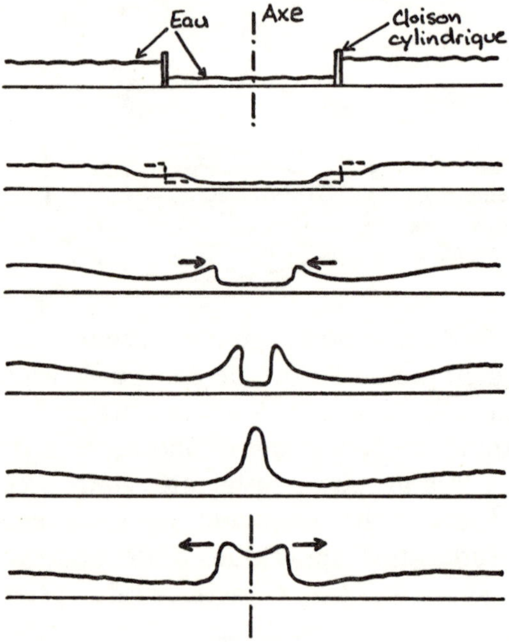

Dans un bassin supposons que nous ayons une hauteur d'eau de 10 centimètres. Quelque part, plaçons une cloison cylindrique, et pompons l'eau qui se trouve à l'intérieur de ce muret jusqu'à ce que la hauteur d'eau ne soit plus que d'un centimètre. Enlevons brutalement la cloison, en la relevant. Il va se produire une vague déferlante, sorte de raz de marée miniature, qui est l'analogue mathématique d'une onde de choc. Comme on peut le voir, cette onde se renforce au fur et à mesure qu'elle s'approche du centre. Puis elle se réfléchit sur elle-même, en faisant jaillir l'eau assez haut, et se dirige alors de façon centrifuge. Ceci suggère qu'une onde de choc implosive peut être un bon moyen de créer une zone à la fois très chaude et très comprimée dans un gaz. Il faudrait faire des calculs très complexes, sur ordinateur, pour évaluer la densité et la température que l'on pourrait obtenir par un tel moyen. Je ne pense pas que ce phénomène, à lui seul, puisse permettre d'obtenir les conditions favorables à la fusion. Mais nous allons invoquer maintenant un deuxième phénomène.

On peut évaluer que près de 90 % de l'énergie électrique injectée dans le mélange sont passés sous forme d'énergie interne. Qu'est-ce que cela veut dire ? Eh bien, que 10 % de l'énergie a été utilisée à mettre le fluide en mouvement et à créer par réflexion de l'onde cette petite zone chaude et dense, et que le reste a excité les molécules et les atomes du gaz de facon diverse, excitation rotationnelle, vibrationnelle, électronique. Beaucoup d'atomes du gaz sont alors des petits réservoirs d'énergie, qui peuvent contenir au total 10^4 ou 10^5 Joules.

Nous avons donc une chambre emplie de gaz dont les éléments sont pleins à craquer d'énergie. Cette chambre est tapissée de miroirs, sur la face interne de la couronne. Avec un peu de chance on pourrait avoir là un fantastique laser. Lorsque ce laser se déclenche, soit spontanément, soit de facon stimulée, l'énergie se trouve automatiquement focalisée sur le centre géométrique du système, précisément là où se trouve cette petite boule de gaz très chaud et trés dense. Énergie qui se trouverait délivrée en 10^{-9} seconde. Comme il serait tentant de penser que cet apport supplémentaire d'énergie pourrait créer les conditions de la fusion.

Mais, me direz-vous, et l'action des parois ?

Il est possible qu'intervienne un phénomène assez inattendu. Lorsque le courant passe en spirale dans l'enceinte, il crée son propre champ magnétique b. Et ce champ vient s'opposer au champ magnétique inducteur B. Il est clair, étant donné la géométrie de la chose, que le champ total

B – b est minimum au centre du système. On aurait donc un heureux effet d'autoconfinement du plasma dans cette région.

Comment chiffrer ce confinement ? Eh bien la pression magnétique a pour valeur $B^2/2\ \mu\ 0$. C'est cette pression magnétique, qui pourrait atteindre de 100 à 1 000 kilos par centimètre carré, qui contiendrait le plasma loin de la paroi, en lui évitant ainsi de se refroidir.

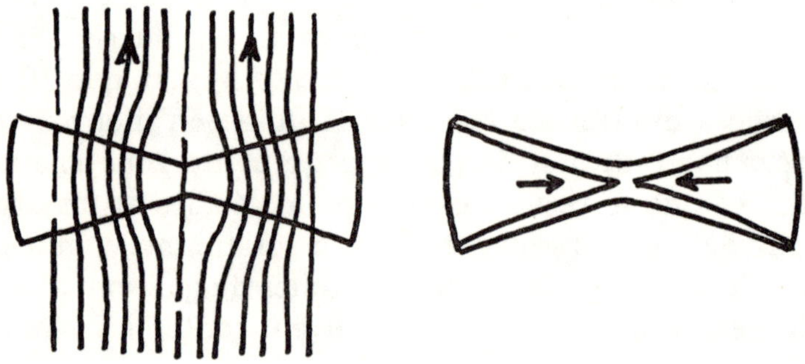

Schéma : Distorsion de champ magnétique avec effet d'autoconfinement dû au champ magnétique induit.

Nous voici donc à l'instant de cette situation hyperdense, atteinte en 10^{-8} seconde après la décharge laser. Je reprends alors les schémas classiques de la fusion laser. Des neutrons sont émis, ayant une énergie de quatorze millions d'électrons-volts, ainsi que des noyaux d'hélium, munis de deux charges positives, et charriant une énergie de 3,5 millions d'électrons-volts. Bien sûr ces noyaux sont accompagnés d'électrons, en nombre égal à celui des charges positives. Ce mélange de noyaux d'hélium et d'électrons constitue un milieu totalement ionisé, un plasma. En l'absence de champ magnétique, ce plasma resterait spatialement neutre. Mais le champ B intervient. Nous avons dit que ce champ était pulsé. Il atteint ainsi sa valeur de crête de 10^6 gauss au moment de la création de l'onde de choc implosive, pendant une microseconde. Maintenant, pendant cette phase d'émission due à la fusion, il doit retrouver cette valeur de crête. Ce champ agit alors sur les trajectoires des particules chargées. C'est exactement comme dans une chambre à bulle, ou dans un cyclotron. Les trajectoires des particules chargées s'incurvent, et ceci d'autant plus que ces particules sont légères. Les électrons sont plus de sept mille fois plus légers que les noyaux d'hélium. Ils vont donc être piégés dans la partie centrale du dispositif. Et on peut escompter un effet de séparation de charges très prononcé.

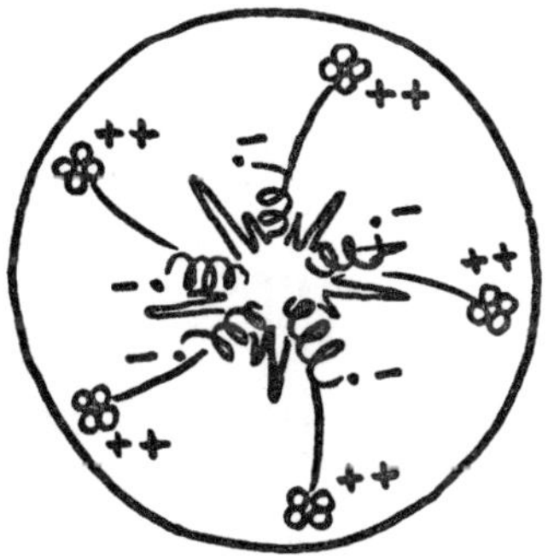

Schéma : Piégeage des électrons dans un centre de l'enceinte.

Un calcul machine donnerait la valeur de la tension électrique que l'on pourrait obtenir par cet effet. Peut-être un à dix millions de volts par mètre. Dans le schéma de la fusion par laser tel qu'il est présenté, les lasers crachent leur énergie en 10^{-9} seconde, en une fois, et l'émission d'énergie par fusion se fait également en une fois. Je me demande si le fait que le laser est intégré au système ne pourrait pas induire un phénomène de résonance. L'idée serait la suivante : après le premier temps de fusion, il y aurait réexcitation des atomes du gaz et des molécules par le flux d'énergie émis, puis nouvelle décharge laser, nouvelles réactions de fusion. Et ainsi de suite. Le rythme de cette modulation de la production d'énergie correspondrait à une longueur d'onde de l'ordre du rayon du diabolo, c'est-à-dire ici à une modulation en 1 000 mégahertz. Le courant d'un tel moteur ne serait pas débité de façon continue, mais en « continu-alternatif », sous la forme de trains d'impulsions. Avec beaucoup de chance on pourrait peut-être avoir production de courant pendant une microseconde, c'est-à-dire le millième du cycle complet de une milliseconde, qui correspond à l'aller et retour de l'onde de choc dans la chambre.

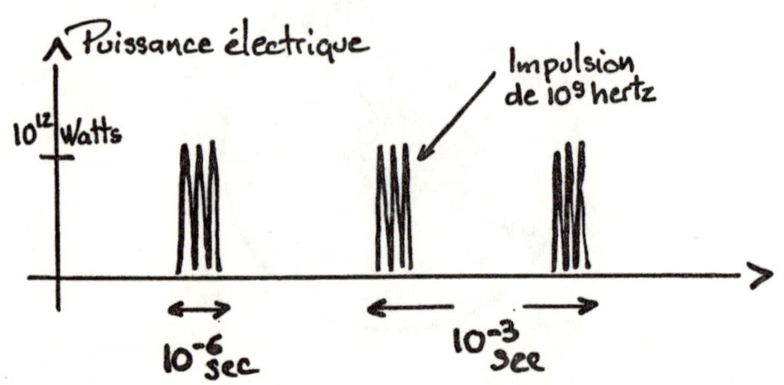

Essayons de faire la synthèse maintenant de ce fonctionnement moteur. Au départ un condensateur fournissait l'énergie donnant la compression initiale et l'excitation des molécules. On peut imaginer que ce moteur puisse fonctionner en auto-excitation et que le condensateur soit également chargé d'établir le champ B. Dans la phase de production d'énergie on peut supposer qu'une fraction de l'énergie est utilisée à recharger ce condensateur, qui, dans ce moteur « deux temps » un peu spécial, fait office de volant d'inertie. Un « deux temps » où la bougie serait l'effet laser.

Bien sûr, tout ceci est encore assez imprécis, qualitatif. Ce moteur est un exemple de solution « intégrée ». En effet, les fonctions de création et de compression du plasma, de fusion et de production d'électricité seraient assurées par une seule et même machine. Ceci grâce à la magnétohydrodynamique. Dans les solutions actuelles de fusion par laser (voir l'article du *Scientific American*), l'énergie est récupérée sous forme simplement thermique, par chauffage d'un fluide caloporteur qui est tout simplement du sodium liquide. Avec ces calories on finit, bien loin en bout de cycle, par faire tourner une turbine à vapeur, entraînant un alternateur. Dans cette formule de fusion par laser, très en pointe, cette technologie semble archaïque, médiévale. Mais il existe des projets de fabrication MHD de courant à partir de ces « manips » de fusion. Il existe aussi des projets de lasers à fusion, mais ils sont couverts jalousement par le secret militaire. Pensez donc : un laser qui développerait 100 mégawatts en valeur moyenne, de quoi couper en deux une fusée balistique ou un satellite volant à 1 000 km d'altitude en quelques fractions de seconde !

Une remarque : il n'y a pas lieu de craindre que l'onde de choc créée par l'explosion de la microbombe H au centre du moteur ne détériore les parois. Cela a été évalué par les spécialistes de la fusion. L'onde, dans son expansion sphérique, s'affaiblit extrêmement rapidement, et la paroi couronne ne devra supporter que des surpressions très tolérables, non génératrices de contraintes mécaniques excessives. Même remarque pour la phase chaude du processus. Celle-ci dure tout au plus un millionième de seconde. Le plasma se refroidit très vite par détente.

Voici donc une idée de moteur MHD à fusion. Force électromotrice de crête : un million de volts. Intensité de crête : un million d'ampères. Donc : puissance de crête : 10^{12} watts. L'énergie y serait produite sous forme d'impulsions d'une durée de 10^{-9} seconde, en trains de mille impulsions espacées d'une milliseconde. Ce qui donne une puissance moyenne de 1 000 mégawatts. Un champ magnétique varierait au même rythme de 1 000 hertz. Champ impulsionnel qui atteindrait une valeur de crête de 10^6 gauss, en impulsions d'une microseconde, (ce qui n'est pas sans poser un sérieux problème de champ induit) espacées de 10^{-8} seconde. Ce qui fait une valeur moyenne de 1 000 gauss, très tolérable mécaniquement. Un champ continu de un million de gauss (100 teslas) poserait des problèmes de tenue mécanique assez problématiques.

Comment pourrait-on imaginer contrôler le régime d'un tel moteur ? Il vient une idée assez simple : pourquoi ne pas laisser fuir un peu d'énergie laser ? Cette perte entraînerait une mise au ralenti très prononcée du moteur. J'imagine assez bien un aérodyne MHD, moteur au ralenti, d'où s'échapperait un faisceau de lumière cohérente, cylindrique à contours nets.

Continuons sur ce théme. Voyons : cette émission laser est effectuée dans un fort champ magnétique. Supposons que l'émission cohérente se fasse sur une longueur d'onde lambda. À laquelle correspond une « raie » spectrale. En clair, cela signifie que si l'on recoit cette lumière laser sur un spectroscope, la puissance lumineuse va se distribuer autour d'une valeur centrale de la longueur d'onde.

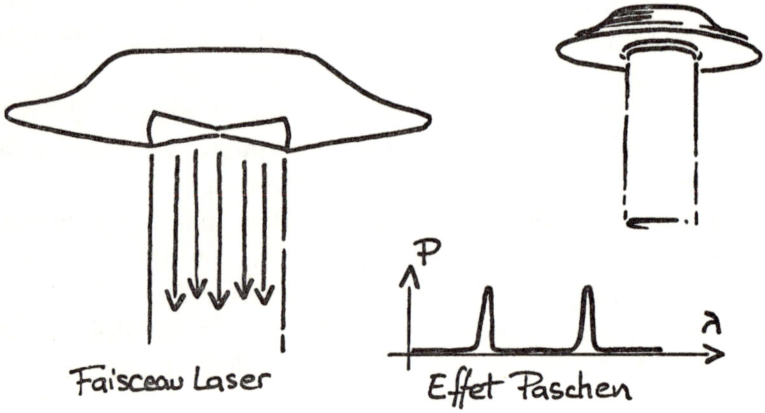

La largeur de raie ne doit pas être énorme si l'on admet que la température dans la chambre doit rester modérée (peut-être 1000° tout au plus). Mais il y a le champ magnétique. Les physiciens savent que celui-ci a pour effet de dédoubler cette raie d'émission. Pour des champs modérés, ceci s'appelle l'effet Zeeman, et pour des champs intenses (notre cas) l'effet Paschen. Tout se passe comme s'il y avait non pas une émission laser mais deux, avec un écart de longueur d'onde $\Delta \lambda$. Cette émission est faite dans un champ magnétique inhomogène. Il me semble raisonnable d'imaginer que ce phénomène puisse entraîner des interférences spatiales entre ces deux émissions. Ainsi, dans une certaine région avoisinant l'appareil, les deux émissions se conjugueraient, ailleurs elles seraient en opposition de phase. Cela pourrait donner au faisceau une allure tronquée. En tout état de cause l'expérience est à faire. Expérience qui consiste à faire laser un gaz dans un puissant champ magnétique, et à observer les conséquences sur les émissions directes ou induites.

UN AÉRODYNE MHD

Supposons qu'un tel moteur soit au point, et que son poids reste acceptable, disons 10 tonnes, pour une puissance de 1 000 mégawatts. Associons-lui une cellule, de telle manière que l'ensemble pèse, disons 20 tonnes. Les dimensions de l'appareil : de l'ordre de 10 mètres. Avec ce moteur nous allons créer un système de forces de Lorentz, de manière à assurer la sustentation et la propulsion de l'engin. Le moteur sera connecté à des électrodes situées sur la face externe de l'engin. Il y aura donc une décharge électrique dans l'air environnant, création d'un plasma lumineux, coloré. On sait que l'air possède de nombreux modes d'excitation par décharge, suivant la valeur de la température électronique et ionique. Notre engin en fonctionnement apparaîtra nimbé d'une aura brillante et colorée.

Nous avons reconstitué ces effets en laboratoire, Viton et moi. On peut s'attendre, suivant les régimes, à voir toutes les couleurs possibles. Cela va du rouge sombre au jaune, au bleu tirant sur le violet, ou au blanc éclatant.

Quand l'engin est près du sol, le champ magnétique variable induira des courants qui pourront cuire les racines des plantes, comme dans un four à induction. Mais l'effet le plus important sera dû au rayonnement associé à la composante HF du courant de la décharge. Ces fréquences sont comparables à celles des radars. On sait que cette HF peut avoir des effets physiologiques sur l'individu. Par exemple, cette HF peut exciter directement le nerf auditif et créer une hallucination sonore, sous forme d'un bourdonnement qui, ici, serait perçu suivant la fréquence (audible) de récurrence de 1 000 hertz. Ce rayonnement peut agir sur le système nerveux, créer des états de choc, de stupeur, des paralysies. Provoquer aussi une sensation de chaleur, de picotement, des brûlures. Le plasma est également émetteur d'ultra-violet, rayonnement qui a la propriété de stériliser les plaies, et de provoquer des coups de soleil...

On a montré aussi que la HF pouvait agir sur l'émission lumineuse d'un filament de tungstène, en contrariant celle-ci. Rayonnement haute fréquence, champ magnétique pulsé, agissent logiquement sur tous les dispositifs électriques, allumages de voitures, etc.

Lorsque notre aérodyne MHD passera au-dessus d'une automobile, on peut imaginer que ceci puisse entraîner l'extinction des phares du véhicule, qui se rallumeront d'eux-mêmes, une fois l'engin au loin.

UN AÉRODYNE EN FORME DE CYLINDRE

Cette idée est due à Maurice Viton, avec qui je travaille, et qui est astronome au laboratoire d'astronomie spatiale de Marseille. Dans cette configuration, un solénoïde axial crée un champ magnétique dipolaire, autour d'un objet de forme cylindrique.

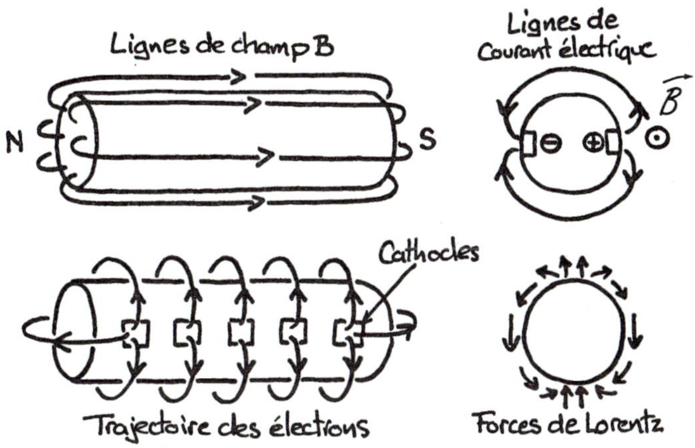

Sur la paroi du cylindre sont disposées deux rangées d'électrodes, anodes d'un côté, cathodes de l'autre. On a figuré la distribution des lignes de champ magnétique et des lignes de courant électrique. Sur le dessin on voit également le sens et l'intensité des forces de Lorentz. Cette configuration est dite à paramètre de Hall faible.

Ouvrons une petite parenthèse pour évoquer ce qu'est l'effet Hall, que nous avons mentionné rapidement quand nous avons parlé du moteur MHD. Supposons qu'entre deux points d'un fluide règne une différence de potentiel V. Celle-ci va tendre à faire se mouvoir les électrons dans le sens du champ électrique. S'il existe un champ magnétique transversal B, celui-ci va incurver les trajectoires des électrons, lorsque ceux-ci effectuent, entre deux collisions avec des atomes, leur « libre parcours ». À chaque collision, nous l'avons dit, l'électron est quasiment stoppé dans sa progression. Le champ électrique le réaccélère alors, et il suit une nouvelle trajectoire courbe, jusqu'à la collision suivante Tout ceci donne une trajectoire moyenne, que nous avons représentée sur la figure suivante.

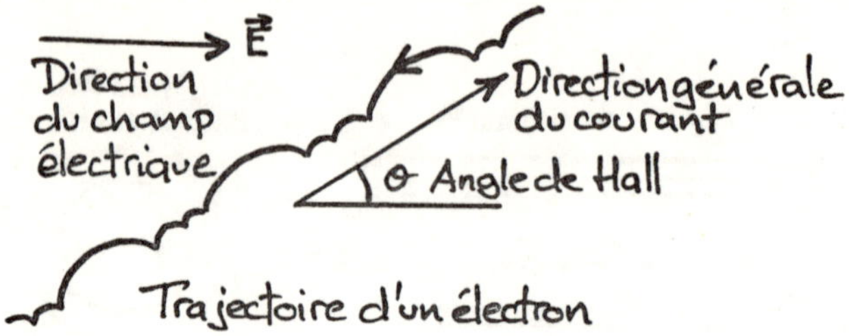

Le courant électrique I n'est plus colinéaire au champ électrique E mais s'en écarte d'un angle théta, dit angle de Hall. La théorie montre que la tangente de cet angle est égale à :

$$T_{\alpha}\,\upsilon = \frac{e\,B}{m_e\,\nu_e} = \beta$$

Où e est la charge de l'électron, 1,6 10^{-19} coulombs, B l'intensité du champ magnétique en teslas (10^4 gauss), m_e la masse de l'électron (0,91 10^{-30} kg). ν_e est la fréquence des collisions de l'électron avec les atomes du gaz, en nombre de collisions par seconde.

Dans de l'air à pression atmosphérique, cette fréquence de collision a une valeur bien définie. On calcule qu'il faut des champs B assez intenses pour que l'angle de Hall devienne sensiblement différent de zéro. Disons, pour fixer les idées, 100 000 gauss.

Si la valeur de pointe du champ B reste inférieure à cette valeur de 10 teslas, le régime du plasma sera à bas paramètre de Hall.

L'effet Hall peut être mis en évidence dans les gaz. Beaucoup plus difficilement dans les liquides et les solides, où il faut alors des valeurs énormes de champ magnétique. Comme Viton n'avait précisément pas besoin de cet effet Hall, il a pu simuler le fonctionnement de cet aérodyne dans... de l'eau. De l'eau acidulée en l'occurrence, pour faciliter le passage du courant. Viton l'a visualisé avec des paillettes de colorant. Le champ atteint 220 gauss. La tension électrique ne dépasse pas 20 volts et l'intensité quelques ampères. L'eau s'écoule dans ces conditions à quelques centimètres à la seconde. On peut voir, au voisinage d'une des électrodes, le petit dégagement gazeux qui correspond à l'électrolyse de l'eau. Au lieu de piacer deux électrodes continues, nous avons disposé ce qu'on appelle des électrodes segmentées. C'est une solution classique en magnétohydrodynamique. Cette segmentation a un effet stabilisant sur la nappe de courant électrique.

Si, nanti du moteur MHD à fusion, on faisait voler le cylindre de Viton, il est probable que les témoins confondraient les électrodes, plus fortement éclairées que le reste de l'appareil, parce que siège d'une plus forte densité de courant, avec des hublots.

SANS ONDE DE CHOC ?

Rappelez-vous, tout au début, l'objection formulée par Dogmaticus. Quelle peut être l'interaction d'une telle décharge avec un système d'ondes de choc ?

Rappelons d'abord ce qu'est une onde de choc. Lorsqu'un objet de forme quelconque se meut dans l'air, il écarte à son passage les molécules d'air. Puis le fluide se « referme » plus ou moins bien, derrière lui. En régime subsonique, les molécules sont informées de la venue de l'objet bien avant qu'il soit sur elles, par les ondes sonores. Elles ont donc tout leur temps pour s'écarter et lui laisser le passage, ceci dans le but de conserver au fluide une densité partout égale. L'écoulement est alors dit incompressible.

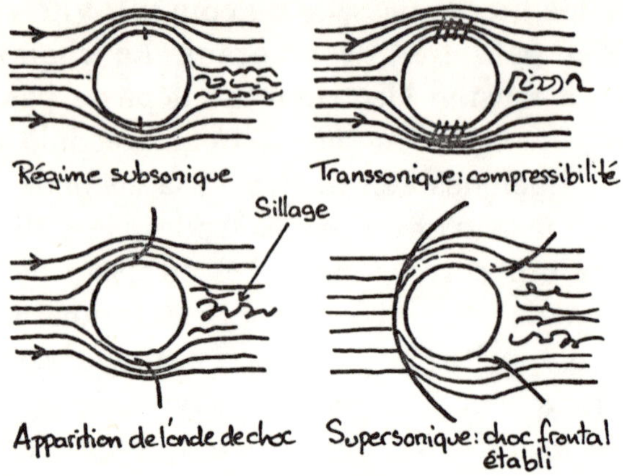

Lorsque la vitesse atteint celle du son, cette information ne peut plus se propager en amont de l'objet. Les molécules viennent alors s'entasser autour de lui. Dans le cas du cylindre, les premières zones critiques seront situées au maître couple, en A et en B. Dans ces zones se manifeste une certaine compressibilité du gaz. Mais très vite, lorsque la vitesse augmente, cette compression ne peut plus s'effectuer en douceur. Apparaît un système d'onde de choc. Si la vitesse s'accroît encore très légèrement, le système de choc tend à s'établir en amont de l'objet. Dans le cas du cylindre il se produit une onde détachée correspondant à la troisième figure. Ce système se complète par des ondes de choc de culot, qui sont également représentées.

Introduisons maintenant l'action MHD. Nous pensons, Viton et moi, que les forces de Lorentz peuvent retarder l'apparition du système d'onde de choc, en réaccélérant le fluide là où précisément il tend à s'accumuler. I1 me semble même très possible que ces forces de Lorentz, qui sont somme toute une façon trés « musclée » d'agir sur un fluide, puissent garantir même en hypersonique, un vol sans « bang », silencieux du fait du recollement du sillage, source de turbulence, donc principale cause de bruit.

Ceci est un aspect capital du problème. Et nous appelons les laboratoires équipés pour une telle expérience, c'est-à-dire possédant une soufflerie supersonique et des installations électriques (condensateurs) susceptibles de délivrer plusieurs mégawatts pendant un temps d'expérience de quelques millisecondes, de nous aider à vérifier le bien-fondé de cette assertion.

UN AÉRODYNE EN FORME DE SPHÈRE

La formule sphère dérive directement du cylindre. Imaginons une sphère faite d'un matériau isolant (comme notre cylindre d'ailleurs, nous avions omis de le préciser), et ceinturée d'électrodes comme sur la figure 1.

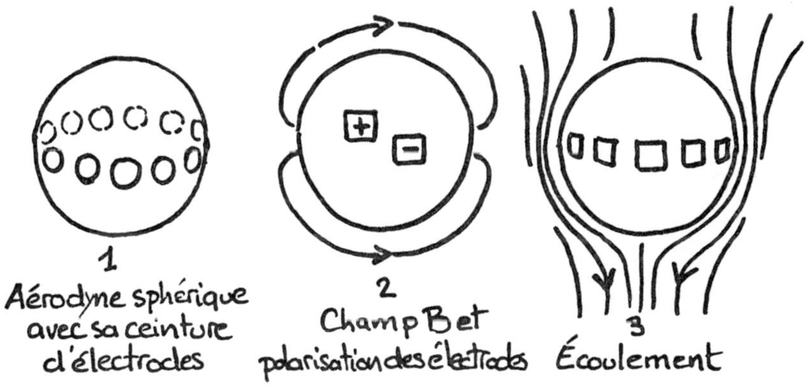

Une paire d'électrodes diamétralement opposées est alors alimentée. Le courant se distribue aussitôt comme suivant la figure 2. Une distribution de courant est alors créée dans le corps de la sphère qui établit un champ magnétique d'allure générale dipolaire, dont les lignes de champ sont en gros orthogonales aux lignes du courant électrique. On obtient un système de forces de Lorentz propre à assurer la sustentation et la propulsion de l'engin. Pour améliorer ses performances, il serait logique de réaliser une rotation et une alimentation séquentielle du champ et des électrodes. En fait, en jouant convenablement sur la façon dont les courants qui créent le champ B sont distribués l'appareil, on peut toujours ajuster ce champ pour qu'il convienne à une géométrie d'appareil et une configuration de décharge électrique.

UN AÉRODYNE MHD EN FORME DE SOUCOUPE

Nous avons vu que les forces de Lorentz étaient proportionnelles au produit intensité x valeur du champ magnétique. Dans la mesure où notre installation électrique embarquée permettrait de créer des champs pulsés très importants, disons d'un million de gauss, il serait dommage de ne pas rechercher ainsi une performance accrue. Mais pour ces valeurs fortes du champ, l'effet Hall devient omniprésent. Conséquence : les nappes de courant se distordent et il est facile de voir que les configurations cylindriques et sphériques ne conviennent plus. Il faut alors imaginer des aérodynes MHD fonctionnant à fort paramètre de Hall. Et ces aérodynes sont précisément... des objets lenticulaires. Voici comment nous les concevons.

Prenons au départ un objet discoïdal, assez aplati. Disposons une couronne d'électrodes sur le dessus et une autre sur le dessous, comme il est indiqué sur la figure suivante :

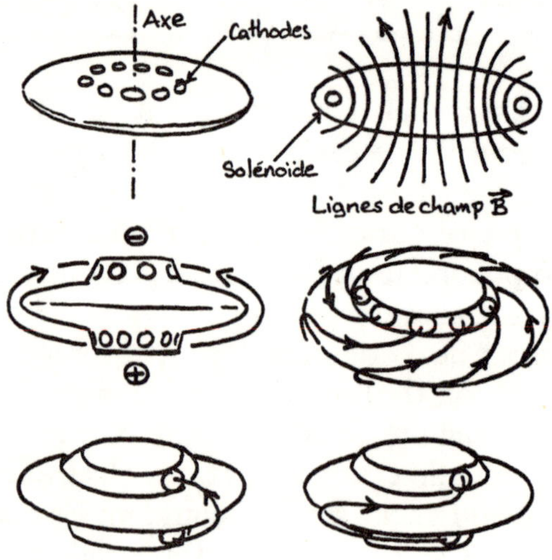

Disposons maintenant un solénoïde équatorial, dans cette forme d'ellipsoïde aplati, qui crée un champ magnétique d'allure générale axiale. Créons une différence de potentiel entre les électrodes supérieures et les électrodes inférieures. Les électrodes du dessus seront les cathodes. *A priori*, nous pouvons penser que le courant va passer dans l'air qui entoure l'engin suivant les lignes indiquées. En fait, l'effet Hall courbe ces lignes de courant en leur donnant une forme de spirale, comme il est indiqué sur la figure. Tout se passe comme si la ligne de courant d'allure elliptique pour B nul, était tordue autour de l'appareil. Examinons maintenant la distribution des forces de Lorentz. Nous avons l'heureuse surprise de constater que celles-ci sont d'allure quasi radiale, centrifuges sur la partie supérieure et centripètes à la partie inférieure. Notez que ce sens des forces dépend de la polarité des électrodes, mais pas du sens du champ **B**. On peut s'attendre alors à ce que l'air ambiant soit pompé par ces forces de Lorentz.

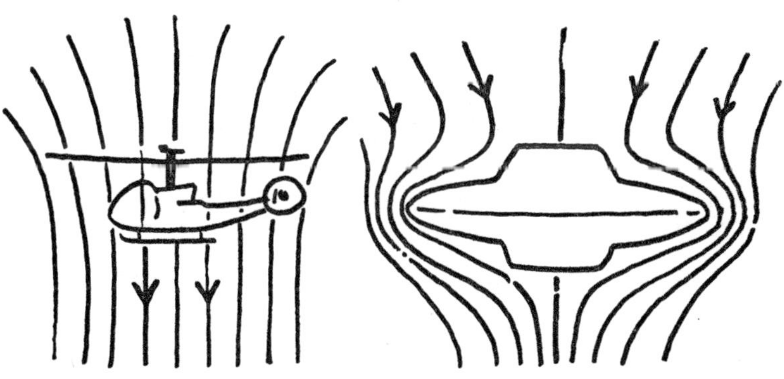

Dans ces conditions, l'aérodyne aurait un air de parenté avec l'hélicoptère, et, pourquoi pas, il aurait un peu la même instabilité en descente (descente oscillante, en feuille morte, de l'hélicoptère). De toute manière, comme lui, il translaterait en inclinant son disque portant.

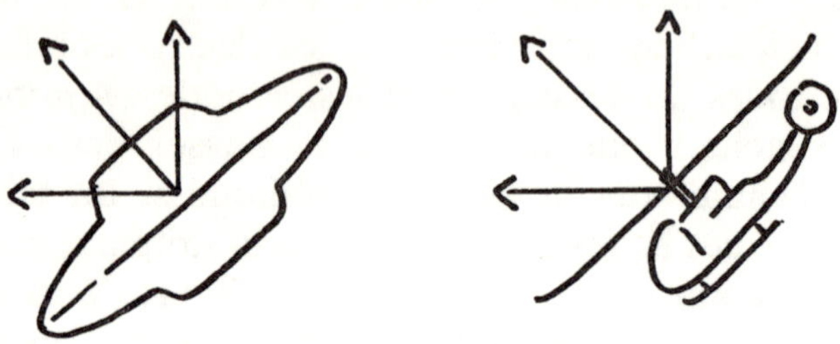

En MHD il faut se méfier de tout ce qui n'a pas été dûment vérifié par l'expérience. Nous avons donc voulu, Viton et moi, expérimenter sur ces soucoupes. Mais le calcul montrait que dans l'air atmosphérique, il fallait des intensités de champ magnétique que nous étions bien incapables de produire avec nos moyens de laboratoire extrêmement limités. Revenons à l'expression de la valeur du paramètre de Hall. Si on ne peut pas jouer aisément sur B, peut-être alors est-il indiqué d'agir sur ve en baissant la pression. Le calcul m'indiqua qu'avec nos champs de quelques centaines de gauss, on pouvait en baissant la pression de l'air au millième de sa valeur atmosphérique, obtenir des paramètres de Hall de l'ordre de l'unité. Nous construisîmes donc un banc d'essai, avec une pompe à vide, une enceinte à basse pression, ceci avec l'aide de M. Camaret. Notre première satisfaction fut de constater l'existence de l'effet Hall à la surface du modèle. Mais une surprise nous attendait : au lieu de suivre tranquillement la paroi, qui semblait pourtant le plus court chemin, la décharge électrique s'épanouissait assez loin du modèle. Comme sur le schéma suivant :

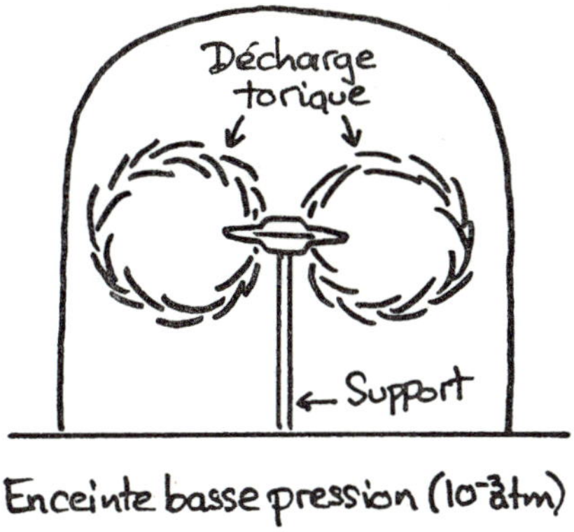

Cela avait un côté intéressant, puisque cela montrait que les aérodynes MHD pouvaient agir dans un volume très supérieur à leur volume propre. Ainsi, un engin discoïde pourrait-il brasser l'air dans un espace atteignant trois fois son diamètre, c'est-à-dire près de dix fois sa surface. Ainsi sa sustentation pourrait être obtenue grâce à une vitesse induite très faible (plus le rotor d'un hélicoptère est grand et moins la vitesse induite par celui-ci pour assurer sa sustentation doit être élevée). Mais cela ne faisait quand même pas notre affaire à l'instant puisque le courant s'établissait dans des régions où le champ B devait être assez faible pour que l'effet Hall ne puisse pas être décelé. Après un après-midi pénible, nous trouvâmes la cause du phénomène. La décharge était soufflée par l'effet de la pression magnétique. Cette pression magnétique vaut $B^2/ 2 \mu o$ où B est en teslas et $\mu o = 4 \pi 10^{-7}$. Nous nous aperçûmes que cette pression était supérieure à la pression du gaz d'électrons définie par $p_e = n_e k T_e$ où n_e est le nombre d'électrons par mètre cube, k la constante de Boltzmann ($1{,}38\ 10^{-23}$) et T_e la température électronique, que j'évaluais à 3000 °K.

De ce fait, la décharge électrique avait irrésistiblement tendance à migrer vers les zones où le champ magnétique était plus faible, c'est-à-dire loin de la paroi.

OÙ LA FORME DE LA SOUCOUPE SE PRÉCISE PEU À PEU

Pour empêcher la décharge électrique d'aller se balader au diable vauvert, nous pensions qu'il fallait s'arranger pour que le champ magnétique ne soit plus maximum, mais minimum à la paroi. Ce fut Viton qui trouva la solution. L'astuce était de produire le champ B non plus par un solénoïde, mais par trois, deux petits et un grand. Dans les deux petits solénoides le courant tournait en sens inverse du grand.

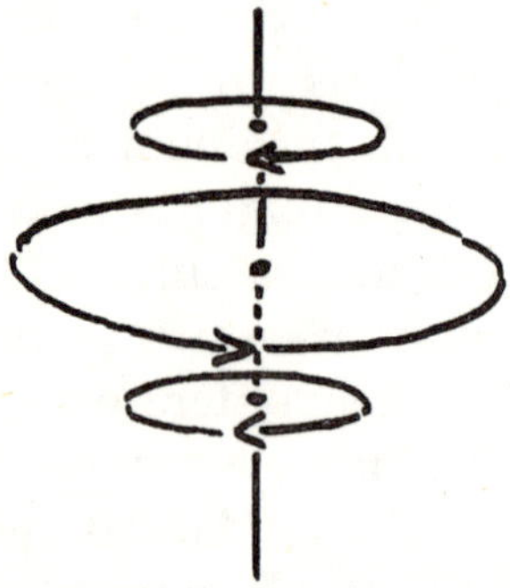

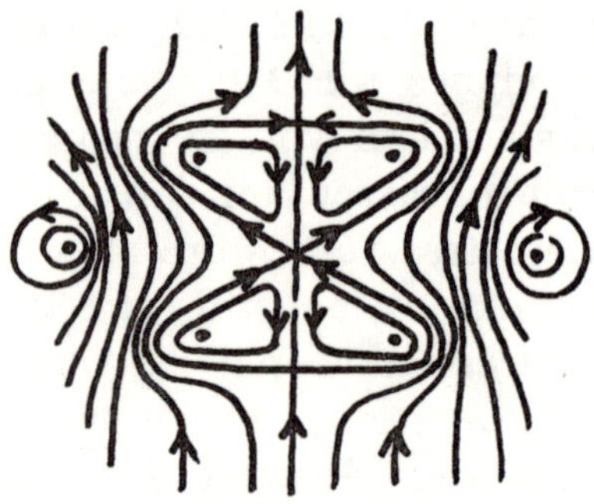

Encore fallait-il calculer les intensités respectives à introduire dans ces trois spires. Nous reçûmes de l'aide en la personne de M. Duban, également chercheur, qui consacra quelques dimanches à résoudre ce problème sur son ordinateur. Le résultat de ce calcul est indiqué sur le dessin de droite. Comme on le voit c'est un peu plus compliqué que la configuration à solénoïde unique. I1 y a un intérêt, c'est que le champ est nul au centre de l'engin (point O). Voilà donc enfin un endroit où l'on peut s'asseoir tranquillement sans être rôti comme un poulet dans un four à induction. Nous pensons que la configuration magnétique des aérodynes MHD doit être très sophistiquée. En fait c'est toute la surface de l'appareil qui doit être parcourue de courants créant ce champ. Une meilleure distribution de courant dans l'air ionisé entourant l'engin serait obtenue en disposant non plus deux ceintures des grosses électrodes, mais un très grand nombre de microélectrodes sur la totalité de la paroi de l'appareil.

Si on retourne maintenant au tracé obtenu par Duban, et que l'on dessine une surface qui soit, dans les zones qui nous intéressent, perpendiculaire aux lignes de champ magnétique, on obtient le dessin suivant :

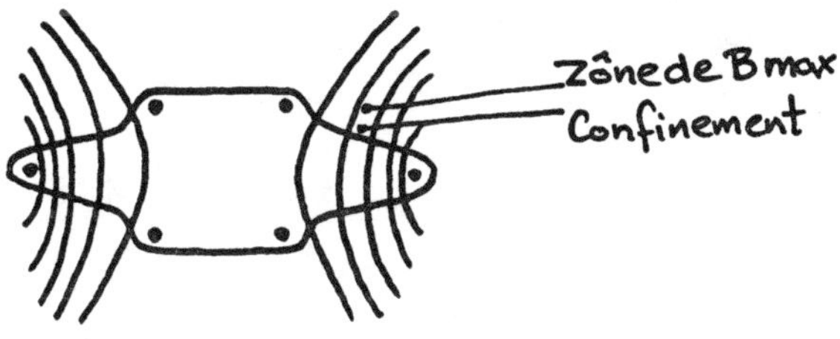

À l'heure où j'écris ces lignes, nous avons installé notre matériel à l'Observatoire de Marseille et Viton est en train de construire une nouvelle maquette en forme d'assiettes accolées, conformément à ce dessin, et munie des trois solénoïdes en question. Je ne peux malheureusement pas écrire que cette idée a reçue sa confirmation expérimentale. Les choses avancent lentement.

LA PAROLE EST À L'AVOCAT DU DIABLE

Depuis ces derniers mois, j'ai eu l'occasion de discuter avec pas mal de gens. Je pense à une lettre où Pierre Guérin me disait : « Si comme tu le dis, les ovnis volent en imprimant aux masses d'air un mouvement descendant, à la manière des hélicoptères, quel typhon doivent-ils alors créer pour maintenir en l'air leurs 20 ou 30 tonnes ! » À ce sujet, je répondrai qu'il faut faire une étude complète, sur des maquettes, de l'écoulement MHD induit par l'aérodyne discoïdal. L'épanouissement de la décharge, par effet de pression magnétique, que nous évoquions plus haut, fait que l'interaction MHD peut s'étendre à un volume beaucoup plus grand que prévu, donc impliquer des vitesses induites plus faibles. Un effet de succion a, paraît-il, été ressenti par certains témoins. Cela ne me paraît pas contradictoire, et voici pourquoi .

Lorsque l'aérodyne se rapproche du sol, il y a déformation des lignes de courant. Comme ce sol est plutôt plus conducteur que l'air, on peut s'attendre à un amorçage de la décharge avec le sol.

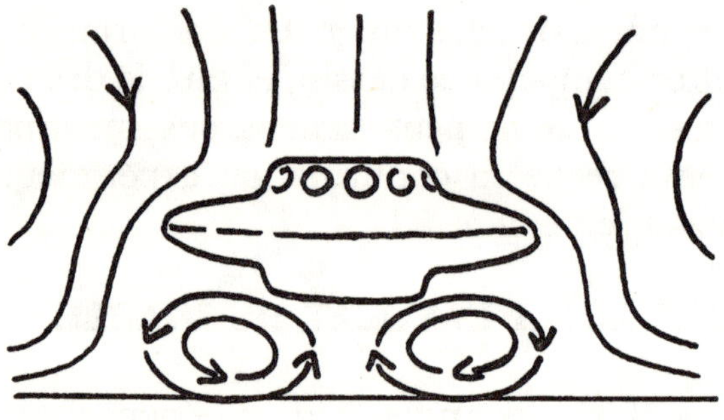

De ce fait, le pompage MHD pourrait devenir très inefficace à la partie inférieure de l'appareil, et se limiter pratiquement à la partie supérieure. Dans ces conditions un vortex torique peut se créer sous l'engin comme j'ai tenté de le représenter sur l'illustration. Comme on le voit, ce vortex comporte une colonne ascendante dans sa partie centrale. Dans cette région, la poussière peut être aspirée en une trombe qui peut être une trombe liquide si l'engin survole la mer.

Nous avons simulé cet effet d'amorçage en atmosphère basse pression. On voit nettement la décharge s'épanouir en petits arcs, qui évoquent par leur forme des baleines de parapluie. L'histoire du vortex torique est un classique pour ceux qui connaissent un peu l'histoire des engins à effet de sol. Prenons l'exemple de la soucoupe Avro, que je connais bien pour être certainement un des rares Européens à avoir pu l'ausculter, en 1961, à Princeton, où elle se trouvait aux essais. L'air était aspiré à la partie supérieure par un puissant ventilateur, puis dirigé radialement vers une buse annulaire, d'où il s'échappait verticalement en formant une sorte de rideau gazeux dit *annular curtain*.

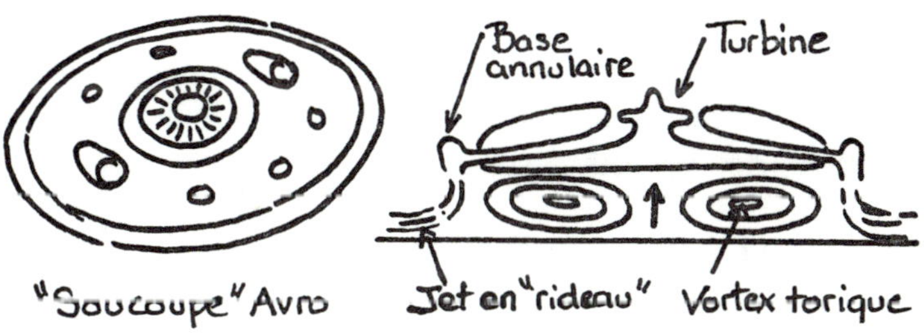

L'ensemble de l'écoulement correspond à ce qui est indiqué sur le dessin. On voit qu'on retrouve ce vortex torique.

LES CYLINDRES : DES VÉHICULES-MÈRES ?

Nous avons vu tout à l'heure le modèle cylindrique de Viton. On peut en imaginer un autre.

Pour voler, les soucoupes doivent produire un champ magnétique et un champ électrique intenses. Comment plusieurs soucoupes pourraient-elles coopérer pour réaliser un vol que nous qualifierons de plus économique ? En s'empilant les unes sur les autres. Ainsi les champs magnétiques s'additionneraient, de même que les forces électromotrices des générateurs.

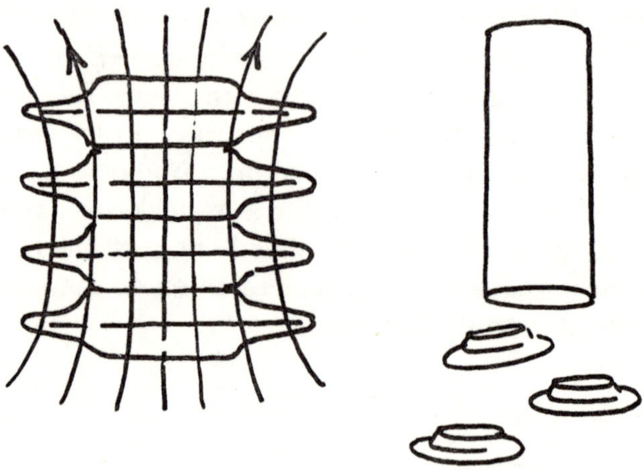

Ceci expliquerait peut-être certaines observations où d'énormes cylindres à bout tronqué, ont été vus, émettant à leur base des engins discoïdaux.

LA ROUTE VERS LES ÉTOILES

En relisant ce texte, je pense que je peux donner l'impression au lecteur de vouloir défendre à tout prix ces modèles MHD. Bien sûr, si on se base sur les statistiques, il y a beaucoup d'aspects dont cette théorie peut rendre compte. On peut créer de très fortes accélérations avec les forces de Lorentz, mais comment empêcher les pilotes d'être réduits en chair à pâté dans l'habitacle ?

Peut-être, comme le suggérait Claude Poher, crée-t-on ces mêmes forces de Lorentz dans les corps des pilotes, pendant des temps très brefs, dans une sorte de dispositif anti-g. Astucieux, mais limité, étant donné les faibles niveaux de courant tolérables par le corps humain.

Ces soucoupes MHD ne sont pas soumises à des accélérations constantes, mais à une suite d'accélérations très fortes, qui ne durent qu'une microseconde. On sait que le corps humain supporte plus facilement des impulsions d'accélérations élevées, plutôt qu'une accélération continue. Peut-être est-ce une partie de l'explication.

Mais il reste un cortège de phénomènes qui échappent à cette réduction par la physique des plasmas. Les soucoupes MHD peuvent évoluer dans le vide, en accélérant un gaz généré par une tuyère. On a calculé que les impulsions spécifiques obtenues alors étaient très élevées. Mais cela ne nous ouvre pas pour autant la route des étoiles.

Périodiquement, des scientifiques de tous les pays élaborent des projets de véhicules interstellaires. Engins gigantesques, propulsés à coups de bombes à hydrogène, gagnant ainsi péniblement le dixième de la vitesse de la lumière, ce qui met la plus proche étoile à quarante années de nous. Les voyageurs de l'espace ont-ils une longévité telle qu'ils puissent affronter ce voyage ? Voyagent-ils en état d'hibernation ? La voie est peut-être plus simple et moins coûteuse. Mais nous quittons ici le champ de la science pour entrer dans le domaine de la spéculation. Jetons si vous le voulez bien quelques idées. On ne sait jamais...

Depuis Einstein nous avons modifié notre idée de l'espace. Ce n'est plus un substratum rigide, mais un milieu souple, déformable. On a coutume, pour illustrer ceci, de représenter cet espace comme une membrane. Un corps pesant, une étoile, devient une cloque.

Les lois de la relativité restreinte nous disent par ailleurs que la vitesse est limitée à 300 000 km/seconde. Lorsque le corps est très pesant, très massif, la théorie génère une entité nouvelle. La cloque devient un puits mystérieux, que l'on nomme un trou noir. Qu'y a-t-il au fond de ce puits ? Est-ce un passage, un raccourci vers les lointaines nébuleuses ?

S'il en est ainsi, c'est un chemin extrêmement inconfortable. En fait, un véritable maelström, où tout est broyé : molécules, atomes, particules. Peut-être saurons-nous un jour, en laboratoire, recréer de minuscules trous noirs, en focalisant en un point de fantastiques énergies. Nous avons bien su faire des étoiles...

Une théorie nous dit que ces trous noirs représentent une communication entre notre espace et un autre espace, le monde des Tachyons. Un monde en miroir où le temps s'écoule à l'envers, et où la vitesse est alors nécessairement supérieure à la vitesse de lumière ! Si nous pouvions passer par cet espace des Tachyons, quel fantastique raccourci. Dans cette optique la formation du trou noir correspond à la figure suivante :

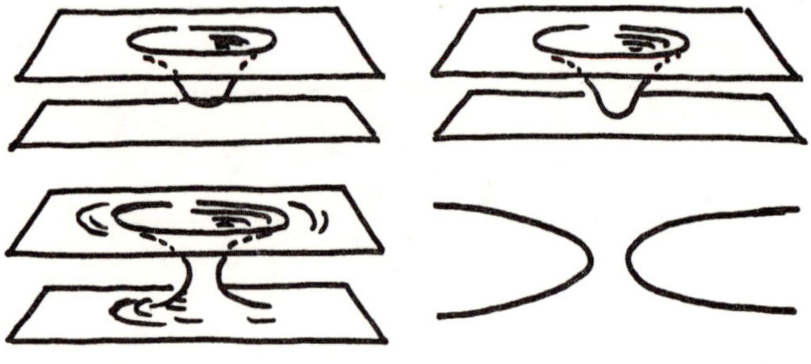

Une étoile s'effondre : la cloque se creuse. Une tangence apparaît entre ces deux espaces-membranes. Puis se produit une « catastrophe », au sens de R. Thom. Une communication tubulaire se forme. En même temps, ces membranes, souples comme des bulles de savon, tressautent. Et ces rides que j'ai dessinées, sont des ondes de gravité.

Je ne suis spécialiste ni en géométrie différentielle, ni en relativité générale. Mais puisque cet espace a l'air si souple, pourquoi ne pas imaginer autre chose qu'un trou noir.

Reprenons ces deux espaces, le nôtre et celui des Tachyons, frères jumeaux du Cosmos. Formons de nouveau non plus une cloque, mais un sillon, comme il est indiqué ci-dessous :

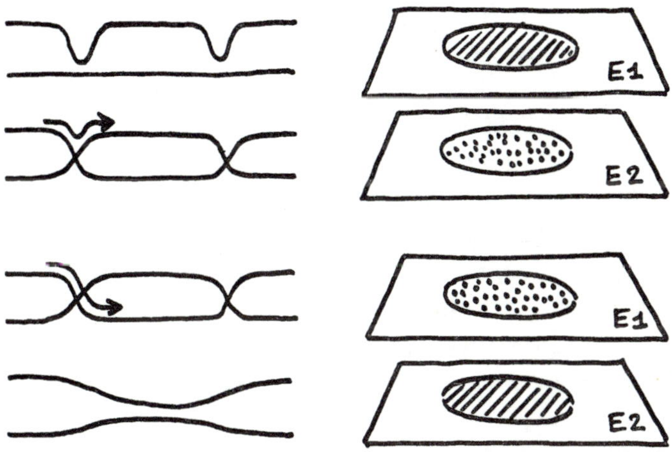

Ce sillon circulaire devient tangent à l'espace voisin, suivant une courbe circulaire. Cette fois-ci la catastrophe s'effectue tout au long de ce contour. Et on obtient alors un nouveau raccordement des nappes. Celles-ci se croisent. Il y a transversalité. Cette ligne de points doubles, circulaire, appartient aux deux espaces. Décroisons ceux-ci. Pourquoi pas...

En fin d'opération, deux domaines circulaires des deux membranes ont été permutés. Bien sûr, à l'endroit du sillon, le rayon de courbure est passé par une valeur nulle mais, dans la mesure où l'on admet cette transversalité, tout est relativement « calme » à l'intérieur de ces deux domaines, durant l'opération. Peut-être peut-on permuter ainsi deux domaines de ces deux espaces. Il faut transposer ceci dans une optique à trois dimensions. Difficilement dessinable. La ligne de tangence deviendrait alors une surface et deux volumes seraient permutés.

Ainsi un véhicule, après un petit trajet classique, MHD, dans notre espace, sauterait-il dans l'espace des Tachyons, pour y croiser cette fois à des centaines de millions de kilomètres à la seconde. Comme un avion qui passerait sous la surface de l'eau, en se faisant sous-marin. Arrivé « à proximité » de son point d'arrivée, il referait surface de la même manière. Tout ceci est peut-être absurde. Si un jour on arrive à créer un trou noir en laboratoire en focalisant de l'énergie dans un petit volume, pourquoi ne pas imaginer que l'on puisse, en focalisant de l'énergie sur une surface, découper ainsi l'espace à l'emporte-pièce.

Pourquoi la soucoupe ne serait-elle pas la surface optimale grâce à laquelle cette opération se ferait avec un minimum de dépense d'énergie ? Un léger détail : dans ce voyage étrange, on arrive, sauf erreur... avant d'être parti. On peut toujours rêver. Certaines idées scientifiques ont commencé par être des rêves totalement absurdes. Le principe d'incertitude d'Heinsenberg, le trou noir, sont des choses absurdes. Pourtant notre physique a digéré un tel principe, et nous connaissons l'existence des trous noirs par les « cris » que poussent les électrons lorsqu'ils tombent dans cette singularité que l'Univers crée naturellement.

CONCLUSION

Denis Papin a lancé la grande révolution industrielle en regardant se soulever le couvercle d'une marmite. En trente ans les petites fusées d'Hermann Oberth, créées pour la publicité d'un film de Fritz Lang, sont devenues les fusées Apollo.

En trente ans les monstrueux ordinateurs à lampes, sur lesquels on pouvait cuire des œufs au plat, sont devenus gros comme des boîtes d'allumettes. Ne sous-estimez pas l'époque où nous vivons. Tout va peut-être plus vite que vous ne le croyez. Le mois dernier, on a gagné un ordre de grandeur sur le temps de confinement des Tokamak. La température atteinte n'est plus que le tiers de la température d'ignition. Pourquoi pas, un jour, un Tokamak dans une boîte d'allumettes ?

Avec la fusion par laser, l'homme focalise des énergies sans cesse croissantes. Demain la fusion, après-demain... le trou noir ?

Qu'est-ce que l'espace où nous vivons ? Peut-être une membrane plus fragile que l'on ne le pense, et sur laquelle il suffira de peser. Quelque chose qui peut se plier, se tordre.

Si un jour le moteur à fusion fonctionne, ce sera un laser d'une puissance formidable, capable de focaliser ses 100 mégawatts en n'importe quel point du globe, à la vitesse de la lumière. Sachez que ce bel engin de mort violente est déjà en route dans de nombreux laboratoires. Eh oui...

Mais si la soucoupe terrestre vole un jour, ce sera peut-être un peu différent. Au lieu de prendre pied sur les planètes comme des soudards, en y plantant, fous d'orgueil, nos petits drapeaux imbéciles, peut-être partirons-nous vers d'autres mondes, sur ces caravelles du futur, avec, enfin, un peu d'amour dans nos bagages.

JEAN-PIERRE PETIT, 15 mars 1976

JACQUES SCORNAUX : LES VOYAGES INTERSTELLAIRES FACE À LA RELATIVITÉ (1977)

À travers les exemples d'observations d'ovnis, notamment l'affaire du caporal chilien Valdès, le 25 avril 1977, on comprend que cette intelligence qui nous rend visite se promène allégrement dans le temps. Voilà une notion qui nous échappe et que nous avons du mal à admettre.

Les lois de la relativité découvertes par Einstein sont-elles éternellement valables ? Certainement oui, dans notre espace à trois dimensions.

D'après Einstein, le temps ralentit quand la vitesse s'élève, et plus la vitesse approche de l'absolu (300 000 km/seconde), plus le temps du passager d'un véhicule va s'écouler lentement. De plus, et c'est une autre notion difficile à admettre – on rejoint ainsi avec la théorie relativiste des descriptions incroyables, hors de l'entendement, qui ne sont pas plus absurdes, selon notre logique, que les descriptions d'ovnis –, lorsque la vitesse d'une fusée augmente par rapport à un observateur, sa longueur diminue et sa masse croît. Une fusée de 20 mètres de long pesant 10 tonnes lancée à 260 000 km par seconde, va mesurer 10 mètres et peser 20 tonnes. Comment concevoir dès lors la possibilité que des vaisseaux extra-terrestres venant de l'autre bout de l'univers puissent régulièrement nous rendre visite ?

Mais la théorie relativiste a déjà été remise en question. En Bulgarie, en juin 1977, s'est tenu un congrès de scientifiques contestataires. Le professeur Stephan Marinov, du laboratoire de physique fondamentale de Sofia, et le docteur Sacharov, de l'Académie des sciences soviétiques, disaient avoir mis au point une expérience qui permettait, selon eux, de constater que la vitesse de la lumière varie en fonction de sa direction par rapport à la rotation de la terre. C'était admettre que le mouvement de notre planète intervient et faire s'écrouler un des fondements de la théorie de la relativité.

Dans la revue Lumières dans la Nuit,*, Jacques Scornaux, docteur en sciences, faisait en 1977 le point de nos connaissances sur la question.*

LA BARRIÈRE DE LA RELATIVITÉ

Il est couramment admis que la relativité, par le caractère de limite infranchissable qu'elle attribue à la vitesse de la lumière, rend les voyages interstellaires extrêmement difficiles. Tout au plus, notre science actuelle peut-elle envisager, pour un avenir encore indéterminé, des expéditions longues de plusieurs dizaines d'années vers quelques étoiles proches, mais la « navette » interstellaire régulière apparaît une franche impossibilité. Si on veut réduire la durée du trajet par une augmentation de la vitesse, on dépasse en effet rapidement les possibilités de toute source d'énergie connue. Et même si ce problème était un jour résolu, il reste encore l'obstacle psychologique dressé par le fameux « paradoxe des jumeaux ». Par suite de l'écoulement plus lent du temps dans un engin se déplaçant à une vitesse très proche de celle de la lumière, les voyageurs retrouveraient, après quelques années pour eux, leur planète d'origine vieillie de plusieurs siècles, ce qui serait une expérience assez traumatisante, on en conviendra.

C'est pourquoi, s'appuyant sur les nombreuses confirmations expérimentales de la théorie de la relativité, la plupart des hommes de science estiment impossible que nous recevions la visite d'autres êtres intelligents, ou du moins que de telles visites soient fréquentes. Certains en tirent argument pour nier purement et simplement l'existence des ovnis, d'autres pour réfuter seulement leur origine extra-terrestre. On peut même dire que la difficulté supposée des voyages interstellaires constitue l'une des principales objections à l'existence du phénomène ovni, ou du moins à l'hypothèse extraterrestre.

Certains esprits pourtant scientifiques ont ainsi été amenés à émettre des hypothèses fort gratuites : les ovnis ne voyageraient pas d'une étoile à l'autre en traversant l'espace mais se « dématérialiseraient » au départ pour se « rematérialiser » à l'arrivée. On nous parle de « manipulations de l'espace-temps », de « mondes mentaux » (où l'on voyagerait à la vitesse – infinie, cela va de soi – de la pensée...), ou encore d' « univers parallèles ». Non seulement on n'a aucune preuve de l'existence de ces derniers, mais qu'est-ce qui prouve de plus que le passage d'un univers à l'autre serait possible ? Plutôt que de recourir à des hypothèses aussi verbeuses et vagues, il vaudrait mieux reconnaître humblement que nous ignorons présentement tout du mode de déplacement des ovnis et que notre physique est loin d'être achevée.

Ainsi la relativité interdit-elle vraiment à tout jamais les voyages interstellaires aisés et fréquents ? Nous avons rencontré un jeune physicien belge, M. Patrick de Visscher, qui estime que c'est loin d'être sûr. Ayant débattu longuement de ce problème avec lui, et lui ayant posé maintes questions, nous avons été captivé par les perspectives qu'il laisse entrevoir. C'est pourquoi nous avons estimé intéressant de vous présenter, avec toute la prudence que requiert un domaine aussi complexe, une synthèse des réflexions qu'il nous a confiées. Nous tenons à remercier vivement M. de Visscher pour son aimable autorisation.

Afin que le lecteur puisse bien comprendre où se situe le nœud du débat, il est indispensable de rappeler d'abord certaines notions essentielles de relativité restreinte. Contrairement à ce que l'on pense fréquemment, un exposé de cette théorie ne requiert pas nécessairement l'usage de lourdes formules mathématiques. En fait, tout découle des étonnants paradoxes liés à la manière dont se propage la lumière. Si on en saisit bien la portée, la relativité restreinte s'en déduit de manière immédiate.

LA VITESSE DE LA LUMIÈRE

On entend par « lumière » au sens large toute onde électromagnétique, c'est-à-dire toute forme d'énergie constituée par un champ électrique et un champ magnétique oscillants se propageant ensemble. Selon la longueur d'onde, c'est-à-dire la distance parcourue par l'onde pendant un cycle de vibration des champs, on distingue, par ordre croissant, des longueurs d'onde, et décroissant, des énergies véhiculées, les rayons cosmiques, les rayons gamma, les rayons X, l'ultra-violet, la lumière visible, l'infrarouge et les ondes hertziennes (ondes radio). Tous ces rayonnements se propagent dans le vide à une vitesse uniforme de 299 792 km/seconde, valeur que l'on arrondit pour les caleuls courants à 300 000 km/seconde (dans un milieu matériel, la vitesse est plus faible et dépend de ce milieu et de la longueur d'onde) .

Et ici commence l'étrange : à cette vitesse, on ne peut rien ajouter ni retrancher. Pour bien faire comprendre ce que ce comportement a d'anormal, prenons une comparaison élémentaire.

Soit un homme qui lance une balle à bord d'un train. Si le train est à l'arrêt, la balle aura simplement la vitesse que lui communique le bras, soit 50 km/heure. Si maintenant on lance la balle alors que le train roule à 30 km/heure par exemple, que se passera-t-il ? Pour un passager, rien ne change : la balle paraît toujours animée de la même vitesse de 50 km/heure. Mais pour quelqu'un qui se trouverait immobile au bord de la voie, la vitesse observée de la balle dépend maintenant de la vitesse du train et du sens du lancer. Si on lance la balle dans le sens de la marche, la vitesse mesurée depuis l'extérieur vaudra 50 + 30 = 80 km/heure. Si on lance la balle dans le sens opposé, la vitesse vaudra 50 – 30 = 20 km/heure. Si le train roulait plus vite que 50 km/heure, la balle lancée vers l'arrière se déplacerait même vers l'avant pour un observateur extérieur.

Il y a, dit-on en physique, additivité des vitesses : elles s'ajoutent si elles vont dans le même sens et se soustraient si elles vont en sens opposés. La vitesse mesurée de la balle est donc différente selon que l'observateur est en mouvement ou non par rapport à celui qui la lance. Et on ne peut pas dire que la vitesse qui tient compte de celle du train est « réelle » et l'autre « apparente », car l'observateur qui voit passer le train est lui-même en mouvement, entraîné par la rotation de la terre et la translation de celle-ci autour du soleil. Ces mouvements s'ajoutent également à celui de la balle, de même que ceux du soleil dans la galaxie et de celle-ci dans l'univers. C'est bien pourquoi on dit, en physique, qu'aucune vitesse n'est absolue : on mesure toujours la vitesse relative d'un objet, c'est-à-dire sa vitesse par rapport à un autre objet considéré arbitrairement comme fixe, que l'on appelle « repère » ou « système de référence ».

On ne dispose dans l'univers d'aucun repère fixe : si deux galaxies par exemple s'éloignent l'une de l'autre, rien ne permet de déterminer si l'une est en mouvement et l'autre fixe, ou vice versa, ou encore si elles se déplacent toutes deux. En d'autres termes, aucun critère ne permet de distinguer un mouvement rectiligne à vitesse constante de l'immobilité : c'est ce que l'on appelle le principe de relativité, énoncé non pas par Einstein mais par Galilée, trois siècles plus tôt. Seules sont ressenties les variations de vitesse, en direction (courbure) ou en intensité (accélération).

Revenons maintenant à la lumière : pour elle, et pour elle seulement, rien de ce qui précède n'est applicable. Si on remplace la balle de notre comparaison par un faisceau lumineux, la vitesse de celui-ci sera la même pour un observateur extérieur, qu'on l'envoie vers l'avant ou vers l'arrière du train. D'une manière plus générale, on peut dire que la vitesse de la lumière apparaît indépendante du mouvement relatif entre la source et l'appareil de mesure. Peu importe que l'émetteur soit fixe ou non par rapport au récepteur, la vitesse mesurée est toujours inébranlablement de 300 000 km/s. Et c'est là un fait expérimental maintes fois vérifié : ainsi qu'une étoile se rapproche ou s'éloigne de la terre, la vitesse de la lumière qu'elle émet est rigoureusement la même.

On fut donc naturellement amené à penser que la lumière ne pouvait pas être assimilée à un corpuscule matériel en déplacement, mais n'était qu'une vibration transmise par un milieu ambiant emplissant tout l'espace, que l'on baptisa « éther » (de même que les ondes acoustiques sont portées par l'air : la vitesse du son ne dépend pas de la vitesse de l'émetteur). Mais l'expérience célèbre de Michelson et Morley (1887) a montré que cet éther n'existait pas. Ces chercheurs pensaient fort logiquement que le mouvement de la terre devait influer sur la vitesse de la lumière (la planète se déplaçant par rapport à l'éther et ils élaborèrent un procédé simple pour le vérifier : une source lumineuse émet deux rayons à 90° l'un par rapport à l'autre. À des distances égales sont disposés deux miroirs qui renvoient les rayons vers la source. Comme l'effet du mouvement de la terre dépend de la direction (il est maximal dans la direction est-ouest du fait de la rotation, et minimal dans la direction nord-sud), les deux rayons n'auraient pas dû revenir en même temps et le décalage de phase résultant aurait été facilement observable grâce au phénomène des interférences.

Eh bien, cela ne marchait pas ! Tout se passait comme si la terre était immobile, les deux rayons effectuant le trajet en des temps égaux ! Comme un nombre suffisant d'autres expériences montraient que la terre tournait effectivement (la plus célèbre est celle du pendule de Foucault), ce résultat qui contredisait la mécanique de Newton plongea les physiciens dans la stupéfaction.

Il fallut attendre 1905 pour qu'Einstein donne une interprétation de ce phénomène : la lumière présente un aspect à la fois ondulatoire (comme un son) et corpusculaire (comme un objet matériel), de telle sorte qu'elle se passe de milieu porteur, et sa vitesse est une constante absolue à laquelle la loi d'additivité des vitesses n'est pas applicable et qui serait étroitement liée à la structure même de l'espace. La vitesse de la lumière dans le vide, symbolisée par un c minuscule, est devenue l'une des grandes constantes universelles de la physique contemporaine. Elle se retrouve notamment dans de nombreuses relations d'électromagnétisme et dans la célèbre formule d'équivalence de la masse et de l'énergie : $E = mc^2$.

LA DILATATION DU TEMPS

L'invariance de la vitesse de la lumière a des conséquences immédiates sur le comportement d'un mobile animé, par rapport à un observateur, d'une vitesse proche de c (ce que l'on appelle une vitesse « sub-luminique »). Rappelons qu'il importe peu que ce soit l'objet conservé, l'observateur, ou les deux qui soient en mouvement : seule compte – et seule peut d'ailleurs être mesurée – la vitesse relative.

Soit donc un mobile de vitesse v qui émet un faisceau lumineux perpendiculairement au sens de la marche (un faisceau dans le sens de la marche introduirait une complication, nous verrons plus loin pourquoi). À l'instant initial, le rayon lumineux part du point A pour atteindre, au bout d'un temps t, le point B (figure 1a). Pour un observateur situé dans le mobile, le rayon a donc parcouru une distance AB = ct. Pour celui qui observe le phénomène depuis un repère extérieur considéré comme fixe, le rayon paroourt un trajet oblique et non perpendiculaire par rapport au déplacement puisque, pendant que le faisceau avance, le mobile, et avec lui le point B, progresse par rapport au repère « fixe » à la vitesse v. On voit donc le rayon lumineux arriver en B' (figure 1b) après avoir parcouru un espace AB' = ct_0, au bout d'un temps t_0 plus grand que t, puisque AB' est plus grand que AB et que c est invariant d'où qu'on le mesure. (Dans le cas d'un objet matériel, comme une balle qu'on lancerait dans un train vers le plafond du compartiment, les vitesses observées depuis l'extérieur et depuis l'intérieur seraient différentes.) Or le point B' n'est autre que le point B observé depuis un système de référence différent. Le trajet réel effectué par le rayon lumineux est le même et l'allongement du temps apparaît comme un effet observationnel qui découle immédiatement de la constance de c. La relation entre t et t_0 s'obtient de manière directe par le théorème de Pythagore en considérant le triangle rectangle ABB'. (figure 1c)

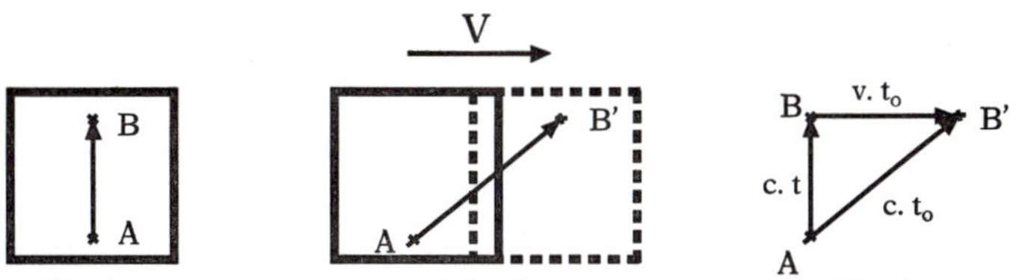

Fig. 1a Fig. 1b Fig. 1c

Fig. 2

Fig. 3a Fig. 3b

$(AB)^2 = (AB')^2 - (BB')^2$ avec $AB = ct$, $AB' = ct_o$ et $BB' = vt_o$

donc : $(ct)^2 = (ct_o)^2 - (vt_o)^2 \rightarrow t^2/t^2_o =$

$1 - v^2/c^2 \rightarrow t = t_o \sqrt{1 - v^2/c^2}$

et nous avons ainsi obtenu de manière simple cette relation fondamentale de la relativité qu'est la formule de Lorentz. Celle-ci nous montre que si v est proche de c, t est plus petit que t_o : le temps semble s'écouler plus lentement dans le mobile pour un observateur situé dans un repère fixe. Mais si v est petit devant c, l'expression sous racine est proche de l'unité et aucune différence n'est mesurable. Il importe de faire immédiatement remarquer que ce phénomène observationnel est strictement réversible : si depuis le mobile on regarde le repère « fixe », c'est ce dernier qui semblera animé d'une vitesse subluminique et dans lequel le temps paraîtra s'écouler plus lentement.

Il est une autre manière de faire sentir intuitivement la nécessité d'introduire la notion de dilatation du temps.

Soit un engin se déplacant à B une vitesse proche de c qui émet un rayon lumineux vers l'arrière. Supposons que derrière la source lumineuse se trouve un couple de cellules photo-sensibles distantes d'un mètre l'une de l'autre, qui enregistrent le passage du rayon : la vitesse mesurée sera c bien sûr. Par la suite, le rayon atteint la terre où deux récepteurs photosensibles placés à un mètre de distance eux aussi mesurent à leur tour sa vitesse (figure 2) : on trouvera c également, ce qui est anormal en mécanique classique. En effet, comme l'engin avance en sens opposé du rayon, les récepteurs qui y sont fixés vont à la rencontre du rayon et le temps de passage mesuré entre deux points distants d'un mètre devrait être plus court sur l'engin que sur terre. On lève cette contradiction en posant que le temps qui devrait être plus court ne l'est pas parce qu'il s'est dilaté.

Précisons que la dilatation du temps est un fait vérifié expérimentalement : les particules élémentaires très instables que sont les mésons ont une durée de vie bien plus longue quand elles sont accélérées à une vitesse subluminique.

Ce phénomène a pour corollaire immédiat l'accroissement de la masse. Considérons un oscillateur harmonique, tel qu'un ensemble de deux masses dont la distance varie de manière périodique et régulière, comme dans un montage à ressort : du fait de la dilatation du temps, ces deux masses paraîtront, pour un observateur extérieur, osciller plus lentement. On peut donc dire que « tout se passe comme si » les masses avaient augmenté dans la même mesure que le temps s'est dilaté et $n = m_o / \sqrt{1 - v^2/c^2}$ ou m_o figure la masse au repos.

LA RELATIVITÉ DE LA SIMULTANÉITÉ ET LA CONTRACTION DES LONGUEURS

La réversibilité de la dilatation du temps possède un corollaire particulièrement important et en même temps très choquant pour notre logique : c'est la désynchronisation des horloges d'un corps animé d'une vitesse subluminique. Restons dans les comparaisons ferroviaires et supposons un train qui passe le long d'un quai à une vitesse très proche de c. Des horloges sont placées aux deux extrémités du quai et du train. Au temps t = 0, la tête du train passe devant une extrémité du quai (figure 3a) et au bout d'une unité de temps, soit une microseconde (µs) pour simplifier, elle atteint l'autre extrémité, où l'horloge indique donc t = 1 µs. Que marque à ce moment l'horloge de tête de train ? Si $v = \sqrt{3/4\ c}$, la relation de Lorentz nous donne t (tête train) = 1/2 µs : le temps apparaît ralenti de moitié à bord du train.

Mais qu'indiquerait alors l'horloge située en queue du train ? Contrairement à ce que le simple bon sens semble montrer, elle ne marquerait pas 1/2 µs comme l'horloge de tête! En effet, raisonnons maintenant du point de vue du train qui passe devant la première horloge du quai : pour un passager, c'est le quai qui paraît animé d'une vitesse subluminique et qui subit donc la dilatation du temps. Étant donné qu'entre le passage des deux horloges du train il s'est écoulé 1 µs sur le quai, il a donc dû s'écouler 2 µs dans le train puisque, pour ce dernier, le temps s'écoule deux fois plus lentement sur le quai. Quand les deux horloges du quai indiquent 1 µs, les horloges de tête et de queue du train indiquent donc deux heures différentes, soit 1/2 µs et 2 µs respectivement (figure 3b).

C'est ce que l'on appelle la désynchronisation ou la relativité de la simultanéité : quand deux repères sont en mouvement subluminique l'un par rapport à l'autre, si une chaîne d'horloges située dans le sens du déplacement est synchronisée dans un repère, elle ne l'est pas dans l'autre, et vice versa. Ainsi, si on synchronisait les deux horloges du train dans l'exemple ci-dessus, les deux horloges du quai apparaîtraient alors désynchronisées. Comme des horloges appartenant au même repère que nous, c'est-à-dire fixes par rapport à nous, seront évidemment synchronisées, on en déduit qu'il est impossible de voir un objet en déplacement sub-luminique par rapport à nous dans toute sa longueur au même instant. La tête et la queue que l'on observe simultanément n'ont pas le même âge : la tête est vue à un moment antérieur à celui où l'on voit la queue.

Pour visualiser cela, imaginons un serpent qui ramperait à une vitesse extrêmement proche de c : on verrait passer la tête d'un bébé serpent et la queue d'un serpent tout près de mourir de vieillesse.

En fait, il est impossible de donner un âge à l'ensemble d'un mobile très rapide, puisque les différentes parties sont vues à des âges différents. Il en découle immédiatement qu'il est tout aussi impossible de situer sa position exacte dans l'espace, puisque si l'on connaît la position d'une extrémité à un certain moment, la position connue de l'autre extrémité correspond à un moment différent...

La désynchronisation permet d'introduire de manière intuitive un autre corollaire important de l'invariance de c, à savoir la contraction des longueurs. En effet, si l'on observe une queue « plus vieille » que la tête, cela signifie que si la queue était vue au même âge que la tête, elle serait plus loin en arrière... On voit donc le mobile plus court qu'il n'est en réalité.

Supposons que l'on abaisse en même temps pour un repère fixe deux couteaux sur le trajet de notre serpent sub-luminique : si le premier couteau lui tombe devant le nez et le second derrière le bout de la queue, nous pourrons légitimement en conclure que le serpent est plus court que la distance entre les deux couteaux. Ce à quoi le reptile pourra objecter, tout aussi légitimement, que le premier couteau a été abaissé, de son point de vue, avant le second, qu'à ce moment, sa queue n'avait pas encore franchi l'endroit où allait tomber le second, et qu'il est donc plus long que la distance entre les couteaux. L'explication de cette contradiction est que lorsque les couteaux sont synchronisés, la tête et la queue du serpent ne le sont pas et vice versa. La longueur d'un mobile se raccourcit donc dans la même mesure que le temps dilate et la longueur en mouvement (L) et celle au repos (L_o) sont liées par la formule de Lorentz :

$$L = L_o \sqrt{1 - v^2/c^2}$$

Ainsi pour $v = \sqrt{3/4}\ c$ soit 260 000 km/seconde, on a $\sqrt{1 - v^2/c^2} = 1/2$ et si deux objets sont animés d'une telle vitesse l'un par rapport à l'autre, chacun d'eux paraîtra raccourci de moitié vu de l'autre. Comme les variations de temps et de masse, il s'agit donc d'un phénomène observationnel symétrique et des instruments de mesure où des passagers se trouvant à bord d'un engin se déplaçant à une telle vitesse ne ressentiraient rien d'anormal.

Mais il y a plus étrange encore, et les esprits logiques sont instamment priés d'attacher leur ceinture ! Abandonnons cette fois nos comparaisons ferroviaires et reptiliennes pour considérer le cas plus réaliste, et plus directement intéressant pour les ufologues, d'un engin intersidéral. Soit une fusée (ou un ovni si vous préférez) qui se rend d'une étoile à une autre à une vitesse de $\sqrt{3/4}\ c$. Comment mesurer la durée du voyage ? On peut envisager deux méthodes, irréalisables en pratique mais exactes du point de vue théorique :

1) Supposons que la fusée traîne en remorque une chaîne d'horloges longue de plusieurs années-lumière. Comme toutes ces horloges sont solidaires de l'engin, elles peuvent être synchronisées et indiquer la même heure ; elles font partie d'un même « repère fixe ». Un observateur sur la planète de départ verra défiler devant lui la chaîne d'horloges.

Si au bout de dix ans pour cet observateur l'engin atteint l'autre étoile, quel temps indiqueront les horloges ? Remarquons que la fusée et sa chaîne d'horloges synchronisées sont à comparer aux horloges synchronisées du quai devant lesquelles passe une horloge du train. Par rapport à ce « repère fixe », c'est la planète qui est animée d'une vitesse égale à $\sqrt{3/4\ c}$ et qui vieillit deux fois moins vite. Donc pour t (planète) = dix ans, t (horloges) = vingt ans.

2) Supposons qu'un second observateur se trouve sur la planète d'arrivée et que celle-ci soit fixe par rapport à la planète de départ. Les deux planètes peuvent alors former un même système de référence et on peut synchroniser leurs horloges. Elles jouent donc cette fois le rôle du quai et, au bout de dix ans, c'est la fusée qui aura vieilli deux fois moins vite, soit de cinq ans.

Posons alors la question, en tâchant de garder la tête froide : en fin de compte, de combien a réellement vieilli la fusée, de cinq ans ou de vingt ans ?

LE PARADOXE DES JUMEAUX

Tenter de répondre à la question qui précède nous amène à traiter du célèbre paradoxe des jumeaux ou du voyageur de Langevin. Celui-ci constitue un ornement inévitable des livres et articles de vulgarisation sur la relativité, et un piment de beaucoup d'ouvrages de science-fiction.

Rappelons-en brièvement la substance : si l'un des deux jumeaux effectue un voyage à une vitesse sub-luminique, il sera à son retour moins vieux que son frère, puisque le temps s'est écoulé plus lentement pour lui. Disons tout de suite que, contrairement à ce que pourrait faire croire son succès auprès des vulgarisateurs et des romanciers, le paradoxe des jumeaux est loin de faire l'unanimité parmi les physiciens. Beaucoup, prudemment, ne se prononcent pas à son sujet.

Il importe donc à ce stade que le lecteur soit clairement averti : alors que les notions de relativité restreinte rappelées dans les paragraphes précédents, si étranges et paradoxales qu'elles puissent paraître au profane, reposent sur une ferme base expérimentale, nous entrons en revanche maintenant dans un domaine plus spéculatif où le débat reste entièrement ouvert.

Or donc, le jeune physicien que nous avons rencontré, M. Patrick de Visscher, pense pouvoir démontrer que le paradoxe des jumeaux est faux. Il est bien sûr une objection évidente : puisque seule la vitesse relative compte, du point de vue du voyageur, c'est la terre qui se déplace à grande vitesse et c'est donc son frère qui devrait vieillir moins vite. Pour nier cette réversibilité, les partisans du paradoxe des jumeaux invoquent la dissymétrie du problème : la terre poursuit sa course régulière, tandis que le voyageur subit des accélérations (notons qu'en physique ce dernier terme englobe les ralentissements, qui sont des accélérations négatives, et les changements de direction). La réversibilité ne serait applicable qu'à deux systèmes animés l'un par rapport à l'autre d'un mouvement rectiligne à vitesse constante.

À cet argument, Patrick de Visscher oppose deux objections :

1) Supposons un second voyage deux fois plus long que le premier mais se faisant à la même vitesse de $\sqrt{3/4\ c}$, acquise après des accélérations identiques (voir figure 4a ; les traits interrompus représentent les zones d'accélération). Si le premier voyage dure cinq ans et donc le second dix ans, la terre aura respectivement vieilli de dix et de vingt ans en vertu de la relation de Lorentz. L'effet supposé de l'accélération aura donc provoqué dans un cas un raccourcissement de cinq ans, dans l'autre de dix ans. Or elle est la même, en durée et en intensité...

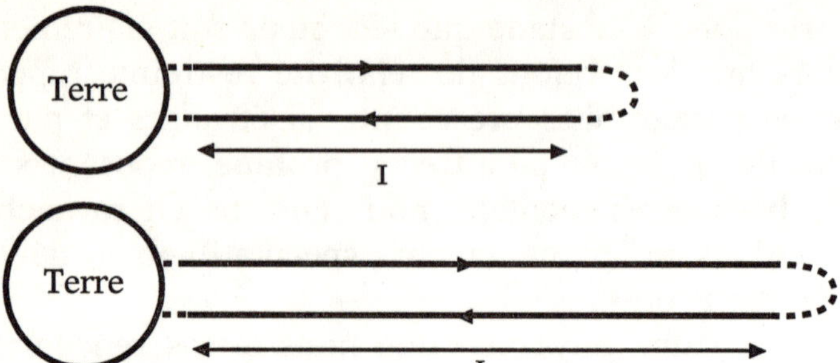

Fig. 4a

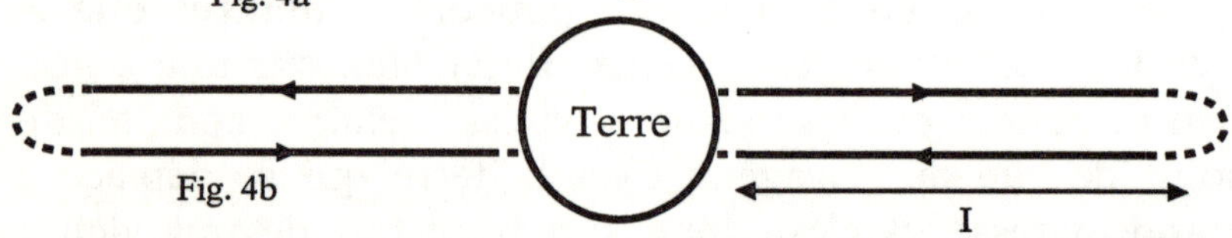

Fig. 4b

2) Supposons deux voyageurs quittant la terre en des sens opposés, à des vitesses telles qu'ils s'écartent l'un de l'autre à une vitesse relative de $\sqrt{3/4}\,c$. Au bout d'un trajet d'une même longueur, ils s'arrêtent et reviennent vers la terre à la même vitesse (figure 4b). Comme pendant tout le trajet chacun verrait l'autre vieillir deux fois moins vite, qui serait le plus vieux au retour ? Que l'on ne vienne pas dire que la symétrie dans les accélérations annule leur effet : le ralentissement et l'arrêt simultanés des deux engins ne peuvent faire rattraper le « retard » pris par l'autre, car ils *égalisent* les vitesses d'écoulement apparentes du temps mais ne font s'écouler le temps plus vite pour l'autre. Le retard est donc stabilisé mais non diminué par suite des accélérations...

Mais Patrick de Visscher présente en plus une réfutation mathématique du paradoxe des jumeaux : elle repose sur la constatation que *le phénomène de dilatation du temps n'est pas transitif.* Qu'est-ce que cela signifie ?

Soit un train qui se déplace à une vitesse de 0,8 c par rapport à un repère fixe sur le quai, une horloge à bord du train indiquera 6 heures puisque $t = t_o \sqrt{1- v^2/c^2}$ avec t_o = 10 heures et $\sqrt{1- v^2/c^2} = 0{,}6$. Supposons maintenant un second train plus rapide allant dans la même direction que le premier, à une vitesse de 0,8 c par rapport à celui-ci. Sa vitesse par rapport au quai vaut alors, en vertu de la loi d'additivité des vitesses dans le domaine sub-luminique (formule de relativité tout à fait classique :

$$V = \frac{V_1 + V_2}{1 + \frac{V_1 V_2}{C^2}} = \frac{1{,}6\ c}{1{,}64} = 0{,}976\ c$$

Au bout de 6 heures à l'horloge du premier train, celle du second indiquera 6 × 0,6 = 3,6 heures. Mais 6 heures dans le premier train équivalent à 10 heures dans le repère fixe. Donc 3,6 heures dans le second correspond à 10 heures pour le quai. Calculons maintenant de manière directe le vieillissement du second train par rapport au repère fixe en considérant la vitesse de 0,976 c. On a $\sqrt{1 - v^2/v^2} = 0{,}219$ et pour t_o = 10 heures, t = 2,19 heures (et non 3,6...). Selon la méthode de calcul, directe ou indirecte (en passant par le premier train), le résultat est donc différent : on dit que l'effet n'est pas transitif, ce qui tend à mettre en doute le caractère objectif des différences de vieillissement...

Patrick de Visscher a poussé le calcul plus loin, à l'aide d'un ordinateur : soit un train se déplaçant à 0,9999 c par rapport à un repère, ce qui donne rapport de dilatation du temps t/t_o = 0,01414 (c'est-à-dire que le temps s'écoule 70 fois plus lentement dans le train). Si on considère un deuxième train plus lent, tel que sa vitesse par rapport au quai soit égale à la vitesse du premier par rapport à lui, on peut comme ci-dessus calculer la dilatation du temps du mobile le plus rapide relativement au repère fixe de deux manières. Considérons ensuite 4, puis 8, puis 16 trains, etc., dont les vitesses sont telles que les vitesses relatives du plus lent par rapport au quai et de l'un quelconque par rapport à celui qui le suit immédiatement soient toutes égales. Pour chaque nombre de trains, on peut calculer la dilatation du temps du plus rapide par rapport au repère fixe soit directement, soit en passant par tous les trains de vitesses intermédiaires. Déterminé de la seconde manière, le rapport du temps écoulé dans le train le plus rapide sur le temps écoulé dans le repère fixe tend rapidement vers 1 quand on multiplie le nombre de trains intermédiaires .

Que peut-on en conclure ? Avec une prudence louable, Patrick de Visscher fait remarquer que cela ne prouve pas, à proprement parler, qu'il n'y a aucune différence réelle de temps entre le mobile qui revient et le repère fixe. Simplement, la certitude que cette différence existe est remise en question. Il apparaît ici un manque de cohérence, une contradiction dans la manière usuelle de présenter les lois de la relativité : deux méthodes de calcul, en principe aussi valables l'une que l'autre, mènent à des résultats différents.

FAISONS LE POINT

Que conclure de tout ce qui précède ? Avant tout, c'est un fait bien établi qu'il est impossible de répondre exactement aux deux questions : quel est le temps réel à bord d'un engin animé d'une vitesse sub-luminique par rapport à nous ? et où se trouve-t-il réellement ? On peut d'ailleurs s'interroger sur le sens du mot « réel » en ce cas. Pour le physicien, la seule réalité tangible est celle qu'il peut observer et mesurer. C'est là un point important qu'il convient de ne jamais perdre de vue. Vouloir introduire une distinction entre phénomènes observationnels et réels apparaît donc un débat philosophique assez vain. Retenons essentiellement qu'il existe une contradiction permanente et irréductible entre les faits observés depuis un repère considéré comme fixe et les mêmes faits observés depuis un mobile en déplacement rapide.

Peut-être les conséquences observées de la théorie de la relativité ne nous paraissent-elles aussi choquantes pour notre logique que parce que nous n'y sommes pas encore habitués. Patrick de Visscher fait à cet égard appel à une comparaison frappante. Avant que la gravitation universelle ne fût devenue un fait connu de tous, véritablement « entré dans les mœurs » de notre civilisation, il était difficile de faire admettre que, si la terre était ronde, des hommes vivaient de l'autre côté. Des gens pourtant intelligents ne manquaient pas de répliquer que « le pur bon sens » et « la simple logique » montraient que des hommes se trouvant aux antipodes auraient eu « la tête en bas » et seraient tombés dans le vide... Patrick de Visscher suggère que c'est le même genre de blocage pseudo-logique qui entrave aujourd'hui la claire compréhension des concepts de la relativité et que peut-être les hommes du XXIe siècle évoqueront avec le sourire nos actuels démêlés avec la relativité de la simultanéité et la dilatation du temps...

Quoi qu'il en soit de ce que nous réserve l'avenir, on conviendra aisément que l'indétermination qui pèse sur les deux questions introduisant ce paragraphe ouvre pour l'instant la porte à bien des supputations... La situation se complique encore quand on considère non plus un mobile observé pendant son voyage, mais ce qui se passe lors du retour de ce mobile. Il n'est plus question là de parler de phénomènes observationnels réversibles : le problème de la différence éventuelle de temps entre l'horloge du voyageur qui revient et celle de l'observateur fixe doit avoir une solution précise et univoque. Patrick de Visscher pense que les deux horloges marqueront le même temps, et que celui-ci sera le plus court des deux que nous indique le paradoxe des jumeaux. En d'autres termes, un voyageur qui, selon ce paradoxe, aborderait au bout de 5 ans un monde vieilli de 10 ans, reviendrait bel et bien, dans la réalité, après 5 ans et non 10, mais il trouverait en fait un monde vieilli de 5 ans comme lui. Ceci est évidemment capital pour la praticabilité des voyageurs interstellaires. De plus, sur ce temps, le voyageur aura accompli un trajet beaucoup plus grand que ne le pense un observateur fixe.

Patrick de Visscher fonde sa réflexion sur ce fait expérimental qu'est l'allongement de vie des mésons (particules élémentaires très instables) animés d'une grande vitesse. Comment se constate cet allongement ? Tout simplement par le fait que le trajet parcouru par la particule est d'une longueur incompatible avec son temps de vie au repos. Tout se passe donc comme si le temps s'était ralenti pour elle. Mais il est absolument équivalent, et tout aussi compatible avec la relativité, de dire que, pour le méson rapide pris comme système de référence, c'est l'accélérateur de particules et tout l'appareillage qui l'entoure qui se raccourcissent et que dès lors le méson parcourra sur un temps de vie inchangé une distance plus grande du point de vue de l'expérimentateur.

Et si on calculait la vitesse de la particule en divisant l'espace parcouru, mesuré dans notre système de référence, par le temps de vie au repos, on trouverait une vitesse supérieure à celle de la lumière.

Rien ne nous empêche donc de dire que « tout se passe comme si » la particule s'était déplacée plus vite que c... sans avoir en fait jamais dépassé c !

Par analogie avec le trajet allongé de la particule rapide, on peut avancer qu'un engin parcourra, à vitesse égale, une distance plus grande que si la relativité n'existait pas. Pour clarifier un peu les choses, dressons un petit tableau des deux points de vue possibles. Soit une distance donnée à parcourir à une vitesse donnée :

1) Point de vue du voyageur
– écoulement du temps inchangé,
– distance parcourue raccourcie.

En conséquence, sans dépasser c, on met moins de temps que sans la relativité, puisque la distance est plus courte.

2) Point de vue de l'observateur fixe
– écoulement du temps ralenti pour le voyageur,
– distance parcourue inchangée.

En conséquence : sans dépasser c, le trajet dure moins longtemps pour le voyageur que sans la relativité.

Si nous reprenons l'exemple d'un engin se déplaçant à une vitesse de $\sqrt{3/4\ c}$, il se trouvera au bout de 5 ans non pas à 5 $\sqrt{3/4}$ années-lumière (AL), mais bien au double, soit à 8,66 AL, puisque les distances sont pour lui réduites de moitié. Il nous semblera donc avoir voyagé à une vitesse de 8,66/5 = 1,73 c, soit 520 000 km/seconde !

Ne perdons pas de vue que cette vitesse « trans-luminique » n'est pas réellement atteinte et peut être qualifiée d'« illusoire ». Mais elle permet des simplifications de calcul et notamment de calculer l'énergie nécessaire sans correction relativiste pour l'accroissement de la masse.

Ce qui nous intéresse avant tout dans le cadre de cette revue, c'est bien évidemment l'impact des idées de Patrick de Visscher sur le problème de la navigation interstellaire. Les objections que l'on fait à la possibilité de voyages réguliers vers les étoiles sont de trois ordres principalement :

1) L'infranchissabilité de la vitesse de la lumière : elle rendrait impossibles les voyages à très grande distance pour cause de duree trop longue, se chiffrant en années, même pour se rendre sur les étoiles les plus proches. C'est faux, répond Patrick de Visscher, on pourrait aller aussi loin que l'on veut en un temps limité, car aux très hautes vitesses l'espace se contracte et on va donc beaucoup plus loin que si la relativité n'existait pas sans dépasser c. Par exemple, pour v – 0,99 c, les distances sont réduites à 0,142 fois leur valeur au repos et en un an, au lieu de parcourir 0,99 AL, on en parcourra 7 ! C'est là de la relativité tout à fait classique et l'analogie avec l'allongement bien réel de la trajectoire des particules élémentaires instables permet de penser que nous avons affaire à un phénomène objectif. P. de Visscher n'est donc pas le seul à avoir relevé cette possibilité, mais les auteurs qui l'évoquent l'assortissent généralement de l'hypothèse de la dilatation objective du temps, ce qui nous amène à la deuxième objection.

2) Le paradoxe des jumeaux : il soulève un obstacle de nature psychologique plutôt que physique. Qui s'engagerait le cœur léger dans un voyage interstellaire s'il sait qu'à son retour le monde qu'il a quitté aura profondément changé, que sa famille et ses amis seront vieux ou disparus ? On risquerait de ne pas trouver beaucoup de volontaires... Seuls sont concevables en ce cas des expéditions sans grand espoir de retour, des « exils » définitifs. Or nous envisageons ici la possibilité de voyages réguliers et fréquents, de « navettes » en quelque sorte. La remise en question, qui nous semble solidement étayée, du paradoxe des jumeaux par Patrick de Visscher lève complètement cet obstacle, si son exactitude se confirme.

3) Le problème de l'énergie : même si l'on tient l'accroissement relativiste de la masse pour un phénomène illusoire, ce problème demeure entièrement posé. Calculons en effet, sans correction relativiste afin de nous placer dans la situation la plus favorable, la puissance nécessaire pour atteindre en un an la vitesse de la lumière. Comme un an vaut $3,15.10^7$ secondes, l'accélération $a = v/t = 3,10^8/3,15.10^7$ soit à peu près 10 m/s^2 ou 1 g (accélération de la pesanteur). Pour une masse de 1 000 tonnes, qui semble un minimum pour un vaisseau interstellaire, la puissance vaut $m.a^2.\ t = 10^6.\ 10^2.\ 3.10^7 = 3.10^{15}$ watts = 3 000 milliards de kilowatts, c'est-à-dire au moment où la vitesse de la lumière est atteinte d'une dépense d'énergie, *à chaque seconde*, égale à celle d'une bombe à hydrogène de 0,2 mégatonne ! On se trouve à nouveau devant un problème apparemment insoluble : même la plus puissante source d'énergie disponible, la fusion de l'hydrogène en hélium, est de très loin insuffisante. Ici, Patrick de Visscher n'a pas de solution précise à présenter. Il affirme simplement sa conviction, que nous partageons, que l'homme n'a certainement pas encore libéré toutes les énergies possibles de l'univers. L'énormité de l'énergie dégagée par les « objets

quasi-stellaires » ou quasars demeure notamment en partie une énigme. D'autre part, les nombreux problèmes qui se posent dans le domaine des particules élémentaires, dont la multiplication – on en connaît maintenant plus de 1 000 différentes ! – rend d'ailleurs involontairement ironique ce terme d' « élémentaire », laissent pressentir la nécessité d'une prochaine révolution de la physique. Nous pensons donc que ce problème d'énergie sera tôt ou tard résolu, même si nous n'entrevoyons encore absolument pas l'amorce de la solution.

CONCLUSION

Alors, le voyage interstellaire aisé et fréquent sera-t-il un jour possible ? L'est-il déjà pour d'autres que nous ? Il serait bien sûr prématuré de l'affirmer mais après avoir longuement réfléchi sur les idées présentées dans ce texte, et plus encore après avoir discuté de longues heures avec Patrick de Visscher, il ne nous semble plus possible d'assurer le contraire avec certitude. En conséquence, le mode de déplacement des ovnis n'est peut-être pas si éloigné de notre science actuelle que certains estiment devoir le penser.

En l'état présent de la question, l'essentiel est de se rendre compte que la relativité ne doit pas nécessairement être considérée comme un étouffoir des recherches sur les voyages interstellaires. Étant donné l'énorme importance de ce problème pour le débat sur l'origine des ovnis, et pour la science en général, il faut que la discussion des idées émises ici s'ouvre franchement et largement. C'est dans cet esprit que nous avons tenu à présenter les hypothèses de Patrick de Visscher. Plus les idées circulent, plus vite elles peuvent recevoir soit confirmation, soit démenti.

JACQUES SCORNAUX

JEAN-JACQUES VELASCO : LA MHD DU PROFESSEUR MEESSEN ET LES MICRO-ONDES DE MAC CAMPBELL

Jean-Jacques Velasco a pris la suite de Claude Poher et Alain Esterle quand le GEPAN, la structure de recherche créée au sein du CNES en 1977 pour étudier scientifiquement les observations aérospatiales non identifiées, est devenu le SEPRA (Service d'études des phénomènes de rentrée dans l'atmosphère).

Le lecteur de ce volume a pu se rendre compte à la fin de la première partie de la rigueur avec laquelle il a conduit les enquêtes sur des cas d'atterrissage et à quels résultats il est parvenu.

En 1994, Jean-Jacques Velasco examine d'abord les dernières hypothèses scientifiques et les prospectives les plus neuves qui tentent de rendre compte du phénomène ovni.

LE NOUVEAU MODÈLE DU PROFESSEUR MEESSEN

Dans tous les modèles évoqués jusqu'aujourd'hui, l'air avoisinant l'aéronef est le siège de courants électriques sur lesquels des champs magnétiques agissent en créant des forces de propulsion. C'est le principe fondamental de la MHD. Ces courants sont produits par des décharges entre électrodes placées à la surface de la coque. Il s'agit là d'un des deux grands modes possibles de production de courant. L'autre mode avait été lui aussi abondamment utilisé dans les études sur la propulsion MHD des navires du début des années soixante. C'est la création de courant électrique par induction, c'est-à-dire par variation du champ magnétique. Son principal intérêt est la suppression des électrodes ; dans l'eau de mer les électrodes posent des problèmes de corrosion ; de plus elles électrolysent l'eau, et les bulles ainsi créées peuvent bruyamment trahir la présence d'un sous-marin.

Dès 1977, J.-P. Petit avait mentionné, dans une note publiée par l'Académie des sciences, la possibilité de concevoir un aéronef propulsé par un système MHD à induction. Mais c'est le professeur Meessen qui devait attacher son nom à un système de ce type, assez différent de celui de J.-P. Petit. Il chercha à le justifier par les observations, et le présenta dans le numéro d'avril 1986 d'*Inforespace*, puis le développa en 1988 dans un mémoire intitulé *Analyse d'aspects physiques du phénomène ovni*. Dans ce modèle, l'air avoisinant l'engin est rendu conducteur par des bouffées de micro-ondes. Lors de ces bouffées, il est le siège de courants électriques induits par un champ magnétique alternatif, lui-même créé par un circuit électrique circulaire parcouru par un courant alternatif. Ce circuit est situé sous l'cxtrémité du disque qui constitue la coque de l'aéronef.

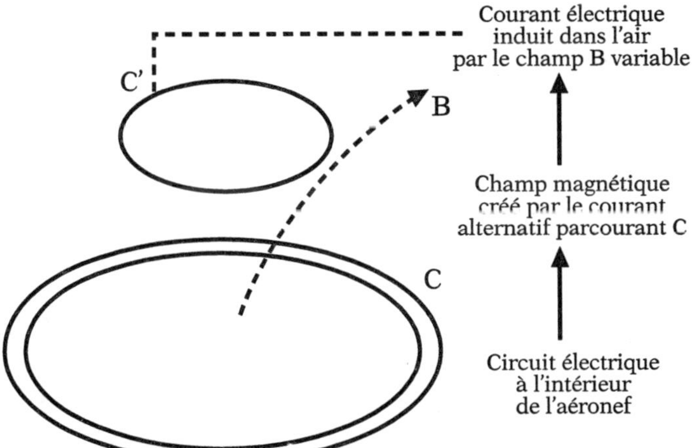

L'aéronef MHD à induction du professeur Meessen (1986)

Le circuit électrique C de l'engin, parcouru par un courant alternatif, crée un champ magnétique alternatif B dans l'air environnant. Dans les intervalles de temps où cet air est rendu conducteur par des micro-ondes, le champ variable B y induit des courants circulaires C' de même axe que C. L'action de B sur ces courants chasse l'air, créant par réaction une force agissant sur l'engin parallèlement à son axe.

QUELQUES REMARQUES SUR LES AÉRONEFS MHD

L'énergie nécessaire à la propulsion : nous ne pouvons imaginer aujourd'hui de générateur électrique qui réunisse les qualités de puissance électrique, de compacité et de légèreté requises pour alimenter le système de propulsion MHD d'un aéronef et communiquer à ce dernier des accélérations foudroyantes. Mais l'histoire de la technique donne à penser qu'un jour, dans quelques décennies ou dans quelques siècles, un tel générateur sera construit.

Une remarque sur les micro-ondes nous sera utile par la suite. Le dernier modèle de A. Meessen exige pour fonctionner des bouffées de micro-ondes. Mais dans pratiquement tous les modèles, les micro-ondes peuvent rendre l'air plus conducteur de l'électricité et faciliter ainsi la propulsion. Or nous verrons que plusieurs phénomènes associés aux ovnis peuvent s'interpréter par l'action de micro-ondes.

Une remarque de bon sens : il n'est pas nécessaire que le système de propulsion MHD soit unique. Les deux modèles les plus élaborés, la double soucoupe de J.-P. Petit comportant des « hublots » (électrodes) et celui de A. Meessen sans électrodes coexistent peut-être dans notre ciel, avec d'autres. Les Terriens n'envoient-ils pas dans ce même ciel des avions à réaction, des avions à hélice et des planeurs ?

LES PANNES DE VOITURES

Il est assez fréquent que des automobilistes rapportent qu'à l'approche d'un ovni leur voiture a connu des problèmes. Le moteur s'est arrêté, après avoir parfois connu des ratés ou une baisse de puissance. Leurs efforts pour redémarrer ont été infructueux. La dynamo tourne en général, mais le moteur ne se met pas en route. Après le départ de l'ovni, le démarrage est alors, sauf exception, possible. Tout ceci suggère que la présence de l'ovni perturbe l'allumage.

Mais il y a plus étrange. Dans 10 % des cas rapportés environ, le moteur repart tout seul, sans la moindre intervention du conducteur, lorsque l'ovni s'éloigne. Ceci confine à l'absurde.

Or le physicien américain James M. Mac Campbell a proposé une explication intéressante de tous ces faits, basée sur les micro-ondes.

Attachons-nous d'abord au phénomène le plus curieux : le moteur cale, puis, quelque temps après, au départ de l'ovni, se remet spontanément en route. Il nous faut pour cela rappeler brièvement comment fonctionne l'allumage traditionnel, c'est-à-dire non électronique, d'un moteur à essence classique, à quatre temps.

Alimenté par la batterie, un circuit basse tension (12 volts) est périodiquement ouvert par un rupteur, constitué par une vis platinée qui s'écarte de son point d'appui. L'ouverture du circuit BT induit par une bobine une bouffée de haute tension (15 à 20 000 volts) dans un distributeur qui transmet les bouffées successives à des fils de bougie déterminés. Chacune des bougies est ainsi alimentée à son tour en haute tension. Une étincelle éclate entre ses pointes (l'une reliée au fil, l'autre à la masse). Le mélange combustible d'essence et d'air explose dans le cylindre contenant la bougie.

Mac Campbell suppose que des micro-ondes émises par l'ovni atteignent le rupteur. Lorsque celui-ci s'ouvre, le circuit basse tension n'est en fait pas interrompu car les micro-ondes rendent l'air conducteur entre la vis platinée et son point d'appui. Inutile d'essayer de redémarrer dans ces conditions. Lorsque l'ovni s'éloigne ensuite, les micro-ondes s'affaiblissent, et finissent par ne plus pouvoir assurer la conductivité électrique de l'air du rupteur. Le circuit basse tension est alors interrompu. La bobine réagit à cette interruption en créant une bouffée de haute tension que le distributeur transmet à une bougie.

S'il se trouve que cette bougie est en regard d'un piston qui s'éloigne d'elle, dans un cylindre alimenté en mélange combustible frais, l'explosion de ce mélange peut faire partir le moteur. Ceci ne peut concerner qu'une minorité de cas. Dans la plupart des cas, la position du piston ou le contenu du cylindre ne permettront pas l'explosion, ou, si elles la permettent, n'autoriseront pas une véritable mise en route du moteur qui calera rapidement.

L'action de micro-ondes sur le rupteur est peut-être l'explication des cas de redémarrage spontané. Elle ne rend pas compte des ratés de moteur, avant calage complet. Mac Campbell propose pour ces ratés l'interprétation suivante : les micro-ondes n'agissent pas dans ces cas sur le rupteur, mais sur l'air compris entre les fils de bougies et les parties métalliques voisines de la voiture (qui se trouvent électriquement « à la masse »), qu'elles rendent conducteur. Les fils sont alors correctement alimentés l'un après l'autre en haute tension, mais l'étincelle éclate entre le fil alimenté et ces parties métalliques, et non dans la bougie. Ceci se produit d'abord pour les fils les moins bien isolés, ou les plus près de parties métalliques. Ainsi certains cylindres ratent leur allumage, et le moteur tousse. L'action des micro-ondes s'intensifiant, un nombre suffisant de cylindres est touché et le moteur cale.

Un témoignage cité par Mac Campbell paraît compatible avec cette explication. C'est celui d'un professionnel, un mécanicien de l'automobile. Il roulait en compagnie de son épouse. Une lumière très brillante s'approcha de sa voiture, en émettant des séries de flashes. Le moteur toussa, l'intérieur de la voiture devint très chaud, puis le moteur cala.

Le mécanicien sortit, vit que l'objet était juste au-dessus de lui, et ressentit des picotements évoquant de petits chocs électriques. En homme de métier, il souleva le capot et demanda à sa femme d'essayer de démarrer le moteur. Celui-ci fit un tour, puis s'arrêta. Pendant ce tour le mécanicien vit des étincelles jaillir entre les fils des bougies et des masses métalliques voisines. Un autre véhicule s'approcha et l'objet s'éloigna à grande vitesse. Il fut alors possible de démarrer le moteur sans problème.

Les pannes de voiture méritent des études très sérieuses. Sans doute faut-il combiner adroitement les deux explications proposées ici, et éventuellement d'autres. Il existe maintenant des catalogues de cas de pannes de voiture (et aussi d'avion ou de motocyclette). Même si ces cas n'ont pas tous fait l'objet d'enquêtes approfondies, ils peuvent suggérer des pistes qui donneront lieu à expérimentation et pourront éventuellement expliquer les cas bien attestés.

DES TÉMOINS PARALYSÉS TEMPORAIREMENT

C'est encore l'action de micro-ondes qui sera invoquée pour expliquer de curieux phénomènes de paralysie des muscles volontaires, ceux de la respiration et des yeux exceptés, décrits par de nombreux témoins crédibles. Un cas typique est celui de Valensole.

Près de ce centre de la lavande, dans les Alpes-de-Haute-Provence, le 1er juillet 1965, M. Masse a vu atterrir dans son champ, à 90 mètres de lui, un engin ovoïde de la taille d'une petite voiture. Il s'est approché à moins de 10 mètres et a apercu deux petits humanoïdes penchés sur un plant de lavande. L'un d'eux a brandi une sorte de pistolet. M. Masse a été figé sur place, incapable du moindre mouvement. Mais il a pu continuer de voir ce qui se passait autour de lui. Au bout d'un moment, les petits êtres ont pénétré dans leur appareil, qui s'est envolé vers l'ouest, selon un angle de 45° environ avec l'horizontale, à une vitesse extraordinaire. M. Masse n'a retrouvé progressivement l'usage de ses membres qu'un quart d'heure plus tard. À l'emplacement de l'atterrissage allégué par le témoin, les gendarmes ont pu voir des traces, un trou cylindrique dans le sol d'où s'écartaient en croix, à la surface du sol, quatre sillons peu profonds. Ils ont vu également un cercle détrempé, sur lequel, pendant près de dix ans, la lavande a obstinément refusé de pousser.

Plusieurs médecins ont réfléchi sur les cas de paralysie temporaire provoqués par des ovnis ou par leurs « occupants ». Le docteur Niemtzow, conseiller du GEPAN, et le docteur Mavrakis estiment tous deux que ce type de paralysie doit être commandé par un ou plusieurs centres nerveux, situés à l'intérieur du crâne, sans pouvoir aujourd'hui préciser ni les centres ni les mécanismes.

Pour atteindre à distance l'intérieur du crâne, il est naturel de songer à des micro-ondes. Pour agir sur les structures nerveuses, il faut sans doute envoyer ces ondes par bouffées, les pulses, les fréquences de ces pulses étant des fréquences d'influx nerveux (quelques pulses à quelques centaines de pulses par seconde). Un énorme champ de recherches s'ouvre sur ces bases. Il est exploré aux États-Unis, mais discrètement. Dans la très sérieuse revue américaine *IEEE Spectrum*, en mars 1988, un expert, Keith Florig, a brossé un tableau des armes micro-ondes en gestation aux États-Unis. Il a évoqué notamment les armes antipersonnel. Les recherches suggèrent, indique-t-il, que de telles armes pourraient mettre des hommes hors de combat de façon temporaire. Un peu plus loin il précise que ces armes émettraient des trains de micro-ondes pulsées et provoqueraient des perturbations temporaires du système nerveux.

Soviet Military Power, revue éditée par le Pentagone, a annoncé à plusieurs reprises que les Soviétiques avaient mis au point des armes à micro-ondes pulsées antipersonnel.

Peut-être les militaires nous apprendront-ils un jour comment paralyser à distance de façon réversible !

JEAN-JACQUES VELASCO : D'OÙ VIENNENT-ILS ?

HYPOTHÈSE EXTRA-TERRESTRE ET PHYSIQUE EXOTIQUE

Selon notre physique relativiste, un voyage aller et retour sur une distance de plusieurs années-lumière exige un nombre d'années considérables si l'on voyage à une fraction modeste de la vitesse de la lumière. Ou alors une énergie en quantité insensée si l'on voyage à une vitesse proche de celle de la lumière. De plus, dans ce dernier cas, si l'on ne prend que peu d'âge au cours du voyage, on est accueilli au retour non par ses proches, morts depuis longtemps, mais par leurs lointains descendants. Les physiciens sérieux se refusent donc avec raison à envisager de tels allers et retours entre systèmes solaires différents. Mais rien ne leur interdit des incursions dans la science-fiction.

La principale incursion consiste à supposer que notre univers est bien conforme à la physique actuelle, mais que les fameux trous noirs le mettent en communication avec un autre univers mystérieux. Rappelons que ces trous noirs, encore hypothétiques, sont constitués d'une matière si dense que la gravité énorme régnant à leur surface empêche les grains de lumière, les photons, de s'échapper de cette surface. Pouvant absorber mais non rayonner la lumière, ces entités matérielles sont effectivement noires. Certains physiciens se demandent alors s'ils n'est pas possible pour un vaisseau spatial de pénétrer par un trou noir dans l'univers mystérieux que nous avons mentionné; puis, par un autre trou noir, de sortir de cet univers pour revenir dans le nôtre. On pourrait d'après ces spéculations effectuer des voyages interstellaires rapides et relativement économes en énergie. Mais il ne s'agit que de spéculations, et aucune théorie complète n'a été conçue, et encore moins vérifiée. Et il semble bien qu'en pénétrant dans le trou noir tout corps matériel doive être broyé.

Arrêtons là nos intrusions dans la science-fiction. Tant que des scientifiques ne l'ont pas transformée en science, par des travaux incontestables, elle demeure de la fiction. Or nous ne cherchons pas ici à nous enivrer de rêve, mais à comprendre une réalité difficile.

Attention, diront certains. Cette réalité est tellement complexe que, même si vous trouviez une solution au problème du voyage, vous ne pourriez pas expliquer deux phénomènes étranges bien attestés dans certains cas, les apparitions et disparitions brusques d'ovnis, et leurs virages à angle droit à pleine vitesse. Ils sont incompatibles avec la physique d'aujourd'hui !

Tel n'est pas notre avis. À propos des apparitions et disparitions brusques à la vue, l'astronome Pierre Guérin remarquait dès 1976 : « Certains témoins ne pourraient-ils pas avoir l'impression que l'ovni disparaît sur place en plein jour si ce dernier s'entoure d'un halo ionisé de même luminance que le ciel, et en pleine nuit s'il interrompt brusquement le mécanisme de cette ionisation ? » Et si l'ovni, tout en restant visible, disparaît de l'écran du radar qui le poursuit, ce peut être parce que son pilote a mis en œuvre une commande qui rend actif le revêtement antiradar de l'engin : actif, c'est-à-dire absorbant ou dispersant les ondes radar qui l'atteignent. J.C. Ribes et G. Monnet font observer dans *La Vie extra-terrestre* (Éd. Larousse 1990) que de tels revêtements sont à l'étude pour les avions militaires.

Quant aux virages à angle droit, ils n'offrent pas de mystère si l'on admet que le mode de propulsion de certains ovnis leur permet d'accélérer ou de freiner brusquement. Ce serait sans doute le cas de la propulsion MHD. On peut imaginer que ces ovnis sont constitués de matériaux extrêmement résistants, leur permettant de supporter sans dommage d'énormes accélérations, et qu'ils sont sans pilote. Un virage à angle droit peut alors s'interpréter par la séquence suivante : décélération brutale jusqu'à l'arrêt, pivotement brusque vers une nouvelle direction, accélération brutale dans cette direction. Vue de loin, et compte tenu de son caractère inopiné, cette manœuvre sera perçue comme un virage à angle droit.

Fermons donc cette parenthèse et venons-en à l'interprétation des ovnis dans le cadre de la science actuelle.

UNE HYPOTHÈSE EXTRA-TERRESTRE SCIENTIFIQUEMENT ADMISSIBLE

Pour tenter de comprendre le phénomène ovni, Ribes et Monnet ont renversé dans leur ouvrage le point de vue habituel. Au lieu de s'interroger sur la provenance d'éventuels visiteurs et leurs motivations, ils se sont demandé jusqu'où nos descendants lointains pousseraient l'aventure spatiale. Cela leur permettait une démarche beaucoup plus sûre. Ils pouvaient imaginer des techniques, futuristes certes, mais conformes à la science de notre époque. Et surtout, en prêtant à nos descendants une psychologie voisine de la nôtre, ils pouvaient se représenter leurs motivations. Le résultat de leurs investigations est passionnant. Dans le scénario qu'ils ont construit, nos descendants envoient d'importantes missions dans d'immenses vaisseaux interstellaires vers un système solaire comportant une planète habitée. Le voyage s'étend sur plusieurs générations. À l'arrivée, les voyageurs s'implantent non sur la planète, mais dans des cités spatiales qu'ils construisent... De là ils effectuent des missions vers la planète. Or, vues par les indigènes, ces missions ressemblent très fortement à ce que nous constatons du phénomène ovni !

Revenant aux phénomènes aériens non identifiés de catégorie D (baptisés PAND par le SEPRA) que nous observons sur cette Terre, les deux astronomes estiment qu'ils peuvent eux aussi provenir d'une civilisation d'origine très lointaine dans l'espace et le temps, mais actuellement implantée dans le système solaire. Ils ne prétendent évidemment pas en détenir la preuve incontestable. Mais leur hypothèse est plausible et devrait permettre désormais aux scientifiques de s'intéresser aux ovnis, sans encourir le reproche de verser dans le paranormal ou la science-fiction. C'est pourquoi, tout en encourageant le lecteur à prendre connaissance de leur ouvrage, nous nous attacherons dans la suite de ce chapitre à présenter leur scénario de prospective et leurs vues générales sur les relations interstellaires.

LA PROSPECTIVE LOINTAINE DE RIBES ET MONNET

Dans la première partie de *La Vie extra-terrestre*, les auteurs examinent l'histoire de notre galaxie depuis la formation des premières étoiles jusqu'à nos jours, en passant par la naissance de la vie sur Terre et celle de notre civilisation. Ils sont conduits à l'idée que cette galaxie contient probablement un très grand nombre de planètes habitées, et même de civilisations technologiquement avancées. La deuxième partie débute par un chapitre intitulé « Un scénario possible pour les vingt-cinq siècles à venir ». Faisons ici un premier bond de deux siècles : imaginons ce que pourrait-être l'humanité en 2200.

Dans ce scénario optimiste, les humains connaissent alors une relative prospérité. Les craintes exprimées par le Club de Rome dans les années 1970 ne se sont pas réalisées, et l'on ne manque ni d'énergie, ni de matières premières, ni de nourriture et d'air pur. La population sur Terre décroît, après être passée par un maximum de dix milliards d'individus environ, mais l'espace se peuple de plus en plus.

Il est intéressant de noter qu'un ouvrage paru en même temps que *La Vie extra-terrestre, 2100, récit du prochain siècle*, fruit d'une étude de grande ampleur menée sous l'égide du ministère de la Recherche et de la Technologie, aboutit à des conclusions très voisines, et prévoit, lui aussi, l'implantation permanente des humains dans l'espace.

Ce sont des milliards d'hommes qui vivent, travaillent et élèvent leurs enfants dans des « îles de l'espace », selon Ribes et Monnet. Ces îles ont été conçues vers 1975 par le physicien américain Gerard K. O'Neill. Ce sont des cylindres groupés par paires, de plusieurs kilomètres de diamètre et plusieurs dizaines de kilomètres de longueur, abritant chacune des millions ou des dizaines de millions d'habitants. Ceux-ci vivent sur la face interne des cylindres, qui sont parfois appelés pour cela des « planètes creuses ». Les planètes creuses contiennent une atmosphère reconstituée, composée essentiellement d'oxygène et de vapeur d'eau, et elles tournent sur elles-mêmes pour créer en leur sein une gravité artificielle. Le soleil les pénètre par d'immenses baies vitrées, après que ses rayons ont été réfléchis sur un dispositif complexe de miroirs extérieurs mobiles. En réglant le mouvement de ces miroirs on peut faire varier la durée du jour et de la nuit et, partant, créer des saisons. La paroi des cylindres, entre les baies vitrées, constitue des vallées où des architectes-paysagistes ont créé forêts, lacs et rivières, villes et villages.

Une partie des habitants travaille à la construction d'autres planètes creuses. Tous les matériaux proviennent soit de la lune, soit d'astéroïdes. Chacun connaît l'intention des Américains d'exploiter le sol lunaire pour en extraire de l'oxygène, du silicium, des métaux et des matériaux composites à base de verre. Moins connues sont leurs études pour récupérer les richesses minérales contenues dans les astéroïdes, gros cailloux de l'espace dont certains passent à proximité de la Terre...

Certaines planètes sont implantées dans une région de l'espace proche de la Terre et de la Lune, baptisée par O'Neill : « Lagrangia », d'autres dans la région connue des astronomes sous le nom de ceinture d'astéroïdes, entre les orbites de la planète Mars et de la planète Jupiter. Les nombreux astéroïdes de cette zone fournissent en effet toutes sortes de matières premières, y compris de l'eau. La vie y est donc moins chère qu'à Lagrangia, elle-même plus favorisée économiquement que la Terre.

Dans des cylindres spéciaux, isolés des cylindres résidentiels, se concentrent les industries lourdes ou polluantes, largement robotisées ; dans d'autres fleurit une agriculture également robotisée, très performante car le climat est rigoureusement contrôlé.

Tant à Lagrangia que dans la ceinture d'astéroïdes, l'existence dans les planètes creuses est particulièrement sûre : tremblements de terre, éruptions volcaniques, cyclones et inondations sont inconnus. Elle est par ailleurs fort agréable. Les paysages sont harmonieux, les déplacements à l'intérieur d'un cylindre faciles : voitures électriques regagnant automatiquement leurs bases après usage pour les courtes distances, trains magnétiques sous vide ultrarapides courant le long des cylindres. D'une planète creuse on peut se rendre facilement à une autre, distante de plusieurs centaines ou milliers de kilomètres, dans un vaisseau catapulté dans le vide, et tournant légèrement sur lui-même pour procurer aux voyageurs une certaine gravité. De Lagrangia on peut aussi effectuer des voyages sur la Terre.

La situation des « Astéroïdiens » est un peu à part. Leur niveau de vie est certes particulièrement élevé, leur permettant de consacrer un temps important aux activités culturelles. Mais ils sont très éloignés de l'ensemble Terre-Lagrangia ; ils commercent avec lui au moyen de transports lents, mais ils ne s'y rendent qu'exceptionnellement, et vivent surtout entre eux; ce n'est pas étouffant, loin de là, car ils sont des centaines de millions d'êtres évolués, et peuvent de toute façon communiquer par toutes sortes de techniques audiovisuelles avec le reste du monde.

Moins liés que leurs semblables au berceau de l'humanité qu'est la Terre, les Astéroïdiens sont nombreux à rêver de missions sur d'autres planètes habitées : elles leur révéleront de nouveaux paysages, des plantes et des animaux sans doute très différents des leurs, et surtout des êtres intellectuellement évolués qui ont, eux, toutes chances de nous ressembler, du moins dans les grandes lignes. Par certains détails ces êtres pourront être assez différents de nous ; ainsi, si leur évolution à partir d'un animal simiesque s'est poursuivie plus loin que la nôtre, ils pourront avoir la mâchoire plus étroite et le front plus développé que nous, toutes proportions gardées. Ces humanoïdes seront dans l'ensemble d'autant plus petits qu'ils habiteront sur des planètes de grande taille : ils seront ainsi adaptés à la gravité de leur planète.

Les premières missions interstellaires sont constituées par des vaisseaux extrêmement robotisés mais dépourvus d'équipage et de passagers. Ces sondes ont pour mission d'explorer un certain nombre de planètes que les astronomes astéroïdiens jugent susceptibles d'abriter la vie, en fonction de considérations telles que celle-ci : la planète a des chances de posséder à sa surface de l'eau à l'état liquide, élément essentiel de la vie ; en effet elle n'est pas suffisamment près de son soleil pour que l'eau de surface s'évapore en totalité, et pas assez loin pour que s'instaure une glaciation complète et définitive, les mécanismes de cette évaporation et de cette glaciation étant d'ailleurs assez complexes.

Les vaisseaux sont en définitive des fusées. Chacun d'eux se propulse dans l'espace en éjectant derrière lui de l'hydrogène issu de ses réservoirs et chauffé par un réacteur de fusée nucléaire. Les humains ont en effet en 2200 maîtrisé la fusion nucléaire, celle qui se déchaîne violemment dans le soleil ou dans la bombe H. Ils dominent suffisamment les technologies de la fusion contrôlée pour pouvoir confier à des robots embarqués la conduite et l'entretien du ou des réacteurs équipant chaque vaisseau. Et ce, pour des voyages pouvant durer plusieurs siècles. Un vaisseau se rendant à une étoile située à 10 années-lumière l'atteindra, s'il évolue à 3 % de la vitesse de la lumière, au bout de trois cent quarante ans !

À l'approche de son but, le vaisseau remet ses réacteurs en marche afin de ralentir, et de pouvoir explorer les différentes planètes intéressantes du système solaire visé. Il prend notamment des vues de la surface de ces planètes, et les fait examiner par des automates pourvus d'intelligence artificielle. Sur décision des « systèmes experts » de ces automates, le vaisseau envoie des modules d'atterrissage qui prennent des vues rapprochées et effectuent différentes mesures et des prélèvements de sol et de végétation qu'ils analysent sur place. Toutes ces données sont transmises par laser aux Astéroïdiens et leur parviennent en dix ans.

Au cours du troisième millénaire, on lance progressivement des sondes vers toutes les planètes intéressantes dans un rayon de 25 années-lumière, et l'on recueille, analyse et compare toutes les données sur ces planètes transmises par les sondes. On peut alors décider en 2990 d'envoyer dix ans plus tard une mission humaine vers un nouveau monde.

Dans le nouveau monde choisi, situé à 15 années-lumière, plusieurs planètes et une ceinture d'astéroïdes gravitent autour d'une étoile A. L'une des planètes, plus grosse que notre Terre, est habitée par des humanoïdes plus petits que nous, ce qui n'est pas surprenant. Ces êtres ignorent l'agriculture et l'élevage, mais savent faire du feu et construire des cabanes. Ils vivent de chasse et de cueillette. Leur civilisation rappelant l'époque du paléolithique inférieur sur notre Terre, on nomme la planète Pali.

L'expédition se composera de 10 arches cylindriques en rotation sur elles-mêmes, reliées par paires ; chaque arche comporte 3 000 habitants, mais peut si nécessaire en abriter 10 000. Il sera ainsi possible de recueillir les habitants d'un vaisseau en difficulté grave. Au terme du voyage on construira des îles de l'espace dans la ceinture d'astéroïdes de A. Il ne saurait en effet être question de s'implanter sur Pali lorsqu'on a pris l'habitude de vivre dans un climat contrôlé, à l'abri des tornades et des inondations, des caprices des volcans et des séismes. De plus la vie dans les planètes creuses permet des communications particulièrement faciles, et l'expansion progressive dans un espace vital pratiquement sans limites.

Les vaisseaux seront propulsés grâce à l'antimatière. Au noyau de l'atome d'hydrogène, le proton, correspond une particule d'antimatière, l'antiproton, que l'on sait produire de nos jours dans de puissants accélérateurs de particules tels que le synchrotron du CERN à Genève. Il est très délicat de stocker les antiprotons, car, dès que l'un d'eux rencontre un proton, la rencontre est tellement brutale que les deux particules disparaissent complètement, leurs masses s'étant transformées entièrement en énergie, selon la formule d'Einstein $E = mc^2$. Si l'on provoque et contrôle ce type de rencontres, l'énergie produite peut être utilisée pour chauffer un fluide de propulsion, comme dans une fusée nucléaire.

En 2990 on sait depuis longtemps produire aisément et stocker de l'antimatière, pour son utilisation dans des vaisseaux spatiaux. Dans chaque vaisseau se trouvent des réservoirs d'antiprotons, d'où ces particules sont amenées à la rencontre d'eau provenant d'autres réservoirs gigantesques. L'annihilation des antiprotons par les protons de l'eau porte celle-ci à une température telle qu'elle se transforme en un plasma, où les noyaux des atomes sont séparés de certains de leurs électrons. Ce plasma est canalisé par des champs magnétiques vers l'arrière du vaisseau, le propulsant par réaction vers l'avant. Le vaisseau peut ainsi atteindre le dixième de la vitesse de la lumière, il mettra donc cent cinquante ans à parvenir près de Pali.

Ceci pose un problème : ce ne sont pas les premiers occupants du vaisseau qui verront le terme du voyage, mais leurs descendants. Pourquoi donc s'embarqueront-ils dans des arches plus exiguës que leurs planètes creuses d'origine, où la lumière solaire sera artificielle, fournie par de puissantes sources intérieures, et où le nombre des naissances sera strictement réglementé ? Les réponses sont multiples. Tout d'abord la vie dans une dizaine de communautés de 3 000 personnes chacune communiquant entre elles sera fort enrichissante, car les voyageurs auront été choisis parmi les personnes les plus intéressantes et les plus sociables. Et les Astéroïdiens manifestent l'immense intérêt qu'ils portent à l'expédition en dotant les arches de moyens de laboratoire très rares (instruments d'expérience, supercalculateurs) et de véritables trésors artistiques. Ils mettent aussi à la disposition des occupants de grandes quantités d'une substance coûteuse, l'élixir permettant de rester jeune jusqu'à un âge avancé. Enfin un enthousiasme certain règne parmi les partants, ravis de participer à l'aventure désirée depuis des siècles par toute l'humanité.

La flottille prend le départ en l'an 3 000. À l'arrière de chaque arche se trouve un centre de communications par laser avec les compatriotes restés dans leur patrie. À l'avant une batterie de lasers utilisés en mode radar scrute l'horizon, à la recherche de cailloux de toute grosseur errant dans l'espace: leur impact pourrait en effet gravement endommager le vaisseau. Sitôt repérés, les cailloux sont détruits par des antiprotons lancés par des canons spéciaux à la vitesse de la lumière. (Dès les années 1980 ces canons ont été étudiés dans le cadre du programme de bouclier spatial américain, l'IDS – Initiative de défense stratégique –, comme l'a été la propulsion par antimatière, définitivement sortie à cette époque du royaume de la science-fiction.)

En 3155 les migrants arrivent à destination. Ils établissent un plan à long terme d'implantation dans la ceinture d'astéroïdes entourant l'étoile A. Les premières planètes creuses sont réalisées, et la construction d'une usine à antiprotons est entreprise. Ces antiprotons permettront ultérieurement d'envoyer des fusées très rapides en direction de Pali. On construit également une « arche de simulation », où l'on recréera la pesanteur et l'air de Pali, puis peu à peu ses sols, ses plantes, ses arbres et ses animaux, et où l'on simulera des missions sur cette planète.

Dans une mission classique, une fusée-paquebot arrive au voisinage de Pali en quelques jours, et s'y stabilise en orbite géostationnaire, c'est-à-dire à la verticale d'un point fixe de l'équateur de la planète. De là elle lance dans l'atmosphère des modules d'exploration pilotés ou télécommandés. Ces modules sont propulsés par MHD. Cette technique permet au module de pénétrer dans l'atmosphère, ou d'en sortir, à des vitesses considérables sans onde de choc, donc sans échauffernent important. Elle autorise dans cette atmosphère des déplacements rapides comme des immobilisations facilitant 1'observation; enfin elle est très silencieuse, ce qui permet d'approcher des animaux ou des humanoïdes que l'on veut observer sans trop les effrayer.

Les hommes et les femmes composant les équipages des modules MHD ont reçu un traitement dopant leurs défenses immunitaires, ainsi qu'un certain nombre de vaccins. Certains doivent cependant éviter de respirer l'air ambiant et portent des scaphandres. Tous sont vêtus de combinaisons fermées leur assurant une température quasi constante. Leurs missions sont multiples : recueillir des échantillons de sol, de plantes et d'animaux pour enrichir l'arche de simulation ; étudier les humanoïdes ; étudier la paléontologie pour tenter de départager les théories de l'évolution qui s'affrontent encore, filmer en trois dimensions les beautés de la nature, etc. Si les bases génétiques de la vie sont identiques sur Pali et sur la Terre, les végétaux et les animaux recueillis pourront améliorer, par génie génétique, les espèces familières aux humains.

Un détail pratique. Il est nécessaire, tant pour la sécurité des humains que pour la leur, de tenir à une certaine distance certains animaux ou les humanoïdes. On utilise pour cela des pistolets à micro-ondes pulsées provoquant des paralysies temporaires et sans séquelles.

Bien entendu toutes les données : films, mesures, etc. rapportées de Pali sont transmises par laser aux Astéroïdiens restés dans leur système solaire d'origine.

Les humains implantés dans la ceinture d'astéroïdes de l'étoile A se multiplient et construisent de nombreuses planètes creuses. Au bout de deux cent cinquante ans, en 3400, ils constituent une puissante civilisation soucieuse de nouvelles explorations. Des sondes mues par antimatière sont envoyées dans un rayon de 40 années-lumière, à une vitesse égale au dixième de celle de la lumière. Les données qu'elles transmettent permettent d'envoyer une expédition à 30 années-lumière, vers l'étoile X. Autour de celle-ci orbitent en effet une ceinture d'astéroïdes et plusieurs planètes, dont l'une abrite une civilisation plus évoluée que celle de Pali. La planète est petite et ses habitants sont très grands.

Beaucoup vivent encore de chasse et de cueillette, mais un grand nombre cultivent la terre et élèvent des animaux. Les sondes ont transmis des vues de la construction de dolmens, mais rien n'indique l'usage du bronze ou fer. Tout cela évoque l'époque de grande extension du néolithique sur notre Terre, aussi la planète est-elle baptisée Néol.

Le voyage vers l'étoile X débute vers 4310 et se termine en 4470. Avec une vitesse maximum égale au cinquième de celle de la lumière, autorisée par les nouveaux vaisseaux à antimatière, on parcourt en effet les 30 années-lumière en cent soixante ans. Les humains s'implantent dans la ceinture d'astéroïdes de X et, au bout de vingt ans, effectuent leur première mission sur Néol. Nous sommes en 4490, et vingt-cinq siècles se sont écoulés depuis le nôtre !

Les humains sont confrontés à un problème qu'ils n'avaient pas rencontré dans leur première exploration de Pali. En effet les Paliens étaient des êtres frustes intellectuellement et culturellement, avec qui seules des relations superficielles avaient été possibles. Tel n'est pas le cas d'un grand nombre de Néoliens, qui utilisent des langages élaborés, s'habillent élégamment de tissus aux dessins colorés, et habitent des villages où ils exercent des métiers variés, tisserands, potiers, etc. Tout indique que leur intelligence est comparable à la nôtre. Il faut alors résister à la tentation de les civiliser. En effet tout contact un peu étroit avec eux leur sera à peu près sûrement dommageable. Ils cesseront de créer dans tous les domaines, technique et artistique en particulier, pour se consacrer, en élèves appliqués, à l'acquisition du savoir des hommes, de beaucoup supérieur au leur. Ils seront même tentés de déifier leurs instructeurs. Leur perte d'autonomie fera regretter à ceux-ci de leur avoir infligé un « choc culturel », non seulement contraire à toute éthique, mais aussi contraire au but essentiel des missions sur Néol : étudier une civilisation néolithique, ce qui suppose évidemment qu'on ne la perturbe pas gravement.

On n'aura donc avec les Néoliens que des contacts brefs et isolés, lorsque ce sera nécessaire pour l'étude de leurs réactions. L'action des humains ne se traduira chez les autochtones que par des rumeurs, que Ribes et Monnet décrivent ainsi : « Des gens disent avoir vu dans le ciel des disques brillants, ou des sphères, ou des cylindres, se déplaçant à vive allure. D'autres prétendent que ces objets ont plané, immobiles au-dessus du sol, à quelque distance d'eux. D'autres encore que les disques brillants se sont posés au sol : de petits êtres en sont sortis, vêtus de combinaisons, parfois casqués, et ont ramassé des cailloux, des plantes et des animaux ; lorsque les Néoliens ont voulu s'approcher, ils ont vu les petits êtres braquer sur eux une sorte de baguette, et ils se sont sentis incapables de bouger pendant un long moment. »

Les humains assistent donc discrètement aux progrès de la civilisation sur Néol. Au cours des siècles, et des millénaires, les Néoliens sortent de l'âge de pierre et utilisent le bronze, puis l'acier. Leur industrie se développe, et ils se trouvent un jour possesseurs de réacteurs nucléaires, de bombes H, et de fusées grâce auxquelles ils explorent l'espace. Les humains doivent alors faire preuve de prudence. Ils ne peuvent laisser les Néoliens agir à leur guise dans la ceinture d'astéroïdes où ils résident. Mais comment le leur faire savoir sans créer le choc culturel que l'écart entre les civilisations humaine et néolienne rend encore possible ? En adoptant un plan d'information progressif et ciblé.

On multiplie en conséquence les incursions sur Néol de modules d'exploration, dont certains atterrissent à proximité de Néoliens isolés ou en petits groupes. Les rumeurs concernant la présence dans le ciel d'Extra-Néoliens se répandent sur la planète, avec la mention « pas méchants ». Mais les humains doivent faire comprendre qu'ils sauront, si nécessaire, faire respecter leurs droits par la force. Aussi certains de leurs pilotes prouvent-ils la supériorité de leurs appareils en jouant au chat et à la souris avec des avions néoliens. Ils démontrent à l'occasion la sophistication de leur armement en provoquant par des faisceaux de micro-ondes pulsées la mise hors service provisoire des commandes électroniques de ces avions.

Les Néoliens collectent les données d'observation, et les étudient. Ils cherchent à en interpréter certains aspects courants et étranges, tels que la propulsion pour laquelle des modèles MHD sont réalisés. Ils s'essaient enfin aux interprétations globales, et un nombre croissant de Néoliens informés penche pour l'hypothèse de vaisseaux extra-néoliens. Il est un jour possible aux humains « de faire savoir discrètement aux principaux gouvernants de Néol, par communication radio par exemple, que les plans de conquête de la ceinture d'astéroïdes doivent obéir à certaines règles. Pour authentifier la communication, on annoncera pour une date précise, au-dessus d'un lieu désertique déterminé, un ballet d'ovnis ».

Le lecteur ne sera pas surpris d'apprendre qu'un journaliste, rendant compte dans son quotidien de *La Vie extra-terrestre*, a écrit : « Sommes-nous les Néoliens de quelqu'un d'autre ? »

D'AUTRES SCÉNARIOS

Ribes et Monnet ne prétendent pas avoir prouvé sans conteste que certains PAND sont des vaisseaux extra-terrestres se déplaçant dans l'espace-temps de notre physique. Mais ils considèrent que cette hypothèse est la seule rationnelle aujourd'hui, si l'étude approfondie de certaines observations amène à conclure qu'elles concernent des objets mus par des intelligences. Tant que l'on n'a pas acquis cette conviction d'un comportement intelligent, ils admettent que l'on stocke les données dans l'espoir que la science un jour leur trouve une explication moins sensationnelle.

Ils ne prétendent pas davantage que le scénario que nous venons de présenter est le seul qui permette de comprendre la présence de vaisseaux extra-terrestres dans notre ciel. Et ils proposent quelques variantes de voyages interstellaires, plus futuristes mais compatibles avec la science actuelle.

Leur scénario de base les a obligés à répondre à une question majeure : si le voyage interstellaire s'effectue sur plusieurs générations, comment motivera-t-on la première à partir ? Leur réponse est, nous l'avons vu, plausible, mais ils examinent également la possibilité d'un voyage où les migrants quittant leur système solaire sont encore en forme à l'arrivée dans un nouveau système. La solution a été donnée maintes fois dans des ouvrages de science-fiction, c'est l'hibernation. Une partie des occupants d'un vaisseau est active tandis que la plupart des autres sont congelés dans des conteneurs spécialement aménagés, et ne vieillissent pratiquement pas. Périodiquement on décongèle un certain nombre de dormeurs qui viennent relayer les actifs, lesquels sont congelés à leur tour. Il n'y a pas, semble-t-il, d'interdit scientifique à la technique de congélation, et l'on a constaté que certaines variétés de grenouilles, maintenues dans une ambiance de moins quatre degrés, ne présentent presque plus de signes de vie. Elles ne respirent pas, leur cœur cesse de battre, et cependant, si après un long moment on les réchauffe, elles reviennent à une vie normale. Les mécanismes par lesquels ces grenouilles se maintiennent en vie durant l'hibernation sont assez bien connus, mais il n'a pas encore été possible d'en déduire des techniques applicables aux cellules humaines. Notons cependant, pour la suite de notre exposé, que les cellules sexuelles de l'homme et de la femme peuvent se conserver sur d'immenses durées si on les protège par de la glycérine.

Pour effectuer le voyage sur une seule génération, on peut aussi songer à utiliser, en plus ou à la place de l'hibernation, des techniques de prolongation de la vie humaine bien au-delà des cent vingt ans qui paraissent constituer un maximum depuis les temps bibliques. Là aussi, bien que les biologistes ne voient pas de lois scientifiques s'opposant à de telles techniques, ils ne les ont pas encore mises au point. Heureusement d'ailleurs selon nous, car il est plus urgent de remédier aux maux de l'âge que de prolonger la vie, et par là de mettre en faillite les caisses de retraite ! Dans les colonies de l'espace où devrait s'épanouir à terme une société d'abondance, le problème se posera tout différemment, et d'éventuels fringants multicentenaires pourront un jour, croyons-nous, s'épanouir en nombre.

Plusieurs scientifiques, dont O'Neill dans son remarquable ouvrage *2081, a Hopeful View of the Human Future*, ont évoqué l'envoi dans d'autres systèmes solaires de missions entièrement robotisées, du vaisseau à ses passagers. Ceci suppose évidemment d'énormes progrès en intelligence artificielle puisque des robots devront piloter et entretenir le navire, tout en s'entretenant eux-mêmes. Mais ce n'est pas scientifiquement absurde. Au terme du voyage, les robots se construisent des habitats dans l'espace en exploitant les ressources locales en énergie et en matières premières. Ils se reproduisent, selon des principes définis au milieu du XXe siècle par le mathématicien von Neumann ; puis ils se donnent les moyens d'explorer les planètes intéressantes et transmettent aux humains qui ont conçu la mission, ou plutôt à leurs descendants, les renseignements recueillis. Enfin ils lancent eux-mêmes d'autres missions interstellaires.

Il est toujours possible, si on le juge souhaitable, d'envoyer des humains dans un des systèmes solaires ainsi explorés. Il « suffit » d'expédier dans un petit vaisseau des ovules et des spermatozoïdes congelés. À l'arrivée des embryons sont créés et mûris dans des couveuses artificielles. Des robots se chargent ensuite de l'entretien et de l'éducation des jeunes humains ainsi créés. Il n'est pas sûr que cette évocation soit du goût de tous les lecteurs, mais elle n'est pas scientifiquement choquante.

Une civilisation de robots suscite *a priori* une crainte. Sous l'effet de causes diverses, par exemple les rayonnements cosmiques, les programmes des robots peuvent être perturbés, provoquant l'équivalent de mutations génétiques. Qu'arrive-t-il si ces mutations amènent les robots à s'attaquer systématiquement aux humains ? Nos astronomes pensent qu'on doit pouvoir faire en sorte que dans un tel cas les robots se détruisent eux-mêmes en priorité.

Qu'il s'agisse d'humains ou de robots, nous venons de voir des colons passer d'un système solaire à un autre, puis à un troisième. De proche en proche la totalité de notre Galaxie peut être colonisée. Qui plus est, le calcul montre qu'elle peut l'être en quelques dizaines de millions d'années. Il s'agit d'un temps très court par rapport à son âge, qui est celui de l'Univers, soit quelque 15 milliards d'années. Il est très probable, nous l'avons dit, que de nombreuses civilisations avancées existent dans la Galaxie, et que nombre d'entre elles sont nées plusieurs centaines de millions d'années avant la nôtre ; notre Soleil en effet est plus jeune que beaucoup d'autres. Dans ces conditions, une ou plusieurs civilisations doivent être présentes dans notre système solaire. Or nous ne les voyons pas. « Où sont-elles ? » demandait déjà en 1950 le célèbre physicien Enrico Fermi, qui, sans pouvoir se représenter comme nous le faisons aujourd'hui le voyage interstellaire, le jugeait déjà possible.

L'astronome Papagiannis, de Boston, estime comme nous qu'elles peuvent se trouver dans la ceinture d'astéroïdes. Il a entrepris, sur financement de la NASA, d'examiner les vues de cette ceinture prises dans la partie infrarouge du spectre par le satellite IRAS en 1983. Il recherche des émissions anormales de rayons infrarouges qui pourraient être dues à la chaleur dégagée au sein de cités ou d'usines spatiales.

Ribes et Monnet examinent les principales hypothèses pouvant expliquer que nous n'ayons pas de manifestations claires de telles civilisations. Ils ne s'attardent pas sur la première : « Nous sommes seuls dans l'univers », la jugeant peu probable.

Ils admettent que les missions interstellaires sont peut-être plus coûteuses, plus dangereuses ou plus longues qu'ils ne l'ont supposé. Mais ils doutent que la chaîne de ces missions s'interrompe simplement par perte d'intérêt des civilisations, qui se replieraient sur des buts esthétiques ou moraux ; parmi les nombreux groupes composant ces civilisations, il s'en trouvera toujours pour vouloir continuer l'aventure.

Ils doutent également qu'une civilisation présente autour de notre Soleil se désintéresse de nous, nous jugeant trop primitifs. Nous-mêmes en effet nous passionnons pour l'étude des primitifs.

Ils jugent très plausible qu'une telle civilisation, soucieuse de ne pas nous influencer ou de nous influencer sans provoquer de choc culturel, ne se manifeste que très discrètement, en particulier sous forme d'ovnis. C'est bien cette hypothèse qu'ils développent dans leur chapitre de prospective. Nous serions alors bien les Néoliens de quelqu'un d'autre.

À moins que nous en soyons les Paliens, que ce quelqu'un d'autre aurait autrefois fait évoluer en hommes modernes par ingénierie génétique. Cette idée n'est pas absurde, mais aucun fait ne vient l'étayer...

CONCLUSION

Après vingt-cinq ans d'enquêtes pendant lesquels je me suis efforcé de garder la plus stricte objectivité, me souciant avant tout de collecter des faits, il serait injuste de ma part de ne pas vous livrer ce qui est devenu progressivement mon intime conviction.

Oui, je crois qu'il y a autour de nous des manifestations multiples d'une intelligence venue d'ailleurs.

Cette intelligence ne se manifeste-t-elle pas au cours de toute notre histoire aussi loin que les livres et les autres témoignages écrits nous permettent de remonter dans le temps ?

L'hypothèse la plus plausible est que nous sommes visités par une ou plusieurs civilisations extra-terrestres. Les progrès de l'exobiologie, science prospective étudiant les organismes susceptibles de vivre dans d'autres milieux que le milieu terrien, nous confortent dans l'idée que d'autres formes de vie existent sur d'autres planètes.

Comment dès lors exclure l'hypothèse d'un contact avec des organismes ayant atteint eux-aussi, peut-être dans des conditions très différentes des nôtres, le stade supérieur de l'intelligence ?

Certes, l'idée n'est pas nouvelle. Depuis un siècle, écrivains et scientifiques ont admis cette hypothèse. Mais, depuis les débuts de la conquête spatiale, tout s'est accéléré.

En 1969, quand deux des nôtres ont marché sur la Lune, ne sont-ils pas devenus, en un sens, des E.T. ?

La révolution qui s'est accomplie ce jour-là nous a prédisposés à admettre et à espérer des perspectives inouïes au nom même d'une raison qui, la veille encore, voulait que nous soyons seuls dans l'univers.

En 1996, la presse du monde entier a fait ses gros titres avec une révélation américaine : des traces de vie avaient été découvertes sur une météorite tombée sur terre.

En janvier 1997, la prestigieuse revue scientifique *Nature* publiait les travaux de trois chercheurs de l'université d'État de Pennsylvanie. Darren Williams, James Kasting et Richard Wade venaient de démontrer que des possibilités de vie pouvaient exister sur des planètes découvertes autour de deux étoiles : 47 Ursae Majoris dans la constellation de la Grande Ourse, et 16 Cygni B dans celle du Cygne.

Il y a d'ailleurs fort longtemps que les astronomes supposent l'existence de planètes comparables à la Terre autour de ces milliards de soleils que sont les étoiles.

Si notre soleil entraîne des planètes dont l'une abrite une vie intelligente, la nôtre, pourquoi ne pas admettre que d'autres soleils entraînent eux-aussi une ou des planètes où la vie a pu se développer ?

En octobre 1995, nous avons eu la confirmation scientifique de cette intuition. La première planète de ce type a été formellement détectée sous le nombre 51 dans la constellation de Pégase.

En cette année 1997, des scientifiques affirment que leurs travaux aboutissent à envisager des possibilités de vie sur des planètes de notre galaxie. Que dire alors des possibilités qui existent dans l'univers observable sur une ou plusieurs des myriades de planètes qui gravitent autour de milliards de soleils dans des milliards de galaxies ?

Extrapolons : si nous avons été capables de devenir des extra-terrestres en allant sur la Lune, pourquoi quelque part dans l'univers d'autres formes de vie intelligentes ne seraient-elles pas capables d'en faire autant ?

À ces hypothèses, à ces possibilités, à ces extrapolations, vous préféreriez sans doute des preuves, des certitudes.

Vous oubliez que nous sommes, nous les hommes, sur cette planète, la preuve de l'existence d'une forme de vie intelligente dans l'univers, aussi improbable au départ que toute autre qui pourrait exister ailleurs.

Rêvons un peu à ce que nous sommes, nous les humains, et à la curieuse genèse de notre espèce telle que la retracent nos religions.

En étymologie sanscrite, le mot humain est composé de deux racines : *hou*, qui signifie Dieu, et *manas*, l'intelligence humaine.

D'où nous vient cette intelligence ? De Dieu ?

Les juifs disent qu'il y a en chacun de nous une part de la magnificence divine.

Les chrétiens évoquent le mystère de la Sainte Trinité : le Père, le Fils... et le Saint-Esprit.

Pour le père Teilhard de Chardin, le mystère de l'âme et de notre intelligence est dans l'ADN (acide désoxyribonucléique), ce programme de la vie présent dans chacune de nos cellules. Un programme qui se copie de génération en génération depuis le premier homme, comme une disquette d'ordinateur.

Or si nous avions la possibilité de dérouler cette « bande » d'ADN contenant toutes les informations de la vie, elle ferait environ 80 cm de longueur contre 79 cm pour celle du singe ! Et certains chercheurs de se demander alors si des E.T. ne se sont pas contentés de rajouter ce centimètre à la chaîne d'ADN du singe pour créer l'intelligence de l'homme, sa conscience !

L'épisode biblique du paradis terrestre, le fruit défendu croqué par Adam et Ève, pourrait être lu comme la transposition imagée de cette manipulation génétique.

Grâce au « péché », Adam et Ève parviennent à un nouveau stade de la connaissance : ils prennent conscience de leur nudité, se cachent aux yeux de Dieu qui désapprouve leur expérience et les cherche pour les punir. Ils seront chassés du Paradis.

Curieux épisode où un Dieu tout-puissant semble dépassé par les événements et ses propres créatures, s'emporte et punit.

Est-ce l'attitude d'un Dieu ou celle d'un être venu d'ailleurs ?

Si Dieu est pouvoir absolu et amour infini, pourquoi a-t-il créé l'homme, cet être imparfait, batailleur, cupide et mortel ?

Ne l'a-t-il pas pourtant selon la Bible créé à son image ?

Acceptons cette contradiction qui nous dépasse : nous serions bien « une parcelle de la magnificence divine », créée dans un but mystérieux que nous ne comprendrons qu'à la fin des temps.

Lorsque celle-ci aura été décidée, les extra-terrestres - nos dieux créateurs ? – vont-ils venir pour mettre un terme à l'expérience qu'ils conduisent discrètement depuis des millénaires ?

Toutes les religions fondées sur la parole des grands initiés l'affirment : l'Apocalypse viendra, prélude peut-être à un renouveau.

Dans la Bible, les Apôtres demandent à Jésus :

– Quand la fin des temps aura-t-elle lieu ?

Et celui-ci leur répond :

– Personne ne sait le jour ni l'heure, pas même le fils de l'homme.

Peut-être demain ?

JEAN-CLAUDE BOURRET
Monaco - Février 1997

TABLE

AVANT-PROPOS 11

PREMIÈRE PARTIE :
RÉCITS, TÉMOIGNAGES ET ENQUÊTES

I / Des gens comme vous et moi

– *Deux ovnis sur Tananarive* 19
– *L'E.T. Bibendum* 21
– *Le maire et l'ovni lumineux* 24
L'ovni grand comme une maison 28
– *La terreur des chiens* 32
– *L'astronome et les cigares oblongs* 35
– *Le journaliste d'Europe n°1 et l'engin métallisé* ... 38
– *L'agriculteur paralysé par un mystérieux rayon* ... 41
– *L'ovni carré de Bolazec* 44
– *Une accélération incroyable !* 49
– *Rencontre rapprochée à Cussac* 53
– *Objet lumineux sur l'aéroport de Genève* 57
– *Accélération foudroyante* 59
– *Ovni sur une base militaire brésilienne* 62
– *Le robot noir* 64

– *Ovnis dans la Nièvre* ... 66
– *La 2 CV avait des ratés* ... 68
– *Trois silhouettes phosphorescentes* ... 74
– *Rendu aveugle et muet par des E.T.* ... 83
– *Une forme qui rasait le sol* ... 92
– *Un énorme cigare lumineux* ... 97
– *Deux demi-sphères rouges* ... 101
– *Une grosse étoile couleur de braise* ... 110
– *Poursuivi par une boule rougeâtre* ... 114
– *Une traînée vert clair* ... 117
– *Un objet rectangulaire* ... 120
– *Chili : un caporal enlevé par une boule* ... 122
– *Atterrissage en Lot-et-Garonne ?* ... 129
– *Effrayé par cinq ovnis qui avancent lentement* ... 137
– *Un objet brillant posé sur le sol* ... 143
– *Paralysé par un ovni* ... 148

II / Des gendarmes aussi
– *Un disque rouge « top secret »* ... 161
– *Cigare sur Givet* ... 163
– *La soucoupe rouge et les quatre gendarmes* ... 164
– *Les gendarmes chassent l'ovni* ... 165
– *Les gendarmes mobiles et l'ovni qui ne l'était pas moins* ... 171
– *Atterrissage près d'une patrouille* ... 172
– *Un gendarme stoppé par un ovni* ... 175
– *Deux unités confrontées à plusieurs ovnis* ... 177

III / Et aussi des pilotes
– *Deux cas de poursuite examinés par le rapport Condon (USA)* ... 181
– *Deux F4 face à un ovni dans le ciel de Téhéran* . 184
– *L'affaire de l'aéroport de Turin (Italie)* ... 186
– *Un Mirage IV à la poursuite d'un ovni* ... 192

IV / Quand les traces parlent
– *Le cas qui va tout changer* 201
– *L'amarante déshydratée* 214

V / Qu'ont-ils vu ce jour là ?
– *Lyon 1621 : des signes effroyables* 221
– *Cherbourg 1905 : une aveuglante lumière* 226
– *13 octobre 1917, Fatima : que voulaient-« ils » nous faire croire ?* 229

DEUXIÈME PARTIE : UN DÉFI POUR LA SCIENCE

I / La valeur des témoignages
– *Claude Poher : Un phénomène inconnu réellement observé* 241
– *Pierre Guérin : La preuve par le témoignage* 257
– *Allen Hynek : Des astronautes aussi* 299
– *Patrick Aimedieu : Le portrait-robot des « humanoïdes »* 317

II / Hypothèses scientifiques
– *Jean Goupil : Tentative d'explication* 323
– *Jean-Pierre Petit : L'hypothèse MHD* 339
– *Jacques Scornaux : Les voyages interstellaires face à la relativité (1977)* 381
– *Jean-Jacques Velasco : La MHD du professeur Meessen et les micro-ondes de Mac Campbell* 404
– *Jean-Jacques Velasco : D'où viennent-ils ?* 411

CONCLUSION 429

Directrice Littéraire :
Huguette Maure

Graphiste :
Pascal Vandeputte

Attachées de presse :
Nathalie Ladurantie
Myriam Saïd-Errahmani
Sophie Hourdequin

Composition : Compo-Méca s.a. - 64990 Mouguerre

Impression réalisée sur CAMÉRON
par BRODARD ET TAUPIN
La Flèche
pour le compte des Éditions Michel Lafon
en mars 1997

Imprimé en France
Dépôt légal : mars 1997
N° d'impression : 6589R-5
ISBN : 2-84098-251-X
50-1548-2
ML 420